给成长的你

For A Better You

散文

徐栩 晨朵 宋妍妍◎编著

郑州大学出版社

图书在版编目（CIP）数据

给成长的你 / 徐栩，晨朵，宋妍妍编著 . -- 郑州：郑州大学出版社，2017.6

ISBN 978-7-5645-4426-3

Ⅰ.①给… Ⅱ.①徐… ②晨… ③宋… Ⅲ.①诗集—世界②散文集—世界 Ⅳ.① I12 ② I16

中国版本图书馆 CIP 数据核字 (2017) 第 113272 号

GEICHENGZHANGDENI

给成长的你

郑州大学出版社出版发行

郑州市大学路 40 号　　　　邮政编码：450052

出版人：张功员　　　　　　发行部电话：0371-66966070

责任编辑：徐　栩　靳　凯

责任校对：张　贤

责任监制：凌　青　王金彪

全国新华书店经销

河北盛唐印刷有限公司印制

开本：880mm×1230mm　　1/32

总印张：27.5

总字数：585 千字

版次：2017 年 6 月第 1 版　印次：2019 年 1 月第 1 次印刷

书号：ISBN 978-7-5645-4426-3　总定价：130.00 元（全 5 册）

本书如有印装质量问题，由本社负责调换

阅读伴我成长

阅读之于人生，"是全世界的营养品"。成长是人生的必经过程，我们的身体吸收各种营养，变得健壮，为一生打下基础。我们的心灵呢？成长中的心灵也需要营养物质的强化与补充。阅读为我们输送了丰富的精神食粮，心灵可以从中汲取多种营养。

《给成长的你》精选古今中外适于青少年阅读的文学佳作，分为《古诗词》《中外诗歌》《古文》《散文》和《最美文》五册，是一份可供读者时而大快朵颐，时而细嚼慢咽的精神大餐。

这套书亮点何在？

亮点一：扎根实际，内容与课本知识紧密相关，形成互动与互补，是课内知识的延伸和巩固。同时它有所拓展，有效扩大了阅读者的视野，启迪智慧。

亮点二：内容较为浅显，读起来朗朗上口。妙语连珠、好词佳句像退潮后沙滩上五光十色的贝壳，随处可见，读者可以一路采撷、摘抄、诵读、记忆，这不仅能增强语感，而且为写作积累了丰富的素材。

亮点三：经典之作优中选优，适合青少年阅读，培

养阅读兴趣。"读书不觉已春深，一寸光阴一寸金。"如何解决"寸光阴"和"春已深"这一矛盾呢？如何让小读者有效利用有限的时间，像海绵一样，从经典文学作品中吸足营养呢？筛选作品时，我们先在适合青少年和其他人群阅读的作品之间画了"楚河汉界"，在已划定的范围内又在经典和最经典作品之间做了选择。本着"少而精"的原则，我们力求做到"青少年读者"和"经典之作"之间的"无缝对接"。

　　希望这套书指引青少年读者步入经典文学的圣殿，也愿经典之作的精华滋养成长的心灵。

编者

2018 年 12 月

目录

|给|成|长|的|你|

第一季　金石声声

目录

|给|成|长|的|你|

第二季　他山之石

目录

| 给 | 成 | 长 | 的 | 你 |

给 成 长 的 你

第一季 金石声声

我之于书

夏丏尊

二十年来，我的生活费中至少十分之一二是消耗在书上的。我的房子里比较贵重的东西就是书。

我一向没有对于任何问题作高深研究的野心，因之所以买的书范围较广，宗教、艺术、文学、社会、哲学、历史、生物，各方面差不多都有一点。最多的是各国文学名著的译本，与本国古来的诗文集，别的门类只是些概论等类的入门书而已。我不喜欢向别人或图书馆借书。借来的书，在我好像过不来瘾似的，必要是自己买的才满足。这也可谓是一种占有的欲望。买到了几册新书，一册一册的加盖藏书印记，我最感到快悦的是这时候。

书籍到了我的手里，我的习惯是先看序文，次看目录。页数不多的往往立刻通读，篇幅大的，只把正文任择一二章节略加翻阅，就插在书架上。除小说外，我少有全体读完的大部的书，只凭了购入当时的记忆，知道某册书是何种性质，其中大概有些什么可取的材料而已。什么书在什么时候再去读再去翻，连我自己也无把握，完全要看一个时期一个时期的兴趣。关于这事，我常自比为古时的皇帝，而把插在架上的书譬诸列屋而居的宫女。

我虽爱买书，而对于书却不甚爱惜。读书的时候，常在书上把我认为要紧的处所标出。线装书大概用笔加圈，洋装书竟用红铅笔划粗粗的线。经我看过的书，统体干净的很少。据说，任何爱吃糖果的人，只要叫他到糖果铺中去做事，见了糖果就会生厌。自我入书店以后，对于书的贪念也已消除了不少了，可不免要故态复萌，想买这种，想买那种。这大概因为糖果要用嘴去吃，摆存毫无意义，而书则可以买了不看，任其只管插在架上的缘故吧。

又是一年芳草绿

老舍

悲观有一样好处，它能叫人把事情都看轻了一些。这个可也就是我的坏处，它不起劲，不积极。您看我挺爱笑不是？因为我悲观。悲观，所以我不能板起面孔，大喊："孤——刘备！"我不能这样。一想到这样，我就要把自己笑毛咕了。看着别人吹胡子瞪眼睛，我从脊梁沟上发麻，非笑不可。我笑别人，因为我看不起自己。别人笑我，我觉得应该；说得天好，我不过是脸上平润一点的猴子。我笑别人，往往招人不愿意；不是别人的量小，而是不像我这样稀松，这样悲观。我打不起精神去积极的干，这是我的大毛病。可是我不懒，凡是我该做的我总想把它做了，总算得点报酬养活自己与家里的人——往好了说，尽我的本分。我的悲观还没到想自杀的程度，不能不找点事做。有朝一日非死不可呢，那只好死喽，我有什么法儿呢？

这样，你瞧，我是无大志的人。我不想当皇上。最乐观的人才敢做皇上，我没这份胆气。

有人说我很幽默，不敢当。我不懂什么是幽默。假如一定问我，我只能说我觉得自己可笑，别人也可笑；我不比别人高，别人也不比我高。谁都有缺欠，谁都有可笑的地方。我跟谁都说得来，可是他得愿意跟我说；他一定说他是圣人，叫我三跪九叩报门而进，我没这个瘾。我不教训别人，也不听别人的教训。幽默，据我这么想，不是嬉皮笑脸，死不要鼻子。

　　也不是怎股子劲儿，我成了个写家。我的朋友德成粮店的写帐先生也是写家，我跟他同等，并且管他叫二哥。既是个写家，当然得写了。"风格即人"——还是"风格即驴"？——我是怎个人自然写怎样的文章了。于是有人管我叫幽默的写家。我不以这为荣，也不以这为辱。我写我的。卖得出去呢，多得个三块五块的，买什么吃不香呢。卖不出去呢，拉倒，我早知道指着写文章吃饭是不易的事。

　　稿子寄出去，有时候是肉包子打狗，一去不回头；连个回信也没有。这，咱只好幽默；多喈见着那个骗子再说，见着他，大概我们俩总有一个笑着去见阎王的，不过，这是不很多见的，要不怎么我还没想自杀呢。常见的事是这个，稿子登出去，酬金就睡着了，睡得还是挺香甜。直到我也睡着了，它忽然来了，仿佛故意吓人玩。数目也惊人，它能使我觉得自己不过值一毛五一斤，比猪肉还便宜呢。这个咱也不说什么，国难期间，大家都得受点苦，人家开铺子的也不容易，掌柜的吃肉，给咱点汤喝，就得念佛。是的，我是不能当皇上，焚书坑掌柜的，咱没那个狠心，你看这个劲儿！不过，有人想坑他们呢，我也不便拦着。

这么一来，可就有许多人看不起我。连好朋友都说："伙计，你也硬正着点，说你是为人类而写作，说你是中国的高尔基；你太泄气了！"真的，我是泄气，我看高尔基的胡子可笑。他老人家那股子自卖自夸的劲儿，打死我也学不来。人类要等着我写文章才变体面了，那恐怕太晚了吧？我老觉得文学是有用的；拉长了说，它比任何东西都有用，都高明。可是往眼前说，它不如一尊高射炮，或一锅饭有用。我不能吆喝我的作品是"人类改造丸"，我也不相信把文学杀死便天下太平。我写就是了。

别人的批评呢？批评是有益处的。我爱批评，它多少给我点益处；即使完全不对，不是还让我笑一笑吗？自己写的时候仿佛是蒸馒头呢，热气腾腾，莫名其妙。及至冷眼人一看，一定看出许多错儿来。我感谢这种指摘。说的不对呢，那是他的错儿，不干我的事。我永不驳辩，这似乎是胆儿小，可是也许是我的宽宏大量。我不便往自己脸上贴金。一件事总得由两面瞧，是不是？

对于我自己的作品，我不拿她们当作宝贝。是呀，当写作的时候，我是卖了力气，我想往好了写。可是一个人的天才与经验是有限的，谁也不敢保了老写的好，连荷马也有打盹的时候。有的人呢，每一拿笔便想到自己是但丁，是莎士比亚。这没有什么不可以的，天才须有自信的心。我可不敢这样，我的悲观使我看轻自己。我常想客观的估量估量自己的才力，这不易做到，我究竟不能像别人看我看得那样清楚；好吧，既不能十分看清楚了自己，也就不用装蒜，谦虚是必要的，可是装蒜也大可以不必。

对做人，我也是这样。我不希望自己是个完人，也不故意的招人家的骂。该求朋友的呢，就求；该给朋友做的呢，就做。做的好不好，咱们大家凭良心。所以我很和气，见着谁都能扯一套。可是，初次见面的人，我可是不大爱说话；特别是见着女人，我简直张不开口，我怕说错了话。在家里，我倒不十分怕太太，可是对别的女人老觉着恐慌，我不大明白妇女的心理；要是信口开河的说，我不定说出什么来呢，而妇女又爱挑眼。男人也有许多爱挑眼的，所以初次见面，我不大愿开口。我最喜辩论，因为红着脖子粗着筋的太不幽默。我最不喜欢好吹腾的人，可并不拒绝与这样的人谈话；我不爱这样的人，但喜欢听他的吹。最好是听着他吹，吹着吹着连他自己也忘了吹到什么地方去，那才有趣。

可喜的是有好几位生朋友都这么说："没见着阁下的时候，总以为阁下有八十多岁了。敢情阁下并不老。"

是的，虽然将奔四十的人，我倒还不老。因为对事轻淡，我心中不大藏着计划，作事也无须耍手段，所以我能笑，爱笑；天真的笑多少显着年青一些。我悲观，但是不愿老声老气的悲观，那近乎"虎事"。我愿意老年轻轻的，死的时候像朵春花将残似的那样哀而不伤。我就怕什么"权威"咧，"大家"咧，"大师"咧，等等老气横秋的字眼们。我爱小孩，花草，小猫，小狗，小鱼；这些都不"虎事"。偶尔看见个穿小马褂的"小大人"，我能难受半天，特别是那种所谓聪明的孩子，让我难过。比如说，一群小孩都在那儿看变戏法儿，我也在那儿，单会有那么一两个七八岁的小老头说："这都是假的！"这叫我立刻走开，心里堵上一大块。世界确是更"文明"了，小孩也懂事懂得早了，可是我还愿意大家傻一点，特别是小孩。假若小猫刚生下来就会捕鼠，我就不再养猫，虽然它也许是个神猫。

我不大爱说自己，这多少近乎"吹"。人是不容易看清楚自己的。不过，刚过完了年，心中还慌着，叫我写"人生于世"，实在写不出，所以就近的拿自己当材料。万一将来我不得已而做了皇上呢，这篇东西也许成为史料，等着瞧吧。

养花

老舍

我爱花，所以也爱养花。我可还没成为养花专家，因为没有工夫去研究和试验。我只把养花当做生活中的一种乐趣，花开得大小好坏都不计较，只要开花，我就高兴。在我的小院子里，一到夏天满是花草，小猫只好上房去玩，地上没有它们的运动场。

花虽然多，但是没有奇花异草。珍贵的花草不易养活，看着一棵好花生病要死是件难过的事。北京的气候，对养花来说不算很好。冬天冷，春天多风，夏天不是干旱就是大雨倾盆；秋天最好，可是会忽然闹霜冻。在这种气候里，想把南方的好花养活，我还没有那么大的本事。因此，我只养些好种易活、自己会奋斗的花草。

不过，尽管花草自己会奋斗，我若是置之不理，任其自生自灭，它们多数还是会死了的。我得天天照管它们，像好朋友似的关切它们。一来二去，我摸着一些门道：

有的喜阴，就别放在太阳地里；有的喜干，就别多浇水。这是个乐趣，摸着门道，花草养活了，而且三年五载老活着、开花，多么有意思呀！不是乱吹，这就是知识呀！多得些知识决不是坏事。

我不是有腿病吗，不但不利于行，也不利于久坐。我不知道花草们受我的照顾，感谢我不感谢；我可得感谢它们。我工作的时候，总是写一会儿就到院子里去看看，浇浇这棵，搬搬那盆，然后回到屋里再写一会儿，然后再出去。如此循环，让脑力劳动和体力劳动结合到一起，有益身心，胜于吃药。要是赶上狂风暴雨或者天气突变，就得全家动员，抢救花草，十分紧张。几百盆花，都要很快的抢到屋里去，使人腰酸腿疼，热汗直流。第二天，天气好了，又得把花都搬出去，就又一次腰酸腿疼，热汗直流。可是，这多么有意思呀！不劳动，连棵花也养不活，这难道不是真理吗？

送牛奶的同志进门就夸"好香"，这使我们全家都感到骄傲。赶到昙花开放的时候，约几位朋友来看看，更有秉烛夜游的味道——昙花总在夜里开放。花分根了，一棵分为几棵，就赠给朋友们一些。看着友人拿走自己的劳动果实，心里自然特别欢喜。

当然，也有伤心的时候，今年夏天就有这么一回。三百棵菊秧还在地上（没到移入盆中的时候），下了暴雨，邻家的墙倒了，菊秧被砸死三十多种，一百多棵。全家人几天都没有笑容。

　　有喜有忧，有笑有泪，有花有果，有香有色，既须劳动，又长见识，这就是养花的乐趣。

春晖的一月

朱自清

　　去年在温州，常常看到本刊，觉得很是欢喜。本刊印刷的形式，也颇别致，更使我有一种美感。今年到宁波时，听许多朋友说，白马湖的风景怎样怎样好，更加向往。虽然于什么艺术都是门外汉，我却怀抱着爱"美"的热诚，三月二日，我到这儿上课来了。在车上看见"春晖中学校"的路牌，白地黑字的，小秋千架似的路牌，我便高兴。出了车站，山光水色，扑面而来，若许我抄前人的话，我真是"应接不暇"了。于是我便开始了春晖的第一日。

　　走向春晖，有一条狭狭的煤屑路。那黑黑的细小的颗粒，脚踏上去，便发出一种摩擦的噪音，给我多少轻新的趣味。而最系我心的，是那小小的木桥。桥黑色的，由这边慢慢的隆起，到那边又慢慢的低下去，故看去似乎很长。我最爱桥上的栏干，那变形的纹的栏干；我在车站门口早就看见了，我爱它的玲珑！桥之所以可爱，或者便因为这栏干哩。我在桥上逗留了好些时。这是一个阴天。山的容光，被云雾遮了一半，仿佛淡妆的姑娘。但三面映照起来，也就青得可以了，映在湖里，白马湖里，接着水光，却另有一番妙景。我右手是个小湖，左手是个大湖。湖有这样大，使我自己觉得小了。湖水有这样满，仿佛要漫到我的脚下。湖在山的趾边，山在湖的唇边；他俩这样亲密，湖将山全吞下去了。吞的是青的，吐的是绿的，那软软的绿呀，绿的是一片，绿的却不安于一片；它无端的皱起来了。如絮的微痕，界出无数片的绿；闪闪闪闪的，像好看的眼睛。湖边系着一只小船，四面却没有一个人，我听见自己的呼吸。想起"野渡无人舟自横"的诗，真觉物我双忘了。

好了，我也该下桥去了；春晖中学校还没有看见呢。弯了两个弯儿，又过了一重桥。当面有山挡住去路；山旁只留着极狭极狭的小径。挨着小径，抹过山角，豁然开朗；春晖的校舍和历落的几处人家，都已在望了。远远看去，房屋的布置颇疏散有致，决无拥挤、局促之感。我缓缓走到校前，白马湖的水也跟我缓缓的流着。我碰着丏尊先生。他引我过了一座水门汀的桥，便到了校里。校里最多的是湖，三面潺潺的流着；其次是草地，看过去芊芊的一片。我是常住城市的人，到了这种空旷的地方，有莫名的喜悦！乡下人初进城，往往有许多的惊异，供给笑话的材料；我这城里人下乡，却也有许多的惊异——我的可笑，或者竟不下于初进城的乡下人。闲言少叙，且说校里的房屋、格式、布置固然疏落有味，便是里面的用具，也无一不显出巧妙的匠意；决无笨伯的手泽。晚上我到几位同事家去看，壁上有书有画，布置井井，令人耐坐。这种情形正与学校的布置、自然界的布置是一致的。美的一致，一致的美，是春晖给我的第一件礼物。

有话即长，无话即短，我到春晖教书，不觉已一个月了。在这一个月里，我虽然只在春晖登了十五日（我在宁波四中兼课），但觉甚是亲密。因为在这里，真能够无町畦。我看不出什么界线，因而也用不着什么防备，什么顾忌；我只照我所喜欢的做就是了。这就是自由了。从前我到别处教书时，总要做几个月的"生客"，然后才能坦然。对于"生客"的猜疑，本是原始社会的遗形物，其故在于不相知。这在现社会，也不能免的。但在这里，因为没有层迭的历史，又结合比较的单纯，故没有这种习染。这是我所深愿的！这里的教师与学生，也没有什么界限。在一般学校里，师生之间往往隔开一无形界限，这是最足减少教育效力的事！学生对于教师，"敬鬼神而远之"；教师对于学生，尔为尔，我为我，休戚不关，理乱不闻！这样两橛的形势，如何说得到人格感化？如何说得到"造成健全人格"？这里的师生却没有这样情形。无论何时，都可自由说话；一切事务，常常通力合作。校里只有协治会而没有自治会。感情既无隔阁，事务自然都开诚布公，无所用其躲闪。学生因无须矫情饰伪，故甚活泼有意思。又因能顺全天性，不遭压抑；加以自然界的陶冶：故趣味比较纯正。也有太随便的地方，如有几个人上课时喜欢谈闲天，有几个人喜欢吐痰在地板上，但这些总容易矫正的。春晖给我的第二件礼物是真诚，一致的真诚。

春晖是在极幽静的乡村地方，往往终日看不见一个外人！寂寞是小事；在学生的修养上却有了问题。现在的生活中心，是城市而非乡村。乡村生活的修养能否适应城市的生活，这是一个问题。此地所说适应，只指两种意思：一是抵抗诱惑，二是应付环境——明白些说，就是应付人，应付物。乡村诱惑少，不能养成定力；在乡村是好人的，将来一入城市做事，或者竟抵挡不住。从前某禅师在山中修道，道行甚高；一旦入闹市，"看见粉白黛绿，心便动了"。这话看来有理，但我以为其实无妨。就一般人而论，抵抗诱惑的力量大抵和性格、年龄、学识、经济力等有"相当"的关系。除经济力与年龄外，性格、学识，都可用教育的力量提高它，这样增加抵抗诱惑的力量。提高的意思，说得明白些，便是以高等的趣味替代低等的趣味；养成优良的习惯，使不良的动机不容易有效。用了这种方法，学生达到高中毕业的年龄，也总该有相当的抵抗力了；入城市生活又何妨？（不及初中毕业时者，因初中毕业，仍须续入高中，不必自己挣扎，故不成问题。）有了这种抵抗力，虽还有经济力可以作祟，但也不能有大效。前面那禅师所以不行，一因他过的是孤独的生活，故反动力甚大；一因他只知克制，不知替代，故外力一强，便"虎兕出于柙"了！这岂可与现在这里学生的乡村生活相提并论呢？至于应付环境，我以为应付物是小问题，可以随时指导；而且这与乡村、城市无大关系。我是城市的人，但初到上海，也曾因不会乘电车而跌了一跤，跌得皮破血流；这与乡下诸公又差得几何呢？若说应付人，无非是机心！什么"逢人只说三分话，未可全抛一片心"，便是代表的教训。教育有改善人心的使命；这种机心，有无养成的必要，是一个问题。姑不论这个，要养成这种机心，也非到上海这种地方去不成；普通城市正和乡村一样，是没有什么帮助的。凡以上所说，无非要使大家相信，这里的乡村生活的修养，并不一定不能适应将来城市的生活。况且我们还可以举行旅行，以资调剂呢。况且城市生活的修养，虽自有它的好处；但也有流弊。如诱惑太多，年龄太小或性格未佳的学生，或者转易陷溺——那就不但不能磨练定力，反早早的将定力丧失了！所以城市生活的修养不一定比乡村生活的修养有效。——只有一层，乡村生活足以减少少年人的进取心，这却是真的！

说到我自己，却甚喜欢乡村的生活，更喜欢这里的乡村的生活。我是在狭的笼的城市里生长的人，我要补救这个单调的生活，我现在住在繁嚣的都市里，我要以闲适的境界调和它。我爱春晖的闲适！闲适的生活可说是春晖给我的第三件礼物！

我已说了我的"春晖的一月"；我说的都是我要说的话。或者有人说，赞美多而劝勉少，近乎"戏台里喝彩"！假使这句话是真的，我要切实声明：我的多赞美，必是情不自禁之故，我的少劝勉，或是观察时期太短之故。

正义

朱自清

人间的正义是在哪里呢？

正义是在我们的心里！从明哲的教训和见闻的意义中，我们不是得着大批的正义么？但白白的搁在心里，谁也不去取用，却至少是可惜的事。两石白米堆在屋里，总要吃它干净，两箱衣服堆在屋里，总要轮流穿换，一大堆正义却扔在一旁，满不理会，我们真大方，真舍得！看来正义这东西也真贱，竟抵不上白米的一个尖儿，衣服的一个扣儿。——爽性用它不着，倒也罢了，谁都又装出一副发急的样子，张张皇皇的寻觅着。这个葫芦里卖的什么药？我的聪明的同伴呀，我真想不通了！

我不曾见过正义的面，只见过它的弯曲的影儿——在"自我"的唇边，在"威权"的面前，在"他人"的背后。

正义可以做幌子，一个漂亮的幌子，所以谁都愿意念着它的名字。"我是正经人，我要做正经事"，谁都向他的同伴这样隐隐的自诩着。但是除了用以"自诩"之外，正义对于他还有什么作用呢？他独自一个时，在生人中间时，早忘了它的名字，而去创造"自己的正义"了！他所给予正义的，只是让它的影儿在他的唇边闪烁一番而已。但是，这毕竟不算十分孤负正义，比那凭着正义的名字以行罪恶的，还胜一筹。可怕的正是这种假名行恶的人。他嘴里唱着正义的名字，手里却满满的握着罪恶；他将这些罪恶送给社会，粘上金碧辉煌的正义的签条送了去。社会凭着他所唱的名字和所粘的签条，欣然受了这份礼；就是明知道是罪恶，也还是欣然受了这份礼！易卜生"社会栋梁"一出戏，就是这种情形。这种人的唇边，虽更频繁的闪烁着正义的弯曲的影儿，但是深藏在他们心底的正义，只怕早已霉了，烂了，且将毁灭了。在这些人里，我见不着正义！

在亲子之间，师傅学徒之间，军官兵士之间，上司属僚之间，似乎有正义可见了，但是也不然。卑幼大抵顺从他们长上的，长上要施行正义于他们，他们诚然是不"能"违抗的——甚至"父教子死，子不得不死"一类话也说出来了。他们发现有形的扑鞭和无形的赏罚在长上们的背后，怎敢去违抗呢？长上们凭着威权的名字施行正义，他们怎敢不遵呢？但是你私下问他们，"信么？服么？"他们必摇摇他们的头，甚至还奋起他们的双拳呢！这正是因为长上们不凭着正义的名字而施行正义的缘故了。这种正义只能由长上行于卑幼，卑幼是不能行于长上的，所以是偏颇的；这种正义只能施于卑幼，而不能施于他人，所以是破碎的；这种正义受着威权的鼓弄，有时不免要扩大到它的应有的轮廓之外，那时它又是肥大的。这些仍旧只是正义的弯曲的影儿。不凭着正义的名字而施行正义，我在这等人里，仍旧见不着它！

在没有威权的地方，正义的影儿更弯曲了。名位与金钱的面前，正义只剩淡如水的微痕了。你瞧现在一班大人先生见了所谓督军等人的劲儿！他们未必愿意如此的，但是一当了面，估量着对手的名位，就不免心里一软，自然要给他一些面子——于是不知不觉的就敷衍起来了。至于平常的人，偶然见了所谓名流，也不免要吃一惊，那时就是心里有一百二十个不以为然，也只好姑且放下，另做出一番"足恭"的样子，以表倾慕之诚。所以一班达官通人，差不多是正义的化外之民，他们所做的都是合于正义的，乃至他们所做的就是正义了！——在他们实在无所谓正义与否了。呀！这样，正义岂不已经沦亡了？却又不然。须知我只说"面前"是无正义的，"背后"的正义却幸而还保留着。社会的维持，大部分或者就靠着这背后的正义罢。但是背后的正义，力量究竟是有限的，因为隔开一层，不由的就单弱了。一个为富不仁的人，背后虽然免不了人们的指摘，面前却只有恭敬。一个华服翩翩的人，犯了违警律，就是警察也要让他五分。这就是我们的正义了！我们的正义百分之九十九是在背后的，而在极亲近的人间，有时连这个背后的正义也没有！因为太亲近了，什么也可以原谅了，什么也可以马虎了，正义就任怎么弯曲也可以了。背后的正义只有存生疏的人们间。生疏的人们间，没有什么密切的关系，自然可以用上正义这个幌子。至于一定要到背后才叫出正义来，那全是为了情面的缘故。情面的根柢大概也是一种同情，一种廉价的同情。现在的人们只喜欢廉价的东西，在正义与情面两者中，就尽先取了情面，而将正义放在背后。在极亲近的人间，情面的优先权到了最大限度，正义就几乎等于零，就是在背后也没有了。背后的正义虽也有相当的力量，但是比起面前的正义就大大的不同，启发与戒惧的功能都如搀了水的薄薄的牛乳似的——于是仍旧只算是一个弯曲的影儿。在这些人里，我更见不着正义！

人间的正义究竟是在哪里呢？满藏在我们心里！为什么不取出来呢？它没有优先权！在我们心里，第一个尖儿是自私，其余就是威权，势力，亲疏，情面等等；等到这些角色——演毕，才轮得到我们可怜的正义。你想，时候已经晚了，它还有出台的机会么？没有！所以你要正义出台，你就得排除一切，让它做第一个尖儿。

你得凭着它自己的名字叫它出台。你还得抖擞精神，准备一副好身手，因为它是初出台的角儿，捣乱的人必多，你得准备着打——不打不成相识呀！打得站住了脚携住了手，那时我们就能从容的瞻仰正义的面目了。

说胡萝卜

张爱玲

有一天，我们饭桌上有一样萝卜煨肉汤。我问我姑姑："洋花萝卜跟胡萝卜都是古时候从外国传进来的吧？"她说："别问我这些事。我不知道。"她想了一想，接下去说道：

"我第一次同胡萝卜接触，是小时候养'叫油子'，就喂它胡萝卜。还记得那时候奶奶（指我的祖母）总是把胡萝卜一切两半，再对半一切，塞在笼子里，大约那样算切得小了。——要不然我们吃的菜里是向来没有胡萝卜这样东西的。——为什么给'叫油子'吃这个，我也不懂。"

我把这一席话暗暗记下，一字不移的写下来，看看忍不住要笑，因为只消加上"说胡萝卜"的标题，就是一篇时髦的散文，虽说不上冲淡隽永，至少放在报章杂志里也可以充充数。而且妙在短——才抬头，已经完了，更使人低徊不已。

到底是上海人

张爱玲

　　一年前回上海来，对于久违了的上海人的第一个印象是白与胖。在香港，广东人十有八九是黝黑瘦小的，印度人还要黑，马来人还要瘦。看惯了他们，上海人显得个个肥白如瓠，像代乳粉的广告。

　　第二个印象是上海人之"通"。香港的大众文学可以用脍炙人口的公共汽车站牌"如要停车，乃可在此"为代表。上海就不然了。初到上海，我时常由心里惊叹出来："到底是上海人！"我去买肥皂，听见一个小学徒向他的同伴解释："嗯，就是'张勋'的'勋'，'功勋'的'勋'，不是'熏风'的'熏'。"《新闻报》上登过一家百货公司的开幕广告，开骈散并行的阳湖派体裁写出切实动人的文字，关于选择礼品不当的危险，结论是："友情所系，讵不大哉！"似乎是讽刺，然而完全是真话，并没有夸大性。

　　上海人之"通"并不限于文理清顺，世故练达。到处我们可以找到真正的性灵文字。去年的小报上有一首打油诗，作者是谁我已经忘了，可是那首诗我永远忘不了。两个女伶请作者吃了饭，于是他就做诗了："樽前相对两头牌，张女云姑一样佳。塞饱肚皮连赞道：难觅任使踏穿鞋！"多么可爱的，曲折的自我讽嘲！这里面有无可奈何，有容忍与放任——由疲乏而产生的放任，看不起人，也不大看得起自己。然而对于人与己依旧保留着亲切感。更明显的表示那种态度的有一副对联，是我在电车上看见的，用指甲在车窗的黑漆上刮出字来："公婆有理，男女平权"。一向是"公说公有理，婆说婆有理"。由他们去罢！各有各的理。"男女平等"，闹了这些年，平等就平等罢！——又是由疲乏而起的放任。那种满脸油汗的笑，是标准中国幽默的特征。

上海人是传统的中国人加上近代高压生活的磨练。新旧文化种种畸形产物的交流，结果也许是不甚健康的，但是这里有一种奇异的智慧。

谁都说上海人坏，可是坏得有分寸。上海人会奉承，会趋炎附势，会混水里摸鱼，然而，因为他们有处世艺术，他们演得不过火。关于"坏"，别的我不知道，只知道一切的小说都离不了坏人。好人爱听坏人的故事，坏人可不爱听好人的故事。因此我写的故事里没有一个主角是个"完人"。只有一个女孩子可以说是合乎理想的，善良、慈悲、正大，但是，如果她不是长得美的话，只怕她有三分讨人厌。美虽美，也许读者们还是要向她比道："回到童话里去！"在《自雪公主》与《玻璃鞋》里，她有她的地盘。上海人不那么幼稚。

我为上海人写了一本香港传奇，包括《泥香屑》《一炉香》《二炉香》《荣莉香片》《心经》《玻璃瓦》《封锁》《倾城之恋》七篇。写它的时候，无时无刻不想到上海人，因为我是试着用上海人的观点来察看香港的。只有上海人能够懂得我的文不达意的地方。

我喜欢上海人，我希望上海人喜欢我的书。

月

巴金

每次对着长空的一轮皓月，我会想：在这时候某某人也在凭栏望月吗？

圆月犹如一面明镜，高悬在蓝空。我们的面影都该留在镜里吧，这镜里一定有某某人的影子。

寒夜对镜，只觉冷光扑面。面对凉月，我也有这感觉。

在海上，山间，园内，街中，有时在静夜里一个人立在都市的高高露台上，我望着明月，总感到寒光冷气侵入我的身子。冬季的深夜，立在小小庭院中望见落了霜的地上的月色，觉得自己衣服上也积了很厚的霜似的。

的确，月光冷得很。我知道死了的星球是不会发出热力的。月的光是死的光。

但是为什么还有姮娥奔月的传说呢？难道那个服了不死之药的美女便可以使这已死的星球再生么？或者她在那一面明镜中看见了什么人的面影吧。

做一个战士

巴金

一个年轻的朋友写信问我："应该做一个什么样的人？"我回答他："做一个战士。"

另一个朋友问我："怎样对付生活？"我仍旧答道："做一个战士。"

《战士颂》的作者曾经写过这样的话：

"我激荡在这绵绵不息、滂沱四方的生命洪流中，我就应该追逐这洪流，而且追过它，自己去造更广、更深的洪流。"

"我如果是一盏灯，这灯的用处便是照彻那多量的黑暗。我如果是海潮，便要鼓起波涛去洗涤海边一切陈腐的积物。"

这一段话很恰当的写出了战士的心情。

在这个时代，战士是最需要的。但是这样的战士并不一定要持枪上战场。他的武器也不一定是枪弹。他的武器还可以是知识、信仰和坚强的意志。他并不一定要流仇敌的血，却能更有把握的致敌人的死命。

战士是永远追求光明的。他并不躺在晴空下享受阳光，却在暗夜里燃起火炬，给人们照亮道路，使他们走向黎明。驱散黑暗，这是战士的任务。他不躲避黑暗，却要面对黑暗，跟躲藏在阴影里的魑魅、魍魉搏斗。他要消灭它们而取得光明。战士是不知道妥协的。他得不到光明便不会停止战斗。

战士是永远年轻的。他不犹豫，不休息。他深入人丛中，找寻苍蝇、毒蚊等等危害人类的东西。他不断的攻击它们，不肯与它们共同生存在一个天空下面。对于战士，生活就是不停的战斗。他不是取得光明而生存，便是带着满身伤疤而死去。在战斗中力量只有增长，信仰只有加强。在战斗中给战士指路的是"未来"，"未来"给人以希望和鼓舞。战士永远不会失去青春的活力。

战士是不知道灰心与绝望的。他甚至在失败的废墟上，还要堆起破碎的砖石重建九级宝塔。任何打击都不能击破战士的意志。只有在死的时候他才闭上眼睛。

战士是不知道畏缩的。他的脚步很坚定。他看定目标，便一直向前走去。他不怕被绊脚石摔倒，没有一种障碍能使他改变心思。假象绝不能迷住战士的眼睛，支配战士的行动的是信仰。他能够忍受一切艰难、痛苦，而达到他所选定的目标。除非他死，人不能使他放弃工作。

这便是我们现在需要的战士。这样的战士并不一定具有超人的能力。他是一个平凡的人。每个人都可以做战士，只要他有决心。所以我用"做一个战士"的话来激励那些在彷徨、苦闷中的年轻朋友。

我的母亲

胡适

我小时身体弱，不能跟着野蛮的孩子们一块儿玩。我母亲也不准我和他们乱跑乱跳。小时不曾养成活泼游戏的习惯，无论在什么地方，我总是文绉绉的。所以家乡老辈都说我"像个先生样子"，遂叫我做"穈先生"。这个绰号叫出去之后，人都知道三先生的小儿子叫做穈先生了，既有"先生"之名，我不能不装出点"先生"样子，更不能跟着顽童们"野"了。有一天，我在我家八字门口和一班孩子"掷铜钱"，一位老辈走过，见了我，笑道："穈先生也掷铜钱吗？"我听了羞愧得面红耳热，觉得太失了"先生"的身分！

大人们鼓励我装先生样子，我也没有嬉戏的能力和习惯，又因为我确是喜欢看书，所以我一生可算是不曾享过儿童游戏的生活。每年秋天，我的庶祖母同我到田里去"监割"（顶好的田，水旱无忧，收成最好，佃户每约田主来监割，打下谷子，两家平分），我总是坐在小树下看小说。十一二岁时，我稍活泼一点，居然和一群同学组织了一个戏剧班，做了一些木刀竹枪，借得了几副假胡须，就在村口田里做戏。我做的往往是诸葛亮、刘备一类的文角儿；只有一次我做史文恭，被花荣一箭从椅子上射倒下去，这算是我最活泼的玩艺儿了。

我在这九年（1895—1904）之中，只学得了读书写字两件事。在文字和思想（看文章）的方面，不能不算是打了一点儿底子。但别的方面都没有发展的机会。有一次我们村里"当朋"（八都凡五村，称为"五朋"，每年一村轮着做太子会，名为"当朋"），筹备太子会，有人提议要派我加入前村的昆腔队学习吹笙或吹笛。族里长辈反对，说我年纪太小，不能跟着太子会走遍五朋。于是我便失掉了这学习音乐的唯一机会。三十年来，我不曾拿过乐器，也全不懂音乐；究竟我有没有一点学音乐的天资，我至今还不知道。至于学图画，更是不可能的事。我常常用竹纸蒙在小说书的石印绘像上，摹画书上的英雄美人。有一天，被先生看见了，挨了一顿大骂，抽屉里的图画都被搜出撕毁了。于是我又失掉了学做画家的机会。

但这九年的生活，除了读书看书之外，究竟给了我一点儿做人的训练。在这一点上，我的恩师就是我的慈母。

每天天刚亮时，我母亲就把我喊醒，叫我披衣坐起。我从不知道她醒来坐了多久了。她看我清醒了，才对我说昨天我做错了什么事，说错了什么话，要我认错，要我用功读书。有时候她对我说父亲的种种好处，她说："你总要踏上你老子的脚步。我一生只晓得这一个完全的人，你要学他，不要跌他的股。"（跌股便是丢脸、出丑。）她说到伤心处，往往掉下泪来。到天大明时，她才把我的衣服穿好，催我去上早学。学堂门上的锁匙放在先生家里；我先到学堂门口一望，便跑到先生家里去敲门。先生家里有人把锁匙从门缝里递出来，我拿了跑回去，开了门，坐下念生书。十天之中，总有八九天我是第一个去开学堂门的。等到先生来了，我背了生书，才回家吃早饭。

我母亲管束我最严，她是慈母兼任严父。但她从来不在别人面前骂我一句，打我一下。我做错了事，她只对我一望，我看见了她的严厉眼光，就吓住了。犯的事小，她等到第二天早晨我睡醒时才教训我。犯的事大，她等到晚上人静时，关了房门，先责备我，然后行罚，或罚跪，或拧我的肉，无论怎样重罚，总不许我哭出声音来。她教训儿子不是借此出气叫别人听的。

有一个初秋的傍晚，我吃了晚饭，在门口玩，身上只穿着一件单背心。这时候我母亲的妹子玉英姨母在我家住，她怕我冷了，拿了一件小衫出来叫我穿上。我不肯穿，她说："穿上吧，凉了。"我随口回答："娘（凉）什么！老子都不老子呀。"我刚说了这句话，一抬头，看见母亲从家里走出，我赶快把小衫穿上。但她已听见这句轻薄的话了。晚上人静后，她罚我跪下，重重的责罚了一顿。她说："你没了老子，是多么得意的事！好用来说嘴！"她气得坐着发抖，也不许我上床去睡。我跪着哭，用手擦眼泪，不知擦进了什么微菌，后来足足害了一年多的眼翳病。医来医去，总医不好。我母亲心里又悔又急，听说眼翳可以用舌头舔去，有一夜她把我叫醒，她真用舌头舔我的病眼。这是我的严师，我的慈母。

我母亲23岁做了寡妇，又是当家的后母。这种生活的痛苦，我的笨笔写不出万分之一二。家中经济本不宽裕，全靠二哥在上海经营调度。大哥从小就是败子，吸鸦片烟，赌博，钱到手就光，光了就回家打主意，见了香炉就拿出去卖，捞着锡茶壶就拿出去押。我母亲几次邀了本家长辈来，给他定下每月用费的数目。但他总不够用，到处都欠下烟债赌债。

每年除夕我家中总有一大群讨债的，每人一盏灯笼，坐在大厅上不肯去。大哥早已避出去了。大厅的两排椅子上满满的都是灯笼和债主。我母亲走进走出，料理年夜饭、谢灶神、压岁钱等事，只当做不曾看见这一群人。到了近半夜，快要"封门"了，我母亲才走后门出去，央一位邻舍本家到我家来，每一家债户开发一点钱。做好做歹的，这一群讨债的才一个一个提着灯笼走出去。一会儿，大哥敲门回来了。我母亲从不骂他一句。并且因为是新年，她脸上从不露出一点怒色。这样的过年，我过了六七次。

大嫂是个最无能而又最不懂事的人，二嫂是个很能干而气量很窄小的人。她们常常闹意见，只因为我母亲的和气榜样，她们还不曾有公然相打相骂的事。她们闹气时，只是不说话，不答话，把脸放下来，叫人难看；二嫂生气时，脸色变青，更是怕人。她们对我母亲闹气时，也是如此。我起初全不懂得这一套，后来也渐渐懂得看人的脸色了。我渐渐明白，世间最可厌恶的事莫如一张生气的脸；世间最下流的事莫如把生气的脸摆给旁人看。这比打骂更难受。

我母亲的气量大，性子好，又因为做了后母后婆，她更事事留心，事事格外容忍。大哥的女儿比我只小一岁，她的饮食衣料总是和我的一样。我和她有小争执，总是我吃亏，母亲总是责备我，要我事事让她。后来大嫂、二嫂都生了儿子了，她们生气时便打骂孩子来出气，一面打，一面用尖刻有刺的话骂给别人听。我母亲只装做没听见。有时候，她实在忍不住了，便悄悄走出门去，或到左邻立大嫂家去坐一会，或走后门到后邻度嫂家去闲谈。她从不和两个嫂子吵一句嘴。

每个嫂子一生气，往往十天半个月不歇，天天走进走出，板着脸，咬着嘴，打骂小孩子出气。我母亲只忍耐着，忍到实在不可再忍的一天，她也有她的法子。这一天的天明时，她便不起床，轻轻的哭一场。她不骂一个人，只哭她的丈夫，哭她自己命苦，留不住她丈夫来照管她。她刚哭时，声音很低，渐渐哭出声来。我醒了起来劝她，她不肯住。这时候，我总听得见前堂（二嫂住前堂东房）或后堂（大嫂住后堂西房）有一扇房门开了，一个嫂子走出房向厨房走去。

不多一会，那位嫂子来敲我们的房门了。我开了房门，她走进来，捧着一碗热茶，送到我母亲床前，劝她止哭，请她喝口热茶。我母亲慢慢止住哭声，伸手接了茶碗。那位嫂子站着劝一会，才退出去，没有一句话提到什么人，也没有一个字提到这十天半个月来的气脸，然而各人心里明白，泡茶进来的嫂子总是那十天半个月来闹气的人。奇怪的很，这一哭之后，至少有一两个月的太平清净日子。

我母亲待人最仁慈，最温和，从来没有一句伤人感情的话。但她有时候也很有刚气，不受一点人格上的侮辱。我家五叔是个无正业的浪人，有一天在烟馆里发牢骚，说我母亲家中有事总请某人帮忙，大概总有什么好处给他。这句话传到了我母亲耳朵里，她气得大哭，请了几位本家来，把五叔喊来，她当面质问他她给了某人什么好处。直到五叔当众认错赔罪，她才罢休。

我在我母亲的教训之下度过了少年时代，受了她的极大极深的影响。我 14 岁（其实只有 12 岁零两三个月）就离开她了。在这广漠的人海里独自混了二十多年，没有一个人管束过我。如果我学得了一丝一毫的好脾气，如果我学得了一点点待人接物的和气，如果我能宽恕人，体谅人——我都得感谢我的慈母。

汤包

梁实秋

说起玉华台，这个馆子来头不小，是东堂子胡同杨家的厨子出来经营掌勺。他的手艺高强，名作很多，所做的汤包，是故都的独门绝活。

包子算得什么，何地无之？但是风味各有不同。上海沈大成、北万馨、五芳斋所供应的早点汤包，是令人难忘的一种。包子小，小到只好一口一个，但是每个都包得俏式，小蒸笼里垫着松针（可惜松针时常是用得太久了一些），有卖相。名为汤包，实际上包子里面并没有多少汤汁，倒是外附一碗清汤，表面上浮着六条八条的蛋皮丝，有人把包子丢在汤里再吃，成为名副其实的汤包了。这种小汤包馅子固然不恶，妙处却在包子皮，半发半不发，薄厚适度，制作上颇有技巧。台北也有人仿制上海式的汤包，得其仿佛，已经很难得了。

天津包子也是远近驰名的，尤其是狗不理的字号十分响亮。其实不一定要到狗不理去，搭平津火车一到天津西站就有一群贩卖包子的高举笼屉到车窗前，伸胳膊就可以买几个包子。包子是扁扁的，里面确有比一般为多的汤汁，汤汁中有几块碎肉葱花。有人到铺子里吃包子，才出笼的，包子里的汤汁曾有烫了脊背的故事，因为包子咬破，汤汁外溢，流到手掌上，一举手乃顺着胳膊流到脊背。不知道是否真有其事，不过天津包子确是汤汁多，吃的时候要小心，不烫到自己的脊背，至少可以溅到同桌食客的脸上，相传的一个笑话：两个不相识的人据一张桌子吃包子，其中一位一口咬下去，包子里的一股汤汁直飚过去，把对面客人喷了个满脸花。肇事的这一位并未觉察，低头猛吃。对面那一位很沉得住气，不动声色。堂倌在一旁看不下去，赶快拧了一个热手巾把送了过去，客徐曰："不忙，他还有两个包子没吃完哩。"

玉华台的汤包才是真正的含着一汪子汤。一笼屉里放七八个包子，连笼屉上桌，热气腾腾，包子底下垫着一块蒸笼布，包子扁扁的塌在蒸笼布上。取食的时候要眼明手快，抓住包子的皱褶处猛然提起，包子皮骤然下坠，像是被婴儿吮瘪了的乳房一样，趁包子没有破裂赶快放进自己的碟中，轻轻咬破包子皮，把其中的汤汁吸饮下肚，然后再吃包子的空皮。没有经验的人，看着笼里的包子，又怕烫手，又怕弄破包子皮，犹犹豫豫，结果大概是皮破汤流，一塌糊涂。有时候堂倌代为抓取。其实吃这种包子，其乐趣一大部分就在那一抓一吸之间。包子皮是烫面的，比烫面饺的面还要稍硬一点，否则包不住汤。那汤原是肉汁冻子，打进肉皮一起煮成的，所以才能凝结成为包子馅。汤里面可以看得见一些碎肉渣子。这样的汤味道不会太好。我不大懂，要喝汤为什么一定要灌在包子里然后再喝。

秋天的况味

林语堂

　　秋天的黄昏，一人独坐在沙发上抽烟，看烟头白灰之下露出红光，微微透露出暖气，心头的情绪便跟着那蓝烟缭绕而上，一样的轻松，一样的自由。不转眼缭烟变成缕缕的细丝，慢慢不见了，而那霎时，心上的情绪也跟着消沉于大千世界，所以也不讲那时的情绪，而只讲那时的情绪的况味。待要再划一根洋火，再点起那已点过三四次的雪茄，却因白灰已积得太多，点不着，乃轻轻的一弹，烟灰静悄悄的落在铜炉上，其静寂如同我此时用毛笔写在纸上一样，一点的声息也没有。于是再点起来，一口一口的吞云吐雾，香气扑鼻，宛如偎红倚翠温香在抱的情调。于是想到烟，想到这烟一股温煦的热气，想到室中缭绕黯淡的烟霞，想到秋天的意味。

　　这时才忆起，向来诗文上秋的含义，并不是这样的，使人联想的是肃杀，是凄凉，是秋扇，是红叶，是荒林，是姜草。然而秋确有另一意味，没有春天的阳气勃勃，没有夏天的炎烈迫人，也不像冬天之全入于枯槁凋零。

我所爱的是秋林古气磅礴气象。有人以老气横秋骂人，可见是不懂得秋林古色之滋味。在四时中我于秋是有偏爱的，所以不妨说说。

秋是代表成熟，对于春天之明媚妖艳，夏日之茂密浓深，都是过来人，不足为奇了，所以其色淡，叶多黄，有古色苍茏之概，不单以葱翠争荣了。这是我所谓秋天的意味。大概我所爱的不是晚秋，是初秋，那时暄气初消，月正圆，蟹正肥，桂花皎洁，也未陷入凛冽萧瑟气态，这是最值得赏乐的。那时的温和，如我烟上的红灰，只是一股熏热的温香罢了。或如文人已摆脱下笔惊人的格调，而渐趋纯熟练达，宏毅坚实，其文读来有深长意味。这就是庄子所谓"正得秋而万宝成"结实的意义。在人生上最享乐的就是这一类的事。比如酒以醇以老为佳。烟也有和烈之辨。雪茄之佳者，远胜于香烟，因其意味较和。倘是烧的得法，慢慢的吸完一支，看那红光炙发，有无穷的意味。鸦片吾不知，然看见人在烟灯上烧，听那微微毕剥的声音，也觉得有一种诗意。

大概凡是古老，纯熟，熏黄，熟练的事物，都使我得到同样的愉快。如一只熏黑的陶锅在烘炉上用慢火炖猪肉时所发出的锅中徐吟的声调，是使我感到同观人烧大烟一样有兴趣。或如一本用过二十年而尚未破烂的字典，或是一张用了半世的书桌，或如看见街上一块熏黑了老气横秋的招牌，或是看见书法大家苍劲雄浑的笔迹，都令人有相同的快乐。

人生在世如岁月之有四时，必须要经过这纯熟时期，如女人发育健全遭遇安顺的，亦必有一时徐娘半老的风韵，为二八佳人所绝不可及者。使我最佩服的是邓肯的佳句："世人只会吟咏春天与恋爱，真无道理。须知秋天的景色，更华丽，更恢宏，而秋天的快乐有万倍的雄壮、惊奇、艳丽。我真可怜那些妇女识见偏狭，使她们错过爱之秋天的宏大的赠赐。"若邓肯者，可谓识趣之人。

读书的艺术（节选）

林语堂

　　读书或书籍的享受素来被视为有修养的生活上的一种雅事，而在一些不大有机会享受这种权利的人们看来，这是一种值得尊重和妒忌的事。当我们把一个不读书者和一个读书者的生活上的差异比较一下，这一点便很容易明白。那个没有养成读书习惯的人，以时间和空间而言，是受着他眼前的世界所禁锢的。他的生活是机械化的，刻板的；他只跟几个朋友和相识者接触谈话，他只看见他周遭所发生的事情。他在这个监狱里是逃不出去的。可是当他拿起一本书的时候，他立刻走进一个不同的世界；如果那是一本好书，他便立刻接触到世界上一个最健谈的人。这个谈话者引导他前进，带他到一个不同的国度或不同的时代，或者对他发泄一些私人的悔恨，或者跟他讨论一些他从来不知道的学问或生活问题。一个古代的作家使读者随一个久远的死者交通；当他读下去的时候，他开始想象那个古代的作家相貌如何，是哪一类的人。孟子和中国最伟大的历史家司马迁都表现过同样的观念。一个人在十二小时之中，能够在一个不同的世界里生活二小时，完全忘怀眼前的现实环境：这当然是那些禁锢在他们的身体监狱里的人所妒羡的权利。这么一种环境的改变，由心理上的影响说来，是和旅行一样的。

不但如此。读者往往被书籍带进一个思想和反省的境界里去。纵使那是一本关于现实事情的书，亲眼看见那些事情或亲历其境，和在书中读到那些事情，其间也有不同的地方，因为在书本里所叙述的事情往往变成一片景象，而读者也变成一个冷眼旁观的人。所以，最好的读物是那种能够带我们到这种沉思的心境里去的读物，而不是那种仅在报告事情的始末的读物。我认为人们花费大量的时间去阅读报纸，并不是读书，因为一般阅报者大抵只注意到事件发生或经过的情形的报告，完全没有沉思默想的价值。

据我看来，关于读书的目的，宋代的诗人和苏东坡的朋友黄山谷所说的话最妙。他说："三日不读，便觉语言无味，面目可憎"。他的意思当然是说，读书使人得到一种优雅和风味，这就是读书的整个目的，而只有抱着这种目的的读书才可以叫做艺术。一人读书的目的并不是要"改进心智"，因为当他开始想要改进心智的时候，一切读书的乐趣便丧失净尽了。他对自己说："我非读莎士比亚的作品不可，我非读索福客俪（Sophocles）的作品不可，我非读伊里奥特博士（Dr.Eliot）的《哈佛世界杰作集》不可，使我能够成为有教育的人。"我敢说那个人永远不能成为有教育的人。他有一天晚上会强迫自己去读莎士比亚的《哈姆雷特》（Hamlet），读毕好像由一个噩梦中醒转来，除了可以说他已经"读"过《哈姆雷特》之外，并没有得到什么益处。一个人如果抱着义务的意识去读书，便不了解读书的艺术。这种具有义务目的的读书法，和一个参议员在演讲之前阅读文件和报告是相同的。这不是读书，而是寻求业务上的报告和消息。

所以，依黄山谷氏的说话，那种以修养个人外表的优雅和谈吐的风味为目的的读书，才是唯一值得嘉许的读书法。这种外表的优雅显然不是指身体上之美。黄氏所说的"面目可憎"，不是指身体上的丑陋。丑陋的脸孔有时也会有动人之美，而美丽的脸孔有时也会令人看来讨厌。我有一个中国朋友，头颅的形状像一颗炸弹，可是看到他却使人欢喜。据我在图画上所看见的西洋作家，脸孔最漂亮的当推吉斯透顿。他的髭须，眼镜，又粗又厚的眉毛，和两眉间的皱纹，合组而成一个恶魔似的容貌。我们只觉得那个头额中有许许多多的思念在转动着，随时会由那对古怪而锐利的眼睛里迸发出来。那就是黄氏所谓美丽的脸孔，一个不是脂粉装扮起来的脸孔，而是纯然由思想的力量创造起来的脸孔。讲到谈吐的风味，那完全要看一个人读书的方法如何。一个人的谈吐有没有"味"，完全要看他的读书方法。如果读者获得书中的"味"，他便会在谈吐中把这种风味表现出来；如果他的谈吐中有风味，他在写作中也免不了会表现出风味来。

所以，我认为风味或嗜好是阅读一切书籍的关键。这种嗜好跟对食物的嗜好一样，必然是有选择性的，属于个人的。吃一个人所喜欢吃的东西终究是最合卫生的吃法，因为他知道吃这些东西在消化方面一定很顺利。读书跟吃东西一样，"在一人吃来是补品，在他人吃来是毒质。"教师不能以其所好强迫学生去读，父母也不能希望子女的嗜好和他们一样。如果读者对他所读的东西感不到趣味，那么所有的时间全都浪费了。袁中郎曰："所不好之书，可让他人读之。"

所以，世间没有什么一个人必读之书。因为我们智能上的趣味像一棵树那样的生长着，或像河水那样的流着。只要有适当的树液，树便会生长起来，只要泉中有新鲜的泉水涌出来，水便会流着。当水流碰到一个花岗岩石时，它便由岩石的旁边绕过去；当水流涌到一片低洼的溪谷时，它便在那边曲曲折折的流着一会儿；当水流涌到一个深山的池塘时，它便恬然停驻在那边；当水流冲下急流时，它便赶快向前涌去。这么一来，虽则它没有费什么气力，也没有一定的目标，可是它终究有一天会到达大海。世上无人人必读的书，只有在某时某地，某种环境，和生命中的某个时期必读的书。我认为读书和婚姻一样，是命运注定的或阴阳注定的。纵使某一本书，如《圣经》之类，是人人必读的，读这种书也有一定的时候。当一个人的思想和经验还没有达到阅读一本杰作的程度时，那本杰作只会留下不好的滋味。孔子曰："五十以学《易》。"便是说，四十五岁时候尚不可读《易经》。孔子在《论语》中的训言的冲淡温和的味道，以及他的成熟的智慧，非到读者自己成熟的时候是不能欣赏的。

且同一本书，同一读者，一时可读出一时之味道来。其景况适如看一名人相片，或读名人文章，未见面时，是一种味道，见了面交谈之后，再看其相片，或读其文章，自有另外一层深切的理会。或是与其人绝交以后，看其照片，读其文章，亦另有一番味道。四十学《易》是一种味道，到五十岁看过更多的人世变故的时候再去学《易》，又是一种味道。所以，一切好书重读起来都可以获得益处和新乐趣。我在大学的时代被学校强迫去读《西行记》（"Westward Ho！"）和《亨利埃士蒙》（"Henry Esmond"），可是我在十余岁时候虽能欣赏《西行记》的好处，《亨利埃士蒙》的真滋味却完全体会不到，后来渐渐回想起来，才疑心该书中的风味一定比我当时所能欣赏的还要丰富得多。

人生识字胡涂始

鲁迅

中国的成语只有"人生识字忧患始"，这一句是我翻造的。

孩子们常常给我好教训，其一是学话。他们学话的时候，没有教师，没有语法教科书，没有字典，只是不断的听取，记住，分析，比较，终于懂得每个词的意义，到得两三岁，普通的简单的话就大概能够懂，而且能够说了，也不大有错误。小孩子往往喜欢听人谈天，更喜欢陪客，那大目的，固然在于一同吃点心，但也为了爱热闹，尤其是在研究别人的言语，看有什么对于自己有关系——能懂，该问，或可取的。

我们先前的学古文也用同样的方法，教师并不讲解，只要你死读，自己去记住，分析，比较去。弄得好，是终于能够有些懂，并且竟也可以写出几句来的，然而到底弄不通的也多得很。自以为通，别人也以为通了，但一看底细，还是并不怎么通，连明人小品都点不断的，又何尝少有？人们学话，从高等华人以至下等华人，只要不是聋子或哑子，学不会的是几乎没有的，一到学文，就不同了，学会的恐怕不过极少数，就是所谓学会了的人们之中，请恕我坦白的再来重复的说一句罢，大约仍然胡胡涂涂的还是很不少。这自然是古文作怪。因为我们虽然拼命的读古文，但时间究竟是有限的，不像说话，整天的可以听见；而且所读的书，也许是《庄子》和《文选》呀，《东莱博议》呀，《古文观止》呀，从周朝人的文章，一直读到明朝人的文章，非常驳杂，脑子给古今各种马队践踏了一通之后，弄得乱七八遭，但蹄迹当然是有些存留的，这就是所谓"有所得"。这一种"有所得"当然不会清清楚楚，大概是似懂非懂的居多，所以自以为通文了，其实却没有通，自以为识字了，其实也没有识。自己本是胡涂的，写起文章来自然也胡涂，读者看起文章来，自然也不会倒明白。然而无论怎样的胡涂文作者，听他讲话，却大抵清楚，不至于令人听不懂的——除了故意大显本领的讲演之外。因此我想，这"胡涂"的来源，是在识字和读书。

例如我自己，是常常会用些书本子上的词汇的。虽然并非什么冷僻字，或者连读者也并不觉得是冷僻字。然而假如有一位精细的读者，请了我去，交给我一枝铅笔和一张纸，说道，"您老的文章里，说过这山是'峻嶒'的，那山是'巉岩'的，那究竟是怎么一副样子呀？您不会画画儿也不要紧，就钩出一点轮廓来给我看看罢。

请，请，请……"这时我就会腋下出汗，恨无地洞可钻。因为我实在连自己也不知道"崚嶒"和"巉岩"究竟是什么样子，这形容词，是从旧书上钞来的，向来就并没有弄明白，一经切实的考查，就糟了。此外如"幽婉"，"玲珑"，"蹒跚"，"喁喁"……之类，还多得很。

　　说是白话文应该"明白如话"，已经要算唱厌了的老调了，但其实，现在的许多白话文却连"明白如话"也没有做到。倘要明白，我以为第一是在作者先把似识非识的字放弃，从活人的嘴上，采取有生命的词汇，搬到纸上来；也就是学学孩子，只说些自己的确能懂的话。至于旧语的复活，方言的普遍化，那自然也是必要的，但一须选择，二须有字典以确定所含的意义，这是另一问题，在这里不说它了。

野草题辞

鲁迅

当我沉默着的时候，我觉得充实；我将开口，同时感到空虚。

过去的生命已经死亡。我对于这死亡有大欢喜，因为我借此知道它曾经存活。死亡的生命已经朽腐。我对于这朽腐有大欢喜，因为我借此知道它还非空虚。

生命的泥委弃在地面上，不生乔木，只生野草，这是我的罪过。

野草，根本不深，花叶不美，然而吸取露，吸取水，吸取陈死人的血和肉，各各夺取它的生存。当生存时，还是将遭践踏，将遭删刈，直至于死亡而朽腐。

但我坦然，欣然。我将大笑，我将歌唱。

我自爱我的野草，但我憎恶这以野草作装饰的地面。

地火在地下运行，奔突；熔岩一旦喷出，将烧尽一切野草，以及乔木，于是并且无可朽腐。

但我坦然，欣然。我将大笑，我将歌唱。

天地有如此静穆，我不能大笑而且歌唱。天地即不如此静穆，我或者也将不能。我以这一丛野草，在明与暗，生与死，过去与未来之际，献于友与仇，人与兽，爱者与不爱者之前作证。

为我自己，为友与仇，人与兽，爱者与不爱者，我希望这野草的朽腐，火速到来。要不然，我先就未曾生存，这实在比死亡与朽腐更其不幸。

去罢，野草，连着我的题辞！

希望

鲁迅

我的心分外的寂寞。

然而我的心很平安：没有爱憎，没有哀乐，也没有颜色和声音。

我大概老了。我的头发已经苍白，不是很明白的事么？我的手颤抖着，不是很明白的事么？那么，我的魂灵的手一定也颤抖着，头发也一定苍白了。

然而这是许多年前的事了。

这以前，我的心也曾充满过血腥的歌声：血和铁，火焰和毒，恢复和报仇。而忽而这些都空虚了，但有时故意的填以没奈何的自欺的希望。希望，希望，用这希望的盾，抗拒那空虚中的暗夜的袭来，虽然盾后面也依然是空虚中的暗夜。然而就是如此，陆续的耗尽了我的青春。

我早先岂不知我的青春已经逝去了？但以为身外的青春固在：星，月光，僵坠的胡蝶，暗中的花，猫头鹰的不祥之言，杜鹃的啼血，笑的渺茫，爱的翔舞……。虽然是悲凉漂渺的青春罢，然而究竟是青春。

然而现在何以如此寂寞？难道连身外的青春也都逝去，世上的青年也多衰老了么？

我只得由我来肉薄这空虚中的暗夜了。我放下了希望之盾，我听到 Petöfi Sándor（1823—1849）的"希望"之歌：

希望是甚么？是娼妓：她对谁都蛊惑，将一切都献给；待你牺牲了极多的宝贝——你的青春——她就弃掉你。

这伟大的抒情诗人，匈牙利的爱国者，为了祖国而死在可萨克兵的矛尖上，已经七十五年了。悲哉死也，然而更可悲的是他的诗至今没有死。

但是，可惨的人生！桀骜英勇如 Petöfi，也终于对了暗夜止步，回顾着茫茫的东方了。他说：绝望之为虚妄，正与希望相同。

倘使我还得偷生在不明不暗的这"虚妄"中，我就还要寻求那逝去的悲凉漂渺的青春，但不妨在我的身外。因为身外的青春倘一消灭，我身中的迟暮也即凋零了。

然而现在没有星和月光，没有僵坠的胡蝶以至笑的渺茫，爱的翔舞。然而青年们很平安。

我只得由我来肉薄这空虚中的暗夜了，纵使寻不到身外的青春，也总得自己来一掷我身中的迟暮。但暗夜又在那里呢？现在没有星，没有月光以至笑的渺茫和爱的翔舞；青年们很平安，而我的面前又竟至于并且没有真的暗夜。

　　绝望之为虚妄，正与希望相同！

南北的点心

周作人

中国地大物博，风俗与土产随地各有不同，因为一直缺少人纪录，有许多值得也是应该知道的事物，我们至今不能知道清楚，特别是关于衣食住的事项。我这里只就点心这个题目，依据浅陋所知，来说几句话，希望抛砖引玉，有旅行既广，游历又多的同志们，从各方面来报道出来，对于爱乡爱国的教育，或者也不无小补吧。

我是浙江东部人，可是在北京住了将近四十年，因此南腔北调，对于南北情形都知道一点，却没有深厚的了解。据我的观察来说，中国南北两路的点心，根本性质上有一个很大的区别。简单的下一句断语，北方的点心是常食的性质，南方的则是闲食。我们只看北京人家做饺子馄饨面总是十分茁实，馅决不考究，面用芝麻酱拌，最好也只是炸酱；馒头全是实心。本来是代饭用的，只要吃饱就好，所以并不求精。若是回过来走到东安市场，往五芳斋去叫了来吃，尽管是同样名称，做法便大不一样，别说蟹黄包干，鸡肉馄饨，就是一碗三鲜汤面，也是精细鲜美的。可是有一层，这决不可能吃饱当饭，一则因为价钱比较贵，二则昔时无此习惯。抗战以后上海也有阳春面，可以当饭了，但那是新时代的产物，在老辈看来，是不大可以为训的。我母亲如果在世，已有一百岁了，她生前便是绝对不承认点心可以当饭的，有时生点小毛病，不喜吃大米饭，随叫家里做点馄饨或面来充饥，即使一天里仍然吃过三回，她却总说今天胃口不开，因为吃不下饭去，因此可以证明那馄饨和面都不能算是饭。这种论断，虽然有点儿近于武断，但也可以说是有客观的佐证，因为南方的点心是闲食，做法也是趋于精细鲜美，不取茁实一路的。上文五芳斋固然是很好的例子，我还可以再举出南方做烙饼的方法来，更为具体，也有意思。我们故乡是在钱塘江的东岸，那里不常吃面食，可是有烙饼这物事。这里要注意的，是烙不读作"老"字音，乃是"洛"字入声，又名为山东饼，这证明原来是模仿大饼而做的，但是烙法却大不相同了，乡间卖馄饨面和馒头都分别有专门的店铺，唯独这烙饼只有摊，而且也不是每天都有，这要等待哪里有社戏，才有几个摆在戏台附近，供看戏的人买吃，价格是每个制钱三文，计油条价二文，葱酱和饼只要一文罢了。做法是先将原本两折的油条扯开，改作三折，在熬盘上烤焦，同时在预先做好的直径约二寸，厚约一分的圆饼上，满搽红酱和辣酱，撒上葱花，卷在油条外面，再烤一下，就做成了。它的特色是油条加葱酱烤过，香辣好吃，那所谓饼只是包裹油条的东西，乃是客而非主，拿来与北方原来的大饼相比，厚大如茶盘，卷上黄酱与大葱，大嚼一张，可供一饱，这里便显出很大的不同来了。

上边所说的点心偏于面食一方面，这在北方本来不算是闲食吧。此外还有一类干点心，北京称为饽饽，这才当作闲食，大概与南方并无什么差别。但是这里也有一点不同。据我的考察，北方的点心历史古，南方的历史新，古者可能还有唐宋遗制，新的只是明朝中叶吧。点心铺招牌上有常用的两句话，我想借来用在这里，似乎也还适当，北方可以称为"官礼茶食"，南方则是"嘉湖细点"。

我们这里且来作一点烦琐的考证，可以多少明白这时代的先后。查清顾张思的《土风录》卷六，"点心"条下云：小食曰点心，见《吴曾漫录》。唐郑傪为江淮留后，家人备夫人晨馔，夫人谓其弟曰："治妆未毕，我未及餐，尔且可点心。"俄而女仆请备夫人点心，傪诟曰："适已点心，今何得又请！"由此可知点心古时即是晨馔。同书又引周辉《北辕录》云："洗漱冠饰毕，点心已至。"后文说明点心中馒头馄饨包子等，可知说的是水点心，在唐朝已有此名了。茶食一名，据《土风录》云："干点心曰茶食，见宇文懋《昭金志》：'婿先期拜门，以酒馔往，酒三行，进大软脂、小软脂，如中国寒具，又进蜜糕，人各一盘，曰茶食。'"《北辕录》云："金国宴南使，未行酒，先设茶筵，进茶一盏，谓之茶食。"茶食是喝茶时所吃的，与小食不同，大软脂，大抵有如蜜麻花，蜜糕则明系蜜饯之类了。从文献上看来，点心与茶食两者原有区别，性质也就不同，但是后来早已混同了。本文中也就混用，那招牌上的话也只是利用现代文句，茶食与细点作同意语看，用不着再分析了。

我初到北京来的时候，随便在饽饽铺买点东西吃，觉得不大满意，曾经埋怨过这个古都市，积聚了千年以上的文化历史，怎么没有做出些好吃的点心来。老实说，北京的大八件小八件，尽管名称不同，吃起来不免单调，正和五芳斋的前例一样，东安市场内的稻香春所做的南式茶食，并不齐备，但比起来也显得花样要多些了。过去时代，皇帝向在京里，他的享受当然是很豪华的，却也并不曾创造出什么来，北海公园内旧有"仿膳"，是前清御膳房的做法，所做小点心，看来也是平常，只是做得小巧一点而已。南方茶食中有些东西，是小时候熟悉的，在北京都没有，也就感觉不满足，例如糖类的酥糖、麻片糖、寸金糖，片类的云片糕、椒桃片、松仁片，软糕类的松子糕、枣子糕、蜜仁糕、桔红糕等。此外有缠类，如松仁缠、核桃缠，乃是在于果上包糖，算是上品茶食，其实倒并不怎么好吃。南北点心粗细不同，我早已注意到了，但这是怎么一个系统，为什么有这差异？那我也没有法子去查考，因为孤陋寡闻，而且关于点心的文献，实在也不知道有什么书籍。但是事有凑巧，不记得是哪一年，或者什么原因了，总之见到几件北京的旧式点心，平常不大碰见，样式有点别致的，这使我忽然大悟，心想这岂不是在故乡见惯的"官礼茶食"么？故乡旧式结婚后，照例要给亲戚本家分"喜果"，一种是干果，计核桃、枣子、松子、棒子，讲究的加荔枝、桂圆。又一种是干点心，记不清它的名字。查范寅《越谚》饮食门下，记有金枣和珑缠豆两种，此外我还记得有佛手酥、菊花酥和蛋黄酥等三种。这种东西，平时不通销，店铺里也不常备，要结婚人家订购才有，样子虽然不差，但材料不大考究，即使是可以吃得的佛手酥，也总不及红绫饼或梁湖月饼，所以喜果送来，只供小孩们胡乱吃一阵，大人是不去染指的。可是这类喜果却大抵与北京的一样，而且结婚时节非得使用不可。云片糕等虽是比较要好，却是决不使用的。这是什么理由？这一类点心是中国旧有的，历代相承，使用于结婚仪式。一方面时势转变，点心上发生了新品种，然而一切仪式都是守旧的，不轻易容许改变，因此即使是送人的喜果，也有一定的规矩，要定做现今市上不通行了的物品来使用。同是一类茶食，在甲地尚在通行，在乙地已出了新的品种，只留着用于"官礼"，这便是南北点心情形不同的缘因了。

上文只说得"官礼茶食"，是旧式的点心，至今流传于北方。至于南方点心的来源，那还得另行说明。"嘉湖细点"这四个字，本是招牌和仿单上的口头禅，现在正好借用过来，说明细点的起源。因为据我的了解，那时期当为前明中叶，而地点则是东吴西浙，嘉兴湖州正是代表地方。我没有文书上的资料，来证明那时吴中饮食丰盛奢华的情形，但以近代苏州饮食风靡南方的事情来作比，这里有点类似。明朝自永乐以来，政府虽是设在北京，但文化中心一直还是在江南一带。那里官绅富豪生活奢侈，茶食一类也就发达起来。就是水点心，在北方作为常食的，也改作得特别精美，成为以赏味为目的的闲食了。这南北两样的区别，在点心上存在了很久，这里固然有风俗习惯的关系，一时不易改变；但在"百花齐放"的今日，这至少该得有一种进展了吧。其实这区别不在于质而只是量的问题，换一句话即是做法的一点不同而已，我们前面说过，家庭的鸡蛋炸酱面与五芳斋的三鲜汤面，固然是一例。此外则有大块粗制的窝窝头，与"仿膳"的一碟十个的小窝窝头，也正是一样的变化。北京市上有一种爱窝窝，以江米煮饭捣烂（即是糍粑）为皮，中裹糖馅，如元宵大小。李光庭在《乡言解颐》中说明它的起源云：相传明世中官有嗜之者，因名御爱窝窝，今但曰爱而已。这里便是一个例证，在明清两朝里，窝窝头一件食品，便发生了两个变化了。本来常食闲食，都有一定习惯，不易轻轻更变，在各处都一样是闲食的干点心则无妨改良一点做法，做得比较精美，在人民生活水平日益提高的现在，这也未始不是切合实际的事情吧。国内各地方，都富有不少有特色的点心，就只因为地域所限，外边人不能知道，我希望将来不但有人多多报道，而且还同土产果品一样，陆续输到外边来，增加人民的口福。

故都的秋

郁达夫

　　秋天，无论在什么地方的秋天，总是好的；可是啊，北国的秋，却特别地来得清，来得静，来得悲凉。我的不远千里，要从杭州赶上青岛，更要从青岛赶上北平来的理由，也不过想饱尝一尝这"秋"，这故都的秋味。

　　江南，秋当然也是有的，但草木凋得慢，空气来得润，天的颜色显得淡，并且又时常多雨而少风；一个人夹在苏州、上海、杭州，或厦门、香港、广州的市民中间，混混沌沌地过去，只能感到一点点清凉，秋的味，秋的色，秋的意境与姿态，总看不饱，尝不透，赏玩不到十足。秋并不是名花，也并不是美酒，那一种半开、半醉的状态，在领略秋的过程上，是不合适的。

　　不逢北国之秋，已将近十余年了。在南方每年到了秋天，总要想起陶然亭的芦花，钓鱼台的柳影，西山的虫唱，玉泉的夜月，潭柘寺的钟声。在北平即使不出门去吧，就是在皇城人海之中，租人家一椽破屋来住着，早晨起来，泡一碗浓茶，向院子一坐，你也能看得到很高很高的碧绿的天色，听得到青天下驯鸽的飞声。从槐树叶底，朝东细数着一丝一丝漏下来的日光，或在破壁腰中，静对着像喇叭似的牵牛花（朝荣）的蓝朵，自然而然地也能够感觉到十分的秋意。说到了牵牛花，我以为以蓝色或白色者为佳，紫黑色次之，淡红色最下。最好，还要在牵牛花底，教长着几根疏疏落落的尖细且长的秋草，使做陪衬。

北国的槐树，也是一种能使人联想起秋来的点缀。像花而又不是花的那一种落蕊，早晨起来，会铺得满地。脚踏上去，声音也没有，气味也没有，只能感出一点点极微细极柔软的触觉。扫街的在树影下一阵扫后，灰土上留下来的一条条扫帚的丝纹，看起来既觉得细腻，又觉得清闲，潜意识下并且还觉得有点儿落寞，古人所说的梧桐一叶而天下知秋的遥想，大约也就在这些深沉的地方。

秋蝉的衰弱的残声，更是北国的特产，因为北平处处全长着树，屋子又低，所以无论在什么地方，都听得见它们的啼唱。在南方是非要上郊外或山上去才听得到的。这秋蝉的嘶叫，在北方可和蟋蟀耗子一样，简直像是家家户户都养在家里的家虫。

还有秋雨哩，北方的秋雨，也似乎比南方的下得奇，下得有味，下得更像样。

在灰沉沉的天底下，忽而来一阵凉风，便息列索落地下起雨来了。一层雨过，云渐渐地卷向了西去，天又晴了，太阳又露出脸来了，着着很厚的青布单衣或夹袄的都市闲人，咬着烟管，在雨后的斜桥影里，上桥头树底下去一立，遇见熟人，便会用了缓慢悠闲的声调，微叹着互答着地说："唉，天可真凉了——"（这了字念得很高，拖得很长。）"可不是吗？一层秋雨一层凉了！"

北方的果树，到秋天，也是一种奇景。第一是枣子树，屋角、墙头、茅房边上、灶房门口，它都会一株株地长大起来。像橄榄又像鸽蛋似的这枣子颗儿，在小椭圆形的细叶中间，显出淡绿微黄的颜色的时候，正是秋的全盛时期，等枣树叶落，枣子红完，西北风就要起来了，北方便是沙尘灰土的世界，只有这枣子、柿子、葡萄，成熟到八九分的七八月之交，是北国的清秋的佳日，是一年之中最好也没有的 Golden Days。

有些批评家说，中国的文人学士，尤其是诗人，都带着很浓厚的颓废的色彩，所以中国的诗文里，赞颂秋的文字的特别的多。但外国的诗人，又何尝不然？我虽则外国诗文念的不多，也不想开出账来，做一篇秋的诗歌散文钞，但你若去一翻英德法意等诗人的集子，或各国的诗文的 Anthology 来，总能够看到许多并于秋的歌颂和悲啼。各著名的大诗人的长篇田园诗或四季诗里，也总以关于秋的部分，写得最出色而最有味。足见有感觉的动物，有情趣的人类，对于秋，总是一样地特别能引起深沉、幽远、严厉、萧索的感触来的。不单是诗人，就是被关闭在牢狱里的囚犯，到了秋天，我想也一定能感到一种不能自已的深情，秋之于人，何尝有国别，更何尝有人种阶级的区别呢？不过在中国，文字里有一个"秋士"的成语，读本里又有着很普遍的欧阳子的《秋声》与苏东坡的《赤壁赋》等，就觉得中国的文人，与秋和关系特别深了，可是这秋的深味，尤其是中国的秋的深味，非要在北方，才感受得到底。

南国之秋，当然也是有它的特异的地方的，比如廿四桥的明月，钱塘江的秋潮，普陀山的凉雾，荔枝湾的残荷，等等，可是色彩不浓，回味不永。比起北国的秋来，正像是黄酒之与白干，稀饭之与馍馍，鲈鱼之与大蟹，黄犬之与骆驼。

秋天，这北国的秋天，若留得住的话，我愿把寿命的三分之二折去，换得一个三分之一的零头。

江南的冬景

郁达夫

　　凡在北国过过冬天的人，总都道围炉煮茗，或吃煊羊肉，剥花生米，饮白干的滋味。而有地炉、暖炕等设备的人家，不管它门外面是雪深几尺，或风大若雷，而躲在屋里过活的两三个月的生活，却是一年之中最有劲的一段蛰居异境；老年人不必说，就是顶喜欢活动的小孩子们，总也是个个在怀恋的，因为当这中间，有的萝卜、雅儿梨等水果的闲食，还有大年夜、正月初一、元宵等热闹的节期。

　　但在江南，可又不同：冬至过后，大江以南的树叶，也不至于脱尽。寒风——西北风——间或吹来，至多也不过冷了一日两日。到得灰云扫尽，落叶满街，晨霜白得像黑女脸上的脂粉似的清早，太阳一上屋檐，鸟雀便又在吱叫，泥地里便又放出水蒸气来，老翁小孩就又可以上门前的隙地里去坐着曝背谈天，营屋外的生涯了；这一种江南的冬景，岂不也可爱得很么？

　　我生长江南，儿时所受的江南冬日的印象，铭刻特深；虽则渐入中年，又爱上了晚秋，以为秋天正是读读书、写写字的人的最惠节季，但对于江南的冬景，总觉得是可以抵得过北方夏夜的一种特殊情调，说得摩登些，便是一种明朗的情调。

我也曾到过闽粤，在那里过冬天，和暖原极和暖，有时候到了阴历的年边，说不定还不得不拿出纱衫来着；走过野人的篱落，更还看得见许多杂七杂八的秋花！一番阵雨雷鸣过后，凉冷一点；至多也只好换上一件夹衣，在闽粤之间，皮袍棉袄是绝对用不着的；这一种极南的气候异状，并不是我所说的江南的冬景，只能叫它作南国的长春，是春或秋的延长。

江南的地质丰腴而润泽，所以含得住热气，养得住植物；因而长江一带，芦花可以到冬至而不败，红叶也有时候会保持得三个月以上的生命。像钱塘江两岸的乌桕树，则红叶落后，还有雪白的桕子着在枝头，一点一丛，用照相机照将出来，可以乱梅花之真。草色顶多成了赭色，根边总带点绿意，非但野火烧不尽，就是寒风也吹不倒的。若遇到风和日暖的午后，你一个人肯上冬郊去走走，则青天碧落之下，你不但感不到岁时的肃杀，并且还可以饱觉着一种莫名其妙的含蓄在那里的生气；“若是冬天来了，春天也总马上会来”的诗人的名句，只有在江南的山野里，最容易体会得出。

说起了寒郊的散步，实在是江南的冬日，所给与江南居住者的一种特异的恩惠；在北方的冰天雪地里生长的人，是终他的一生，也决不会有享受这一种清福的机会的。我不知道德国的冬天，比起我们江浙来如何，但从许多作家的喜欢以 Spaziergang 一字来做他们的创造题目的一点看来，大约是德国南部地方，四季的变迁，总也和我们的江南差仿不多。譬如说十九世纪的那位乡土诗人洛在格（Peter Rosegger，1843—1918）罢，他用这一个"散步"做题目的文章尤其写得多，而所写的情形，却又是大半可以拿到中国江浙的山区地方来适用的。

江南河港交流，且又地滨大海，湖沼特多，故空气里时含水分；到得冬天，不时也会下着微雨，而这微雨寒村里的冬霖景象，又是一种说不出的悠闲境界。你试想想，秋收过后，河流边三五家人家会聚在一道的一个小村子里，门对长桥，窗临远阜，这中间又多是树枝槎桠的杂木树林；在这一幅冬日农村的图上，再洒上一层细得同粉也似的白雨，加上一层淡得几不成墨的背景，你说够不够悠闲？若再要点景致进去，则门前可以泊一只乌篷小船，茅屋里可以添几个喧哗的酒客，天垂暮了，还可以加一味红黄，在茅屋窗中画上一圈暗示着灯光的月晕。人到了这一个境界，自然会得胸襟洒脱起来，终至于得失俱亡，死生不问了；我们总该还记得唐朝那位诗人做的"暮雨潇潇江上村"的一首绝句罢？诗人到此，连对绿林豪客都客气起来了，这不是江南冬景的迷人又是什么？

一提到雨，也就必然的要想到雪。"晚来天欲雪，能饮一杯无？"自然是江南日暮的雪景；"寒沙梅影路，微雪酒香村"，则雪月梅的冬宵三友，会合在一道，在调戏酒姑娘了；"柴门村犬吠，风雪夜归人"，是江南雪夜，更深人静后的景况；"前村深雪里，昨夜一枝开"又到了第二天的早晨，和狗一样喜欢弄雪的村童来报告村景了。诗人的诗句，也许不尽是在江南所写，而做这几句诗的诗人，也许不尽是江南人，但借了这几句诗来描写江南的雪景，岂不直截了当，比我这一枝愚劣的笔所写的散文更美丽得多？

有几年，在江南也许会没有雨没有雪的过一个冬，到了春间阴历的正月底或二月初再冷一冷，下一点春雪的；去年（一九三四）的冬天是如此，今年的冬天恐怕也不得不然，以节气推算起来，大约太冷的日子，将在一九三六年的二月尽头，最多也总不过是七八天的样子。像这样的冬天，乡下人叫作旱冬，对于麦的收成或者好些，但是人口却要受到损伤；旱得久了，白喉、流行性感冒等疾病自然容易上身，可是想恣意享受江南的冬景的人，在这一种冬天，倒只会得到快活一点，因为晴和的日子多了，上郊外去闲步逍遥的机会自然也多；日本人叫作 Hi-king，德国人叫作 Spaziergang 狂者，所最欢迎的也就是这样的冬天。

窗外的天气晴朗得像晚秋一样；晴空的高爽，日光的洋溢，引诱得使你在房间里坐不住，空言不如实践，这一种无聊的杂文，我也不再想写下去了，还是拿起手杖，搁下纸笔，去湖上散散步罢！

海滩上种花

徐志摩

朋友是一种奢华：且不说酒肉势利，那是说不上朋友，真朋友是相知，但相知谈何容易，你要打开人家的心，你先得打开你自己的，你要在你的心里容纳人家的心，你先得把你的心推放到人家的心里去；这真心或真性情的相互的流转，是朋友的秘密，是朋友的快乐。但这是说你内心的力量够得到，性灵的活动有富余，可以随时开放，随时往外流，像山里的泉水，流向容得住你的同情的沟槽；有时你得冒险，你得花本钱，你得抵拚在巉岈的乱石间，触刺的草缝里耐心的寻路，那时候艰难，苦痛，消耗，在在是可能的，在你这水一般灵动，水一般柔顺的寻求同情的心能找到平安欣快以前。

我所以说朋友是奢华，"相知"是宝贝，但得拿真性情的血本去换，去拚。因此我不敢轻易说话，因为我自己知道我的来源有限，十分的谨慎尚且不时有破产的恐惧；我不能随便"花"。前天有几位小朋友来邀我跟你们讲话，他们的恳切折服了我，使我不得不从命，但是小朋友们，说也惭愧，我拿什么来给你们呢？

我最先想来对你们说些孩子话，因为你们都还是孩子。但是那孩子的我到哪里去了？仿佛昨天我还是个孩子，今天不知怎的就变了样。什么是孩子？要不为一点活泼的天真，但天真就比是泥土里的嫩芽，天冷泥土硬就压住了它的生机——这年头问谁去要和暖的春风？

孩子是没了。你记得的只是一个不清切的影子，模糊得很，我这时候想起就像是一个瞎子追念他自己的容貌，一样的记不周全；他即使想急了拿一双手到脸上去印下一个模子来，那模子也是个死的。真的没了。一天在公园里见一个小朋友不提多么活动，一忽儿上山，一忽儿爬树，一忽儿溜冰，一忽儿干草里打滚，要不然就跳着憨笑；我看着羡慕，也想学样，跟他一起玩，但是不能，我是一个大人，身上穿着长袍，心里存着体面，怕招人笑，天生的灵活换来矜持的存心——孩子，孩子是没有的了，有的只是一个年岁与教育蛀空了的躯壳，死僵僵的，不自然的。

我又想找回我们天性里的野人来对你们说话。因为野人也是接近自然的；我前几年过印度时得到极刻心的感想，那里的街道房屋以及土人的体肤容貌，生活的习惯，虽则简，虽则陋，虽则不夸张，却处处与大自然——上面碧蓝的天，火热的阳光，地下焦黄的泥土，高矗的椰树——相调谐，情调，色彩，结构，看来有一种意义的一致，就比是一件完美的艺术的作品。也不知怎的，那天看了他们的街，街上的牛车，赶车的老头露着他的赤光的头颅与紫姜色的圆肚，他们的庙，庙里的圣像与神座前的花，我心里只是不自在，就仿佛这情景是一个熟悉的声音的叫唤，叫你去跟着他，你的灵魂也何尝不活跳跳的想答应一声"好，我来了"，但是不能，又有碍路的挡着你，不许你回复这叫唤声启示给你的自由。困着你的是你的教育；我那时的难受就比是一条蛇摆脱不了困住他的一个硬性的外壳——野人也给压住了，永远出不来。

　　所以今天站在你们上面的我不再是融会自然的野人，也不是天机活灵的孩子：我只是一个"文明人"，我能说的只是"文明话"。但什么是文明只是堕落！文明人的心里只是种种虚荣的念头，他到处忙不算，到处都得计较成败。我怎么能对着你们不感觉惭愧？不了解自然不仅是我的心，我的话也是的。并且我即使有话说也没法表现，即使有思想也不能使你们了解；内里那点子性灵就比是在一座石壁里牢牢的砌住，一丝光亮都不透，就凭这双眼望见你们，但有什么法子可以传达我的意思给你们，我已经忘却了原来的语言，还有什么话可说的？

　　但我的小朋友们还是逼着我来说谎（没有话说而勉强说话便是谎）。知识，我不能给；要知识你们得请教教育家去，我这里是没有的。智慧，更没有了：智慧是地狱里的花果，能进地狱更能出地狱的才采得着智慧，不去地狱的便没有智慧——我是没有的。

我正发窘的时候，来了一个救星——就是我手里这一小幅画，等我来讲道理给你们听。这张画是我的拜年片，一个朋友替我制的。你们看这个小孩子在海边沙滩上独自的玩，赤脚穿着草鞋，右手提着一枝花，使劲把它往沙里栽，左手提着一把浇花的水壶，壶里水点一滴滴的往下掉着。离着小孩不远看得见海里翻动着的波澜。

你们看出了这画的意思没有？

在海砂里种花。在海砂里种花！那小孩这一番种花的热心怕是白费的了。砂碛是养不活鲜花的，这几点淡水是不能帮忙的；也许等不到小孩转身，这一朵小花已经支不住阳光的逼迫，就得交卸他有限的生命，枯萎了去。况且那海水的浪头也快打过来了，海浪冲来时不说这朵小小的花，就是大根的树也怕站不住——所以这花落在海边上是绝望的了，小孩这番力量准是白化的了。

你们一定很能明白这个意思。我的朋友是很聪明的，他拿这画意来比我们一群呆子，乐意在白天里做梦的呆子，满心想在海砂里种花的傻子。画里的小孩拿着有限的几滴淡水想维持花的生命，我们一群梦人也想在现在比沙漠还要干枯比沙滩更没有生命的社会里，凭着最有限的力量，想下几颗文艺与思想的种子，这不是一样的绝望，一样的傻？想在海砂里种花，想在海砂里种花，多可笑呀！但我的聪明的朋友说，这幅小小画里的意思还不止此；讽刺不是她的目的。她要我们更深一层看。在我们看来海砂里种花是傻气，但在那小孩自己却不觉得。他的思想是单纯的，他的信仰也是单纯的。他知道的是什么？他知道花是可爱的，可爱的东西应得帮助他发长；他平常看见花草都是从地土里长出来的，他看来海砂也只是地，为什么海砂里不能长花他没有想到，也不必想到，他就知道拿花来栽，拿水去浇，只要那花在地上站直了他就欢喜，他就乐，他就会跳他的跳，唱他的唱，来赞美这美丽的生命，以后怎么样，海砂的性质，花的运命，他全管不着！我们知道小孩们怎样的崇拜自然，他的身体虽则小，他的灵魂却是大着，他的衣服也许脏，他的心可是洁净的。这里还有一幅画，这是自然的崇拜，你们看这孩子在月光下跪着拜一朵低头的百合花，这时候他的心与月光一般的清洁与花一般的美丽，与夜一般的安静。我们可以知道到海边上来种花那孩子的思想与这月下拜花的孩子的思想会得跪下的——单纯、清洁，我们可以想象那一个孩子把花栽好了也是一样来对着花膜拜祈祷——他能把花暂时栽了起来便是他的成功，此外以后怎么样不是他的事情了。

你们看这个象征不仅美，并且有力量；因为它告诉我们单纯的信心是创作的泉源——这单纯的烂漫的天真是最永久最有力量的东西，阳光烧不焦他，狂风吹不倒他，海水冲不了他，黑暗掩不了他——地面上的花朵有被摧残有消灭的时候，但小孩爱花种花这一点："真"却有的是永久的生命。

我们来放远一点看。我们现有的文化只是人类在历史上努力与牺牲的成绩。为什么人们肯努力肯牺牲？因为他们有天生的信心；他们的灵魂认识什么是真什么是善什么是美，虽则他们的肉体与智识有时候会诱惑他们反着方向走路；但只要他们认明一件事情是有永久价值的时候，他们就自然的会得兴奋，不期然的自己牺牲，要在这忽忽变动的声色的世界里，赎出几个永久不变的原则的凭证来。耶稣为什么不怕上十字架？密尔顿何以瞎了眼还要做诗，贝德花芬何以聋了还要制音乐，密仡郎其罗为什么肯积受几个月的潮湿不顾自己的皮肉与靴子连成一片的用心思，为的只是要解决一个小小的美术问题？为什么永远有人到冰洋尽头雪山顶上去探险？为什么科学家肯在显微镜底下或是数目字中间研究一般人眼看不到心想不通的道理消磨他一生的光阴？

为的是这些人道的英雄都有他们不可摇动的信心；像我们在海砂里种花的孩子一样，他们的思想是单纯的——宗教家为善的原则牺牲，科学家为真的原则牺牲，艺术家为美的原则牺牲——这一切牺牲的结果便是我们现有的有限的文化。

你们想想在这地面上做事难道还不是一样的傻气——这地面还不与海砂一样不容你生根，在这里的事业还不是与鲜花一样的娇嫩？——潮水过来可以冲掉，狂风吹来可以折坏，阳光晒来可以熏焦我们小孩子手里拿着往砂里栽的鲜花，同样的，我们文化的全体还不一样有随时可以冲掉、折坏、熏焦的可能吗？巴比伦的文明现在哪里？嘭嚡城曾经在地下埋过千百年，克利脱的文明直到最近五六十年间才完全发见。并且有时一件事实体的存在并不能证明他生命的继续。这区区地球的本体就有一千万个毁灭的可能。人们怕死不错，我们怕死人，但最可怕的不是死的死人，是活的死人，单有躯壳生命没有灵性生活是莫大的悲惨；文化也有这种情形，死的文化倒也罢了，最可怜的是勉强喘着气的半死的文化。

　　你们如其问我要例子，我就不迟疑的回答你说：朋友们，贵国的文化便是一个喘着气的活死人！时候已经很久的了，自从我们最后的几个祖宗为了不变的原则牺牲他们的呼吸与血液，为了不死的生命牺牲他们有限的存在，为了单纯的信心遭受当时人的讪笑与侮辱。时候已经很久的了，自从我们最后听见普遍的声音像潮水似的充满着地面。时候已经很久的了，自从我们最后看见强烈的光明像彗星似的扫掠过地面，时候已经很久的了，自从我们最后为某种主义流过火热的鲜血，时候已经很久的了，自从我们的骨髓里有胆量，我们的说话里有分量。这是一个极伤心的反省！我真不知道这时代犯了什么不可赦的大罪，上帝竟狠心的赏给我们这样恶毒的刑罚？你看看去这年头到哪里去找一个完全的男子或是一个完全的女子——你们去看去，这年头哪一个男子不是阳痿，哪一个女子不是鼓胀！要形容我们现在受罪的时期，我们得发明一个比丑更丑比脏更脏比下流更下流比苟且更苟且比懦怯更懦怯的一类生字去！朋友们，真的我心里常常害怕，害怕下回东风带来的不是我们盼望中的春天，不是鲜花青草蝴蝶飞鸟，我怕他带来一个比冬天更枯槁更凄惨更寂寞的死天——因为丑陋的脸子不配穿漂亮的衣服，我们这样丑陋的变态的人心与社会凭什么权利可以问青天要阳光，问地面要青草，问飞鸟要音乐，问花朵要颜色？你问我明天天会不会放亮？我回答说我不知道，竟许不！

归根是我们失去了我们灵性努力的重心，那就是一个单纯的信仰，一点烂漫的童真！不要说到海滩去种花——我们都是聪明人谁愿意做傻瓜去——就是在你自己院子里种花你都懒怕动手哪！最可怕的怀疑的鬼与厌世的黑影已经占住了我们的灵魂！

所以朋友们，你们都是青年，都是春雷声响不曾停止时破绽出来的鲜花，你们再不可堕落了——虽则陷阱的大口满张在你的跟前，你不要怕，你把你的烂漫的天真倒下去，填平了它，再往前走——你们要保持那一点的信心，这里面连着来的就是精力与勇敢与灵感——你们再不怕做小傻瓜，尽量在这人道的海滩边种你的鲜花去——花也许会消灭，但这种花的精神是不烂的！

时间即生命

梁实秋

最令人怵目惊心的一件事，是看着钟表上的秒针一下一下的移动，每移动一下就是表示我们的寿命已经缩短了一部分。再看看墙上挂着的可以一张张撕下的日历，每天撕下一张就是表示我们的寿命又缩短了一天。因为时间即生命。没有人不爱惜他的生命，但很少人珍视他的时间。如果想在有生之年做一点什么事，学一点什么学问，充实自己，帮助别人，使生命成为有意义，不虚此生，那么就不可浪费光阴。这道理人人都懂，可是很少人真能积极不懈的善于利用他的时间。

我自己就是浪费了很多时间的一个人。我不打麻将，我不经常的听戏看电影，几年中难得一次，我不长时间看电视，通常只看半个小时，我也不串门子闲聊天。有人问我："那么你大部分时间都做了些什么呢？"我痛自反省，我发现，除了职务上的必须及人情上所不能免的活动之外，我的时间大部分都浪费了。我应该集中精力，读我所未读过的书，我应该利用所有时间，写我所要写的东西，但是我没能这样做。我的好多的时间都糊里糊涂的混过去了，"少壮不努力，老大徒伤悲。"

例如我翻译莎士比亚，本来计划于课余之暇每年翻译两部，二十年即可完成，但是我用了三十年，主要的原因是懒。翻译之所以完成，主要的是因为活得相当长久，十分惊险。翻译完成之后，虽然仍有工作计划，但体力渐衰，有力不从心之感。假使年轻的时候鞭策自己，如今当有较好或较多的表现。然而悔之晚矣。

再例如，作为一个中国人，经书不可不读。我年过三十才知道读书自修的重要。我披阅，我圈点，但是恒心不足，时作时辍。五十以学易，可以无大过矣，我如今年过八十，还没有接触过易经，说来惭愧。史书也很重要。我出国留学的时候，我父亲买了一套同文石印的前四史，塞满了我的行箧的一半空间，我在外国混了几年之后又把前四史原封带回来了。直到四十年后才鼓起勇气读了"通鉴"一遍。现在我要读的书太多，深感时间有限。

无论做什么事，健康的身体是基本条件。我在学校读书的时候，有所谓"强迫运动"，我踢破过几双球鞋，打断过几只球拍。因此侥幸维持下来最低限度的体力。老来打过几年太极拳，目前则以散步活动筋骨而已。寄语年轻朋友，千万要持之以恒的从事运动，这不是嬉戏，不是浪费时间。健康的身体是作人做事的真正的本钱。

学问与趣味

梁实秋

　　前辈的学者常以学问的趣味启迪后生，因为他们自己实在是得到了学问的趣味，故不惜现身说法，诱导后学，使他们在愉快的心情之下走进学问的大门。例如，梁任公先生就说过："我是个主张趣味主义的人，倘若用化学化分'梁启超'这件东西，把里头所含的一种元素，名叫'趣味'的抽出来，只怕所剩下的仅有个零了。"任公先生注重趣味，学问甚是渊博，而并不存在任何外在的动机，只是"无所为而为"，故能有他那样的成就。一个在学问上果能感觉到趣味，有时真会像是着了魔一般，真能废寝忘食，真能不知老之将至，苦苦钻研，锲而不舍，在学问上焉能不有收获？不过我尝想，以任公先生而论，他后期的著述如历史研究法，先秦政治思想史，以及有关墨子佛学陶渊明的作品，都可说是他的一点"趣味"在驱使着他，可是在他年轻的时候，从师受业，诵读典籍，那时节也全然是趣味么？作八股文，作试帖诗，莫非也是趣味么？我想未必。大概趣味云云，是指年长之后自动作学问之时而言，在年轻时候为学问打根底之际恐怕不能过分重视趣味。学问没有根底，趣味也很难滋生。任公先生的学问之所以那样的博大精深，涉笔成趣，左右逢源，不能不说的一大部分得力于他的学问根底之打得坚固。

我曾见许多年青朋友，聪明用功，成绩优异，而语文程度不足以达意，甚至写一封信亦难得通顺，问其故则曰其兴趣不在语文方面。又有一些，执笔为文，斐然可诵，而视数理科目如仇雠，勉强才能及格，问其故则亦曰其兴趣不在数理方面，而且他们觉得某些科目没有趣味，便撇在一边视如敝屣，怡然自得，振振有词，略无愧色，好像这就是发扬趣味主义。殊不知天下没有没有趣味的学问，端视吾人如何发掘其趣味，如果在良师指导之下按部就班地循序而进，一步一步地发现新天地，当然乐在其中，如果浅尝辄止，甚至躐等躁进，当然味同嚼蜡，自讨没趣。一个有中上天资的人，对于普通的基本的文理科目，都同样的有学习的能力，绝不会本能地长于此而拙于彼。只有懒惰与任性，才能使一个人自甘暴弃地在"趣味"的掩护之下败退。

由小学到中学，所修习的无非是一些普通的基本知识。就是大学四年，所授课业也还是相当粗浅的学识。世人常称大学为"最高学府"，这名称易滋误解，好像过此以上即无学问可言。大学的研究所才是初步研究学问的所在，在这里作学问也只能算是粗涉藩篱，注重的是研究学问的方法与实习。学无止境，一生的时间都嫌太短，所以古人皓首穷经，头发白了还是在继续研究，不过在这样的研究中确是有浓厚的趣味。

在初学的阶段，由小学至大学，我们与其倡言趣味，不如偏重纪律。一个合理编列的课程表，犹如一个营养均衡的食谱，里面各个项目都是有益而必需的，不可偏废，不可再有选择。所谓选修科目也只是在某一项目范围内略有拣选余地而已。一个受过良好教育的人，犹如一个科班出身的戏剧演员，在坐科的时候他是要服从严格纪律的，唱工作工武把子都要认真学习，各种角色的戏都要完全谙通，学成之后才能各按其趣味而单独发展其所长。学问要有根底，根底要打得平正坚实，以后永远受用。初学阶段的科目之最重要莫过于语文与数学。语文是阅读达意的工具，国文不通便很难表达自己，外国文不通便很难吸取外来的新知。数学是思想条理之最好的训练。其他科目也各有各的用处，其重要性很难强分轩轾，例如体育，从另一方面看也是重要得无以复加。总之，我们在求学的时代，应该暂且把趣味放在一边，耐着性子接受教育的纪律，把自己锻炼成为坚实的材料。学问的趣味，留在将来慢慢享受一点也不迟。

猫

郑振铎

　　我家养了好几次的猫，却总是失踪或死亡。三妹是最喜欢猫的，她常在课后回家时，逗着猫玩。有一次，从隔壁要了一只新生的猫来。花白的毛，很活泼，常如带着泥土的白雪球似的，在廊前太阳光里滚来滚去。三妹常常的，取了一条红带，或一根绳子，在它面前来回地拖摇着，它便扑过来抢，又扑过去抢。我坐在藤椅上看着他们，可以微笑着消耗过一二小时的光阴，那时太阳光暖暖地照着，心上感着生命的新鲜与快乐。后来这只猫不知怎地忽然消瘦了，也不肯吃东西，光泽的毛也污涩了，终日躺在厅上的椅下，不肯出来。三妹想着种种方法去逗它，它都不理会。我们都很替它忧郁。三妹特地买了一个很小很小的铜铃，用红绫带穿了，挂在它颈下，但只显得不相称，它只是毫无生意的，懒惰的，郁闷地躺着。又一天中午，我从编译所回来，三妹很难过地说道："哥哥，小猫死了！"

　　我心里也感着一缕的酸辛，可怜这两个月来相伴的小侣！当时只得安慰着三妹道："不要紧，我再向别处要一只来给你。"

隔了几天，二妹从虹口舅舅家里回来，她道，舅舅那里有三四只小猫，很有趣，正要给人家。三妹便怂恿着她去拿一只来。礼拜天，母亲回来了，却带了一只浑身黄色的小猫回来。立刻三妹一部分的注意，又被这只黄色的小猫吸引去了。这只小猫较第一只更有趣，更活泼。它在园中乱跑，又会爬树，有时蝴蝶安详地飞过时，它也会扑过去捉。它似乎太活泼了，一点也不怕生人，有时由树上跃到墙上，又跑到街上，在那里晒太阳。我们都很为它提心吊胆，一天都要"小猫呢？小猫呢？"查问得好几次。每次总要寻找一回，方才寻到。三妹常指它笑着骂道："你这小猫呀，要被乞丐捉去后才不会乱跑呢！"我回家吃午饭，总看见它坐在铁门外边，一见我进门，便飞也似的跑进去了。饭后的娱乐，是看它在爬树，隐身在阳光隐约里的绿叶中，好像在等待着要捉捕什么似的。把它抱了下来，一放手，又极快地爬上去了。过了二三个月，它会捉鼠了。有一次，居然捉到一只很肥大的鼠，自此，夜间便不再听见讨厌的"吱吱"的声了。

某一日清晨，我起床来，披了衣下楼，没有看见小猫，在小园里找了一遍，也不见。心里便有些亡失的预警。

"三妹，小猫呢？"

她慌忙地跑下楼来，答道："我刚才也寻了一遍，没有看见。"

家里的人都忙乱地在寻找，但终于不见。

李嫂道："我一早起来开门，还见它在厅上，烧饭时，才不见了它。"

大家都不高兴，好像亡失了一个亲爱的同伴，连向来不大喜欢它的张妈也说："可惜，可惜，这样好的一只小猫。"我心里还有一线希望，以为它偶然跑到远处去，也许会认得归途的。

午饭时，张妈诉说道："刚才遇到隔壁周家的丫头，她说，早上看见我家的小猫在门外，被一个过路的人捉去了。"

于是这个亡失证实了。三妹很不高兴的咕噜着道："他们看见了，为什么不出来阻止？他们明晓得它是我家的！"

我也怅然的，愤然的，在咒骂着那个不知名的夺去我们所爱的东西的人。

自此，我家好久不养猫。

冬天的早晨，门口蜷伏着一只很可怜的小猫，毛色是花白的，但并不好看，又很瘦。它伏着不去。我们如不取来留养，至少也要为冬寒与饥饿所杀。张妈把它拾了进来，每天给它饭吃。但大家都不大喜欢它，它不活泼，也不像别的小猫之喜欢顽游，好像是具有天生的忧郁性似的，连三妹那样爱猫的，对于它也不加注意。如此的，过了几个月，它在我家仍是一只若有若无的动物，它渐渐的肥胖了，但仍不活泼。大家在廊前晒太阳闲谈着时，它也常来蜷伏在母亲和三妹的足下。三妹有时也逗着它玩，但并没有对于前几只小猫那样感兴趣。有一天，它因夜里冷，钻到火炉底下去，毛被烧脱好几块，更觉得难看了。

春天来了，它成了一只壮猫了，却仍不改它的忧郁性，也不去捉鼠，终日懒惰地伏着，吃得胖胖的。

这时，妻买了一对黄色的芙蓉鸟来，挂在廊前，叫得很好听。妻常常叮咛着张妈换水，加鸟粮，洗刷笼子。那只花白猫对于这一对黄鸟，似乎也特别注意，常常跳在桌上，对鸟笼凝望着。

妻道："张妈，留心猫，它会吃鸟呢。"

张妈便跑来把猫捉了去，隔一会儿，它又跳上桌子对鸟笼凝望着了。

一天，我下楼时，听见张妈在叫道："鸟死了一只，一条腿被咬去了，笼板上都是血。是什么东西把它咬死的？"

我匆匆跑下去看，果然一只鸟是死了，羽毛松散着，好像它曾与它的敌人挣扎了许多。

我很愤怒，叫道："一定是猫，一定是猫！"于是立刻便去找它。

妻听见了，也匆匆地跑下来，看了死鸟，很难过，便道："不是这猫咬死的还有谁？它常常对着鸟笼望着，我早就叫张婶要小心了。张婶！你为什么不小心？"

张婶默默无言，不能有什么话来辩护。

于是猫的罪状证实了。大家都去找这可厌的猫，想给它以一顿惩戒。找了半天，却没找到。我以为它真是"畏罪潜逃"了。

三妹在楼上叫道："猫在这里了。"

它躺在露台板上晒太阳，态度很安详，嘴里好像还在吃着什么。我想它一定是在吃着这可怜的鸟的腿了，一时怒气冲天，拿起楼门旁倚着的一根木棒，追过去打了一下。它很悲楚地叫了一声"咪呜！"便逃到屋瓦上了。

我心里还愤愤的，以为惩戒的还没有快意。

隔了几天，李嫂在楼下叫道："猫，猫！又来吃鸟了。"同时我看见一只黑猫飞快地逃过露台，嘴里衔着一只黄鸟。我开始觉得我是错了！

我心里十分难过，真的，我的良心受伤了，我没有判断明白，便妄下断语，冤枉了一只不能说话辩诉的动物。想到它的无抵抗的逃避，益使我感到我的暴怒，我的虐待，都是针，刺我的良心的针！

我很想补救我的过失，但它是不能说话的，我将怎样地对它表白我的误解呢？

两个月后，我们的猫忽然死在邻家的屋脊上。我对于它的亡失，比以前两只猫的亡失，更难过得多。

我永无改正我的过失的机会了！

自此，我家永不养猫。

永在的温情

郑振铎

十月十九日下午五点钟，我在一家编译所一位朋友的桌上，偶然拿起了一份刚送来的 Evening Post，被这样的一个标题"中国的高尔基今晨五时去世"惊骇得一跳。连忙读了下来，这惊骇变成了事实：果然是鲁迅先生去世了！

这消息像闪雷似的，当头打了下来，我呆坐在那里不言不动。

谁想得到这可怕的噩耗竟这样的突然的来呢？

鲁迅先生病得很久了，间歇的发着热，但热度并不甚高。一年以来，始终不曾好好的恢复过，但也从不曾好好的休息过。半年以来，情形尤显得不好。缠绵在病榻上总有三四个月。前一个月，听说他要到日本去。但茅盾告诉我，双十节那一天还遇见他在 lsis 看 Dobrovsky，中国木刻画展览会，他也曾去参观。总以为他是渐渐的复原了，能够出来走走了。谁又想得到这可怕的噩耗竟这样突然的来呢？

刚在前几天，他还有信给我，说起一部书出版的事；还附带地说，想早日看见《十竹斋笺谱》的刻成。我还没有来得及写回信。

谁想得到这可怕的噩耗竟这样的突然的来呢？

我一夜不曾好好的安心的睡。

第二天赶到万国殡仪馆，站在他遗像的面前，久久的走不开。再一看，他的遗体正在像下，在鲜花的包围里，面貌还是那么清癯而带些严肃，但双眼却永远的闭上了。

我要哭出来，大声的哭，但我那时竟流不出眼泪，泪水为悲戚永在的温情所灼干了。我站在那里，久久走不开。我竟不相信，他竟是那样突然的便离我们而远远的向不可知的所在而去了。

但他的友谊的温情却是永在的，永在我的心上——也永在他的一切友人的心上，我相信。

初和他见面时，总以为他是严肃的冷酷的。他的瘦削的脸上，轻易不见笑容。他的谈吐迟缓而有力，渐渐的谈下去，在那里面你便可以发现其可爱的真挚，热情的鼓励与亲切的友谊。他虽不笑，他的话却能引你笑。他是最可谈、最能谈的朋友，你可以坐在他客厅里，他那间书室（兼卧室）里，坐上半天，不觉得一点拘束、一点不舒服。什么话都谈。但他的话头却总是那么有力。他的见解往往总是那么正确。失去了这样的一位温情的朋友，就个人讲，将是怎样的一个损失呢？

他最勤于写作，也最鼓励人写作。他会不惮其烦的几天几夜的在替一位不认识的青年，或一位不深交的朋友，改削创作，校正译稿。其仔细和小心远过于一位私塾的教师。

他曾和我谈起一件事：有一位不相识的青年寄一篇稿子来请求他改。他仔仔细细的改了寄回去。那青年却写信来骂他一顿，说被改涂得太多了。第二次又寄一篇稿子来，他又替他改了寄回去。这一次的回信，却责备他改得太少。

"现在做事真难极了！"他慨叹的说道。对于人的不易对付和做事之难，他这几年来时时的深切的感到。

但他并不灰心，仍然在做着吃力不讨好的改削创作、校正译稿的事，挣扎着病躯，深夜里，仔仔细细的为不相识的青年或不深交的朋友在工作。

这样的温情的指导者和朋友，一旦失去了，将怎样的令人感到不可补赎之痛呢！

他常感到"工作"的来不及做，特别是在最近一两年，凡做一件事，都总要快快的做。

"迟了恐怕要来不及了。"这句话他常在说。

那样的清楚的心境，我们都是同样的深切的感到的。想不到他自己真的便是那么快的便逝去，还留下要做的许多事没有来得及做——但，后死者却要继续他的事业下去的！

最早使我笼罩在他温热的友情之下的，是一次讨论到"三言"问题的信。

我在上海研究中国小说，完全像盲人骑瞎马，乱闯乱摸，一点凭借都没有，只是节省着日用，以浅浅的薪水购书，而即以所购入之零零落落的破书，作为研究的资源。那时候实在贫乏得、肤浅得可笑，偶尔得到一部原版的《隋唐演义》却以为是了不得的奇遇，至于"三言"之类的书，却是连梦魂里也不曾谈到。

他的《中国小说史略》的出版，减少了许多我在暗中摸索之苦。我有一次写信问他"三言"的事，他的回信很快便来了，附来的是他抄录的一张《醒世恒言》的全目——这张目录我至今还保全在我的一部中国小说史略里。他说，《喻世》《警世》，他也没有见到。《醒世恒言》他只有半部。但有一位朋友那里藏有全书，所以他便借了来，抄下目录寄给我。

当时，我对于这个有力的帮助，说不出应该怎样的感激才好。这目录供给了我好几次的应用。

后来，我很想看看《西湖二集》，又写信问他有没有。不料随了回信同时递到的却是一包厚厚的包裹。打开了看时，却是半部明末版的《西湖二集》，附有全图。我那时实在眼光小得可怜，几曾见过几部明版附插图的平话集，见了《西湖二集》为之狂喜！而他的信道，他现在不弄中国小说，这书留在手边无用，送了给我吧。

这贵重的礼物，从一个只见一面的不深交的朋友那里来，这感动是至今跃跃在心头的。

我生平从没有意外的获得。我的所藏的书，一部部都是很辛苦的设法购得的，购书的钱，都是夜灯下疾书的所得或减衣缩食的所余。一部部书都可看出我自己的夏日的汗，冬夜的凄栗，有红丝的睡眼，右手执笔处的指端的硬茧和酸痛的右臂。但只有这一集可宝贵的书，乃是我书库里惟一的友情的赠与——只有这一部书！

现在这部《西湖二集》也还堆在我最珍爱的几十部明版书的中间，看了它便要泫然泪下。这可爱的直率的真挚的友情，这不意中的难得的帮助，如今是不能再有了！

但我心头的温情是永在的！这温情也永在他的一切友人的心上，我相信。

想北平

老舍

　　如果让我写一本小说，以北平作背景，我不至于害怕，因为我可以捡着我知道的写，而躲开我所不知道的。但要让我把北平一一道来，我没办法。北平的地方那么大，事情那么多，我知道的真是太少了，虽然我生在那里，一直到廿七岁才离开。以名胜说，我没到过陶然亭，这多可笑！以此类推，我所知道的那点只是"我的北平"，而我的北平大概等于牛的一毛。

　　可是，我真爱北平。这个爱几乎是想说而说不出的。我爱我的母亲。怎样爱？我说不出。在我想作一件讨她老人家喜欢的事情的时候，我独自微微的笑着；在我想到她的健康而不放心的时候，我欲落泪。语言是不够表现我的心情的，只有独自微笑或落泪才足以把内心表达出来。我爱北平也近乎这个。夸奖这个古城的某一点是容易的，可是那就把北平看得太小了。我所爱的北平不是枝枝节节的一些什么，而是整个儿与我的心灵相黏合的一段历史，一大块地方，多少风景名胜，从雨后什刹海的蜻蜓一直到我梦里的玉泉山的塔影，都积凑到一块，每一细小的事件中有个我，我的每一思念中有个北平，只是说不出而已。

真愿成为诗人，把一切好听好看的字都浸在自己的心血里，像杜鹃似的啼出北平的俊伟。但我不是诗人，我将永远道不出我的爱，一种像由音乐与图画所引起的爱。这不但是辜负了北平，也对不住我自己，因为我最初的知识与印象都得自北平，它是在我的血里，我的性格与脾气里有许多地方是这古城所赐给的。我不能爱上海与天津，因为我心中有个北平。可是我说不出来！

伦敦，巴黎，罗马与堪司坦丁堡，曾被称为欧洲的四大"历史的都城"。我知道一些伦敦的情形；巴黎与罗马只是到过而已；堪司坦丁堡根本没有去过。就伦敦、巴黎、罗马来说，巴黎更近似北平——虽然"近似"两字要拉扯得很远——不过，假使让我"家住巴黎"，我一定会和没有家一样的感到寂苦。巴黎，据我看，还太热闹。虽然，那里也有空旷静寂的地方，可是又未免太旷；不像北平那样既复杂而又有个边际，使我能摸着——那长着红酸枣的老城墙！面向着积水滩，背后是城墙，坐在石上看水中的小蝌蚪或苇叶上的嫩蜻蜓，我可以快乐的坐一天，心中完全安适，无所求也无可怕，像小儿安睡在摇篮里。是的，北平也有热闹的地方，但是它和太极拳相似，动中有静。巴黎有许多地方使人疲乏，所以咖啡与酒是必要的，以便刺激；在北平，有温和的香片茶就够了。

虽说巴黎的布置比伦敦、罗马匀调得多，可是比上北平来还差点事儿。北平在人为之中显出自然，既不挤得慌，又不太僻静：连最小的胡同里的房子也有院子与树；最空旷的地方也离买卖街与住宅区不远。这种分配法可以算——在我的经验中——天下第一了。北平的好处不在处处设备得完全，而在它处处有空儿，可以使人自由的喘气；不在有好些美丽的建筑，而在建筑的四周都有空闲的地方，使它们成为美景。每一个城楼，每一个牌楼，都可以从老远就看见。况且在街上还可以看见北山和西山呢！

好学的，爱古物的人们自然喜欢北平，因为这里书多古物多。我不好学，也没钱买古物。但我却喜爱北平的花多菜多果子多。花草是种费钱的玩艺，可是北平的"草花儿"很便宜，而且家家有院子，可以花不多的钱而种一院子花，即使算不了什么，可是到底可爱呀。墙上的牵牛，墙根的靠山竹与草茉莉，是多么省钱省事而也足以招来翩翩的蝴蝶呀！至于青菜，白菜，扁豆，毛豆角，黄瓜，菠菜等等，大多数是直接由城外担来而送到家门口的。雨后，韭菜叶上还往往带着雨时溅起的泥点。青菜摊子上的红红绿绿几乎有诗一般的美丽。果子有不少是从西山与北山来的，西山的沙果，海棠，北山的黑枣，柿子，进了城还带着一层白霜儿，美国包着纸的橘子遇到北平的带霜儿的玉李，还不愧杀！

是的，北平是个都城，能有好多自己产生的花、菜、水果，这就使人更接近了自然。从它里面说，没有像伦敦的那些成天冒烟的工厂；从外面说，它紧连着园林，菜圃与农村。采菊东篱下，在这里，确是可以悠然见南山的；大概把"南"字变个"西"或"北"，也没有多少了不得的吧。像我这样的一个贫寒的人，或者只有在北平才能享受一点清福吧。

好，不再说了吧；要落泪了。真想念北平呀！

差不多先生传

胡适

你知道中国最有名的人是谁?

提起此人,人人皆晓,处处闻名。他姓差,名不多,是各省各县各村人氏。你一定见过他,一定听过别人谈起他。差不多先生的名字天天挂在大家的口头,因为他是中国全国人的代表。

差不多先生的相貌和你和我都差不多。他有一双眼睛,但看的不很清楚;有两只耳朵,但听的不很分明;有鼻子和嘴,但他对于气味和口味都不很讲究。他的脑子也不小,但他的记性却不很精明,他的思想也不很细密。他常常说:"凡事只要差不多,就好了。何必太精明呢?"

他小的时候,他妈叫他去买红糖,他买了白糖回来。他妈骂他,他摇摇头说:"红糖白糖不是差不多吗?"

他在学堂的时候,先生问他:"直隶省的西边是哪一省?"他说是陕西。先生说:"错了。是山西,不是陕西。"他说:"陕西同山西,不是差不多吗?"

后来他在一个钱铺里做伙计；他也会写，也会算，只是总不会精细。十字常常写成千字，千字常常写成十字。掌柜的生气了，常常骂他。他只是笑嘻嘻地赔小心道："千字比十字只多一小撇，不是差不多吗？"

有一天，他为了一件要紧的事，要搭火车到上海去。他从从容容地走到火车站，迟了两分钟，火车已开走了。他白瞪着眼，望着远远的火车上的煤烟，摇摇头道："只好明天再走了，今天走同明天走，也还差不多。可是火车公司未免太认真了。八点三十分开，同八点三十二分开，不是差不多吗？"他一面说，一面慢慢地走回家，心里总不明白为什么火车不肯等他两分钟。

有一天，他忽然得了急病，赶快叫家人去请东街的汪医生。那家人急急忙忙地跑去，一时寻不着东街的汪大夫，却把西街牛医王大夫请来了。差不多先生病在床上，知道寻错了人；但病急了，身上痛苦，心里焦急，等不得了，心里想道："好在王大夫同汪大夫也差不多，让他试试看罢。"于是这位牛医王大夫走近床前，用医牛的法子给差不多先生治病。不上一点钟，差不多先生就一命呜呼了。

差不多先生差不多要死的时候，一口气断断续续地说道："活人同死人也差……差……差不多，……凡事只要……差……差……不多……就……好了，……何……何……必……太……太认真呢？"他说完了这句格言，方才绝气了。

他死后，大家都很称赞差不多先生样样事情看得破，想得通；大家都说他一生不肯认真，不肯算帐，不肯计较，真是一位有德行的人。于是大家给他取个死后的法号，叫他做圆通大师。

他的名誉越传越远，越久越大。无数无数的人都学他的榜样。于是人人都成了一个差不多先生。——然而中国从此就成为一个懒人国了。

不要抛弃学问
——中国公学十八年级毕业赠言

胡适

诸位毕业同学：

你们现在要离开母校了，我没有什么礼物送给你们，只好送你们一句话罢。

这一句话是："不要抛弃学问。"以前的功课也许有一大部分是为了这张毕业文凭，不得已而做的。从今以后，你们可以依自己的心愿去自由研究了。趁现在年富力强的时候，努力做一种专门学问。少年是一去不复返的，等到精力衰时，要做学问也来不及了。即为吃饭计，学问决不会辜负人的。吃饭而不求学问，三年五年之后，你们都要被后来少年淘汰掉的。到那时再想做点学问来补救，恐怕已太晚了。

有人说："出去做事之后，生活问题亟须解决，哪有工夫去读书？即使要做学问，既没有图书馆，又没有实验室，哪能做学问？"

我要对你们说：凡是要等到有了图书馆方才读书的，

有了图书馆也不肯读书。凡是要等到有了实验室方才做研究的，有了实验室也不肯做研究。你有了决心要研究一个问题，自然会搏衣节食去买书，自然会想出法子来设置仪器。

至于时间，更不成问题。达尔文一生多病，不能多做工，每天只能做一点钟的工作。你们看他的成绩！每天花一点钟看十页有用的书，每年可看三千六百多页书，三十年读约十一万页书。

诸位，十一万页书可以使你成一个学者了。可是，每天看三种小报也得费你一点钟的工夫；四圈麻将也得费你一点半钟的光阴。看小报呢，还是打麻将呢，还是努力做一个学者呢？全靠你们自己的选择！

易卜生说："你的最大责任是把你这块材料铸造成器。"

学问便是铸器的工具。抛弃了学问便是毁了你们自己。

再会了！你们的母校眼睁睁地要看你们十年之后成什么器。

给一成一长一的一你

第二季 他山之石

生活是美好的

【俄国】契诃夫

生活是极不愉快的玩笑，不过要使它美好也并不难。为了做到这一点，光是中头彩中了两百卢布，得了"白鹰"勋章，娶了漂亮的女人，以好人出名，还是不够的——这些福分都是正常的，而且也很容易习惯。为了不断地感到幸福，甚至在苦恼和愁闷的时候也感到幸福，那就需要：

（一）善于满足现状

（二）很高兴地感到："事情原来可能更糟呢。"

这是不难的：

要是火柴在你的衣袋里燃起来了，那就应当高兴，而且感谢上苍：多亏你的衣袋不是火药库。

要是有穷亲戚到别墅来找你，那你不要脸色发白，而要喜气洋洋地叫道："挺好，幸亏来的不是警察！"

要是你的手指头扎了一根刺，那你应当高兴："挺好，多亏这根刺不是扎在眼睛里！"

如果你的妻子或者小姨练钢琴，那你不要发脾气，而且要感谢这份福气：你是在听音乐，而不是听狼嚎或者是猫的音乐会。

你该高兴，因为你不是拉长途马车的马，不是细菌，不是旋毛虫，不是猪，不是驴，不是茨冈人牵的熊，不是臭虫……你要高兴，因为眼下你没有坐在被告席上，也没有看见债主在你面前，更没有主笔土尔巴谈稿费问题。

如果你不是住在边远的地方，那你一想到命运总没有把你送到边远的地方，你岂不觉得幸福？

要是你有一颗牙痛起来，那你就该高兴：幸亏不是满口牙痛起来。

你该高兴，因为你居然可以不必读《公民报》，不必坐在垃圾车上，不必一下子跟三个人结婚……

要是你给送到警察局去了，那就你该乐得跳起来，因为多亏没有把你送到地狱的大火里去。

要是你挨了一桦木棍子打，那就该蹦蹦跳跳，叫道："我多么运气，人家总算没有拿带刺的棍子打我。"

要是你的妻子对你变了心，那就该高兴，多亏她背叛的是你，不是国家。

以此类推……朋友，照着我的劝告去做吧，你的生活就会快乐无穷了。

汝龙　译

成为你自己（节选）

【德国】尼采

　　我走在我们许多城市新建的街道上，望着信奉公众意见的这一代人为自己建造的所有这些面目可憎的房屋，不禁思忖，百年之后它们将会怎样地荡然无存，而这些房屋的建造者们的意见也将会怎样地随之倾覆。与此相反，所有那些感觉自己不是这个时代的公民的人该是怎样地充满希望，因为他们倘若是的话，他们就会一同致力于杀害他们的时代，并和他们的时代同归于尽——然而，他们宁愿唤醒时代，以求今生能够活下去。

　　可是，就算未来不给我们以任何希望吧——我们奇特的存在正是在这个当下最强烈地激励着我们，要我们按照自己的标准和法则生活。激励我们的是这个不可思议的事实：我们恰恰生活在今天，并且需要无限的时间才得以产生，我们除了稍纵即逝的今天之外别无所有，必须就在这个时间内表明我们缘何恰恰产生于今天。对于我们的人生，我们必须自己向自己负起责任；因此，我们也要充当这个人生的真正舵手，不让我们的生存等同于一个盲目的偶然。

我们对待它应当敢作敢当，勇于冒险，尤其是因为，无论情况是最坏还是最好，我们反正会失去它。为什么要执著于这一块土地，这一种职业，为什么要顺从邻人的意见呢？恪守几百里外人们便不再当一回事的观点，这未免太小城镇气了。东方和西方不过是别人在我们眼前划的粉笔线，其用意是要愚弄我们的怯懦之心。年轻的心灵如此自语：我要为了获得自由而进行试验；而这时种种阻碍便随之而来了：两个民族之间偶然地相互仇恨和交战，或者两个地区之间横隔着大洋，或者身边有一种数千年前不存在的宗教被倡导着。

友谊的奥秘

【法国】蒙田

　　我们平常所称的"朋友"与"交谊"无非是因某种机缘或出于一定利益，彼此心灵相通而形成的亲密往来和友善关系。而我这里要说的友谊，则是两颗心灵叠合，我中有你，你中有我，浑然成为一体，令二者联结起来的纽带已消隐其中，再也无从辨认。倘若有人硬要我说出为什么我爱他，我会感到不知如何表达，而只好这样回答："因为那是他；因为这是我。"

　　这种结合出于某种我无法解释的必然如此的媒介力量，超乎我的一切推论，也不是我的任何言辞所能够表达。我们未谋面之前，仅仅因为彼此听到别人谈及对方，就已经渴望相见。别人的话对我们的感情产生了巨大的影响。我们光听说对方的名字就已经心心相印。按常理来说，那是不可能产生这种效果的。我想，大概是天意注定的吧。一次重大的喜庆节日，我们偶然在市会上相会了。初次晤面，我们便发觉我俩彼此倾慕，互相了解，十分投契；从此以后，两人便成了莫逆之交。他用拉丁语写了一篇出色的诗作，已经发表，内中道出了我们很快交好的原因。此种相交迅速达到了完美的程度。

我们两人都上了年纪，他还比我大几岁，未来交往的日子屈指可数，我们的交情开始得太晚了。因此务须抓紧时间，而不能按通常平淡之交的规矩行事，那是需要长时间的谨慎接触的。像我们这样的友情，别无其他榜样效法，自己本身就是理想的榜样，它只能与自己相比。既非出于某种特殊的敬重之情，也不是由于三几方面乃至许多方面的敬意。那是一种无以名之的混为一体的精华之物，它控制我的全部意愿，使之与对方的意愿融合在一起，消失到对方的意愿中去。同样的热望，同样的追求，也支配着他的全部意愿，使之与我的意愿融合在一起，消失在我的意愿之中。我说"消失"，那的确如此，因为我们两人没有保留自己任何东西，属于他的，属于我的都没有。

麻雀

【俄国】屠格涅夫

　　我打猎归来，沿着花园的林荫路上走着，狗跑在我前边。突然，狗放慢脚步，蹑足潜行，好像嗅到了前边有什么野物。我顺着林荫路望去，看见了一只嘴边还带着黄色、头上生着柔毛的小麻雀。它从巢里跌落下来（风猛烈地吹动着林荫路上的白桦树），呆呆地伏在地上，孤苦无援地张开两只刚刚长出羽毛的小翅膀。我的狗慢慢逼近它。忽然，从附近一棵树上扑下一只黑胸脯的老麻雀，像一颗石子似地落在狗的嘴脸跟前——它全身倒竖着羽毛，惊惶万状，发出绝望、凄惨的吱吱喳喳叫声，两次向露出牙齿、大张着的狗嘴边跳扑上去。它是猛扑下来救护的，它以自己的躯体掩护着自己的幼儿……可是，由于恐怖，它整个小小的躯体在颤抖，它那小小的叫声变得粗暴嘶哑，它吓呆了，它在牺牲自己了！在它看来，狗该是个多么庞大的怪物啊！然而，它还是不愿站定在自己高高的、安全的树枝上……一种比它意志更强大的力量，使它从那儿扑下身来。我的特列左尔站住了，向后退下来......看来，狗也承认了这种力量。我赶紧叫开受窘的狗——于是，我怀着极恭敬的心情，走开了。

是啊，请不要见笑。我崇敬那只小小的、英勇的鸟儿，我崇敬它那爱的冲动。

爱，我想，比死和死的恐怖更加强大。只有依靠它，依靠这种爱，生命才能维持下去，发展下去。

明天，明天

【俄国】屠格涅夫

度过的每一天，几乎都是那么空虚，那么懒散，那么毫无价值！它给自己留下的痕迹是多么少！这些一点钟又一点钟消逝了的时间，又是多么没有意义，多么糊里糊涂啊！

然而，人却要生存下去；他珍惜生命，他把希望寄托在生命，寄托在自己，寄托在未来上面……噢，他期待着将来什么样的幸福呀！

可是，他为什么设想，其他后来的日子，将不会同刚刚过去的这一天相似呢？

他就是没有料想到这一点。他向来不爱思索——他这做得很好。

"啊，明天，明天！"他安慰着自己，一直到这个"明天"把他送入坟墓。

好啦——一旦在坟墓里——你就不得不停止思索了。

与书为伴

【英国】塞缪尔·斯迈尔斯

书如同人，都可成为伴侣；读其书，如同读其人；同样，观其朋友，也如同观其人。无论与书为友还是与人为伴，每个人都应有自己的知己。

一本书可以成为我们最好的朋友。昨天如此，今天亦如此，这一点亘古不变。书是我们最有耐心和最使人愉悦的朋友。无论身处逆境，还是遭遇苦难，它都不会背弃我们。它总是怀着善意接纳我们，年轻时，它给予我们快乐并指引我们；年老时，它给予我们心灵的慰籍并鼓励我们。

因为对一本书的热爱，我们发现彼此之间亲密无间。书是更为真实和高雅的联系纽带。人们通过自己最喜爱的作者，交流思想，产生心灵的共鸣。他们与作者同在，作者也与他们同在。

一本好书通常是记载生命最好的瓮，它蕴藏着生命思想的瑰宝。因为思想占据了生活的大部分。因此，最好的书是词汇之佳句，思想之瑰宝，最值得怀念，去珍藏，是我们永远的伴侣和慰籍者。

书是永恒不变的。它是迄今为止人类不懈奋斗的珍宝。庙宇和雕像可以被毁，而书却永存。无论何时，那些伟大的思想，都永远鲜活，如同首次浮上作者心头。当时的言谈思想，透过书页仍然与我们交谈，而这一切就如同在我们眼前。劣质的东西被淘汰，而这是时间惟一的功能；因为只有真正优秀的东西，才能在文学中永存。

书指引我们迈入最优秀的领域，它把我们带到历史上所有伟大人物面前。我们倾听他们的言语和举止；看到他们，如同看见一个鲜活的生命。我们与它产生共鸣，与它同享快乐，与它同享悲伤；我们经历它所遭遇的，我们如同演员在它描绘的舞台上演戏。

两条路

【德国】让·保尔·里克特

　　新年的夜晚。一位老人伫立在窗前。他悲戚地举目遥望苍天，繁星宛若玉色的百合漂浮在澄静的湖面上。老人又低头看看地面，几个比他自己更加无望的生命正走向它们的归宿——坟墓。老人在通往那块地方的路上，也已经消磨掉60个寒暑了。在那旅途中，他除了有过失望和懊悔之外，再也没有得到任何别的东西。他老态龙钟，头脑空虚，心绪忧郁，一把年纪折磨着老人。

　　年轻时代的情景浮现在老人眼前，他回想起那庄严的时刻，父亲将他置于两条道路的入口——一条路通往阳光灿烂的升平世界，田野里丰收在望，柔和悦耳的歌声四方回荡；另一条路却将行人引入漆黑的无底深渊，从那里涌流出来的是毒液而不是泉水，蛇蟒满处蠕动，吐着舌箭。

　　老人仰望夜空，苦恼地失声喊道："青春啊，回来！父亲哟，把我重新放回人生的入口吧，我会选择一条正路的！"可是，父亲以及他自己的黄金时代却一去不复返了。

他看见阴暗的沼泽地上空闪烁着幽光，那光亮游移明灭，瞬息即逝了。那是他轻抛浪掷的年华。他看见天空中一颗流星陨落下来，消失在黑暗之中。那就是他自身的象征，徒然的懊丧像一支利箭射穿了老人的心脏。他记起了早年和自己一同踏入生活的伙伴们，他们走的是高尚、勤奋的道路，在这新年的夜晚，载誉而归，无比快乐。

高耸的教堂钟楼鸣钟了，钟声使他回忆起儿时双亲对他这浪子的疼爱。他想起了迷茫时父母的教诲，想起了父母为他的幸福所作的祈祷。强烈的羞愧和悲伤使他不敢再多看一眼父亲居留的天堂。老人的眼睛黯然失神，泪珠儿泫然坠下，他绝望地大声呼唤："回来，我的青春！回来呀！"

老人的青春真的回来了。原来，刚才那些只不过是他在新年夜晚打盹时做的一个梦。尽管他确实犯过一些错误，眼下却还年轻。他虔诚地感谢上天，时光仍然是属于他自己的，他还没有堕入漆黑的深渊，尽可以自由地踏上那条正路，进入福地洞天，丰硕的庄稼在那里的阳光下起伏翻浪。

依然在人生的大门口徘徊逡巡，踌躇着不知该走哪条路的人们，记住吧，等到岁月流逝，你们在漆黑的山路上步履踉跄时，再来痛苦地叫喊："青春啊！回来！还我韶华！"那只能是徒劳的了。

罗务恒译

健康是一种去生活的力量

【英国】凯瑟琳·曼斯菲尔德

　　我的精神几乎已死亡。我生命的源泉已到了源流堵塞却还没有枯竭的时刻。健康的恢复几乎全是伪装——演戏而已。到了何种程度？我能行走吗？还是只能爬行。能用双手或身体去做什么吗？毫无能力。我是一个彻头彻尾的不可救药的废人。我的生命像什么？像一个寄生虫在苟且偷生。已经五年过去了，我比以往受到更多的束缚。

　　因此，一旦西藏的大喇嘛许诺要帮助你——你怎能迟疑呢？风险！去承担一切风险！不再顾忌他人之言，不再听那些声音。为你自己而做世上最困难的事，为你自己而行动起来。正视事实。

　　当然契诃夫没有这样做，的确，可他已经死了。让我们活着的人以诚相见。从契诃夫的书信中我们对他了解了多少？完全了解他了吗？当然不。他整个一生都在渴望着什么，而对此却没有什么文字的论述。你不这样认为吗？那么请看他最后的书信吧。他已放弃了希望，如果从那些信件中挖掘那千丝万缕的忧愁伤感，那些内在是令人恐惧的。契诃夫已不复存在，疾病已吞噬了他。

但是，对那些未患病的人来说，这一切都可能是妄言。他们从未走过这种路，又如何理解我此刻的处境？这就更促使我一人勇猛地前行。生活从来不是简单的。不论我们如何谈论生活的神秘性，当我们亲身投入生活时，就会像对待儿童故事一样对待生活……

那么现在，凯瑟琳，你认为健康之意义何在？你愿恢复健康之目的又何在？

答案：健康，我指的是一种去生活的力量，去过那饱满、成熟、生动、充满生机的生活，在与我所爱之物质的密切接触中生活——我爱大地及大地之奇迹——爱海——爱太阳。这就是我们所说的永恒世界。我想进入这个世界，做它中间的一员，在它中间生活，向它学习，甩脱自己身上的一切浅薄及一切后天所得，做有意识的真正的人类之一员。我要通过理解自己去理解别人，我要具备我的能力可能使我得到的一切特点，这样我才能成为（在此我停下了笔并等待着，等待着，这毫无益处——只有一个词可以表达，即：）太阳的孩子。关于帮助别人、传播光明等等，已无须再多言。意在其中：太阳的孩子。

于是我要工作。做什么？我要的是这样的生活，用双手、用感情、用头脑去工作。我要一个花园，一间小舍，我要绿草、动物、书籍、绘画和音乐。在这一切之上我最要的是写作。（也许我要写的是一个出租车司机，那也无妨。）

温暖的、充满希望与生机的生活——它植根于生命的血脉里——去学习、去了解、去感受、去思索、去行动吧，这是我之所需。不能有丝毫的改变。这是我必须争到的。

杨阳等 译

论逆境

【英国】培根

"一帆风顺固然令人羡慕，但逆水行舟则更令人钦佩。"这是塞涅卡效仿斯多派哲学讲出的一句名言。确实如此。如果奇迹就是超乎寻常，那么它常常是在对逆境的征服中显现的。塞涅卡还说过一句更深刻的格言："真正的伟大，即在于以脆弱的凡人之躯而具有神性的不可战胜。"这是宛如诗句的妙语，其境界意味深长。

古代诗人在他们的神话中曾描写过：当赫克里斯去解救盗火种给人类的英雄普罗米修斯的时候，他是坐着一个瓦罐漂渡重洋的。这个故事其实也正是人生的象征：因为每一个基督徒，也正是以血肉之躯的孤舟，横游在波涛翻滚的人生海洋的。

面对幸运所需要的美德是节制，而面对逆境所需要的美德是坚韧，从道德修养而论，后者比前者更为难能。所以，《圣经》之《旧约》把顺境看作神的赐福，而《新约》则把逆境看作神的恩眷。因为上帝正是在逆境中才会给人以更深的恩惠和更直接的启示。

如果你聆听《旧约》诗篇中大卫的竖琴之声，你所听到的那并非仅是颂歌，还伴随有同样多的苦难哀音。而圣灵对约伯所受苦难的永远远比对所罗门财富的刻画要更动人。

一切幸福都绝非没有恐惧和烦恼，而一切逆境也都绝非没有慰藉和希望。最美好的刺绣，是以暗淡的背景衬托明丽的图案，而绝不是以暗淡的花朵镶嵌于明丽的背景上。让我们从这种美景中去汲取启示吧。

人的美德犹如名贵的香料，只有在碾碎或者燃烧的时候才会散发出芬芳。顺境最能够显示邪恶，但逆境却最能够彰显美德。

我的信念

【法国】玛利亚·居里夫人

生活对于任何人都非易事，我们必须有坚韧不拔的精神。最要紧的，还是我们自己要有信心。我们必须相信，我们对每一件事情都有天赋的才能，并且，无论付出任何代价，都要把这件事情完成。当事情结束的时候，你要能问心无愧地说："我已经尽我所能了。"

有一年的春天里，我因病被迫在家里休息数周。我注视着我的女儿们所养的蚕结着茧子，这使我感兴趣。望着这些蚕固执地、勤奋地工作着，我感到我和它们非常相似。像它们一样，我总是耐心地集中在一个目标上，我之所以如此，或许是因为某种力量在鞭策着我——正如蚕被鞭策着去结它的茧子一般。

近五十年来，我致力于科学的研究，而研究是对真理的探讨。我有许多美好快乐的记忆。少女时期，我在巴黎大学，孤独地过着求学的岁月。在那整个时期中，我丈夫和我专心致志地，像在梦幻之中一般，艰辛地坐在简陋的书房里研究，后来，我们就在那儿发现了镭。

我在生活中，永远是追求安静的工作和简单的家庭生活。为了实现这个理想，我竭力保持宁静的环境，以免受人事的干扰和盛名的渲染。

我深信在科学方面我们有对事而不是对人的兴趣。当皮埃尔·居里和我考虑应否在我们的发现上取得经济利益时，我们都认为不能违反我们的纯粹研究观念。因而我们没有申请镭的专利，也就抛弃了一笔财富。我坚信我们是对的。诚然，人类需要寻求现实的人，他们在工作中获得很大的报酬。但是，人类也需要梦想家——他们受了事业的强烈的吸引，使他们没有闲暇，也无热情去谋求物质上的利益。我的唯一奢望，是在一个自由国家中以一个自由学者的身份从事研究工作。我从没有视这种利益为理所当然的，因为我在 24 岁以前，我一直居住在被占领和蹂躏的波兰。我估量过法国自由的代价。

我并非生来就是一个性情温和的人，我很早就知道，许多像我一样敏感的人，甚至受一言半语的苛责，便会过分懊恼，他们尽量隐藏自己的敏感。从我丈夫的温和沉静的性格中，我受益匪浅。当他猝然长逝后，我便学会了逆来顺受。我年纪渐渐老了，我愈会欣赏生活中的种种琐事，如栽花、植树、建筑，对诗歌朗诵和眺望星辰也有一点兴趣。

我一直沉醉于世界的优美之中，我所热爱的科学也不断增加它崭新的远景。我认定科学本身就具有伟大的美。一位从事研究工作的科学家，不仅是一个技术人员，而且是一个小孩儿，在大自然的景色中，好像迷神话故事一般。这种魅力，就是使我终生能够在实验室里埋头工作的主要原因。

如果我休息，我就生锈

【美国】奥里森·马登

在一把旧钥匙上发现了一则重要的铭文——如果我休息，我就生锈。对于那些为懒散而苦恼的人来说，这将是至理名言。甚至勤奋工作的人也可以此为警示，如果一个人有才而不用，就像废弃钥匙上的铁，很快就会生锈，最终不能完成工作。

那些想取得像伟人那样成就，并成为伟人的人，必须不断地运用自身才能，以便使知识的大门，人类为之奋斗的每个领域、各种职业，包括科学、艺术、文学、农业的大门——不会被锁上。

勤奋使开启成功宝库的钥匙光亮。如果休·米勒白天在伐木厂劳作后，晚上停下来休息消遣的话，就不会成为一个名垂青史的地理学家。著名的数学家爱德蒙·斯通，如果闲暇时无所事事，就不会出版数学词典，也不会发现开启数学大门的钥匙。如果苏格兰青年霍格森在山坡上放羊时让他那思维活跃的大脑处于休息状态，而不是花费心思计算星星的位置，他将不会成为著名的天文学家。

　　劳动改变一切，——不是断断续续，间歇性的或者方向偏差的劳动，而是坚定的，不懈的，方向正确的日夜劳动。正如，要想获得自由，必须时刻警惕；而要想获得永久的成功，则必须坚持不懈地工作。

一片树叶

【日本】东山魁夷

当我把京都作为主要题材来创作我的组画的时候，想起了圆山闻名的夜樱。我多想观赏一下那坠满枝头的繁盛花朵，同那春宵的满月交相辉映的情景啊！

那是四月十日前后吧，我弄清楚当夜确实是阴历十五之后，就向京都进发。白天，到圆山公园一看，却也幸运，樱花开得正旺，春天的太阳似乎同月夜良宵相约似的，朗朗地照着。时至向晚，我已经参观了寂光院和三千院，看看时间已到，就折向京都城里。

来到下鸭这地方，蓦然从车窗向外一望，东面天上不正飘浮着一轮又圆又大的月亮吗？我吃了一惊。本来我是想站在圆山的樱树林前，观赏那刚刚从东山露出笑脸的圆月。它一旦升上高空，就会失掉特有的风韵。我后悔不该在大原消磨那么多时光。

我急匆匆赶到圆山公园，稍稍松一口气。所幸，这儿靠近山峦，一时还望不见月亮的姿影。东山浸在碧青色的暮霭里，山前面一株枝条垂挂的樱树，披着绯红色华美的春装，仿佛将京都的春色完全凝聚于一身似的。地面上，不见一朵落花。

山头一片净明，月亮微微探出头来，静静地升上绛紫色的天空。这时，樱花仰望着月亮，月亮俯视着樱花。刹那之间，消尽了游春的灯火和杂沓的人影。四周阒无人声，只给月和花留下了清丽的好天地。

这也许就是常说的奇缘巧遇吧，花期短暂，难得碰上朗照的满月；再说，月华的胜景，也只限于今宵，要是碰上阴雨天气，就什么也看不到。此外，还必须有我这个欣赏者在场才成。

如果花儿常开不败，我们能永远活在地球上，那么花月相逢便不会引人如此动情。花开花落，方显出生命的灿烂光华；爱花赏花，更说明人对花木的无限珍惜。地球上瞬息即逝的事物，一旦有缘相遇，定会在人们的心里激起无限的喜悦。这不只限于樱花，即使路旁一棵无名小草，不是同样如此吗？

自然景物令人赏心悦目，这个体验是我在战争中获得的。那时想到自己的生命之火就要熄灭了，处在这样境况里，才发觉自然景物却充满了旺盛的活力。于是，我受到了强烈的震动。过去在我的眼里，这些景物都是平淡无奇，不堪一顾的呢。

战争结束以后，在贫困的年代里，我也陷入苦难的深渊。冬天，我伫立在凄清寂寞的山峦上，大自然和我紧密相连，这才使我的心境感到充实而满足，我心中产生了对生活的切实而纯真的向往。打那时候起，我便开始了一个风景画家的生涯。

我所喜欢描绘的不是人迹罕至的景致，而是富有生活情趣的自然风物。然而，在我所描绘的风景里，可以说，几乎没有人物出现。其中一个理由是，我描绘的风景是人们心灵的象征。我是通过自然景色本身，抒写人们的内心世界的。

我常常揣摩画面的内容，创作散文，这是我接触了清新的自然和素朴的形象之后引起的感动所致。在战后时代的急流勇进中，我有很多时候，是走着同时代相游离的道路的。现在看来，这条路算是对了。而且，我决心继续走下去。

人应当更谦虚地看待自然和风景。为此，固然有必要出门旅行，同大自然直接接触，或深入异乡，领略一下当地人们的生活情趣。然而，就是我们住地周围，哪怕是庭院的一木一叶，只要用心观察，有时也能深刻地领略到生命的涵义。

我注视着院子里的树木，更准确地说，是在凝望枝头上的一片树叶。而今，它泛着美丽的绿色，在夏日的阳光里闪耀着光辉。我想起当初它还是幼芽的时候，我所看到的情景。那是去年初冬，就在这片新叶尚未吐露的地方。吊着一片干枯的黄叶，不久就脱离了枝条飘落到地上，就在原来的枝丫上，你这幼小的坚强嫩芽，生机勃勃地诞生了。

任凭寒风猛吹，任凭大雪纷纷，你默默等待着春天，慢慢地在体内积攒着力量。一日清晨，微雨乍晴，我看到树枝上缀满粒粒珍珠，这是一枚枚新生的幼芽凝聚着雨水闪闪发光。于是我感到百草都在催芽，春天已经临近了。

春天终于来了，万木高高兴兴地吐翠了。然而，散落在地面上的陈叶，早已腐烂化作泥土了。

你迅速长成一片嫩叶，在初夏的太阳下浮绿泛金。对于柔弱的绿叶来说，初夏，既是生机旺盛的季节，也是最易遭受害虫侵蚀的季节。幸好，你平安地迎来了暑天，而今正同伴伙们织成浓密的青荫，遮蔽着枝头。

我预测着你的未来。到了仲夏，鸣蝉将在你的浓荫下长啸，等一场台风袭过，那嘻嘻蝉鸣变成了凄切的哀吟，天气也随之凉爽起来。蝉声一断，代之而来的是树根深处秋虫的合唱，这唧唧虫声，确也能为静寂的秋夜增添不少雅趣。

你的绿意，不知不觉黯然失色了，终于变成了一片黄叶，在冷雨里垂挂着。夜来，秋风敲窗，第二天早晨起来，树枝上已经消失了你的踪影。只看到你所在的那个枝丫上又冒出一个嫩芽。等到这个幼芽绽放绿意的时候，你早已零落地下，埋在泥土之中了。

这就是自然，不光是一片树叶，生活在世界上的万物，都有一个相同的归宿。一叶坠地，决不是毫无意义的。正是这片片黄叶，换来了整个大树的盎然生机。这片树叶的诞生和消亡，正标志着生命在四季里的不停转化。

同样，一个人的死关系着整个人类的生。死，固然是人所不欢迎的。但是，只要你珍爱自己的生命，同时也珍视他人的生命，那么，当你生命渐尽，行将回归大地的时候，你应当感到庆幸。这就是我观察庭院里的一片树叶所得的启示。不，这是那片树叶向我娓娓讲述的生死轮回的要谛。

自由与克制

【英国】罗金斯

    明智的法规和适当的克制，对于高尚的民族而言，虽说在某种程度上不免有点累赘，但它们不是束人手足的锁链而是护身的铠甲，是力量的体现。请记住，正是这种克制的必要性，如同劳动的必要性一样，值得人类崇敬。

    每天，你都可以听到无数蠢人高谈自由，就好像它是无上光荣的东西，其实远非如此。从总体上和广义上来讲，自由并不是什么值得炫耀的东西，它不过是低级动物的一种属性而已。

    任何人，伟人也好，强者也罢，都不能像游鱼那般自由自在。人可以有所为，又必须有所不为，而鱼却可以为所欲为。集天下之领土于一体，其总面积也抵不上半个海洋大；纵使将世上所有的交通线路和运载工具都用上(现有的再添上将要发明出来的)，也难比水中鱼游得方便。

    你只要平心静气地想一想，就会发现，正是这种克制，而不是自由被人类引以为荣；进而言之，即便低级动物也是如此。蝴蝶比蜜蜂自由得多，可人们却更赞赏蜜蜂，不就是因为它善于遵从自己社会的某种规则吗？自由与克制这两个抽象的概念，后者通常更显得光荣。确实，关于这类事物以及其他类似之物，你决不可能单单从抽象中得出最后的结论。因为，对于自由与克制，倘若你高尚地加以选择，二者都是好的；反之，二者都是坏的。然而，我要重申一下，在这两者之中，能显示高级动物的特性而又能改造低级动物的，还属克制。而且，上至天使的职责，下至昆虫的劳作，从星体的均衡到灰尘的引力，一切生物、事物的权力和荣耀，都归于服从而不是自由。

太阳是不自由的，枯叶却自由得很；人体的各部分没有自由，整体却很和谐，相反，如果各部分有了自由，势必导致整体的溃散。

光荣的荆棘路

【丹麦】安徒生

从前有一个古老的故事："光荣的荆棘路：一个叫做布鲁德的猎人得到了无上的光荣和尊严，但是他却长时期遇到极大的困难和冒着生命的危险。"我们大多数的人在小时已经听到过这个故事，可能后来还读到过它，并且也想起自己没有被人歌诵过的"荆棘路"和"极大的困难"。故事和真事没有什么很大的分界线。不过故事在我们这个世界里经常有一个愉快的结尾，而真事常常在今生没有结果，只好等到永恒的未来。

世界的历史像一个幻灯。它在现代的黑暗背景上，放映出明朗的片子，说明那些造福人类的善人和天才的殉道者在怎样走着荆棘路。

这些光耀的图片把各个时代，各个国家都反映给我们看。每张片子只映几秒钟，但是它却代表整个的一生——充满了斗争和胜利的一生。我们现在来看看这些殉道者行列中的人吧——除非这个世界本身遭到灭亡，这个行列是永远没有穷尽的。

我们现在来看看一个挤满了观众的圆形剧场吧。讽刺和幽默的语言像潮水一般地从阿里斯托芬的"云"喷射出来。雅典最了不起的一个人物，在人身和精神方面，都受到了舞台上的嘲笑。他是保护人民反抗三十个暴君的战士。他名叫苏格拉底，他在混战中救援了阿尔西比亚得和生诺风，他的天才超过了古代的神仙。他本人就在场。他从观众的凳子上站起来，走到前面去，让那些正在哄堂大笑的人可以看看，他本人和戏台上嘲笑的那个对象究竟有什么相同之点。他站在他们面前，高高地站在他们面前。

你，多汁的，绿色的毒胡萝卜，雅典的阴影不是橄榄树而是你！

七个城市国家在彼此争辩，都说荷马是在自己城里出生的——这也就是说，在荷马死了以后！请看看他活着的时候吧！他在这些城市里流浪，靠朗诵自己的诗篇过日子。他一想起明天的生活，他的头发就变得灰白起来。他，这个伟大的先知者，是一个孤独的瞎子。锐利的荆棘把这位诗中圣哲的衣服撕得稀烂。

但是他的歌仍然是活着的；通过这些歌，古代的英雄和神仙也获得了生命。

图画一幅接着一幅地从日出之国，从日落之国现出来。这些国家在空间和时间方面彼此的距离很远，然而它们却有着同样的光荣的荆棘路。生满了刺的蓟只有在它装饰着坟墓的时候，才开出第一朵花。

骆驼在棕榈树下面走过。它们满载着靛青和贵重的财宝。这些东西是这国家的君主送给一个人的礼物——这个人是人民的欢乐，是国家的光荣。嫉妒和毁谤逼得他不得不从这国家逃走，只有现在人们才发现他。这个骆驼队现在快要走到他避乱的那个小镇。人们抬出一具可怜的尸体走出城门，骆驼队停下来了。这个死人就正是他们所要寻找的那个人：费尔杜西——光荣的荆棘路在这儿告一结束！

在葡萄牙的京城里，在王宫的大理石台阶上，坐着一个圆面孔、厚嘴唇、黑头发的非洲黑人，他在向人求乞。他是卡蒙斯的忠实的奴隶。如果没有他和他求乞得到的许多铜板，他的主人——叙事诗《卢济塔尼亚人之歌》的作者——恐怕早就饿死了。

现在卡蒙斯的墓上立着一座贵重的纪念碑。

还有一幅图画！

铁栏杆后面站着一个人。他像死一样的惨白，长着一脸又长又乱的胡子。

"我发明了一件东西———件许多世纪以来最伟大的发明，"他说，"但是人们却把我放在这里关了二十多年！"

"他是谁呢？"

"一个疯子！"疯人院的看守说，"这些疯子的怪想头才多呢！他相信人们可以用蒸汽推动东西！"

这人名叫萨洛蒙·得·高斯，黎塞留读不懂他的预言性的著作，因此他死在疯人院里。

现在哥伦布出现了。街上的野孩子常常跟在他后面讥笑他，因为他想发现一个新世界——而且他也就居然发现了。欢乐的钟声迎接着他的胜利的归来，但嫉妒的钟敲得比这还要响亮。他，这个发现新大陆的人，这个把美洲黄金的土地从海里捞起来的人，这个把一切贡献给他的国王的人，所得到的酬报是一条铁链。他希望把这条链子放在他的棺材上，让世人可以看到他的时代所给予他的评价。

图画一幅接着一幅的出现，光荣的荆棘路真是没有尽头。

在黑暗中坐着一个人，他要量出月亮里山岳的高度。他探索星球与行星之间的太空。他这个巨人懂得大自然的规律。他能感觉到地球在他的脚下转动。这人就是伽利略。老迈的他，又聋又瞎，坐在那儿，在尖锐的苦痛中和人间的轻视中挣扎。他几乎没有气力提起他的一双脚：当人们不相信真理的时候，他在灵魂的极度痛苦中曾经在地上跺着这双脚，高呼着："但是地在转动呀！"

这儿有一个女子，她有一颗孩子的心，但是这颗心充满了热情和信念。她在一个战斗的部队前面高举着旗帜；她为她的祖国带来胜利和解放。空中起了一片狂乐的声音，于是柴堆烧起来了：大家在烧死一个巫婆——冉·达克。是的，在接着的一个世纪中人们唾弃这朵纯洁的百合花，但智慧的鬼才伏尔泰却歌颂"拉·比塞尔"。

在微堡的宫殿里，丹麦的贵族烧毁了国王的法律。火焰升起来，把这个立法者和他的时代都照亮了，同时也向那个黑暗的囚楼送进一点彩霞。他的头发斑白，腰也弯了；他坐在那儿，用手指在石桌上刻出许多线条。他曾经统治过三个王国。他是一个民众爱戴的国王；他是市民和农民的朋友：克利斯仙二世。他是一个莽撞时代的一个有性格的莽撞人。敌人写下他的历史。我们一方面不忘记他的血腥的罪过，一方面也要记住：他被囚禁了二十七年。

有一艘船从丹麦开出去了。船上有一个人倚着桅杆站着，向汶岛作最后的一瞥。他是杜却·布拉赫。他把丹麦的名字提升到星球上去，但他所得到的报酬是讥笑和伤害。他跑到国外去。他说："处处都有天，我还要求什么别的东西呢？"他走了；我们这位最有声望的人在国外得到了尊荣和自由。

"啊，解脱！只愿我身体中不可忍受的痛苦能够得到解脱！"好几世纪以来我们就听到这个声音。这是一张什么画片呢？这是格里芬菲尔德——丹麦的普洛米修士——被铁链锁在木克荷尔姆石岛上的一幅图画。

我们现在来到美洲，来到一条大河的旁边。有一大群人集拢来，据说有一艘船可以在坏天气中逆风行驶，因为它本身上具有抗拒风雨的力量。那个相信能够做到这件事的人名叫罗伯特·富尔登。他的船开始航行，但是它忽然停下来了。观众大笑起来，并且还"嘘"起来——连他自己的父亲也跟大家一起"嘘"起来："自高自大！糊涂透顶！他现在得到了报应！就该把这个疯子关起来才对！"

一根小钉子摇断了——刚才机器不能动就是因了它的缘故。轮子转动起来了，轮翼在水中向前推进，船在开行！蒸汽机的杠杆把世界各国间的距离从钟头缩短成为分秒。

人类啊，当灵魂懂得了它的使命以后，你能体会到在这清醒的片刻中所感到的幸福吗？在这片刻中，你在光荣的荆棘路上所得到的一切创伤——即使是你自己所造成的——也会痊愈，恢复健康、力量和愉快；嘈音变成谐声；人们可以在一个人身上看到上帝的仁慈，而这仁慈通过一个人普及到大众。

光荣的荆棘路看起来像环绕着地球的一条灿烂的光带。只有幸运的人才被送到这条带上行走，才被指定为建筑那座联接上帝与人间的桥梁的、没有薪水的总工程师。

历史拍着它强大的翅膀，飞过许多世纪，同时在光荣的荆棘路的这个黑暗背景上，映出许多明朗的图画，来鼓起我们的勇气，给予我们安慰，促进我们内心的平安。这条光荣的荆棘路，跟童话不同，并不在这个人世间走到一个辉煌和快乐的终点，但是它却超越时代，走向永恒。

尼亚加拉大瀑布

【英国】查尔斯·狄更斯

　　那一天的天气寒冷潮湿，着实苦人；凄雾浓重，几欲成滴，树木在这个北国里还都枝柯赤裸，完全冬意。不论多会儿，只要车一停下来，我就侧耳静听，看是否能听到瀑布的吼声，同时还不断地往我认为一定是瀑布所在那方向执着地看；我所以知道瀑布就在那一方向，因为我看见河水滚滚朝着那儿流去；每一分钟都盼望会有飞溅的浪花出现。恰恰在我们停车以前几分钟内，我看见了两片嵯峨的白云，从地心深处巍巍而出，冉冉而上。当时所见，仅止于此。后来我们到底下了车了；于是我才头一回听到洪流的砰訇，同时觉得大地都在我脚下颤动。

　　崖岸陡峭，又因为有刚刚下过的雨和化了一半的冰，地上滑溜溜的，所以我自己也不知道我是怎么下去的，不过我却一会儿就站在山脚那儿，同两个英国军官（他们也正走过那儿，现在和我到了一块）攀登到一片嶙峋的乱石上了；那时瀑布澎渤大作，震耳欲聋，玉花飞溅，我全身濡湿，衣履俱透。原来我们正站在瀑布的下面。我只能看见巨瀑滔天，劈空而下，但是对于这片巨瀑的形状和地位，却毫无概念，只渺渺茫茫，感到泉飞水立，浩瀚汪洋而已。

我们坐在小渡船上，从紧贴在这两个大瀑布前面那条汹涌奔腾的河里过的时候，我才开始感到是怎么回事；不过我却有些目眩心摇，因而领会不到这副光景到底有多博大。一直到我来到平顶岩上看去的时候——天哪，那样一片飞立倒悬的晶莹碧波！——它的巍巍凛凛，浩潮峻伟，才在我眼前整个呈现。

于是我感到，我站的地方和造物者多么近了，那时候，那幅宏伟的景象，一时之间所给我的印象——一瞬的感觉，而又是永久的感觉——是一片和平之感：是心的宁静，是灵的恬适，是对于死者淡泊安详的回忆，是对于永久的安息和永久的幸福恢廓的展望，不掺杂一丁点暗淡之情，不掺杂一丁点恐怖之心。尼亚加拉一下就在我心里留下深刻的印象——留下了一副美丽的形象；这副形象，一直永世不尽留在我的心头，永远不改变，永远不磨灭，一直到我的心房停止了搏动的时候。

我们在那个神工鬼斧、天魔帝力所创造出来的地方上待了十天，在那永久令人不忘的十天里，日常生活中的龃龉和烦恼，如何离我而去，越去越远啊！巨瀑的砰訇对于我如何振聋发聩啊！绝迹于尘世之上而却出现于晶莹垂波之中的，是何等的面目啊！在变幻无常、横亘半空的灿烂虹霓四围上下，天使的泪如何玉圆珠明，异彩缤纷，纷飞乱洒，纵翻横出啊！在这种眼泪里，天心帝意，又如何透露而出啊！

我一起始，就跑到了加拿大那一边儿，在那十天里就一直在那儿没动。我从来没再过过河；因为我知道，河那边也有人，而在这种地方，当然不能和不相干的闲杂人掺和。整天往来徘徊，从一切角度，来看这个垂瀑；站在马蹄铁大瀑布的边缘上，看着奔腾的水，在快到崖头的时候，力充劲足，然而却又好像在驰下崖头、投入深渊之前，先停顿一下似的；从河面上往上看巨涛下涌；攀上邻岭，从树梢间瞭望，看激湍盘旋面前，翻下万丈悬崖；站在下游三英里的巨石森岩下面，看着河水，波涌涡漩，砰訇应答，表面上看不出来它所以这样的原因，实在在河水深处，却受到巨瀑奔腾的骚扰；永远有尼亚加拉当前，看它受日光的蒸腾，受月华的逗引，夕阳西下中一片红，暮色苍茫中一件灰；白天整天眼里看它，夜里枕上醒来耳里听它；这样的福就够我享的了。

我现在每到平静之时都要想：那片浩瀚汹涌的水，仍旧尽日横冲直滚，飞悬倒洒，砰訇澎湃，雷鸣山崩；那些虹霓仍旧在它下面一百英尺的空中弯亘横跨。太阳照在它上面的时候，它仍旧像玉液金波，晶莹明澈。天色暗淡的时候，它仍旧像玉霰琼雪，纷纷飞洒；像轻屑细末，从白垩质的悬崖峭壁上阵阵剥落；像如絮如绵的浓烟，从山腹幽岫里蒸腾喷涌。但是这个滔天的巨瀑，在它要往下流去的时候，永远老像要先死去一番似的，从它那深不可测、以水为国的坟里，永远有浪花和迷雾的鬼魂，其大无物可与伦比，其强永远不受降伏。在宇宙还是一片混沌、黑暗还复掩渊面的时候，在匝地的巨瀑——水——以前，另一个漫天的巨瀑——光——还没经上帝吩咐而一下弥漫宇宙的时候，就在这儿森然庄严地呈异显灵。

张谷若 译

论雨伞道德

【英国】阿尔弗雷德·加德纳

我正沿着海滨大道走着，忽然遇上了急促的阵雨，可是，我并没有撑开我的雨伞。实际情况是我不能打开那把伞。首先，那伞架根本就撑不开，再说，即使能撑开，我也不能真去举着那么个玩意儿，因为我不愿举着那么一把像伞不成伞的鬼东西在人前露面。实际情况是，那根本不是我的伞。对于那位伞的主人我现在真十分盼望他能有机会读到这篇小文章。他拿走了我的丝绸雨伞。我便只好拿了他作为交换留下的这把布伞。我猜想他准也打着我的那把伞正得意洋洋地在海滨大道上溜达，他要是看到了手里捏着他的那把该死的破伞，浑身还给淋得透湿的这家伙，准不免会对他投以轻蔑的眼光。我敢说那流氓在看到这个破玩意儿的时候，一定忍不住暗笑了。"啊，"他高兴地自言自语说，"老伙计，那一回我对你可是不客气了。那玩意儿我可知道。你就是玩命儿也撑不开它。而且收起来鼓鼓囊囊像个大口袋。啊，你再瞧瞧这把……"

可我让他去昧着良心自鸣得意吧。他正是那种我愿意叫他是缺乏雨伞良心的家伙。你明白我讲的是些什么样的人。他决不会把手伸进别人的口袋——即使有机会，他也不会伪造支票，或是撬开别人的钱箱。可是他却总爱跟人交换雨伞，或者借人的书总忘了归还，或者遇有机会便要跟铁路局开个小玩笑。实在说，他为人绝对诚实，决不让自己的诚实遭到严重怀疑。也许他只是随便一伸手从理发店的伞架上拿走了你的雨伞。他明白，不管怎么着，反正不可能抓到一把伞比他自己原来的更坏。他却有可能抓到一把稍好一些的。一直到走出很远以后，他也没正眼看看他手里的那把伞。然后，"我的天哪，我拿错了别人的伞，"他说，露出一脸吃惊的神色，因为他实在愿意感到自己是弄错了。"啊，你瞧瞧，现在再回去也是白跑。他肯定早走了。哎，好在我，把我的一把留给他了！"

就这样，我们跟自己的良心捉着迷藏。光是不让别人抓住还不够；我们也决不愿让自己抓住了把柄。有许多人一向为人清白，在一般情况下，谁都认为他为人无懈可击，实际也都免不了有点缺乏雨伞道德。

要说到书籍，谁还有什么道德可言？我记得几年前一位著名的牧师兼文学批评家去世了，他的藏书被公开拍卖。真是琳琅满目，全是些难得的珍本。他原是研究十七世纪文学的一位权威，那些书主要也全是有关那一时期作家的作品。其中大部分书上全都印有全国各地图书馆的图章。他把那些书借去后，一直也没有个适当的机会把书还回去。它们于是便像法院的案例一样在他身边积累下来。而他可是一位神职人员，讲起道来说得头头是道，这一点我便可以作证。而且，您如果一定要逼着问我，我怕也得承认，硬要让一个人交出一本他真正心爱的书，的确也是一件难事。

说真话，关于书籍，只有我认识的一位先生所奉行的一套原则是唯一稳妥可行的。有一天有个朋友找他借一部书。"实在抱歉，"他说，"我不能借给你。""你没有吗？"他的朋友问他。"有的，我有那部书，"他说，"可是我早定下一条规矩决不把书借人。你瞧，借书的人是从不肯还书的。这一点凭我自己的经验我也完全知道。来，你跟我来瞧瞧。"他领着他到他自己的书房去。"你瞧，"他说，"总共有不下四千部。没有一本不是借来的。"可别借书给人，可别。在这个问题上即使最亲近的朋友您也别相信。这我知道，那套《吉尔·布拉斯》哪儿去了？嗯？还有那套《西尔维奥·柏利科》？还有……还去念叨那些书名有啥用呢……他知道。他知道。

还有帽子。有人就专门跟别人换帽子。这可是不可原谅的。这可是越出了那诚实与不诚实难以区分的良心的模糊边缘了。谁也不可能戴上一顶别人的帽子会心里没数。可就有人这么干。我有一次在吸烟室把一顶丝绸帽子挂在帽钩上。等我去取的时候，帽子不见了。挂钩上也没有留下任何别的丝绸帽。弄得我只得光着头穿过皇宫大院和白厅再去另买一顶。我一直总纳闷儿，不知是什么样的一位先生手里拿着自己的帽子，头上却戴着我的帽子走了。

当然，也可能拿走我的丝绸雨伞的那位先生的确是拿错了。也许他要是知道雨伞的主人是谁，他就会一再抱歉把雨伞送回来了。这种事过去也发生过。我这里可以举一个例子。我自己就拿错过别人的伞——常常拿错。我希望我可是不存心，可这谁又说得准呢？天知道，我现在仔细想想，那把丝绸雨伞也根本不是我的。那是我有时吃亏、有时占便宜的一连串交换活动中暂时留在我手中的一把。我毕生最难忘怀的一次换伞事件发生在一位阔佬的家里，那天我被邀去参加一次宴会，给一批政府官员作陪。那会儿是在夏天，天晴无雨，所以其后有好几天我都没有必要拿伞。接着忽然有一天，我们全家全都惊惶起来。在我们的伞架上发现了一把镶有金箍和金穗的雨伞，上面还刻有某位政治家的名字。在这之前，我们家从来就不趁这种超级雨伞。面对着它的灿烂金光，我们是既感到自惭形秽，又感到恐惧不安——使我们自惭形秽的自然是它的豪华气派，但它的出现本身便使我们十分惊恐。我真感到我是在正伸手要偷盗不列颠帝国的时候被人当场抓住了。我马上匆匆给伞的主人写了一封信，告诉他我十分钦佩他的政治活动，我可从来没想到要偷盗他的雨伞；然后雇了一辆马车，拿着伞和信立即向最近的一家差役服务站赶去。

他对这事的态度十分客气，在还回我的雨伞的时候，他把责任全揽在自己身上。"是呀，"他说，"在一位看上去十分高贵的先生拿着帽子硬往我头上戴，另一位看着很高贵的先生要给我穿大衣，第三位看着很高贵的先生往我手里塞雨伞，第四位看着很高贵的先生把我往马车里塞的时候，我压根儿也想不到手里捏着的是个什么。那一群高贵的仆人已弄得我晕头转向，不论他们塞给我个什么东西，我也不会拒绝的。"

必须注意，这完全是因为伞上刻有名字才使这个局面最后没弄到不可收拾。这是对付那类缺乏雨伞良心的家伙的最好办法。我看到他，暗自高兴地斜眼偷看他换来的那把伞，忽然他看到了伞上的名字和地址，于是自认为一向为人正直的深刻信念便出面指导一切了。经过了今天的这番经历，我想我一定要在我的雨伞上刻上名字了。但绝不是立在墙角儿的那个鼓蓬蓬的玩意儿。谁能替我把它解脱掉我都不在乎。任何人愿意要它，快拿走得了。

我与绘画的缘分

【英国】温斯顿·丘吉尔

  年至四十而从未握过画笔，老把绘画视为神秘莫测之事，然后突然发现自己投身到了一个颜料、调色板和画布的新奇兴趣中去了，并且成绩还不怎么叫人丧气——这可真是个奇异而又大开眼界的体验。我很希望别人也能分享到它。

  为了得到真正的快乐，避免烦恼和脑力的过度紧张，我们都应该有一些嗜好。它们必须都很实在，其中最好最简易的莫过于写生画画了。这样的嗜好在一个最苦闷的时期搭救了我。1915 年 5 月末，我离开了海军部，可我仍是内阁和军事委员会的一个成员。在这个职位上，我什么都知道，却什么都不能干。我有一些炽烈的信念，却无力去把它们付诸实现。那时候，我全身的每根神经都热切地想行动，而我却只能被迫赋闲。

  而后，一个礼拜天，在乡村里，孩子们的颜料盒来帮我忙了。我用他们那些玩具水彩颜料稍一尝试，便促使我第二天上午去买了一整套油画器具。下一步我真的动手了。调色板上闪烁着一滩滩颜料：一张崭新的白白的画布摆在我的面前；那支没蘸色的画笔重如千斤，性命攸关，悬在空中无从落下。我小心翼翼地用一支很小画笔蘸真正一点点蓝颜料，然后战战兢兢地在咄咄逼人的雪白画布上画了大约像一颗小豆子那么大的一笔。恰恰那时候只听见车道上驶来了一辆汽车，而且车里走出来的不是别人，正是著名肖像画家约翰·赖弗瑞爵士的才气横溢的太太。"画画！不过你还在犹豫什么哟！给我一支笔，要大的。"画笔扑通一声浸进松节油，继而扔进蓝色和白色颜料中，在我那块调色板上疯狂地搅拌了起来，然后在吓得籁籁直抖的画布上肆恣汪洋地涂了好几笔蓝颜色。紧箍咒被打破了。我那病态的拘束烟消云散了。我抓起一支最大的画笔，雄赳赳气昂昂地朝我的牺牲品扑了过去。打那以后，我再也不怕画布了。

这个大胆妄为的开端是绘画艺术极重要的一个部分。我们不要野心太大。我们并不希冀传世之作。能够在一盒颜料中其乐陶陶，我们就心满意足了。而要这样，大胆则是唯一的门券。

我不想说水彩颜料的坏话，可是实在没有比油画颜料更好的材料了。首先，你能比较容易地修改错误。调色刀只消一下子就能把一上午的心血从画布上"铲"除干净；对表现过去的印象来说，画布反而来得更好。其次，你可以从各种途径达到自己的目的。假如开始时你采用适中的色调来进行一次适度的集中布局，而后心血来潮时，你也可以大刀阔斧，尽情发挥。最后，颜色调弄起来真是太妙了。假如你高兴，可以把颜料一层一层地加上去，你可以改变计划去适应时间和天气的要求。把你所见的景象跟画面相比较简直令人着迷。假如你还没有那么干过的话，在你归天以前——不妨试一试。

当一个人开始慢慢地不感到选择适当的颜色、用适当的手法把它们画到适当的位置上去是一种困难时，我们便面临更广泛的思考了。人们会惊讶地发现在自然景色中还有那么许多以前从未注意到的东西。每当走路乘车时，附加了一个新目的，那可真是新鲜有趣之极。山丘的侧面有那么丰富的色彩，在阴影处和阳光下迥不相同；水塘里闪烁着如此耀眼夺目的反光，光波在一层一层地淡下去；表面和那边缘那种镀金镶银般的光亮真是美不胜收。我一边散步，一边留心着叶子的色泽和特征，山峦那迷梦一样的紫色，冬天的枝干的绝妙的边线，以及遥远的地平线的暗白色的剪影，那时候，我便本能地意识到了自己。我活了四十多岁，除了用普通的眼光，从未留心过这一切。好比一个人看着一群人，只会说“人可真多啊！”一样。

我以为，这种对自然景色观察能力的提高，便是我从学画中得来的最大乐趣之一。假如你观察得极其精细入微，并把你所见的情景相当如实地描绘下来，结果画布上的景象就会惊人的逼真。

此后，美术馆便出现了一种新鲜的——至少对我如此——极其实际的兴趣。你看见了昨天阻碍过你的难点，而且你看见这个难点被一个绘画大师那么轻而易举地就解决了。你会用一种剖析的理解的眼光来欣赏一幅艺术杰作。

一天，偶然的机缘把我引到马赛附近的一个偏僻角落里，我在那儿遇见了两位塞尚的门徒。在他们眼中，自然景色是一团闪烁不定的光，在这里形体与表面并不重要，几乎不为人所见，人们看到的只是色彩的美丽与谐和对比。这些彩色的每个小点都放射出一种眼睛感受得到却不明其原因的强光，你瞧，那大海的蓝色，你怎么能描摹它呢？当然不能用现成的任何单色。临摹那种深蓝色的唯一办法，是把跟整个构图真正有关的各种不同颜色一点一点地堆砌上去。难吗？可是迷人之处也正在这里！

我看过一幅塞尚的画，画的是一座房里的一堵空墙。那是他天才地用最微妙的光线和色彩画成的。现在我常能这样自得其乐：每当我盯着一堵墙壁或各种平整的表面时，便力图辨别从中能看出的各种各样不同的色调，并且思索着这些色调是反光引起的呢，还是出于天然本色。你第一次这么试验时，准会大吃一惊，甚至在最平凡的景物上你都能看见那么许多如此美妙的色彩。

所以，很显然地，一个人被一盒颜料装备起来，他便不会心烦意乱，或者无所事事了。有多少东西要欣赏啊，可观看的时间又那么少！人们会第一次开始去嫉妒梅休赛兰注意到记忆在绘画中所起的作用是很有趣的，当惠斯特勒在巴黎主持一所学校时，他要他的学生们在一楼观察他们的模特儿，然后跑上楼，到二楼去画他们的画。当他们比较熟练时，他就把他们的画架放高一层楼，直到最后那些高材生们必须拼命奔上六层楼梯到顶楼里去作画。

所有最伟大的风景画常常是在最初的那些印象归纳起来好久以后在室内画出来的。荷兰或者意大利的大师在阴暗的地窖里重现了尼德兰狂欢节上闪光的冰块，或者威尼斯的明媚阳光。所以，这就要求对视觉形象具有一种惊人的记忆力。就发展一种受过训练的精确持久的记忆力来说，绘画是一种十分有效的锻炼。

另外，作为旅游的一种刺激剂，实在没有比绘画更好的了。每天排满了有关绘画的远征和实践，——既省钱易行，又能陶情养心。哲学家的宁静享受替代了旅行者的无谓的辛劳。你走访的每一个国家都有它自己的主调，你即使见到了也无法描摹它，但你能观察它，理解它，感受它，也会永远地赞美它。不过，只要阳光灿烂，人们是大可不必出国远行的。业余画家踌躇满志地从一个地方到另一个地方东游西荡，老在寻觅那些可以入画可以安安稳稳带回家去的迷人胜景。

作为一种消遣，绘画简直十全十美了。我不知道还有什么在精疲力尽消耗体力的情况下比绘画更使人全神贯注的了。不管面临什么样的目前的烦恼和未来的威胁，一旦画面开始展开，大脑屏幕上便没有它们的立足之地了。它们退隐到阴影黑暗中去了。人的全部注意力都集中到了工作上面。当我列队行进时，或者甚至，说来遗憾，在教堂里一次站上半个钟头，我总觉得这种站立的姿势对男人来说很不自在，老那么硬挺着只能使人疲惫不堪而已。可是却没有一个喜欢绘画的人接连站三四个钟点画画会感到些微的不适。

买一盒颜料，尝试一下吧。假如你知道充满思想和技巧的神奇新世界，一个阳光普照色彩斑斓的花园正近在咫尺等待着你，与此同时你却用高尔夫和桥牌消磨时间，那真是太可怜了。惠而不费，独立自主，能得到新的精神食粮和锻炼，在每个平凡的景色中都能享有一种额外的兴味，使每个空闲的钟点都很充实，都是一次充满了销魂荡魄般发现的无休止的航行——这些都是崇高的褒赏。我希望它们也能为你所享有。

写作的乐趣

【英国】丘吉尔

　　在我看来，世上幸运的人——世上唯一真正幸运的人，是那些以工作为乐的人。这个阶层的人并不多，还没有人们常说的那样多。也许，作家是其中最重要的组成部分之一。就幸运而言，他们至少享受着生活中真正的和谐美。依我看，能使工作成为乐趣，是世人值得为之奋斗的一种崇高的荣誉；而且，我毫不怀疑别人会羡慕这些幸福的人，因为他们在快乐地喷涌的幻想中找到了生计，对他们来说，每劳动一小时，就是享受一小时，而休息——无论多么有必要——是令人讨厌的插曲，甚至度假也几乎成了一种损失。无论写得好坏，写成多少，只要在意，就可尝到谋章布局的乐趣。在一个阳光明媚的早晨，临桌而坐，整整四个小时不受打扰，有足够数量的雪白稿纸，还有一支"挤压式"妙笔——那才叫真正的幸福。全心全意地投入一项令人愉快的职业——此愿足矣！外面发生什么事又有何妨？下院想干什么就干什么吧，上院也可如此。异教徒可以在全球各地大发作。

美国市场可以彻底崩溃。证券可以下跌；女权运动可以兴起。没有关系，不管怎么说，我们有四个小时可以躲开这俗气的、治理不善的、杂乱无章的世界，并且用想象这把钥匙，去开启藏有大千世界一切宝物的小橱。

说到自由，既然自由自在的人为数不多，难道作家还不算自由？既然获得安全感的人并不多，难道作家还不算安全？作家作业的工具极为平常，极为便宜，几乎不再有商业价值。他不需要成堆的原材料，不需要精密仪器，不需要有人效犬马之劳。他的职业不靠任何人，只靠自己；除了他自己以外，任何事都无关紧要。他就是一国之君，既自给，又自立。任何人都不能没收他的资产。任何人都不能剥夺他的从业资本；任何人都不能强迫他违心地施展才华；任何人都不能阻止他按自己的选择发挥天赋。他的笔就是人类和各民族的大救星。他的思想在自由驰骋，任何锁链束缚不住，任何贫困阻挡不住，任何关税限制不住，甚至"泰晤士"图书俱乐部也只能有节制地对他的收获泼一点冷水。无论作品是好是糟，只要已经尽力而为，他就会感到欢快。在变幻无常、扑朔迷离的政坛活动中，我每每以此信念自励：我有一条通向安逸富饶之地的退路，在那里，任何无赖都不能追踪，我永远不必垂头丧气或无可事事，即便没有一丁点权力。确实，在那时，我才为自己生来就爱好写作而真诚地感到欣慰不已；在那时，我才对各个时代、各个国家所有勇敢而慷慨的人充满感激之情，因为他们为确立如今无可争议的写作自由进行了斗争。

英语是多么崇高的工具！我们每写下一页，都不可能不对祖国语言的丰富多采、灵巧精深，产生一种实实在在的喜悦。如果一位英国作家不能用英语，不能用简单的英语说出他必须说的话，请诸位相信，那句话也许就不值得说。英语没有更广泛地得到学习是何等的憾事！我不是要攻击古典教育。凡自命对文学有一丁点鉴赏力的人，都不可能对希腊罗马的吸引力无动于衷。但我承认，我国目前的教育制度却使我忧心忡忡。我无法相信这个制度是好的，甚至是合理的，因为它把唯有少数特权人物和天才人物才能欣赏的东西，一古脑儿摆在很不情愿又很不理解的人民大众面前。对公立学校的广大学童来说，古典教育从头至尾都是一些冗长的、毫无用处的和毫无意义的废话。如果有人告诉我，古典课程是学习英语的最好准备，那我就回答说，迄今为止，大批学生已完成了学业，而这个准备阶段却仍然很不完善，未能收到它所保证的任何好处。

即使那些无缘成为大学者、但对古代作家有所了解的人，难道可以说他们已经掌握了英语吗？究竟有多少从大学和公学毕业的年轻绅士，能够娴熟地写下一段拉丁诗文，使坟墓中的古罗马人闻之动情？能写出几行佳句的人何其少！更不要说能用简单的、正确的和练达的英语写出几个精彩段落的人了。不过，我倒是极为仰慕古希腊人——当然我得仰仗别人把他们的情况告诉我——我想见到我们的教育专家至少能在一个方面效法古希腊人。古希腊人是如何使自己的语言，成为人类迄今所知最典雅、最简练的表达方式的呢？他们花毕生时间学习希腊语以前的语言了吗？他们无休无止地坚持探索已消失的世界的原始方言了吗？根本没有！他们只学习希腊语。他们学习自己的语言。他们热爱它，珍惜它，点缀它，发展它，因此，它才能延续下来，成为所有后代人的楷模和乐趣。毫无疑问，对我们来说，既然英语已经为自己在现代世界赢得了如此无与论比的疆域，我们至少能从古希腊人那里学到一条道理，在数年教育中稍微操点心并拨出一些时间，去学习一种也许将在人类未来进步中起到主导作用的语言。

让我们都记住，作家永远可以尽最大的努力，他没有任何借口不这样做。板球巨星也许会状态不佳。将军在决战之日也许会牙疼，或者他的部队很糟糕。舰队司令也许会晕船——我作为晕船者满意地想到了那种意外。卡鲁索也许会得黏膜炎，哈肯施米特也许会得流感。至于一位演说家，想得好和想得正确是不够的，他还需想得快。速度至关重要；随机应变越来越成为优秀演说家的标志。所有上述活动都需要行动者在一个特定的时刻倾其所能，而这一时刻也许决定于他完全无法控制的种种事态。作家的情况不一样。不到万事俱备，他永远不必出场。他永远可以发挥最大的能力。他并不依赖于自己在某一天的最佳一刻，他可以把 20 天的最佳时刻加起来。他没有理由不尽最大的努力。他的机会很多；他的责任也很重。某人说过——我忘了此君是谁——"话语乃唯一持久不灭之物"。依我看，这永远是绝妙的思想。人类力量的最伟大的杰作，即人类用石块垒起的无比坚固的大厦，也会夷为废墟，而那脱口而出的话语，那思绪起伏时转瞬即逝的表达却延续了下来，但它不是过去的回响，不是纯粹的建筑奇迹或神圣的遗址，它力量依旧，生命依旧，有时候远比初说时更坚强有力，它越过了 3000 年时光的峡谷，为今天的我们照亮了世界。

橡树

【意大利】费拉里斯

初春，大地从沉睡中苏醒。田野里飘来一阵阵泥土的清香；草儿吐露出娇嫩的幼芽，好奇地窥视着人间；姑娘们穿着艳丽的衣裳，在碧绿色的草地上欢快地歌唱。

万木争春，小溪哗哗作响，两岸铺上翡翠般的地毯。举目眺望，大自然一片生机，令人陶醉，使人神往。

只有一棵橡树默默地站在一旁。它没有穿上新装，它那饱经沧桑、满是皱纹的老皮一丝不挂地袒露着；它雄伟、挺拔、巍然屹立，干枯的树枝直指天穹，犹如高举双臂，祈求上帝怜悯。可是它的血液已经凝滞，生命的火花已经消失，严酷的寒冬结束了它的残生。

不久前，它还神采奕奕，英姿勃勃的。然而自它睡下去，就再也没有醒来。

几天之后，来了几个人，七手八脚把它锯断，又把它连根刨出，装车运走。在生长过它的地方，只剩下一堆黄土。

橡树啊，我童年的伙伴和朋友，你曾赋予我多少甜蜜的幻想！我喜欢在你高大的躯干上攀登，在你坚韧而富有弹性的树枝上尽情地悠荡。

多少次，我在你那幽静、凉爽的浓荫下悠闲地歇息，自由地畅想。如今，那些甜蜜的时光同你一起离开了我们可爱的故乡。

幼小的橡树长出第一批嫩叶，又把枝条向四处伸延，转眼之间填补了你留下的空间。苗壮的幼苗变成参天大树，孩子们又会在它的树荫下嬉笑、玩耍，成年人又会在那里歇息、畅想。

给成长的你

For A Better You

最美文

徐栩　晨朵　宋妍妍◎编著

郑州大学出版社

图书在版编目（CIP）数据

给成长的你 / 徐栩 , 晨朵 , 宋妍妍编著 . -- 郑州 :
郑州大学出版社 , 2017.6
ISBN 978-7-5645-4426-3

Ⅰ . ①给… Ⅱ . ①徐… ②晨… ③宋… Ⅲ . ①诗集 —
世界②散文集 — 世界 Ⅳ . ① I12 ② I16

中国版本图书馆 CIP 数据核字 (2017) 第 113272 号

GEICHENGZHANGDENI

给成长的你

郑州大学出版社出版发行

郑州市大学路 40 号　　　　　邮政编码：450052
出版人：张功员　　　　　　　发行部电话：0371-66966070
责任编辑：徐　栩　靳　凯
责任校对：张　贤
责任监制：凌　青　王金彪
全国新华书店经销
河北盛唐印刷有限公司印制
开本：880mm×1230mm　　1/32
总印张：27.5
总字数：585 千字
版次：2017 年 6 月第 1 版　印次：2019 年 1 月第 1 次印刷

书号：ISBN 978-7-5645-4426-3　总定价：130.00 元（全 5 册）

阅读伴我成长

阅读之于人生，"是全世界的营养品"。成长是人生的必经过程，我们的身体吸收各种营养，变得健壮，为一生打下基础。我们的心灵呢？成长中的心灵也需要营养物质的强化与补充。阅读为我们输送了丰富的精神食粮，心灵可以从中汲取多种营养。

《给成长的你》精选古今中外适于青少年阅读的文学佳作，分为《古诗词》《中外诗歌》《古文》《散文》和《最美文》五册，是一份可供读者时而大快朵颐，时而细嚼慢咽的精神大餐。

这套书亮点何在？

亮点一：扎根实际，内容与课本知识紧密相关，形成互动与互补，是课内知识的延伸和巩固。同时它有所拓展，有效扩大了阅读者的视野，启迪智慧。

亮点二：内容较为浅显，读起来朗朗上口。妙语连珠、好词佳句像退潮后沙滩上五光十色的贝壳，随处可见，读者可以一路采撷、摘抄、诵读、记忆，这不仅能增强语感，而且为写作积累了丰富的素材。

亮点三：经典之作优中选优，适合青少年阅读，培

养阅读兴趣。"读书不觉已春深，一寸光阴一寸金。"如何解决"寸光阴"和"春已深"这一矛盾呢？如何让小读者有效利用有限的时间，像海绵一样，从经典文学作品中吸足营养呢？筛选作品时，我们先在适合青少年和其他人群阅读的作品之间画了"楚河汉界"，在已划定的范围内又在经典和最经典作品之间做了选择。本着"少而精"的原则，我们力求做到"青少年读者"和"经典之作"之间的"无缝对接"。

希望这套书指引青少年读者步入经典文学的圣殿，也愿经典之作的精华滋养成长的心灵。

编者

2018 年 12 月

目录

|给|成|长|的|你|

目录

|给|成|长|的|你|

目录

|给|成|长|的|你|

第六季　戏剧人生

第一季 梦中的童话

小坡的生日

老舍

　　大家变成猫，高兴的了不得，一齐喵了一声。这一叫不要紧哪，喝！四面八方，房脊上，树枝上，墙上，地上，全喵起来了，大概新加坡所有的猫，老的，少的，丑的，俊的，黑白花的，通身白的，一个没剩，全来了！这群猫全撅着尾巴往前走，不大一会儿，就把小坡们给围在中间，里三层，外三层，围得水泄不通。围好之后，他们全双腿儿坐下，把一个前腿举到耳旁，一齐说："推举代表！"说完，把前腿放下去，大家开始你挤我，我推你，彼此乱推。推了半天，把前面的一只瘦而无力的老猫给推出去了。大家又一齐喊："代表推出来了，去，跟他们交涉！"

　　南星看着这样推举代表有点可笑，赶紧给他们鼓掌，可惜手已变成猫掌，软乎乎的怎么也拍不响；于是他又高声的喵了两声。

　　"不要吵！不许出声！"那个瘦猫代表瞪着南星说。然后，慢条斯礼的走过来，闻了闻小坡们的鼻子，说："你们的代表是谁？"说话的时候，几根稀胡子撅撅着，耳朵轻轻的动弹，神情非常的傲慢。

"我们都是代表！"小坡们一齐说。

"都是代表？"老猫往四围看了一眼，似乎是没了主意。

"都是代表就省得推了！"一个狐狸皮的猫说。老猫点了点头，喉中咕噜了半天说："你们好大胆子呀！没有得到我们的允许，就敢变成猫，还外带着变成很大的猫！冒充大猫，应当何罪！啊！"老猫似乎越说越生气，两眼瞪得滴溜儿圆，好像两个绿珠子。

四周的猫们听了，非常得意，嗓子里全咕噜咕噜响起来。

"跟他们打呀！"南星小坡嘀咕。

"他们人太多呀！"小坡低声的说，然后问两个马来小妞："你们有主意没有？"

"咱们先洗脸吧，一边洗一边想好主意；也许他们一看咱们会洗脸，就以为咱们是真猫了。"她们揪着小坡的尾巴说。"洗脸哪！"小坡下了命令。

大家全抬起前掌来，沾了点唾沫，从耳后滑到鼻梁，又从耳梁绕到耳后，洗得颇有趣味；一边儿洗一边想逃走的主意。

南星想不起主意，一着急，把两条前腿全抬来，按着在家中洗脸的样子，两手齐用，东一把西一把的洗起来。"看哪！"老猫向四围笑了笑，说："可有两手一齐洗脸的猫？！我们怎么办？是咬下他们的耳朵呢，还是咬下尾巴，叫他们当秃猫呢？"

仙坡忙着把尾巴藏在身底下，双手遮住耳朵，低声的向小坡说："二哥！快想主意呀！他们要咬耳朵呢！"

小坡不慌不忙的抬头看了看树上，又看了看房顶，忽然喊了一声："老鼠！"

四围的猫登时把耳朵全竖起来，腰儿躬着，眼睛往四外瞭。

"树上一个！房上三个！"小坡指点着说。

猫们也没等代表下命令，全争着往树上房上蹿。

南星过去给猫代表一个嘴巴，扯起三多就跑。三多只有一只眼睛看不清道路，一溜歪斜的直摔跟头。

大家拚命的跑。乍变成猫，两眼离地太近，都有点发晕。于是大家全闭上眼睛，瞎跑。

"二哥，"仙坡闭着眼，喘吁吁的问："跑到哪儿啦？""睁开眼看哪！"小坡向大家说。

大家全站住了，睁开眼一看，面前是一座高山。山上满安着电灯，把山道照得清清楚楚的，路旁的绿树在灯光下摆动，好像一片绿云彩似的。路上隔不远儿，就有只长角的大梅花鹿，角上挂着指挥刀，大概是此地的巡警。"这就是虎山吧？咱们找糟老头子去呀！"南星非常的高兴。

"等我问问巡警去。"小坡说。

"我也去！"南星说。

他们俩走上前去，向梅花鹿点了点头。

"请问这是虎山不是呀？"小坡很客气的问。梅花鹿哞了一声。

"老虎学校在哪儿呀？"

鹿用大犄角向山左边指了指，又哞了一声。

"学校里的教员是个糟老头子不是？"南星问。鹿又咩了一声。

"老鹿你真有意思，我骑你一会儿行不行呀？"南星说着就要往起蹿。

老鹿瞪了南星一眼，摇了摇头。

"南星！好好的！"小坡说。

老鹿很客气的向小坡咩了一声。

小坡向老鹿行了个举手礼，就往回走，南星在后面跟着，很不满意小坡拦住他骑鹿。

"这儿是虎山不是呀？"仙坡问。

"是虎山，老虎学校就离这儿不远，"小坡说。"要是离老虎学校不远的话呀，"三多想起糟老头子的可怕："我顶好回家去睡会儿觉。"

"你要爱睡觉哇，早就不该来！"两个小印度一块儿说。三多不言语了，用那只瞎眼瞪了他们一下。

"你们还麻烦什么呢，不快快的去打糟老头子！"南星很着急的说。

"不行呀，咱们得先找唷拉巴唧去，没有他，咱们怎认识大老虎和钩钩呢？"小坡说。

"那末就找他去吧！"南星说。

"可是，他在哪儿呢？"小坡因为瞎跑了一阵，忘了唷拉巴唧在什么地方了。

"谁知道呢！"两个马来小姑娘酸酸的一笑。

"还得问巡警去，我看。"小坡说，脸上有点发红。大家没说什么，一齐上山道中找巡警。

见了挂刀的梅花鹿，大家一齐问："嗗拉巴唧在哪儿呢？"

老鹿向他咩了一声，不住的摇头。

"得！老鹿也不知道！"南星说。

"老鹿怎就该知道呢！"两个马来小妞低声的说。"我们找他去吧！"小坡说。

"来，坐火车去，我开车！"南星跟着"门！"了一声，把梅花鹿吓得直往起跳。

"又是你开车！要命也不坐火车！"两个马来小妞说。

"不坐，拉倒！我一个人开，更快！"南星说着就往山下跑，嘴中七咚七咚的响。

"南星！回来！你知道往哪边去吗？"小坡喊。"我不知道，你知道吗？"南星回着头儿嚷。

小坡没有话可说。

"反正大家都不知道，就跟着南星跑吧，也许半道儿上遇见嗗拉巴唧！"两个小印说着赶上前去，拉住南星的尾巴。

别人也没有高明主意，只好全赶上去，拉着尾巴，一串儿往前跑。

"大家可往左右看着点呀，看见戴草帽的就是嗗拉巴唧！"小坡在后面嚷道。

大家往左一扭头，往右一扭头，不顾得再看前面。跑着跑着，南星的脑门正撞在一棵老树上，幸而大家都变成猫，手脚灵利，除了南星倒在树根上，大家全七手八脚的上了树。南星脑门上碰了个大包，一边用手摸，一边叨唠："乱出主意！开火车不往前看着！那有的事！那有的事！"

大家由树上跳下来，争着用猫手给南星按摸脑门上的大包。急于给他的包儿按平了，大家未免用力过猛了些，咕哧一声，把脑门上的包按到脑杓儿上去。"好了！好了！"大家一齐说。

南星摸了摸脑门，果然平了，也就不去管脑后是肿着还是平着，又预备好开车的架势。

"别开车了，这样一辈子也找不着嗜拉巴唧。"小坡向大家说。

"怎么办呢？"大家一齐问。

"咱们坐在这儿等他好啦，反正他得到虎山来，是不是？"小坡蹲在一块石头上说。

"也好，"两个马来小妞说，她们是最不喜欢坐火车的。

大家都背靠背儿坐在大石头上，石头有点儿凉，于是全把尾巴垫在身底下。

坐了一会儿，凉风儿吹来，大家全有点发困。南星是头一个，把头低下去，闭上眼睛。待了会儿，他又慢慢的卧下去，把嘴藏在胸前的厚毛上，稳稳当当的睡去。大家也照着他的样儿，全卧下去睡。

仙坡没有十分睡熟，听见地上噗咚噗咚的轻轻的响。她慢慢睁开眼，偷偷的往外看。可不得了，有四五个小老虎，（长得和猫差不多，可是"个子"大，脖子粗，眼睛像小电灯似的发光。）全背着书包，戴着童子军帽，向他们走来，仙坡连一根毛也不敢动弹，只是偷偷的看着：小虎们走到他们前面便站住了。仙坡赶紧闭上眼，不敢再看，听着小虎们说话："这些小孩是干什么的呢？"

"也是学生吧？"

"不能，没有书包呀！"

"也许不是虎，看他们的身量多小啊！"

"还有个瞎子！看！"

仙坡偷偷的睁开一只眼看，所以小老虎以为她是瞎子呢。她赶紧把眼闭上，听着："问问他们是干什么的，好不好？"

"先把他们围好，别叫他们跑了！"

小虎们把他们围好，一齐嚷："别睡哩！你们是干什么的？说！"

大家全醒过来，愣眼巴唧的看着小虎们。

"说话呀！"小虎们说。

"你问我们哪？"南星说："我们问谁呢？"

小老虎们全摘了帽，抓了抓头，似乎不大明白南星的话。"我们是小老虎！"小坡说。

"你们的书呢？"小虎中的一个问小坡。

"书？在学校里呢。"

小虎们嘀咕了半天，有一个由书包里掏出一本黄皮书来，掀了几篇，问小坡："你们的第七课是什么？""第七课？"小坡想了半天："你们的第七课是什么？""我就始终没念到第七课！"南星插嘴说。

"听着！"小虎瞪了南星一眼，然后有腔有调的念："第七课：人，猫，狗，都好吃！捉住一个吃一个，捉住两个吃一双。吃完了，肚儿圆，嘴儿光！"小虎念完，把书放在地上，抿着嘴笑了一阵。

仙坡吓得心里直哆嗦。两个马来小妞挤在一块，不敢出声。

"我们的第七课不是这样！"小坡高声的说："你们听着！第七课：糟老头子，真好吃！捉住一个吃一个，捉住——有两个没有呢？"他回头问南星。

"三多知道！"南星说。

"有一个就够受的了，还要两个！"三多颤着声儿说。"捉住一个吃一个，捉住两个，捉不着两个，因为只有一个！捉不着，吹，拉倒，唏里花拉一大堆！"小坡说完，吹了对面小虎的鼻梁儿一下。

小老虎们听了这课书，大家又嘀咕起来。老虎的脖子粗，气儿壮，虽然是嘀咕，声儿可还不小："他们敢吃糟老头子！"

"敢吃糟老头子！！"

"胆量不小！"

"可佩服！"

"叫他们跟咱们一块儿玩吧？"

"一定！请他们教给咱们怎么吃糟老头子？"

"沾点酱油醋什么的，也许不难吃？"

"顶好加点咖喱，辣辣的！"南星答了腔。

"他们愿意跟咱们玩吗？"一个老虎小姑娘说。"当然愿意！"小坡很客气地说。

"那么，就请吧，请到我们山洞里，玩一玩去！""请！请！"小坡们说。

豌豆花儿

一天，一朵淡紫色的豌豆花儿绽开了。

豆叶说："她真漂亮。"

豆茎说："她真可爱。"

春风把豆茎和豆叶的话告诉了粉蝶，粉蝶飞来了。

粉蝶问："豌豆花儿，你有什么愿望？"

豌豆花儿小声答道："我希望能做一个妈妈，希望有四个圆圆胖胖的儿子。"

"你会变得很难看的，你不怕吗？当你的孩子们一点一点长大时，你就会一点点干枯。"豆茎说。

"你最后会变成一点黑色的粉末，落入泥土中，你不怕吗？"豆叶问。

"不，我不怕，我就想做个妈妈。"小小的豌豆花儿坚决地说。

"好吧，你的愿望能实现。"粉蝶绕着豌豆花儿飞舞了三圈，施了点魔法，飞走了。

几天后，豌豆花儿的花芯里长出了一颗小小的青豆荚。

豌豆花儿把这个消息告诉了豆茎和豆叶。他们三个非常激动，在微微的和风里唱了一支快乐的歌。

十多天过去了，豆荚长大了许多，豌豆花儿却变得苍白瘦弱了。

"坚持住，我们会帮你的。"豆茎和豆叶说。

一阵大风吹过来，豆茎坚强地挺立着，为豌豆花儿挡风。

一阵大雨落下来，豆叶尽力伸展着，为豌豆花儿挡雨。

"谢谢，"豌豆花儿艰难地笑笑，"豆荚里真的有四个小宝贝吗？"

"是的。"豆茎和豆叶点点头。

又是许多日子过去了。现在，一颗胖胖乎乎的大豆荚挺立在豆茎上，而豌豆花儿呢，已经枯干成了一个黑色的小点。

"我恐怕不能再照顾我的小宝贝了。"豌豆花儿说。

"我们会照顾它的。"豆茎和豆叶说。

干枯的豌豆花儿放心了。她无声地微笑着，悄悄落入了泥土中。

金秋到来了，豆荚终于成熟了。

在一个阳光灿烂的日子里，四颗结实圆满的豆子从金质的豆荚里滚了出来。

"妈妈，妈妈——"豆子们一睁开眼睛，就四处寻找他们的妈妈。

"妈妈，妈妈。"他们对着豆茎喊。

豆茎摇摇头。

"妈妈，妈妈。"他们对着豆叶喊。

豆叶摇摇头。

豆茎和豆叶已经太老了，再没有力气说话。一个拾柴的孩子走过来，拣走了豆茎和豆叶。他们将会在冬天的火塘里化作一阵温暖光明的大火，飞向远方。

那么，还有谁会把豌豆花儿的故事告诉豆子们呢？

有风，有雨，有阳光，还有那只美丽的小粉蝶。

掉进兔子洞

【英国】路易斯·卡罗尔

爱丽丝靠着姐姐坐在河岸边很久了，由于没有什么事情可做，她开始感到厌倦，她一次又一次地瞧瞧姐姐正在读的那本书，可是书里没有图画，也没有对话，爱丽丝想："要是一本书里没有图画和对话，那还有什么意思呢？"

天热得她非常困，甚至迷糊了，但是爱丽丝还是认真地盘算着，做一只雏菊花环的乐趣，能不能抵得上摘雏菊的麻烦呢？就在这时，一只粉红眼睛的白兔，突然贴着她身边跑过去了。

爱丽丝并没有感到奇怪，甚至听到兔子自言自语地说："哦，亲爱的，哦，亲爱的，我太迟了。"爱丽丝也没有感到离奇，虽然过后，她认为这事应该奇怪，可当时她的确感到很自然，但是兔子竟然从背心口袋里掏出一块怀表看看，然后又匆匆忙忙地跑了。这时，爱丽丝跳了起来，她突然想到：从来没有见过穿着有口袋背心的兔子，更没有见到过兔子还能从口袋里拿出一块表来，她好奇地穿过田野，紧紧地追赶那只兔子，刚好看见兔子跳进了矮树下面的一个大洞。

爱丽丝也紧跟着跳了进去，根本没考虑怎么再出来。

这个兔子洞开始像走廊，笔直地向前，后来就突然向下了，爱丽丝还没有来得及站住，就掉进了一个深井里。

也许是井太深了，也许是她自己感到下沉得太慢，因此，她有足够的时间去东张西望，而且去猜测下一步会发生什么事。首先，她往下看，想知道会掉到什么地方。但是下面太黑了，什么都看不见，于是，她就看四周的井壁，只见井壁上排满了碗橱和书架以及挂在钉子上的地图和图画，她从一个架子上拿了一个罐头，罐头上写着"桔子酱"，却是空的，她很失望，她不敢把空罐头瓶扔下去，怕砸着下面的人，因此，在继续往下掉的时候，她就把空罐头瓶放到另一个碗橱里去了。

"好啊，"爱丽丝想，"经过了这次锻炼，我从楼梯上滚下来就不算回事。家里的人都会说我多么勇敢啊，嘿，就是从屋顶上掉下来也没什么了不起，"这点倒很可能是真的，从屋顶上摔下来，会摔得说不出话的。

掉啊，掉啊，掉啊，难道永远掉不到底了吗？爱丽丝大声说："我很想知道掉了多少英里了，我一定已经靠近地球中心的一个地方啦！让我想想：这就是说已经掉了大约四千英里了，我想……"（你瞧，爱丽丝在学校里已经学到了一点这类东西，虽然现在不是显示知识的时机，因为没一个人在听她说话，但是这仍然是个很好的练习。）"……是的，大概就是这个距离。那么，我现在究竟到了什么经度和纬度了呢？"（爱丽丝不明白经度和纬度是什么意思，可她认为这是挺时髦的字眼，说起来怪好听的。）

不一会儿，她又说话了："我想知道我会不会穿过地球，到那些头朝下走路的人们那里，这该多么滑稽呀！我想这叫作'对称人'（19世纪中学地理教科书上流行个名洞，叫"对跖人"，意思是说地球直径两端的人，脚心对着脚心。爱丽丝对"地球对面的人"的概念模糊，以为他们是"头朝下"走路的，而且把"对跖人"错念成"对称人"了。）吧？"这次她很高兴没人听她说话，因为"对称人"这个名词似乎不十分正确。"我想我应该问他们这个国家叫什么名称：太太，请问您知道这是新西兰，还是澳大利亚？"（她说这话时，还试着行个屈膝礼，可是不成。你想想看，在空中掉下来时行这样的屈膝礼，行吗？）"如果我这样问，人们一定会认为我是一个无知的小姑娘哩。不，永远不能这样问，也许我会看到它写在哪儿的吧！"

掉啊，掉啊，掉啊，除此之外，没别的事可干了。因此，过一会儿爱丽丝又说话了："我敢肯定，黛娜今晚一定非常想念我。"（黛娜是只猫）"我希望他们别忘了午茶时给她准备一碟牛奶。黛娜，我亲爱的，我多么希望你也掉到这里来，同我在一起呀，我怕空中没有你吃的小老鼠，不过你有可能会捉到一只蝙蝠，你要知道，它很像老鼠。可是猫吃不吃蝙蝠呢？"这时，爱丽丝开始瞌睡了，她困得迷迷糊糊时还在说："猫吃蝙蝠吗？猫吃蝙蝠吗？"有时又说成："蝙蝠吃猫吗？"这两个问题她哪个也回答不出来，所以，她怎么问都没关系，这时候，她已经睡着了，开始做起梦来了。她梦见正同黛娜手拉着手走着，并且很认真地问："黛娜，告诉我，你吃过蝙蝠吗？"就在这时，突然"砰"地一声，她掉到一堆枯枝败叶上了，总算掉到底了！

爱丽丝一点儿也没摔坏，她立即站起来，向上看看，黑洞洞的。朝前一看，是个很长的走廊，她又看见了那只白兔正急急忙忙地朝前跑。这回可别错过时机，爱丽丝像一阵风似地追了过去。她听到兔子在拐弯时说："哎呀，我的耳朵和胡子呀，现在太迟了！"这时爱丽丝已经离兔子很近了，但是当她也赶到拐角，兔子却不见了。她发现自己是在一个很长很低的大厅里，屋顶上悬挂着一串灯，把大厅照亮了。

大厅四周都是门，全都锁着，爱丽丝从这边走到那边，推一推，拉一拉，每扇门都打不开，她伤心地走到大厅中间，琢磨着该怎么出去。

突然，她发现了一张三条腿的小桌，桌子是玻璃做的。桌上除了一把很小的金钥匙，什么也没有，爱丽丝一下就想到这钥匙可能是哪个门上的。可是，哎呀，要么就是锁太大了，要么就是钥匙太小了，哪个门也用不上。不过，在她绕第二圈时，突然发现刚才没注意到的一个低帐幕后面，有一扇约十五英寸高的小门。她用这个小金钥匙往小门的锁眼里一插，太高兴了，正合适。

爱丽丝打开了门，发现门外是一条小走廊，比老鼠洞还小，她跪下来，顺着走廊望出去，见到一个从没见过的美丽花园。她多想离开这个黑暗的大厅，到那些美丽的花圃和清凉的喷泉中去玩呀！可是那门框连脑袋都过不去，可怜的爱丽丝想："唉，就算头能过去，肩膀不跟着过去也没用，我多么希望缩成望远镜里的小人呀（爱丽丝常常把望远镜倒着看，一切东西都变得又远又小，所以她认为望远镜可以把人放大或缩小。），我想自己能变小的，只要知道变的方法就行了。"你看，一连串稀奇古怪的事，使得爱丽丝认为没有什么事是不可能的了。看来，守在小门旁没意思了，于是，她回到桌子边，希望还能再找到一把钥匙，至少也得找到一本教人变成望远镜里小人的书，可这次，她发现桌上有一只小瓶。爱丽丝说："这小瓶刚才确实不在这里。"瓶口上系着一张小纸条，上面印着两个很漂亮的大字："喝我"。说"喝我"倒不错，可是聪明的小爱丽丝不会忙着去喝的。她说："不行，我得先看看，上面有没有写着'毒药'两个字。"因为她听过一些很精彩的小故事，关于孩子们怎样被烧伤、被野兽吃掉以及其他一些令人不愉快的事情，所有这些，都是因为这些孩子们没有记住大人的话，例如：握拨火棍时间太久就会把手烧坏；小刀割手指就会出血，等等。爱丽丝知道喝了写着"毒药"瓶里的药水，迟早会受害的。

然而瓶子上没有"毒药"字样，所以爱丽丝冒险地尝了尝，感到非常好喝，它混合着樱桃馅饼、奶油蛋糕、菠萝、烤火鸡、牛奶糖、热奶油面包的味道。爱丽丝一口气就把一瓶喝光了。

"多么奇怪的感觉呀！"爱丽丝说，"我一定变成望远镜里的小人了。"

的确是这样，她高兴得眉飞色舞，现在她只有十英寸高了，已经可以到那个可爱的花园里去了。不过，她又等了几分钟，看看会不会继续缩小下去。想到这点，她有点不安了。"究竟会怎么收场呢？"爱丽丝对自己说，"或许会像蜡烛的火苗那样，全部缩没了。那么我会怎么样呢？"她又努力试着想象蜡烛灭了后的火焰会是什么样儿。因为她从来没有见过那样的东西。

过了一小会，好像不会再发生什么事情了，她决定立刻到花园去。可是，哎哟！可怜的爱丽丝！她走到门口才发觉那把小金钥匙忘拿了。在回到桌子前准备再拿的时候，却发现自己已经够不着钥匙，她只能通过玻璃桌面清楚地看到它，她尽力攀着桌腿向上爬，可是桌腿太滑了，她一次又一次地溜了下来，弄得她精疲力竭。于是，这个可怜的小家伙坐在地上哭了起来。

"起来，哭是没用的！"爱丽丝严厉地对自己说，"限你一分钟内就停止哭！"她经常爱给自己下个命令（虽然她很少听从这种命令），有时甚至把自己骂哭了。记得有一次她同自己比赛槌球，由于她骗了自己，就打了自己一记耳光，这个小孩很喜欢装成两个人，"但是现在还装什么两个人呢？"可怜的小爱丽丝想，"唉！现在我小得连做一个像样的人都不够了。"

不一会儿，她的目光落在桌子下面的一个小玻璃盒子上。打开一看，里面有块很小的点心，点心上用葡萄干精致地嵌着"吃我"两个字，"好，我就吃它，"爱丽丝说，"如果它使我变大，我就能够着钥匙了；如果它使我变得更小，我就可以从门缝下面爬过去，反正不管怎样，我都可以到那个花园里去了。因此无论怎么变，我都不在乎。"

她只吃了一小口，就焦急地问自己："是哪一种，变大还是变小？"她用手摸摸头顶，想知道变成哪种样子。可是非常奇怪，一点没变，说实话，这本来是吃点心的正常现象，可是爱丽丝已经习惯了稀奇古怪的事了，生活中的正常事情倒显得难以理解了。

于是，她又吃开了，很块就把一块点心吃完了。

爱丽丝与柴郡猫

猫对爱丽丝只是笑。看起来倒是好脾气，爱丽丝想：不过它还是有很长的爪子和许多牙齿，因此还应该对它尊敬点。

"柴郡猫，"她胆怯地说。还不知道它喜欢不喜欢这个名字，可是，它的嘴笑得咧开了。"哦，它很高兴，"爱丽丝想，就继续说了："请你告诉我，离开这里应该走哪条路？"

"这要看你想上哪儿去。"猫说。

"去哪里，我不大在乎。"爱丽丝说。

"那你走哪条路都没关系。"猫说。

"只要能走到一个地方。"爱丽丝又补充说了一句。

"哦，那行，"猫说，"只要你走得很远的话。"

爱丽丝感到这话是没法反对的，所以她就试着提了另外的一个问题："这周围住着些什么人？"

"这个方向，"猫说着，把右爪子挥了一圈，"住着个帽匠；那个方向，"猫又挥动另一个爪子，"住着一只三月兔。你喜欢访问谁就访问谁，他们俩都是疯子。"

"我可不想到疯子中间去。"爱丽丝回答。

"啊，这可没办法，"猫说，"我们这儿全都是疯的，我是疯的，你也是疯的。"

"你怎么知道我是疯的？"爱丽丝问。

"一定的，"猫说，"不然你就不会到这里来了。"

爱丽丝想这根本不能说明问题，不过她还是继续问："你又怎么知道你是疯子呢？"

"咱们先打这里说起，"猫说，"狗是不疯的，你同意吗？"

"也许是吧！"爱丽丝说。

"好，那么，"猫接着说，"你知道，狗生气时就叫，高兴时就摇尾巴，可是我，却是高兴时就叫，生气时就摇尾巴。所以，我是疯子。"

"我把这说成是打呼噜，不是叫。"爱丽丝说。

"你怎么说都行，"猫说，"你今天同王后玩槌球吗？"

"我很喜欢玩槌球，"爱丽丝说，"可是到现在还没有邀请我嘛！"

"你，会在那儿看到我！"猫说着突然消失了。

爱丽丝对这个并不太惊奇，她已经习惯这些不断发生的怪事了。她看着猫坐过的地方，这时，猫又突然出现了。

"顺便问一声，那个婴孩变成什么了？"猫说，"我差一点忘了。"

"已经变成一只猪了。"爱丽丝平静地回答说，就好像猫再次出现是正常的。

"我就想它会那样的。"猫说着又消失了。

爱丽丝等了一会，还希望能再看见它，可是它再没出现。于是，她就朝着三月兔住的方向走去。"帽匠那儿，我也要去的。"她对自己说，"三月兔一定非常有趣，现在是五月，也许它不至于太疯——至少不会比三月份疯吧。"就在说这些话时，一抬头又看见那只猫，坐在一根树枝上。

"你刚才说的是猪，还是竹？"猫问。

"我说的是猪，"爱丽丝回答，"我希望你的出现和消失不要太突然，这样，把人搞得头都晕了。"

"好，"猫答应着。这次它消失得非常慢，从尾巴尖开始消失，一直到最后看不见它的笑脸，那个笑脸在身体消失后好久，还停留了好一会儿。

"哎哟，我常常看见没有笑脸的猫，"爱丽丝想，"可是还从没见过没有猫的笑脸呢。这是我见过的最奇怪的事儿了。"

她没走多远，就见到了一间房子，她想这一定是三月兔的房子了，因为烟囱像长耳朵，屋顶铺着兔子毛。房子很大，使她不敢走近。她咬了口左手的蘑菇，使自己长到了二英尺高，才胆怯地走去，一边对自己说："要是它疯得厉害可怎么办？我还不如去看看帽匠呢！"

选自《爱丽丝梦游仙境》

小茶匙老太太

【挪威】普廖申

有一位老太太和老伴相依为命，过着平淡清贫的日子。在家里，她不得不整天没完没了地干着家务活。

可是有一天，不知道什么原因，老太太突然变得像茶匙一般大小了。人虽变小了，但家务活她还得照常干。没办法，小茶匙老太太只好叫来老鼠帮助扫地，叫来狗把窗户打开，甚至还请来雨替她洗衣服，托南风把衣服送到绳子上晒干。接下来，她又叫煎锅自己架到灶火上，让和好的面倒在上面，这样，她一口气就煎出了30张大饼。

到了傍晚，老头回家了。可他压根儿不知道老伴身上发生了什么事，因为他回家时，老太太又变得和原来一模一样了。但是有一天，老头还是发现了老太太会变小的秘密。对此，他感到很惊讶也很生气，因为他和老太太一起到商店买通心粉时，不仅很难找到她，还得把她装在自己的口袋里。

在圣诞节的前两天，老太太答应一个穷苦的小姑娘，圣诞节时送给她一个洋娃娃。可在第二天早上，当她买好洋娃娃正要送去时，她又变得像小茶匙那样小了。这时，幸好一只猫儿进来驮着她去通知了小姑娘。小姑娘十分感动，很快就和老太太成了好朋友，还经常到她家里来玩耍。

一次，一位漂亮的太太找上了门，请老太太帮忙照料一下她的小男孩，并留下了一篮苹果表示谢意。于是，老太太把孩子放在客厅里的地毯上，让他自己玩耍，自己转身回厨房忙碌。可就在这个时候，老太太忽然又变得像小茶匙那么小了！

老太太还没开始忙活，就看见小男孩爬到桌边，想要拉开他头顶上的桌布，可那上面摆着果酱，还有面包和咖啡壶，十分危险。老太太来不及赶到桌边，只好急中生智，把老伴的银杯撞翻。听到"哐啷"一声，小男孩转过头来，看到了掉在地上的银杯，也看到了小茶匙太太。他一边喊着"洋娃娃"，一边将她抓住后高高抛起。幸好老太太最后落在了沙发上，才没有造成伤害。过了一会儿，小男孩又开始划火柴，老太太只好把花盆顶翻了。小男孩闻声又向花盆爬去，嘴里还嚷着"好吃，好吃"，急得老太太哇哇直叫，赶紧把孩子母亲带来的那篮苹果一个个扔在地上，才引开小男孩的注意力。就在老太太快要筋疲力尽的时候，小男孩的母亲终于过来敲门了。也就在此时，老太太又恢复成了原样。

有一天，老头子向老太太提出，自己想吃越橘酱涂煎饼了。于是，老太太就到森林里去采越橘。可采着采着，老太太又变成像小茶匙一样大小了。这时，一只狐狸摇着尾巴来到了老太太的身后。老太太转身看见后，警告狐狸千万别去捉她家的母鸡。可话一出口，老太太就后悔了，连忙改口说她把母鸡送给别人下蛋了。狐狸本来是为了母鸡才来向老太太献殷勤的，现在一听没指望了，便转身溜走了。

夏天来了，老头的生日也快到了。老太太知道他早就看中了商店里一个镶银的烟斗，决定用卖鸡蛋的钱买来烟斗送给他。可不凑巧，当老太太到商店里去的时候，发现那个烟斗已被一个年轻人买走了，而那个年轻人对烟斗用不习惯，抽起烟来难受得要命，气得把它丢到篝火堆中。老太太看见后，突然自己又变得像小茶匙那样小了。她立刻像小老鼠那样麻利地爬到了焰火棒上，抓住了烟斗。这时，只听得"嘭"的一声，烟斗带着小茶匙老太太飞向了夜空。

就在这时，老头路过篝火旁，他看见有个"小洋娃娃"随着烟斗飞了起来，吓得浑身发抖，心想："不会是老太太出事了吧？"他赶紧往家里跑去。可当他颤抖着推开自家的门时，发现老太太正用奶油给蛋糕雕花，而那只镶银的烟斗正摆在客厅的桌子上。

选自《小茶匙老太太》

温迪在永无乡

【英国】詹姆斯·巴利

第二天，彼得做的头一件事是给温迪、约翰和迈克尔量身材，好给他们几个找合适的空心树。你也许还记得，胡克曾经嘲笑孩子们每人都有一株空心树；其实，糊涂的是他。因为，除非那株树适合你的身材，否则上下是很困难的；而孩子的身材没有两个是相同的。树要是合适，下去时，你只消吸一口气，就能不快不慢地往下滑；上来时，你只消交替着一呼一吸，就能蠕动着爬上来。当然，你熟悉了这套动作后，就能不假思索地上下自如，姿态真是再优美不过了。

不过，身材和树洞大小得合适才行，所以彼得量你的身材，就像给你量一身衣裳一样仔细。唯一不同的地方是，衣裳是按照你的身材剪裁的；而树呢，必须用你的身体去适应。通常这是很容易做到的，你可以多穿或少穿衣裳；但是，如果你身上某些不灵便的部位太臃肿，或者那株唯一能找到的树长得奇形怪状，彼得就会在你身上想办法，然后就合适了。一旦合适了，就得格外小心，保持这种合适的状态。后来，温迪高兴地发现，正因为这，全家人才维持着良好的身体状况。

温迪和迈克尔第一次试就合适了，但是，约翰需要更换一两棵树。

练了几天以后，他们就能像井里的水桶一样上下自如了。他们渐渐地都热烈地爱上了这个地下的家，特别是温迪。这个家像所有的家一样，有一间大厅；大厅的地面，要是你想钓鱼，就可以挖一个坑；地上还长着五颜六色的蘑菇，可以当凳子坐。有一棵永无树死乞白赖要在房中央长出来，可是，每天早晨，孩子们都会把它齐着地面锯掉。到吃茶点的时候，它已经长到两英尺高，他们在树干上支上一块门板，正好当一张大桌子；茶点一吃完，他们又把树干锯掉，于是，屋子里又有宽敞的地方来做游戏了。屋里有一个极大的壁炉，几乎占满了整个屋子的各个部分，你愿意在哪儿生火都行。温迪在炉前拴上许多用植物纤维搓成的绳子，她把洗净的衣裳晾在上面。床铺白天就靠墙斜立着，到六点半时才放下来，这时候，床铺几乎占去了半间屋子。除迈克尔外，所有的孩子都睡在这张床上，一个挨一个躺着，像罐头里的沙丁鱼一样。孩子们翻身有严格的规定，由一个人发号令，大家一齐翻身。迈克尔本也可以睡在床上，但是温迪有一个男婴，他最小，女人的心意你们是知道的；末了，迈克尔就给放在一只篮子里，挂了起来。

这个家是很简陋的，和小熊在地下安的家也差不离。只是墙上有一个小壁龛，不过一个鸟笼那么大，那是叮叮铃的闺房。一幅小小的围幔可以把她同外面隔开。叮叮铃是很拘谨的,不论穿衣或是脱衣,她都要把围幔拉上。随便哪个女人,不管她多么大,都没有享受过这样一间精致的卧室与起居室合一的闺房。她的床——她总是管它叫卧榻,真正是麦布女王式的,有三叶草形的床脚(英国传说司梦的小仙后。英国诗人雪莱曾以此为题,写了一首哲理长诗《麦布女王》。——译注)。床罩随着不同季节的果树花更换。她的镜子是穿长筒靴的猫用的那种镜子,在仙子商贩的货架上,如今只剩下三面还没有打碎(《穿长筒靴的猫》,出自《格林童话》,是一只帮助主人得到幸福的猫。——译注)。洗脸盆是馅饼壳式的,可以翻过来;抽屉柜是货真价实的迷人六世时代的,地毯是马杰里和罗宾极盛时代(早期)的产品。一盏用亮片装饰的大吊灯,只不过挂在那儿摆摆样子;当然,她用自己的光就可以照亮她的住处。叮叮铃很瞧不起家中的其余部分,这也是难免的;她的住处尽管漂亮,却显得有点自命不凡,看上去,像一只老是向上翘着的鼻子。

我估摸,这一切对温迪来说,一定都很迷人,这些喧闹的孩子真把她忙得够呛。真的,除了有时候在晚上带一只袜子上来补,整整一个礼拜,她都没有到地面上来。就说做饭吧,她的鼻子就老是离不开那口锅。他们的主食是烤面包果,甜薯,椰子,烤小猪,马米树果,塔帕卷儿,还有香蕉,就着盛在葫芦里的普普汁吃下去。不过,到底是真吃了饭,还是假装吃饭,我们也说不好，那全凭彼得高兴了。他也能吃，能真吃，如果这是游戏的一部分；可是，他不能为了填饱肚皮去吃，而别的孩子多半都喜欢这样做。其次，他还喜欢谈吃。对于彼得，假装就等于是真的，他假装吃饭的时候，你就能看到他真的胖起来了。当然，对于别的孩子，假装吃饱是件苦事；不过，你必须照他的样子做。假如你能向他证明，树窟窿对你来说变得太松了，他就会让你饱餐一顿。

孩子们全都上床睡觉以后，才是温迪缝缝补补的好时光。据她说，只有到这时候，她才能喘一口气。她把这时间用来给他们做新衣，在膝盖的地方做成双层，因为他们全都在膝盖那儿磨损得厉害。

温迪坐下来守着一篮子的袜子，每双袜子后跟都有一个洞。这时候，她不由得举起两臂，唉声叹气地说："唉呀，我有时真觉得老姑娘是可羡慕的。"

她一边叹息，一边脸上却喜气洋洋地发着光。

你们还记得她的那只小爱狼吧。嗯，它很快就发现温迪来到了岛上，并且找到了她，他们彼此搂抱起来。此后，它就一直跟着她。

时光一天天过去，温迪难道不想念远方的亲爱的父母吗？这个问题很难回答，因为在永无乡到底过了多少时光，谁也说不清，时光是按月亮和太阳计算的；而岛上的太阳和月亮，比在内陆多得多。不过，我估摸温迪不会十分挂念她的父母，她有绝对的信心，他们一定会随时打开窗子，等着她飞回去，因此，她觉得很安心。她感到有点不安的是，约翰只是模模糊糊地记得父母，就像他们是他曾经认识的什么人；迈克尔呢，他倒很情愿相信，温迪真的是他的母亲。对这事她有点害怕了，于是她勇敢地负起了责任。她用考试的方法，尽可能仿照她过去在学校里考试的情况，想在他们心里唤起对旧日的回忆。别的孩子觉得这有趣极了，硬是要参加考试。他们自备了石板，围坐在桌旁。温迪用另一块石板写下问题，给他们传看。他们看了问题，都用心想，用心写。这些问题都很平常：

"母亲的眼睛是什么颜色？母亲和父亲谁高？母亲的头发是浅色还是深色？可能的话，三题都答。"

"写一篇不少于四十个字的文章，题目是：我怎样度过上次的假期，或比较父亲和母亲的性格。两题任答一题。"

"1. 描写母亲的笑；2. 描写父亲的笑；3. 描写母亲的宴会礼服；4. 描写狗舍和舍内的狗。"

每天出的题目大概就是这些，要是你答不上来，你就画一个×。甚至连约翰的×，数量都够惊人的。每个题目都做了回答的，自然只有斯莱特利，谁也没有他更能做到第一个交卷；不过，他的答案是非常可笑的，他实际上总是最后一个交卷，多么可悲呀。

彼得没有参加考试。一来除了温迪，所有的母亲他都瞧不起；二来他是岛上唯一不会读写的孩子，连最短的字也不会。他不屑于做这类事。

顺便提一下，所有的问题都是用过去时态写的。母亲的眼睛曾是什么颜色，等等。你瞧，温迪自己也有点忘了。

下面我们会看到，冒险的事自然是天天都有。眼下，彼得在温迪的帮助下，发明了一种新的游戏，他玩得简直入了迷。他后来突然又不感兴趣了。你知道，他对游戏素来是这样的。这个游戏就是，假装不去冒险，只做约翰和迈克尔一向都做的事：坐在小凳子上，向空中抛球玩；彼此推搡，出去散步，连一只灰熊都没有杀死就回来了。看彼得老老实实坐在小凳子上的那副样子，才真叫有意思呢——他忍不住要摆出一本正经的神情。坐着不动，在他看来是件滑稽可笑的事。他夸口说，为了有益健康，他出去散了一会儿步。一连几天，这就是他做的最新奇的事；约翰和迈克尔不得不装作很高兴的样子，要不然，他就会对他们不客气。

彼得常独自出门。他回来时，你摸不清他到底做过什么冒险事没有。他也许忘得干干净净，所以什么都没有说；可是，等你一出去，你却看到那具被杀的尸体。有时候他又大谈特谈他的冒险；可是，你却找不到那具尸体。有时他回家来，头上裹着绷带；温迪就过去抚慰他，用温水洗他的伤口。这时，他给她讲一段惊人的故事。不过，温迪对彼得的故事，从来不敢全信。有许多冒险故事她知道是真的，因为她自己也参加了；更多的故事，她知道那至少有一部分是真的，因为别的孩子参加了，说那全是真的。要把这些冒险故事全都描写一番，那就需要写一本像英语拉丁词典那么厚的书，我们顶多只能举一个例子，看看通常岛上的一小时是怎样过的。难就难在举哪一个例子。我们就来讲讲在斯莱特利谷和印第安人的一场小遭遇战吧。这是一场血流遍地的战事，特别有趣的是，它能表现彼得的一个特点，那就是，在战斗中，他会突然转到敌人方面去。在山谷里，当胜负未决，时而倾向这一方、时而又倾向那一方时，彼得就大喊："我今天是印第安人。你是什么，图图？"图图说："印第安人。你是什么，尼布斯？"尼布斯说："印第安人。你们是什么，孪生子？"等等。于是他们都成了印第安人。那些真正的印第安人觉得彼得的做法很新鲜有趣，当然也就同意这一次变成遗失的孩子，于是战斗重新打响，越发打得勇猛起来。如果不是这样，这场战争就打不下去了。

这次冒险行动的结局是——不过，我们还没有决定这就是我们要讲的一次冒险故事。也许一个更好的故事是印第安人夜袭地下的家。那一回，好几个印第安人钻进树洞，上不得，下不得，像软木塞似的给拔了出来。或者我们也可以讲讲，在人鱼的礁湖里，彼得救了虎莲公主的命，因而和她结盟的故事。

或者我们还可以讲讲，海盗们做的那只孩子们吃了就会死去的大蛋糕，海盗们怎样一次又一次把它放在巧妙的地方。可是，温迪每次都从孩子们手中把它夺走；渐渐地，那蛋糕的水分干了，硬得像块石头，可以当作一个飞弹来用。夜里，胡克不小心踩上了它，摔了一跤。

要不我们可以讲讲和彼得友好的那些鸟儿，特别是永无鸟。这鸟在礁湖上面的一棵树上筑巢，巢落到了水中，可那鸟却还孵在蛋上。彼得下令不要去惊动它。这故事很美，从它的结局可以看到，鸟是多么感恩图报。可是，要讲这个故事，我们就得讲在礁湖上发生的整个冒险事件，那当然就得讲两个故事，而不是一个。另一个故事较短，可是也同样惊险，那就是叮叮铃在一些游仙的帮助下，把睡着的温迪放在一片大树叶上，想让她漂回英国本土。幸好树叶沉下去了，温迪醒过来，以为自己是在洗海水澡，就游了回来。还有，我们也可以选这样一个故事讲讲：彼得向狮子挑战。他用箭在地上围着自己画了一个圈子，挑动狮子走进圈子来；他等了好几个钟头，别的孩子和温迪都屏住呼吸在树上看着，可到头来，没有一只狮子敢接受他的挑战。

　　这些冒险故事，我们选哪一段来讲呢？最好的办法，是掷一枚钱币来决定。

　　我掷过了，礁湖得胜了。我们也许会希望，得胜的是山谷，或蛋糕，或温迪的大树叶。当然，我也可以再掷，三次决定胜负；不过最公平的办法，或许还是就讲礁湖。

选自《小飞侠彼得潘》

天下没有白费的努力

胡适

你们现在要离开母校了，我没有什么礼物送给你们，只好送你们一句话吧。这一句话是："不要抛弃学问。"

学生的生活是一种享有特殊优待的生活，不妨幼稚一点，不妨吵吵闹闹，社会都能纵容他们，不肯严格地要他们负行为的责任。现在他们要撑起自己的肩膀来挑他们自己的担子了。在这个国难最紧急的年头，他们的担子真不轻！我们祝他们的成功，同时也不忍不依据自己的经验，赠他们几句送行的赠言——虽未必是救命毫毛，也许做个防身的锦囊罢！

你们毕业之后，可走的路不出这几条：绝少数的人还可以在国内或国外的研究院继续做学术研究；少数的人可以寻着相当的职业；此外还有做官，办党，革命三条路；再有就是在家享福或者失业亲居了。

走其余几条路的人，都不能没有堕落的危险。堕落的方式很多，总括起来，约有这两大类：

第一是容易抛弃学生时代求知识的欲望。你们到了实际社会里，往往学非所用，往往所学全无用处，往往可以完全用不着学问，而一样可以胡乱混饭吃，混官做。在这种环境里即使向来抱有求知识学问的人，也不免心灰意懒，把求知的欲望渐渐冷淡下去。况且学问是要有相当的设备的：书籍，实验室，师友的切磋指导，闲暇的工夫，都不是一个平常要糊口养家的人能容易办到的。没有做学问的环境，又谁能怪我们抛弃学问呢？

第二是容易抛弃学生时代理想的人生的追求。少年人初次和冷酷的社会接触，容易感觉理想与事实相去太远，容易发生悲观和失望。多年怀抱的人生理想，改造的热诚，奋斗的勇气，到此时候，好像全不是那么一回事了。渺小的个人在那强烈的社会炉火里，往往经不起长时期的烤炼就熔化了，一点高尚的理想不久就幻灭了。抱着改造社会的梦想而来，往往是弃甲抛兵而走，或者做了恶势的俘虏。你在那牢狱里，回想那少年气壮时代的种种理想主义，好像都成了自误误人的迷梦！从此以后，你就甘心放弃理想人生的追求，甘心做现在社会的顺民了。要防御这两方面的堕落，一面要保持我们求知识的欲望，一面要保持我们对人生的追求。

有什么好方子呢？依我个人的观察和经验，有三种防身的药方是值得一试的。

第一个方子只有一句话："总得时时寻一两个值得研究的问题！"问题是知识学问的老祖宗：古往今来一切知识的产生与积聚，都是因为要解答问题——要解答实用上的困难和理论上的疑难。所谓"为知识而求知识"，其实也只是一种好奇心追求某种问题的解答，不过因为那种问题的性质不必是直接应用的，人们就觉得这是无所谓的求知识了。

我们出学校之后，离开了做学问的环境，如果没有一两个值得解答的问题在脑子里盘旋，就很难保持求学问的热心。可是，如果你有了一个真有趣的问题逗你去想它，天天引诱你去解决它，天天对你挑衅你无可奈何它——这时候，你就会同恋爱一个女子发了疯一样，坐也坐不下，睡也睡不安，没工夫也得偷出工夫去陪她，没钱也得缩衣节食去巴结她。没有书，你自会变卖家私去买书；没有仪器，你自会典押衣物去置办仪器；没有师友，你自会不远千里去寻师访友。你只要有疑难问题来逼你时时用脑子，你自然会保持发展你对学问的兴趣，即使在最贫乏的知识中，你也会慢慢地，聚起一个小图书馆来，或者设置起一所小试验室来。所以我说，第一要寻问题。脑子里没有问题之日，就是你知识生活寿终正寝之时！古人说，"待文王而兴者，凡民也。若夫豪杰之士，虽无文王犹兴。"试想伽利略和牛顿有多少藏书？有多少仪器？他们不过是有问题而已。有了问题而后他们自会造出仪器来解决他们的问题。没有问题的人们，关在图书馆里也不会用书，锁在试验室里也不会有什么发现。

第二个方子也只有一句话："总得多发展一点非职业的兴趣。"离开学校之后，大家总是寻个吃饭的职业。可是你寻得的职业未必就是你所学的，未必是你所心喜的，或者是你所学的而和你性情不相近的。在这种情况之下，工作往往成了苦工，就感觉不到兴趣了。为糊口而做那种非"性之所近而力之所能勉"的工作，就很难保持求知的兴趣的生活的理想主义。最好的救济方法只有多多发展职业以外的正当兴趣与活动。

一个人应该有他的职业，也应该有他非职业的玩艺儿，可以叫作业余活动。

往往他的业余活动比他的职业还更重要，因为一个人成就怎样，往往靠他怎样利用他的闲暇时间。他用他的闲暇来打麻将，他就成了个赌徒；你用你的闲暇来做社会服务，你也许成个社会改革者；或者你用你的闲暇去研究历史，你也许成个史学家。你的闲暇往往定你的终身。英国19世纪的两个哲人，弥儿终身做东印度公司的秘书，然而他的业余工作使他在哲学上、经济学上、政治思想史上都占一个很高的位置；斯宾塞是一个测量工程师，然而他的业余工作使他成为前世纪晚期世界思想界的一个重镇。古来成大学问的人，几乎没有一个不善用他的闲暇时间的。职业不容易适合我们的性情，我们要想生活不苦痛不堕落，只有多方发展。

有了这种心爱的玩艺儿，你就做六个钟头抹桌子工作也不会感觉烦闷了。因为你知道，抹了六个钟头的桌子之后，你可以回家做你的化学研究，或画完你的大幅山水，或写你的小说戏曲，或继续你的历史考据，或做你的社会改革事业。你有了这种称心如意的活动，生活就不枯寂了，精神也就不会烦闷了。

第三个方子也只有一句话："你得有一点信心。"我们生当这个不幸的时代，眼中所见，耳中所闻，无非是叫我们悲观失望的。特别是在这个年头毕业的你们，眼见自己的国家民族沉沦到这步田地，眼看世界只是强权的世界，望极天边好像看不见一线的光明——在这个年头不发狂自杀，已算是万幸了，怎么还能够保持一点内心的镇定和理想的信任呢？

我要对你们说：这时候正是我们要培养我们的信心的时候！只要我们有信心，我们还有救。古人说："信心可以移山。"又说："只要功夫深，生铁磨成绣花针。"你不信吗？当拿破仑的军队征服普鲁士，占据柏林的时候，有一位教授叫作费希特的，天天在讲堂劝他的国人要有信心，要信仰他们的民族是有世界的特殊使命的，是必定要复兴的。费希特死的时候，谁也不能预料德意志统一帝国何时可以实现，然而不满50年，新的统一的德意志帝国居然实现了。

一个国家的强弱盛衰，都不是偶然的，都不能逃出因果的铁律的。我们今日所受的苦痛和耻辱，都只是过去种种恶因种下的恶果。我们要收获将来的善果，必须努力种现在新因。一粒一粒地种，必有满仓满屋的收，这是我们今日应有的信心。我们要深信：今日的失败，都由于过去的不努力。我们要深信：今日的努力，必定有将来的大收成。

佛典里有一句话："福不唐捐。"唐捐就是白白地丢了。我们也应该说："功不唐捐！"没有一点努力是会白白地丢了的。在我们看不见想不到的时候，在我们看不见的方向，你瞧！你下的种子早已生根发叶开花结果了！你不信吗？法国被普鲁士打败之后，割了两省地，赔了50万万法郎的赔款。这时候有一位刻苦的科学家巴斯德终日埋头在他的化学试验室里做他的化学试验和微菌学研究。他是一个最爱国的人，然而他深信只有科学可以救国。他用一生的精力证明了三个科学问题：（1）每一种发酵作用都是由于一种微菌的发展；（2）每一种传染病都是一种微菌在生物体内的发展；（3）传染病的微菌，在特殊的培养之下可以减轻毒力，使他们从病菌变成防病的药苗。

这三个问题在表面上似乎都和救国大事业没有多大关系。然而从第一个问题的证明，巴斯德定出做醋酿酒的新法，使全国的酒醋业每年减除极大的损失。从第二个问题的证明，巴斯德教全国的蚕丝业怎样选种防病，教全国的畜牧农家怎样防止牛羊瘟疫，又教全世界怎样注重消毒以减少外科手术的死亡率。从第三个问题的证明，巴斯德发明了牲畜的脾热瘟的疗治药苗，每年替法国农家减除了 2000 万法郎的大损失；又发明了疯狗咬毒的治疗法，救济了无数的生命。所以英国的科学家赫胥黎在皇家学会里称颂巴斯德的功绩道："法国给了德国 50 万万法郎的赔款，巴斯德先生一个人研究科学的成就足够还清这一笔赔款了。"巴斯德对于科学有绝大的信心，所以他在国家蒙奇辱大难的时候，终不肯抛弃他的显微镜与试验室。他绝不想他在显微镜底下能偿还 50 万万法郎的赔款，然而在他看不见想不到的时候，他已收获了科学救国的奇迹。

朋友们，在你最悲观失望的时候，那正是你必须鼓起坚强的信心的时候。你要深信：天下没有白费的努力。成功不必在我，而功力必不唐捐。

第二季　言之凿凿

我有一个梦想

【美国】马丁·路德·金

　　100年前，一位伟大的美国人签署了解放黑奴宣言，今天我们就是在他的雕像前集会。这一庄严宣言犹如灯塔的光芒，给千百万在那摧残生命的不义之火中受煎熬的黑奴带来了希望。它之到来犹如欢乐的黎明，结束了束缚黑人的漫漫长夜。

　　然而100年后的今天，我们必须正视黑人还没有得到自由这一悲惨的事实。100年后的今天，在种族隔离的镣铐和种族歧视的枷锁下，黑人的生活备受奴役；100年后的今天，黑人仍生活在物质充裕的海洋中一个穷困的孤岛上；100年后的今天，黑人仍然萎缩在美国社会的角落里，并且意识到自己是故土家园中的流亡者。今天我们在这里集会，就是要把这种骇人听闻的情况公诸于世。

　　就某种意义而言，今天我们是为了要求兑现诺言而汇集到我们国家的首都来的。我们共和国的缔造者草拟宪法和独立宣言的气壮山河的词句时，曾向每一个美国人许下了诺言，他们承诺给予所有的人以生存、自由和追求幸福的不可剥夺的权利。

就有色公民而论，美国显然没有实践她的诺言。美国没有履行这项神圣的义务，只是给黑人开了一张空头支票，支票上盖着"资金不足"的戳子后便退了回来。但是我们不相信正义的银行已经破产，我们不相信，在这个国家巨大的机会之库里已没有足够的储备。因此今天我们要求将支票兑现——这张支票将给予我们宝贵的自由和正义。

我们来到这个圣地也是为了提醒美国，现在是非常急迫的时刻。现在绝非侈谈冷静下来或服用渐进主义的镇静剂的时候。现在是实现民主的诺言时候。现在是从种族隔离的荒凉阴暗的深谷攀登种族平等的光明大道的时候，现在是向上帝所有的儿女开放机会之门的时候，现在是把我们的国家从种族不平等的流沙中拯救出来，置于兄弟情谊的磐石上的时候。

如果美国忽视时间的迫切性和低估黑人的决心，那么，这对美国来说，将是致命伤。自由和平等的爽朗秋天如不到来，黑人义愤填膺的酷暑就不会过去。1963年并不意味着斗争的结束，而是开始。有人希望，黑人只要撒撒气就会满足；如果国家安之若素，毫无反应，这些人必会大失所望的。黑人得不到公民的权利，美国就不可能有安宁或平静，正义的光明的一天不到来，叛乱的旋风就将继续动摇这个国家的地基。

但是对于等候在正义之殿门口的心急如焚的人们，有些话我是必须说的。在争取合法地位的过程中，我们不要采取错误的做法。我们不要为了满足对自由的渴望而抱着敌对和仇恨之杯痛饮。我们斗争时必须永远举止得体，纪律严明。

我们不能容许我们的具有崭新内容的抗议蜕变为暴力行动。我们要不断地升华到以精神力量对付物质力量的崇高境界中去。

现在黑人社会充满着了不起的新的战斗精神，但是不能因此而不信任所有的白人。因为我们的许多白人兄弟已经认识到，他们的命运与我们的命运是紧密相连的，他们今天参加游行集会就是明证。他们的自由与我们的自由是息息相关的。我们不能单独站立。当我们行动时，我们必须保证向前进。我们不能倒退。现在有人问热心民权运动的人，"你们什么时候才能满意？"

只要黑人仍然遭受警察难以形容的野蛮迫害，我们就绝不会满意；只要我们在外奔波而疲乏的身躯不能在公路旁的汽车旅馆或城里的旅馆找到住宿之所，我们就绝不会满意；只要黑人的基本活动范围只是从少数民族聚居的小贫民区转移到大贫民区，我们就绝不会满意；只要密西西比仍然有一个黑人不能参加选举，只要纽约有一个黑人认为他投票无济于事，我们就绝不会满意。

不！我们现在并不满意，我们将来也不满意，除非正义和公正犹如江海之波涛，汹涌澎湃，奔流不息。

我并非没有注意到，参加今天集会的人中，有些受尽苦难和折磨，有些刚刚走出窄小的牢房，有些由于寻求自由，曾在居住地惨遭疯狂迫害的打击，并在警察暴行的旋风中摇摇欲坠。你们是人为痛苦的长期受难者。坚持下去吧，要坚决相信，忍受不应得的痛苦是一种赎罪。

让我们回到密西西比去，回到亚拉巴马去，回到南卡罗来纳去，回到佐治亚去，回到路易斯安那去，回到我们北方城市中的贫民区和少数民族居住区去，要心中有数，这种状况是能够也必将改变的。我们不要陷入绝望而不可自拔。朋友们，今天我对你们说，在此时此刻，我们虽然遭受着种种困难和挫折，我仍然有一个梦想，这个梦想深深扎根于美国的梦想里。

我梦想有一天，这个国家会站立起来，真正实现其信条的真谛："我们认为人人生而平等的真理不言而喻；"我梦想有一天，在佐治亚的红山上，从前奴隶的后嗣将能够和奴隶主的后嗣坐在一起，共叙兄弟情谊；我梦想有一天，甚至连密西西比州这个正义匿迹，压迫成风，如同沙漠般的地方，也将变成绿洲，充满自由和正义；我梦想有一天，我的四个孩子将生活在一个不是以他们的肤色，而是以他们的品格优劣来评价他们的国度里。

今天，我有一个梦想。我梦想有一天，亚拉巴马州能够有所转变，尽管该州州长现在仍然满口异议，反对联邦法令，但有朝一日，那里的黑人男孩和女孩将能与白人男孩和女孩情同骨肉，携手并立。

今天，我有一个梦想。我梦想有一天，幽谷上升，高山下降；坎坷曲折的道路变成坦途，那圣光披露，普照天地。这就是我们的希冀。我怀着这种信念回到南方。有了这个信念，我们将能从绝望之岭劈出一块希望之石；有了这个信念，我们将能把这个国家刺耳的争吵声，改编成一支洋溢手足之情的优美交响曲。有了这个信念，我们将能一起工作，一起祈祷，一起斗争，一起坐牢，一起维护自由。因为我们知道，终有一天，我们是会自由的。在自由到来的那一天，上帝的所有儿女们将以新的含义高唱这支歌："我的祖国，美丽的自由之乡，我为您歌唱。您是父辈逝去的地方，您是最初移民的骄傲，让自由之声响彻每个山岗。"

如果美国要成为一个伟大的国家，这个梦想必须实现。让自由之声从新罕布什尔州的巍峨的崇山峻岭响起！让自由之声从纽约州的崇山峻岭响起！让自由之声从科罗拉多州冰雪覆盖的落基山响起！让自由之声从加利福尼亚州蜿蜒的群峰响起！不仅如此，还要让自由之声从佐治亚州的石岭响起！让自由之声从田纳西州的瞭望山响起！让自由之声从密西西比的每一座丘陵响起！让自由之声从每一片山坡响起。

当我们让自由之声响起，让自由之声从每一个大小村庄、每一个州和每一个城市响起时，我们将能够加速这一天的到来，那时，上帝的所有儿女，黑人和白人，犹太教徒和非犹太教徒，耶稣教徒和天主教徒，都将手携手，合唱一首古老的黑人歌曲："终于自由了！终于自由了！感谢全能天父，我们终于自由了！"

申　辩

【古希腊】苏格拉底

　　从另一角度考虑，我们就会发现很有理由认为死亡是件好事。因为死亡无非二者居其一：或虚无缥缈，冥然不觉；或如常人所云，灵魂从一个世界迁移至另一个世界。倘若死后毫无知觉，死亡如沉沉酣睡，甚至不为梦所惊扰，死乃不可言喻之所得。倘若某人要挑选酣睡而不为梦所惊扰之夜，并将此夜同一生中其他日夜相比较，告诉我们有多少个日夜比此夜更美妙舒适，我想他举不出多少个日夜，且不说平民百姓，即便高贵的帝王也是如此。倘若死亡本质如此，我认为死乃一得，因为永恒只不过是一夜罢了。倘若死亡仅是行往另一个世界的旅程，而彼处一如人之所言，集居着所有的死者，啊！朋友们，法官们，还能有比这更美好的事情吗？倘若游历者抵达下世，便能摆脱此世间的法官大人，并能找到据说在彼处审案断狱的真正判官，一如弥诺斯，拉达曼堤斯，埃阿科斯，特里普勒玛斯以及其他一生公允贤明的诸神之子，那么，此番历程便是值得的。倘若可以同俄耳甫斯，缪萨尤斯，赫西俄德和荷马交谈，还有什么不能割舍的呢？是的，倘或果真如此，我愿不断受死。我本人也深感兴趣于在彼处与帕拉默得斯，特拉蒙之子埃阿斯以及其他诸位死于不公正审判的古代英雄会晤交谈，将我所受之苦与他们相比较，以我之见，此乐当不小矣。尤为重要的是，我将能继续考察知识之真伪；在彼界，一如在此界，我将明辨谁为智，谁伪饰智者而非智，法官们啊，若能省察远征特洛伊的伟大统帅，或奥德修斯，或西绪福斯，或难以计数之其他男男女女，还有什么不能割舍的呢？与他们交谈，向他们提问，该何等快乐啊！在那个世界，他们决不会因人提问而将其置之于死地，绝对不会。因为倘合人之所言属实，他们除比我们快乐之外，还当永生不朽。

因此，法官们啊，对死亡恬然称快吧，确要知道，善者无论生前死后均无恶可以加之。他和他的一切决不会为诸神所忽略；我将面临之结局绝非偶然。但我清楚地知道，我死期已临，得以摆脱烦忧，实为善；故此神谕未有表示。为此缘故，我并不怨恨我的定罪者和起诉者；他们并未有损于我，虽然他们未曾有意加惠于我；为此缘故，我可对他们稍加责备。

我还有一事要说。朋友们啊，我的儿子成年以后，请你们严加管束。倘若他们重钱财或其他事物而轻德行，请诸位规劝之，如同我规劝你们一般。倘若他们一无所长而自命不凡，那就斥责他们，如同我斥责你们一般，因为他们不关心本当关心的，一无所长而自命不凡。倘若你们这样做了，我和我的儿子将在你们手中得到公正的待遇。离别的时刻到了，我们将各行其道——我将死，诸位将活。何为善，唯有神明知晓。

注：文内涉及的几个人名都是古希腊传说中的人物。

第三季　途中的风景

游九鲤湖日记

【明代】徐霞客

初至涧底，芳叔急于出峡，坐待峡口，不复入。余独缘涧石而进，踞潭边石上，仰视双瀑从空夭矫，崖石上覆如瓮口。旭日正在崖端，与颓波突浪，掩晕流辉。俯仰应接，不能舍去。循涧复下，忽两峡削起，一水斜回，涧右之路之穷。左望有木板飞架危矶水边突出之石断碛间，乱流而渡，可以攀跻。遂涉涧从左，则五漈之石门矣。两崖至是，壁凑仅容一线，欲合不合，欲开不开，下涌奔泉，上碍云影。人缘陟其间，如猕猿然，阴风吹之，凛凛欲堕。盖自四漈来，山深路绝，幽峭已极，惟闻泉声鸟语耳。

出五漈，山势渐开。涧右危嶂屏列，左则飞凤峰回翔对之，乱流绕其下，或为澄潭，或为倒峡。若六漈之五星，七漈之飞凤，八漈之棋盘石，九漈之将军岩，皆次第得名矣。然一带云蒸霞蔚，得趣故在山水中，岂必刻迹而求乎？盖水乘峡展，既得自恣，其旁崩崖颓石，斜插为岩，横架为室，层叠成楼，屈曲成洞；悬则瀑，环则流，潴则泉；皆可坐可卧，可倚可濯（zhuó）洗，荫竹木而弄云烟。数里之间，目不能移，足不能前者竟日。每下一处，见有别穴，必穿岩通隙而入，曲达旁疏，不可一境穷也！若水之或悬或淳（tǐng）水积聚而不流通，或翼飞叠注，即匡庐三叠、雁宕龙湫，各以一长擅胜，未若此山微体皆具也。

出九漈。沿涧依山转，东向五里，始有耕云樵石之家，然见人至，未有不惊讶者。又五里，至莒溪之石步，出向道。

初十日，过蒜岭驿，至榆溪。闻横路驿西十里，有石所山，岩石最胜，亦为九仙祈梦所。闽有"春游石所，秋游鲤湖"语，虽未合其时，然不可失之交臂也。乘兴遂行。以横路去此尚十五里，乃宿榆溪。

十一日，至波黎铺，即从小路为石所游。西向山五里，越一小岭。又五里，渡溪，即石所南麓。循麓西转，仰见峰顶丛崖，如攒如劈。西北行久之，有楼傍山西向，乃登山道也。石磴颇峻，遂短衣历级而上。磴路曲折，木石阴翳，虬枝老藤，盘结危石欹崖之上，啼猿上下，应答不绝。忽有亭突踞危石，拔迥挺拔高远凌虚，无与为对。亭当山之半。再折，石级巍然直上，级穷，则飞岩檐覆垂半空。再上两折，入石洞侧门，出即九仙阁，轩敞雅洁。左为僧庐，俱倚山凌空，可徙倚凭眺。阁后五六峭峰离立，高皆数十丈，每峰各去二三尺。峰罅石壁如削成，路屈曲罅中，可透漏各峰之顶。松偃藤延，纵目成胜。僧供茗芳逸，山所产也。侧径下，至垂岩，路左更有一径。余曰："此必有异，"

果一石洞嵌空立。穿洞而下，即至半山亭。下山，出横路而返。

是游也，为日六十有三，历省二，经县十九，府十一，游名山者三。

选自《徐霞客游记》

曲阜孔庙

梁思成

　　也许在人类历史中，从来没有一个知识分子像中国的孔丘（公元前551至前479年）那样长期地受到一个朝代接着一个朝代的封建统治阶级的尊崇。他认为"一只鸟能够挑选一棵树，而树不能挑选过往的鸟"，所以周游列国，想找一位能重用他的封建主来实现他的政治理想，但始终不得志。事实上，"树"能挑选鸟；却没有一棵"树"肯要这只姓孔名丘的"鸟"。

　　他有时在旅途中绝了粮，有时狼狈到"累累若丧家之犬"；最后只得叹气说，"吾道不行矣！"但是为了"自见于后世"，他晚年坐下来写了一部《春秋》。也许他自己也没想到，他"自见于后世"的愿望达到了，正如汉朝的大史学家司马迁所说："春秋之义行，则天下乱臣贼子惧焉。"所以从汉朝起，历代的统治者就一朝胜过一朝地利用这"圣人之道"来麻痹人民，统治人民。尽管孔子生前是一个不得志的"布衣"，死后他的思想却统治了中国两千年。他的"社会地位"也逐步上升，到了唐朝就已被称为"大成至圣文宣王"，连他的后代子孙也靠了他的"余荫"，在汉朝就被封为"褒成侯"，后代又升一级做"衍圣公"。两千年世袭的贵族，也算是历史上仅有的现象了。这一切也都在孔庙建筑中反映出来。

今天全中国每一个过去的省城、府城、县城都必然还有一座规模宏大、红墙黄瓦的孔庙，而其中最大的一座，就在孔子的家乡——山东省曲阜，规模比首都北京的孔庙还大得多。在庙的东边，还有一座由大小几十个院子组成的"衍圣公府"。

曲阜城北还有一片占地几百亩、树木葱幽、丛林茂密的孔家墓地——孔林。孔子以及他的七十几代嫡长子孙都埋葬在这里。

现在的孔庙是由孔子的小小的旧宅"发展"出来的。他死后，他的学生就把他的遗物——衣、冠、琴、车、书保存在他的故居，作为"庙"。汉高祖刘邦就曾经在过曲阜时杀了一条牛祭祀孔子。西汉末年，孔子的后代受封为"褒成侯"，还领到封地来奉祀孔子。到东汉末桓帝时（153年），第一次由朝廷为孔子建了庙。随着朝代岁月的递移，到了宋朝，孔庙就已发展成三百多间房的巨型庙宇。历代以来，孔庙曾经多次受到兵灾或雷火的破坏，但是统治者总是把它恢复重建起来，而且规模越来越大。到了明朝中叶（16世纪初），孔庙在一次兵灾中毁了之后，统治者不但重建了庙堂，而且为了保护孔庙，干脆废弃了原在庙东的县城，而围绕着孔庙另建新城——"移县就庙"。在这个曲阜县城里，孔庙正门紧挨在县城南门里，庙的后墙就是县城北部，由南到北几乎把县城分割成为互相隔绝的东西两半。这就是今天的曲阜。孔庙的规模基本上是那时重建后留下来的。自从萧何给汉高祖营建壮丽的未央宫，"以重天子之威"以后，统治阶级就学会了用建筑物来做政治工具。因为"夫子之道"是可以利用来维护封建制度的最有用的思想武器，所以每一个新的皇朝在建国之初，都必然隆重祭孔，大修庙堂，以阐"文治"，在朝代衰末的时候，也常常重修孔庙，企图宣扬"圣教"，扶危救亡。1935 年，国民党政府就是企图这样做的最后一个，当然，蒋介石的"尊孔"，并不能阻止中国人民的解放运动，当时的重修计划，也只是一纸空文而已。

由于封建统治阶级对于孔子的重视，连孔子的子孙也沾了光，除了庙东那座院落重重、花园幽深的"衍圣公府"外，解放前，在县境内还有大量的"祀田"，历代的"衍圣公"，也就成了一代一代的恶霸地主。曲阜县知县也必须是孔氏族人，而且必须由"衍圣公"推荐，"朝廷"才能任命。

除了孔庙的"发展"过程是一部很有意思的"历史记录"外，现存的建筑物也可以看作中国近八百年来的"建筑标本陈列馆"。这个"陈列馆"一共占地将近十公顷，前后共有八"进"庭院，殿、堂、廊、庑，共六百二十余间，其中最古的是金朝（1195 年）的一座碑亭，以后元、明、清、民国各朝代的建筑都有。

　　孔庙的八"进"庭院中，前面（即南面）三"进"庭院都是柏树林，每一进都有墙垣环绕，正中是穿过柏树林和重重的牌坊、门道的甬道。第三进以北才开始布置建筑物。这一部分用四个角楼标志出来，略似北京紫禁城，但具体而微。在中线上的是主要建筑组群，由奎文阁、大成门、大成殿、寝殿、圣迹殿和大成殿两侧的东庑和西庑组成。大成殿一组也用四个角楼标志着，略似北京故宫前三殿一组的意思。

　　在中线组群两侧。东面是承圣殿、诗礼堂一组，西面是金丝堂、启圣殿一组。大成门之南，左右有碑亭十余座。此外还有些次要的组群。

　　奎文阁是一座两层楼的大阁，是孔庙的藏书楼，明朝弘治十七年（1504 年）所建。在它南面的中线上的几道门也大多是同年所建。大成殿一组，除杏坛和圣迹殿是明代建筑外，全是清雍正年间（1724 至 1730 年）建造的。

　　今天到曲阜去参观孔庙的人，若由南面正门进去，在穿过了苍翠的古柏林和一系列的门堂之后，首先引起他兴趣的大概会是奎文阁前的同文门。这座门不大，也不开在什么围墙上，而是单独地立在奎文阁前面。它引人注意的不是它的石柱和四百五十多年的高龄，而是门内保存的许多汉魏碑石。其中如史晨、孔庙、张猛龙等碑，是老一辈临过碑帖练习书法的人所熟悉的。现在，人民政府又把散弃在附近地区的一些汉画像石集中到这里。原来在庙西双相圃（校阅射御的地方）的两个汉刻石人像也移到庙园内，立在一座新建的亭子里。今天的孔庙已经具备了一个小型汉代雕刻陈列馆的条件了。

奎文阁虽说是藏书楼，但过去是否真正藏过书，很成疑问。它是大成殿主要组群前面"序曲"的高峰，高大仅次于大成殿；下层四周回廊全部用石柱，是一座很雄伟的建筑物。

大成殿正中供奉孔子像，两侧配祀颜回、曾参、孟轲等"十二哲"。它是一座双层瓦檐的大殿，建立在双层白台基上，是孔庙最主要的建筑物，重建于清初雍正年间雷火焚毁之后，1730年落成。这座殿最引人注意的是它前廊的十根精雕蟠龙柱。每根柱上雕出"双龙戏珠"，"降龙"由上蟠下来，头向上；"升龙"由下蟠上去，头向下。中间雕出宝珠；还有云焰环绕衬托。柱脚刻出石山，下面莲瓣柱础承托。这些蟠龙不是一般的浮雕，而是附在柱身上的圆雕。它在阳光闪烁下栩栩如生，是建筑与雕刻相辅相成的杰出的范例。大成门正中一对柱也用了同样的手法。殿两侧和后面的柱子是八角形石柱，也有精美的浅浮雕。相传大成殿原来的位置在现在殿前杏坛所在的地方，是1018年宋真宗时移建的。现存台基的"御路"雕刻是明代的遗物。

杏坛位置在大成殿前庭院正中，是一座亭子，相传是孔子讲学的地方。现存的建筑也是明弘治十七年所建。显然是清雍正年间经雷火灾后幸存下来的。大成殿后的寝殿是孔子夫人的殿。再后面的圣迹殿，明末万历年间（1592年）创建，现存的仍是原物，中有孔子周游列国的画石一百二十幅，其中有些出于名家手笔。

大成门前的十几座碑亭是金元以来各时代的遗物；其中最古的已有七百七十多年的历史。孔庙现存的大量碑石中，比较特殊的是元朝的蒙汉文对照的碑和一块明初洪武年间的语体文碑，都是语文史中可贵的资料。

1959年，人民政府对这个辉煌的建筑组群进行修葺。这次重修，本质上不同于历史上的任何一次重修：过去是为了维护和挽救反动政权，而今天则是我们对于历史人物和对于具有历史艺术价值的文物给予的评定和保护。七月间，我来到了阔别二十四年的孔庙，看到工程已经顺利开始，工人的劳动热情都很高。特别引人注意的，是彩画工人中有些年轻的姑娘，高高地在檐下做油饰彩画工作，这是坚决主张重男轻女的孔丘所梦想不到的。过去的"衍圣公府"已经成为人民的文物保管委员会办公的地方，科学研究人员正在整理、研究"府"中存下的历代档案，不久即可开放。

更令人兴奋的是，我上次来时，曲阜是一个颓垣败壁、秽垢不堪的落后县城，街上看到的，全是衣着褴褛、愁容满面的饥寒交迫的人。今天的曲阜，不但市容十分整洁，连人也变了，往来于街头巷尾的不论是胸佩校徽、迈着矫健步伐的学生，或是连唱带笑，蹦蹦跳跳的红领巾以及徐步安详的老人……都穿得干净齐整。城外农村里，也是一片繁荣景象，男的都穿着洁白的衬衫，青年妇女都穿着印花布的衣服，在麦粒堆积如山的晒场上愉快地劳动。

洛阳游记

张恨水

一、灯笼晃荡中到了洛阳

洛阳这个地名，说到口里，就觉得响亮，最近把这里一度改了行都，那就更贵重了。火车在黑暗里奔驰，我不时的由玻璃窗里向外张望，并没有什么，只是乌压压的一片低影子。我想着，一切留到明天再看罢，就坐着打瞌睡去，及至耳朵里听到人声嘈杂时，听到茶房说，到了洛阳了。匆匆的，收拾了行李，就走下车来。哈！这是新闻，那月台上很大的一片地方，只竖了两根长木头竿子，在上面挂了一盏小小的汽油灯，只是些混混的光，照着纷乱的人影子乱挤。在空厂子南方，有了新鲜的玩艺儿了，长的，方的，圆的，扁的，大大小小，罗列着一堆灯笼。我走近去，听到有人喊，中州旅馆吧？名利栈吧？大金台吧？这让我明白了，这些灯笼是旅馆里接客的。在郑州我就打听清楚了，洛阳以大金台旅馆为最好，这大金台三个字送到了耳朵里，我就决定了到他家去。将栈伙叫了过来，取了行李，受了检查，让栈伙引着路，我们就跟了他走。打灯笼的店伙，引着一车行李先走，另一个店伙，拿着手电筒，左右晃荡着引了我后跟。我所走的，是一条窄窄的土街，两边人家，都紧紧地闭着大门，每隔四五家门首，在那矮矮的屋檐下挂着一个白纸的方形吊灯，有的写着安寓客商，有的写着油盐杂货，仿佛我由二十世纪一跃而回到十八世纪了。我心里头简直说不出是一种什么感想。糊里糊涂的，随着那晃荡的灯笼，转了一个弯，这街上倒有几盏汽油灯，乃是理发店和洋货店，其余依然在混混灯光中。后来在一个圆纸灯笼下，我们进了一所大门。灯笼上有字，便是大金台了。这旅馆既像南方一条龙的房子，一层层向里，又有点像北方的房子，每进都是三合院。我挑了一间最好的房子住，里面是一副床，铺板，一张方桌，两把木椅，隔壁有间小黑屋子，一铺一桌，就让工友小李住了。那地皮还没收拾好，虽是土质，倒有些像鹅卵石铺面的，脚踏在上面，和上海新亚大酒店的地毯，有点儿两样，伙计送进一盏煤油灯来，昏黄的光，和这屋里倒很相衬，只听到小李在隔壁和店伙说：这是最好的旅馆，若不是最好的旅馆呢？我在这边听着，也笑了。

二、到洛阳应留意的几件事

到洛阳，就是内地了，一切物质文明，去郑州很远，旅馆还是一江一南小客栈那种组织，第一是没有电灯，电话也很少，（其实用不着）而且房间里也不预备铺盖。平常房间价钱由五角至一元二角，茶水还另外算钱。吃饭，到外面馆子里去叫，每晨有五六角，可以吃得很好。看官若也西行，当你到车站的时候，就可以叫栈伙来照应。不过你的行李挂了行李票的话，要立刻就到行李房去取。等到检查行李的军警走了，那就要等他明晨再来了。(这是指乘晚车来的而言。)再说，洛阳有两个车站，东站是进城去的。西站是西宫。西宫是驻军重地，游历的人，大可以不必上那里去。就是由东站下车，也有进城不进城之别。车站到城里，还有两三里路，晚上是进不了城的。好在客栈都在车站边，若是作短期游历的人，就可以住在车站。

三、白马寺及其他名胜

洛阳是周汉唐许多朝代，建过都的所在，自然是古迹很多。不过到了现在，多半不可寻访了，只有汉朝的白马寺，北魏的龙门雕刻，这还是值得游人留恋的。现时来游洛阳的人，也都是注意这两个地方。到了次日早上，我叫店伙来问了一阵知道到白马寺是二十多里路，到龙门是三十多里路，坐人力车子，当天都可以来回，每辆车子是一块钱。至于土匪，以前是出城门就保不住，现在是绝对没事。我听了这话，半信半疑。不过最近有朋友到白马寺去过，我是知道的，且不问去龙门如何，我就决定了今天先到白马寺去。草草的吃了一些点心，由店伙雇好了两辆车，我和小李就于九点多钟出发。车子离开车站大街，穿过了一片麦田，先进了北门。这街虽是土铺的，两边的店铺，倒也应有尽有。东街上有几家古董店，我曾下车看了一看，十之八九，都是假货，连价钱我也不敢问。游客要在洛阳买古董，这应该找路子到古董商家里去看货，好东西是决不陈列出来的。出东关，经过一座魁星楼，到东大寺，这寺，也是唐代建的一座大丛林，现在却剩了一片瓦砾。寺旁有破的过街楼一间，旁边树立一幢碑，大书夹马营三字。士大夫之流，对于这个地名，或者有些生疏，可是爱说赵匡胤故事的老百姓，他就知道，这是赵匡胤出世的地方。当年宋太祖作小孩子的时候，常是和那些野孩子在这里胡闹，后来他作了皇帝，在开封登了基，想起年小淘气的事，还回来看看呢。在这街口上，有个宋太祖庙，是后人立的，据说里面有一间屋子，就是赵家母子的安身之所。如今只有大门是完整的，里面住了些和赵匡胤倒霉时候相同的人，也就无须寻访了。由这里坐了车子，顺了大路走，约莫走了十里路，车夫忽然停着车，指着很深的麦田里说：先生，可以看看，这里有古迹。我心里想着，这麦田里那有东西？上前一看，麦里横着一块石碑，上书管鲍分金处。管是指着管仲，鲍是指着鲍叔。鲍叔说管仲穷，分钱给他用，历史告诉我们，这是真的。不过鲍叔分钱给管仲，是不是在大路上干的事，这可是个疑问。洛邑那是周地。管仲齐人也，是到周地来和鲍叔分金吗？所以这一处名胜，我打一句官话，应当考量。再过去五六里路，就是白马寺了。说起这处寺，真个也是提起了此马来头大。在这里，也就当先研究研究这个寺字。寺，在汉时，也是一种官署，并不是专为出家人供佛修行的所在。现时，我们在戏里头还可以听到，如大理寺正卿这种话。汉朝明帝的时候，印度和尚摩腾竺法兰带了佛经到东土来传道。因为他们那些佛经，是用白马驮来的，因之万岁爷在洛阳西雍门外盖了一幢官舍，供一应这两个僧人，就叫做白马寺。这寺虽是屡废屡建，但是佛经同和尚初次到中国来的纪念，考古的人，是应当来看看的了。那庙门三座，坐北朝南，也不见怎样伟大。进门有一片大院子，左右两个大土馒头，这便是最初到中国来的两个和尚的坟，一个葬着摩腾，一个葬着竺法兰。正面大殿，有三尊大佛，两边十八尊罗汉。这罗汉是明塑，有两尊神气很好。殿外两厢配殿，正在修理着呢。庙后有个高阁，还有点旧时的形式，里面供了一尊二尺多高的玉佛，也是新运来的。高阁边，有个敞轩，游人可以小歇。在那里和僧人谈笑，知道这庙，在两年前，本来破烂不堪。自国府一度把洛阳作了行都，许多政府要员都到这里来过，觉得这里是中国佛教发源地，不应该消灭了，大家提倡复修起来，捐款很多，而且还在上海找了一个老和尚德浩，到这里来当方丈呢。

关于白马寺的？院子里碑上记得有，在此前一届的修理，在明朝嘉靖年间。大意说：汉明帝永平七年甲子，四月八日，帝寝南宫，夜梦金人，上因君臣之对，遂使人至西域求佛道，乃得摩腾竺法兰，帝大悦，至十四年辛未，敕于西雍门外，建白马寺以居之。唐时，规模渐废，宋太宗命儒臣重修，以后历有兴废，明正德年间更大为修理。嘉靖年记。

由这点看起来，因为这是佛教源流所在，历代都设法保存它的了。庙的左边，不到半里路，有一座汉塔，现在还是好好的。这塔六角实心，仿佛一条大钢鞭，竖在地上，倒和平常不同。塔在土台子上，有好些个碑石，树在旁边。最令人感到兴趣的，就是大金国的碑。南宋时候，金人曾取得了洛阳。碑上刻了许多金国汉官名姓，这也可以说是汉奸碑了。塔边，有狄人杰的墓。

四、游白马寺须知

由洛阳到白马寺，并不是大路，中间只有个十里铺地方，可以歇歇。那里茶馆子，用瓦缸盛着冷水，放在屋檐下，送给过路人喝。我们若怕喝凉水，那就另花二三十枚铜子，叫茶店烧水喝好了。可是那水很混浊，茶叶也有气味，最好是用水瓶子，在洛阳背了水去喝。水既不好，吃的自然也没有，所以又当带一些点心在路上吃。人力车夫到了白马寺的时候，若遇到卖凉粉油饼的，他得和你借钱买吃的。那完全是揩油，你斟酌着办。回到了洛阳去，时候还早，你可以叫车夫，拉你看看别处景致。据我所知道的城里有中山公园（可以看点古物），周公庙，邵康节祠，二程祠，范文正公祠。这一些，我只到了周公庙。庙在西关外，改了图书馆了。庙里唐碑最多，大大小小，有好几百块，多半是墓志铭。现在分藏在许多屋子里，嵌在墙上和砖台上。后殿有周公像，现在是图书馆办公的地方，不能去看了。游周公庙，还要在图书馆签名，不然门警不让进去的。游了这些地，和车夫说明，加他二三角酒钱，他很愿意的。反正是一趟生意，乐得多挣几文。游客呢，也免得二次进城。

五、关帝冢

孙权杀了关羽，将首级送给曹操。曹操就把首级配个木身子，葬在洛阳城外。这冢，现时还在。游关帝冢，和游龙门是一条路，坐人力车，依然是一元钱来回。出南门，渡过洛水，（过渡钱，人车一角）顺着大路前进，约莫十里路，看到一带红一墙，围住了柏林，那就是关帝冢了。进门有道乾石桥，先到正殿。殿上除了关像而外，根据三国演义，有四个站将的像。墙边放一把青龙偃月刀，长约一丈。刀形，是龙口里吐出半边月亮来，故名。后殿分三间，一是塑的行像，可以坐轿子出游的。一是看书像，一是卧像。这后面，有个亭子，靠了土墩，那就是首级冢了。庙里并没有僧道，现时归官家管理。

六、龙门石刻

出关帝庙，再南行，远远看到一带山影，那就是龙门。为了这里有北魏石刻，洞里又有许多前代人的碑记，所以有许多人不远千里而来，要看一看。其实，真要为游龙门而来，那会大大扫兴的。听我慢慢说来。到龙门约一里多路。有个龙门堡，开了有茶饭馆子，可以在那里先吃东西。面饭倒是都有，只是一不干净，二又太贵，一个人吃点喝点，总要花一块钱。出堡，不必坐车，可以步行。前面就是伊水，在伊水两岸，东边是伊阙，西边是龙门。伊阙山不大陡，所以那边石刻不多。这边呢，在面河的石壁上，高高低低，大大小小，都就了山石，刻着佛像。顺了山崖走，共有石楼，斋祓堂，宾一陽一洞，金刚崖，万佛洞，千佛洞，古一陽一洞等处。只是一层，大小佛头，一齐让人偷了去。小佛呢，连身子，都由石壁上挖了去。到了佛崖上，仿佛游历无头之国，你说扫兴不扫兴呢？石洞以斋祓堂宾一陽一洞最好，把山石凿空了，里面成为一个佛殿。宾一陽一洞外，有个石阁子，可以凭栏赏玩伊阙。龙门二十品在古一陽一洞顶上刻着，拓帖的人，要搭架倒拓，很费工夫。唯其是拓帖不容易，所以石刻还保存着，要不然，和佛像一样，早坏了。千佛洞万佛洞工程浩大，是在石洞壁上四周刻了无数的小佛像，然而现在也都没有头了。石像完整的，只有金刚崖，要爬崖上去，才可以看到。这也就因为石像太大，不容易偷割的原故，所以还完整些。在龙门买字帖，也要带眼睛。洞里卖的字帖，多是用原帖刻在木板上，翻版印出来的，这是游人一个小小学识，顺此奉告。

世界公园的瑞士

邹韬奋

　　记者此次到欧洲去，原是抱着学习或观察的态度，并不含有娱乐的雅兴，所以号称世界公园的瑞士，本不是我所注意的国家，但为路途经过之便，也到过该国的五个地方，在青山碧湖的环境中，惊叹"世界公园"之名不虚传。因为全瑞士都是在翠绿中，除了房屋和石地外，全瑞士没有一亩地不是绿草如茵的，平常的城市是一个或几个公园，瑞士全国便是一个公园；就是树荫和花草所陪衬烘托着的房屋，他们也喜欢在墙角和窗上栽着或排着艳花绿草，房屋都是小巧玲珑，雅洁簇新的（因为人民自己时常油漆粉刷的，农村中的房屋也都如此）。墙色有绿的，有黄的，有青的，有紫的，隐约显露于树草花丛间，真是一幅美妙绝伦的图画！

　　记者于八月十七日下午十二点离开意大利的米兰，两点钟到了瑞士的齐亚索，便算进了"世界公园"的境地。由此处起，便全是用着电气的火车（瑞士全国都用电气火车，非常洁净），在火车上遇着的乘客也和在意大利境内所看见的"马虎"的朋友们不同，衣服都特别的整洁，精神也特别的抖擞，就是火车上的售卖员的衣冠态度也和"马虎"派的迥异，这种划若鸿沟的现象，很令冷眼旁观的人感到惊讶。由此乘火车经过阿尔卑斯山（Alps）下的世界有名的第二山洞（此为火车经过的山洞，工程艰难和山洞之长，列世界第二），气候便好像由燥热的夏季立刻变为荫凉的秋天。在意大利火车中所见的东一块荒地西一块荒地的景况，至此则两旁都密布着修得异常整齐的绿坡，赏心悦目，突入另一种境界了。所经各处，常在海平线三四十尺以上，空气的清新固无足怪，远观积雪绕云的阿尔卑斯山的山峰矗立，俯瞰平滑如镜的湖面映着青翠欲滴的山景，无论何人看了，都要感觉到心醉的。我们到了琉森湖（Lakeof Lucerne）的开头处的小埠佛露哀伦（Fluelen），已在下午五点多钟，因打算第二天早晨弃火车而乘该处特备的小轮渡湖（须三小时才渡到琉森城，即该湖的一尽头），所以特在湖滨的一个旅馆里歇息了一夜。这个旅馆开窗见湖面山，设备得雅洁极了，但旅客却寥若晨星，大概也受了世界经济恐慌的波及。

这段路本来可乘火车，但要游湖的，也可以用所买的火车连票，乘船渡湖，不过买火车票时须声明罢了。我们于十八日上午九时左右依计划离佛露哀伦，乘船渡湖。这轮船颇大，是专备湖里用的，设备很整洁，船面上一列一列的排了许多椅子备旅客坐。我们在船上遇着二三十个男女青年，自十二三岁至十七八岁，由一个教师领导，大家背后都背着黄色帆布制的行囊，用皮带缚到胸前，手上都拿着一根手杖，这一班健美快乐的孩子，真令人爱慕不已！他们乘一小段的水路后，便又在一个码头上岸去，大概又去爬山了。最可笑的是那位领导的教员谈话的声音姿态，完全像在课堂上教书的神气，又有些像演说的口气和态度，大概是他在课堂上养成的习惯。在沿途各站（在湖旁岸上沿途设有船站，也可说是码头），设备也很讲究，上船的游客渐多，大都是成双或带有幼年子女而来的。有三个五十来岁发已斑白的老妇人，也结队而来，背上也负着行囊，手上也拿着手杖，有两个眼上架着老花眼镜，有一个还拿着地图口讲指划，兴致不浅。这也可看出西人个人主义的极致，这类老太婆也许有她们的子女，但年纪大了各走各的路，和中国的家族主义迥异，所以老太婆和老太婆便结了伴。这种现象，我后来越看越多了。

　　船上有一老者又把我们当作日本人，他大概有搜集各种邮票的嗜好，问我们有没有日本的邮票，结果他当然大失所望！

　　我们当天十二点三刻就乘船到了琉森城，这是瑞士琉森邦（瑞士系联邦制，有二十二邦）的最为游客所常到的一个城市，在以美丽著名的琉森湖的末端。我们上岸略事游览，即于下午四点钟乘火车往瑞士苏黎世邦的最大的一个城市（也名苏黎世，人口二十万余人），一小时左右即到。该城丝的出产仅次于法国的里昂，布匹和机械的生产很盛，是瑞士的主要的经济中心地点，同时也是由法国到东欧及由德国和北欧往意大利的交通要道。该处有苏黎世湖，我们到后仅能于晚间在湖滨略为赏鉴，于第二日早晨，我们这五个人的小小旅行一团一便分散，除记者外，他们都到德国去。记者便独自一人，于上午十点零四分，提着一个衣箱和一个小皮包，乘火车向瑞士的首都伯尔尼进发，下午一点三十五分才到。在车站时，因向站上职员询问赴伯尔尼的月台（国外车站上的月台颇多，以号码为志），他劝我再等一小时有快车可乘，我正欲在沿途看看村庄情形，故仍乘着慢车走。离了团体，一个人独行之后，前后左右都是黄发碧眼儿了。

团体旅行和个人旅行，各有利弊。其实在欧洲旅行，有关于各国的西文指南可作游历的根据，只须言语可通，经济不发生问题（一团一体旅行，有许多可省处），个人旅行所得的经验只有比一团一体旅行来得多。记者此次脱离一团一体后，即靠着一本英文的《瑞士指南》，并温习了几句问路及临时应付的法语，便独自一人带着《指南》，按着其中的说明和地图，东奔西窜着，倒也未曾做过怎样的"阿木林"。

记者到瑞士的首都伯尔尼后，已在八月十九日的下午，租定了一个旅馆后，决意在离开瑞士之前，要把关于游历意大利所得的印象和感想的通讯写完，免得文债积得太多，但因精神疲顿已极，想略打瞌睡，不料步武猪八戒，一躺下去，竟不自觉地睡去了半天，夜里才用全部时间来写通讯。二十日上午七点钟起身后继续写，才把《表面和里面——罗马和那不勒斯》一文写完付寄。关于瑞士，我已看了好几个地方，很想找一个在当地久居的朋友谈谈，俾得和我所观察的参证参证，于是在九点后姑照所问得的中国公使馆地址，去找找看有什么人可以谈谈，同时看看沿途的胜景。一跑跑了三小时，走了不少的山径，才找到挂着公使馆招牌的屋子，规模很小，尤妙的是公使一人之外，就只有秘书一人，阍人是他，书记是他，打字员也是他，号称一个公使馆，就只有这无独有偶的两个人！（不过还有一个老妈子烧饭。）问原因说是经费窘迫。（日本驻瑞的公使馆，除公使外，有秘书及随员三人、打字员两人、顾问〔瑞士人〕一人及仆役等。）记者揿电铃后，出来开门的当然就是这位兼任阍人等等的秘书先生，他是一位在瑞士已有十三四年的苏州人，满口苏白，叫苦连天。我们一谈却谈了两小时之久，所得材料颇足供参考，当采入通讯里。可是我却因此饿了一顿中餐。

八月二十一日下午乘两点二十分的火车赴日内瓦，四点五十分到。在该处除又写了《离意大利后的杂感》一文外，所游的胜景以日内瓦湖为最美。但是这样美的瑞士，却也受到世界经济恐慌的影响。其详当于里再谈。

8 月 25 日记于巴黎

第四季 科学的灵感

植物名实图考二则

【清代】吴其浚

西瓜

西瓜，《日用本草》始著录。谓契丹之川。食西瓜者反此。

《昌平州志》：物产破回绝始得此种，疑即今之哈密瓜之类，香瓜，皮青子细，瓤甘肉脆，气香味美，入中国而形味变，成此瓜。《夏小正》：五绝胜甜瓜。甜瓜类最繁，有圆、有长、有月乃瓜。乃者急辞。八月剥瓜、畜瓜之时，尖、有匾；大或径尺，小或一捻；其棱或瓜兼果蔬，故授时重之。近世供果，惟甜瓜、西瓜二种。《本草》瓜蒂，陶隐居以为甜瓜蒂。瓜以供食，不入药。王世愁以邵平五色子母瓜当即甜瓜。考《广志》狸头、蜜筒、女臂诸名，惟甜瓜种多色异，足以当之。而所谓瓜州瓜大如解，青、登瓜大如三斗魁，则非西瓜无此巨观，但无西瓜名耳。昔贤诗多云甘瓜，字为雅驯。

而张载《瓜赋》：元表丹里，呈素含红。甜瓜鲜丹红瓤者，故以为仙品。刘祯川《瓜赋》：厥初作苦，终然无甘。甜瓜未甚熟及近蒂时有苦者，西瓜无是也。

有或无；其色或青、或绿、或黄斑、掺斑、或白路、黄路；其瓤或白、或红；其子或树最宜沙土，数岁即婆婆堰地。黄、或赤、或白、或黑。要之味不出乎甘香而已。瓜种盖尽于此，尝取种种于湘中，味变为越瓜。《南方志》有谓甜瓜皮质坚老，入酱为殖者，毋亦类是。《山西通志》：西瓜今出榆次中郝、东郝、西郝三村，一种黑皮黄瓤绛子；一种绿皮红瓤黑子，有文，名刺麻瓜；一种绿皮红瓤红子，名蜜瓜，味殊甘美，今以人贡，市厘阁售者；有一种三白瓜，皮瓤子白，味绝美，但未熟则淡，既熟易瓤。俗谓瓜渐腐曰瓤，言如丝络之缕也。种者亦不繁。圃人云，每一科得市瓜，即称稳岁也。江以南业瓜者盖勘，余所至如湖广之襄阳、长沙，皆有瓜畴；江西赣州瓜美而子赤，丰城濒江亦种之；滇南武定州瓜以正月熟，上元撰瓜，镂皮为灯，物既非时，味亦迥别，亦可规物候之不齐矣。诗：风露盈篮至，甘香隔壁闻，绿团婴一捏，白裂玉中分。《花蕊夫人宫词》闭：玉人手里剖银瓜。五代宋时西瓜已入中国，所咏乃以白色为上，则仍是甜瓜也。西瓜虽有白瓤而味佳者，其种后出亦希有。《墨庄漫录》襄邑出一种瓜，大者如拳，破之色如黛，甘如蜜，余瓜莫及。此甜瓜之美者。吾乡名曰酥瓜，握之辄碎。一种黄者大

而易种，甘而不脆，俗曰噎瓜，言其速食则噎也。又古之言瓜者，皆云削瓜，乃食其肤。周王黑性俭率，有客食瓜，侵肤稍厚，黑及瓜皮落地，引手就地取而食。

荔枝

荔枝，《开宝本草》始著录。以闽产者佳，江西赣州所属定南等处，与粤接界，零娄农曰：吾至滇，阅《元江志》，有荔枝。适粤中门生权牧其地，访之，则曰：邑旧产此果，以诛求为吏民累，并其树刘之，今无矣。余谓之曰：粤人闻人言荔枝，辄津津作大嚼状。今元江物土既宜，足下何不致南海嘉种，令民以法种之，侯其实而尝焉？其日曝灭烘者，走黔、湘以博利，浸假而为安邑枣、武陵橘，非劝民树艺之一端乎？则应曰：元江地热瘴甚，牧以三年代，率不及期而请病。其仆谦以热往，以棣川归者相继也，亦何暇作十年计乎？且滇亦大矣，他郡皆无，此郡独有，园成而赋什一，民即不病，而筐靡之费，驮负之费，供亿馈问无虚日，不厉民将焉取之，余恍然曰：一骑红尘，诗人刺焉，为民上者，乃以一味之甘，致令草木不得遂其生乎！隐！

我的荒石原

【法国】法布尔

　　这是我长久以来的一个梦想：拥有一片空地。一片面积不大、整日被阳光暴晒、长满荒草的空地。

　　它原本是一块被人们抛弃的荒地，除了蓝色矢车菊和其他蓟属菊科植物，几乎不能生长农田作物。然而这里正是昆虫的乐园。我把它买了下来，四周围上围墙，这样，就不会有人随意进出干扰我的观察活动。我可以尽情地安排我的观察实验，与土蜂和沙泥蜂倾心投入地进行交谈。是的，这正是我的梦想。一个我从未奢望能够实现，而今却变成现实的一个梦想。

　　对于一个不时要为生活琐事甚至一日三餐劳心费神的人来说，想要在野外建立一个观察试验室，何其不易！近四十年来我一直胸怀着这个心愿，虽然穷困潦倒，困难重重，但我总算拥有了这么一片令我朝思暮想的私人领地。尽管条件不甚理想，但这仍然是我不懈奋斗的成果。但愿我能拥有更多的自由时间与我的小精灵们相处。

　　看起来一定是有些迟了，我真担心，我可爱的昆虫精灵们不愿亲近我！我很怕手里终于有了一个甜美的桃子时，却已经没有牙齿来咬动它。

是有点迟了。因为那原本开阔敞亮无遮拦的视野，现今已经变得十分局促。很多东西都已失去，种种不幸的遭遇使我心力交瘁，我甚至怀疑自己还有没有必要继续坚持下去。

然而却没有什么东西值得遗憾，就连那已经逝去的二十年的光阴。

纵然身陷废墟当中，但我心中有一堵石墙仍然屹立，那就是我胸中燃烧着的追求科学真理的坚定信念。啊，我亲爱的膜翅科昆虫，我到底有没有资格为你们的故事增添几页恰如其分的描述呢？我能不能做到呢？把你们遗忘了那么久，我的朋友们，你们会因此而责怪我吗？啊，我并不是有意冷落你们，也不是因为我的懒惰。我无时无刻不想念着你们，关心着你们，我相信节腹泥蜂的洞穴还有很多引人入胜的秘密有待我们去揭开，也觉得穴蜂的猎食行为还有大量令人惊异的细节等待我们去发现。然而我必须承认，我缺少的恰恰是时间。在与命运的搏斗中，我已用上了几乎全部的心力。毕竟，在追求真理之前，要先把肚子填饱。请告诉它们吧，无论在你们这里，还是它们那里，我都应该能够得到原谅。

一直以来，还有人指责我的作品语气不当，缺乏严肃性。说白了，就是没有他们那种自以为是的学究词汇。他们总觉得如果一篇文章不故作深沉，就无法表现真理。如果我按照他们的方式和你们讲话，估计你们马上就会对我敬而远之。你们这些长着翅膀、带着螯刺、身穿护甲的各科昆虫们，你们都来吧，都来这里为我辩护。请你们跟他们说说我在观察你们的时候是多么耐心细致，与你们相处时是多么其乐融融，记录你们行为的时候是多么一丝不苟。你们一定会众口一词，证明我的作品的严谨性和真实性，我的表述既没有增加什么，也从不曾妄自减少什么。谁愿意去问就去问好了，他们都将得到同样的答案。

最后，如果你们觉得自己势单力微，不足以令那些满口经纶的先生们信服，那么就由我站出来，告诉他们一些他们不能不承认的事实：

"你们把昆虫杀死做各种实验，而我研究的是活的生命体；你们把它们制成冰冷恐怖的标本，而我却让人们感受它们的鲜活可爱；你们在解剖室和碎尸间研究，我却在蓝天下边听蝉鸣边观察；你们把细胞和原生质分离，做化学实验，我却在它们生命的巅峰期研究它们的本能；你们探索死亡，而我探索生命。我还要说清楚的一点就是：一颗老鼠屎弄坏一锅汤。博物学原本是年轻人乐于从事的天然学问，然而却被所谓的细胞研究的进步分割得面目全非，可厌可憎。我究竟是为了哪些人写作？我当然是为了那些有志于从事该方面研究的人士写作，但更重要的是，我为年轻人写作。我要把被你们弄得面目全非、令人生厌的博物学重新变得让他们易于接受和喜欢。这就是为什么我要在尽量保持作品的真实性和严谨性的基础上，避免你们那种令人生厌的文体。"

选自《昆虫记》

适者生存

【英国】达尔文

自然选择即适者生存

我们用一个复杂的例子仔细解释自然选择的作用。有些植物分泌甜汁，这是为了将体液内的有毒物质排除。例如，某些豆科植物（Leguminosase）从托叶基部的腺体排除分泌物，普通月桂树（laurel）从叶背分泌液体等。虽然甜汁量很少，却引来大量的昆虫，但这种昆虫的拜访对植物没有任何好处。如果甜汁是从植物的某些植株的花中分泌出来的，昆虫食用甜汁时会沾上花粉，并把花粉带到另一朵花上，帮助同种植物的两个个体进行杂交，从而形成强大的幼苗，并且让幼苗得到更多的生存机会和繁殖机会。这些情况常常见到。花蜜腺体越大的植株，分泌的花蜜也越多，常常招来许多昆虫，因此得到的杂交机会比较多。长此以往，它们就会获得很大的优势，而且逐渐发展成一个地方变种。有些花的雄蕊和雌蕊的位置非常符合采蜜昆虫的大小和习性，这有助于昆虫传授花粉，这样的花也会受益颇多。如果一只昆虫不采蜜仅仅采集花粉，这种行为显然会对植物造成伤害，因为花粉是用来受精的。不过，如果昆虫将少量的花粉带到另一朵花上，这就促进了植物的杂交，即使浪费了 9/10 的花粉，但对于失去花粉的植物来说，依然是有利的。因此，那些花粉较多、粉囊较大的个体会被选择出来。

如果上述过程一直持续下去，植物将会越来越吸引昆虫，而昆虫在不知不觉间传播花粉。在这个方面，我能列举许多例子。现在，我们来看下面这个例子，解释了植物雌雄分株的步骤。某些冬青树（holly-tree）只开雄花，每朵花里面有四枚含有少量花粉的雄蕊和一枚不能发育的雌蕊；而另外一些冬青树只开雌花，每朵花有一枚发育完全的雌蕊和四枚粉囊萎缩的雄蕊，而且雄蕊不含花粉。我在距离一株雄冬青树六十码的地方发现了一株雌冬青树，并从上面采集了二十朵花，当我用显微镜观察雌花柱头时，发现每个柱头上都沾着几粒花粉，甚至有的相当多。那几天，风从雌树的方向吹往雄树，所以这些花粉不是依靠风力传播的；虽然天气寒冷并伴随着暴风雨（这对蜂类有害），但我观察的所有雌花都由采集花蜜的蜂完成了受精。现在，我们返回去讨论想象的情况：一旦植物很容易吸引昆虫，促使昆虫在花间来回传递花粉，另一个步骤或许将要开始。博物学家都承认"生理分工"的好处，所以我们相信，一棵树只有雌蕊而另一棵树只有雄蕊对植物非常有利。栽培植物或者被移植到新环境中的植物的雄性器官，它的功能会相应减弱。在自然状态下，也会出现这种情况，只是程度比较轻微。既然花粉可以在花间进行传递，而"生理分工"的原则表明性别分离有利于植物的发展，那么，雌雄分离倾向比较明显的个体将会被选出来，直到雌雄两体彻底分离。显然，许多植物的雌雄分离正处于过渡阶段。如果想要解释清楚植物是怎样一步步实现雌雄分离的，需要花费大量的笔墨。在这里，我只想说明一点，根据阿沙·格雷的研究，在北美有几种冬青树确实处于中间阶段，正是他所说的"异株杂性"。

现在，我们讨论一下食用花蜜的昆虫。如果一种普通植物经过连续选择作用促使花蜜越来越多，而某种昆虫的食物就是这种花蜜。我能列举许多例子来说明，蜂是如何节省时间采蜜的。例如，有些蜂喜欢咬一下花的基部来吸食花蜜，而它们也可以花费一些时间从花的开口钻到花中去。这些情况让我们相信，那些容易被忽视的微小差异，例如口径的长度、弯曲度等，在一定程度上有利于昆虫采食花蜜。因此，有些个体能够更快地获得食物，它们所属的群体能够快速繁盛，而从它们之中分离出去的许多蜂群也有相同的性状。乍看之下，红三叶草和肉色三叶草的花冠的长度毫无差异，但蜜蜂能够吸食肉色三叶草的花蜜，而无法吸食红三叶草的花蜜。不过，它们肯定喜欢这种花蜜，因为我多次发现，众多蜜蜂在秋季可以通过野蜂咬的红三叶草基部的小孔吸食花蜜。这两种三叶草花冠的长度决定了蜜蜂是否可以采蜜，但差异非常微小，因为有人说过，红三叶草在收割之后的第二季作物开的花小一些，那时蜜蜂就能采蜜了。这个说法的准确性难以确定，也不知另外一篇文章的可信度如何。那篇文章说，意大利种蜜蜂可以采食红三叶草的花蜜，而一般认为这种蜂是普通蜂的变种，而且可以自由地与普通蜂交配。可以这样说，在长满红三叶草的地方，略长或者不同形状的蜂具有一定的优势。从另一方面来说，由于红三叶草完全依靠能够采蜜的蜂受精，如果某个地区野蜂的数量下降，那么，花冠较短或者分裂较深的植株将会受益，而蜜蜂可以采食这种红三叶草的花蜜。现在，我们明白蜂与花是如何通过结构上的微小差异慢慢相互适应的了。

　　我知道，通过上述想象出来的例子解释自然选择原理，就像莱伊尔爵士曾经用"地球近代的变迁解释地质学"一样，肯定会遭到人们的反对。不过，现在运用地质作用解释深谷或者内陆崖壁的形成时，绝对没有人说那是毫无意义的了。自然选择的作用就是将无数的微小变异积累并保存起来。近代地质学已经否定了一次大洪水就能形成一个山谷的说法，同理，自然选择学说也会否定能够连续创造新生物类型，或者生物构造能够突然发生巨大变异的观点。

　　　　　　　　　　　　　　　　　　选自《物种起源》

论　衡

【汉代】王充

　　儒者谓："日蚀、月蚀也"。彼见日蚀常于晦朔，晦朔月与日合，故得蚀之。夫春秋之时，日蚀多矣。《经》曰："某月朔，日有蚀之"。日有蚀之者，未必月也。知月蚀之，何讳不言月？说："日蚀之变，阳弱阴强也"。人物在世，气力劲强，乃能乘凌。案月晦光既，朔则如尽，微弱甚矣，安得胜日？夫日之蚀，月蚀也。日蚀谓月蚀之，月谁蚀之者？无蚀月也，月自损也。以月论日，亦如日蚀，光自损也。大率四十一二月，日一食；百八十日，月一蚀。蚀之皆有时，非时为变，及其为变，气自然也。日时晦朔，月复为之乎？夫日当实满，以亏为变，必谓有蚀之者，山崩地动，蚀者谁也？或说："日食者，月掩之也。日在上，月在下，障于日之形也。日月合相袭，月在上，日在下者，不能掩日；日在上，月在日下，障于日，月光掩日光，故谓之食也。障于月也，若阴云蔽日月不见矣。其端合者，相食是也。其合相当如袭辟者，日既是也。"日月合于晦朔，天之常也。日食，月掩日光，非也。何以验之？使日月

· 84 ·

合，月掩日光，其初食崖当与旦复时易处。假令日在东，月在西，月之行疾，东及日，掩日崖，须臾过日而东，西崖初掩之处光当复，东崖未掩者当复食。今察日之食，西崖光缺，其复也；西崖光复，过掩东崖复西崖，谓之合袭相掩障，如何？

选自《论衡》

茶之源

【唐代】陆羽

　　茶者，南方之嘉木也，一尺二尺，乃至数十尺。其巴山峡川有两人合抱者，伐而掇之，其树如瓜芦，叶如栀子，花如白蔷薇，实如栟榈，蒂如丁香，根如胡桃。其字或从草，或从木，或草木并。其名一曰茶，二曰槚，三曰蔎，四曰茗，五曰荈。其地，上者生烂石，中者生栎壤，下者生黄土。凡艺而不实，植而罕茂。法如种瓜，三岁可采。野者上，园者次。阳崖阴林，紫者上，绿者次；笋者上，芽者次；叶卷上，叶舒次。阴山坡谷者，不堪采掇，性凝滞，结瘕疾。茶之为用，味至寒，为饮最宜。精行俭德之人，若热渴、凝闷、脑疼、目涩、四肢烦、百节不舒，聊四五啜，与醍醐、甘露抗衡也。采不时，造不精，杂以卉莽，饮之成疾。茶为累也，亦犹人参。上者生上党，中者生百济、新罗，下者生高丽。有生泽州、易州、幽州、檀州者，为药无效，况非此者！设服荠苨，使六疾不瘳。知人参为累，则茶累尽矣。

选自《茶经》

国有六职

　　国有六职，百工与居一焉。或坐而论道，或作而行之，或审曲面执，以饬五材，以辨民器，或通四方之珍异以资之，或饬力以长地财，或治丝麻以成之。坐而论道，谓之王公；作而行之，谓之士大夫；审曲面执，以饬五材，以辨民器，谓之百工；通四方之珍异以资之，谓之商旅；饬力以长地财，谓之农夫；治丝麻以成之，谓之妇功。粤无镈，燕无函，秦无庐，胡无弓车。粤之无镈也，非无庐也，夫人而能为庐也；燕之无函也，非无函也，夫人而能为函也；秦之无庐也，非无庐也，夫人而能为庐也；胡之无弓车也，非无弓车也，夫人而能为弓车也。知得创物，巧者述之守之，世谓之工。百工之事，皆圣人之作也。烁金以为刃，凝土以为器，作车以行陆，作舟行水，此皆圣人之所作也。天有时，地有气，材有美，工有巧，合此四者，然后可以为良。材美工巧，然而不良，则不时，不得地气也。橘窬淮而北为枳，鹳鹆不逾济，貉逾汶则死，此地气然也；郑之刀，宋之斤，鲁之削，吴粤之剑，迁乎其地而弗能为良，地气然也。燕之角，荆之干，妢胡之笴，吴粤之金锡，此材之美者也。天有时以生，有时以杀；草木有时以生，有时以死，石有时以泐，水有时以凝，有时以泽，此天时也。凡攻木之工七，攻金之工六，攻皮之工五，设色之工五，刮摩之工五，搏埴之工二。攻木之工：轮、舆、弓、庐、匠、车、梓；攻金这工：筑、冶、凫、栗、段、桃；攻皮之工：函、鲍、䩉、韦、裘；设色之工：画、缋、锺、筐、㡛；刮摩之工：玉、楖、雕、矢、磬；搏埴之工：陶、瓬。有虞氏上陶，夏后氏上匠，殷人上梓，周人上舆。故一器而工聚焉者，车为多。车有六等之数：车轸四尺，谓之一等；戈秘六尺有六寸，即建而迤，崇于轸四尺，谓之二等；人长八尺，崇于戈四尺，谓之三等；殳长寻有四尺，崇于人四尺，谓之四等；车戟常，崇于殳四尺，谓之五等；酋矛常有四尺，崇于戟四尺，谓之六等。车谓之六等之数；凡察车之道，必自载于地者始也，是故察车自轮始。凡察车之道，欲其朴属而微至，不朴属。无以为完久也，不微至。无以为戚速也。轮已崇，则人不能登也，轮已庳，则于马终古登阤也。故兵车之轮六尺有六寸，田车之轮六尺有三寸，乘车之轮六尺有六寸，六尺有六寸之轮，轵崇三尺有三寸也，加轸与轐焉，四尺也。人长八尺，登下以为节。

选自《周礼·考工记》

马拉松的由来

【美国】房龙

古希腊人在欧亚对抗中获胜，将波斯人从爱琴海上赶了回去。

古希腊人从爱琴海人那里学会了做贸易的生意经，而在这方面爱琴海人又是腓尼基人的学生。古希腊人建起了许多腓尼基式的殖民地。他们还改进了腓尼基人的交易方式，大量使用货币与外国商贩做买卖。公元前6世纪的时候，他们已经在小亚细亚沿岸站稳了脚跟，迅速抢走了腓尼基人的大部分生意。腓尼基人当然很不乐意，但他们还没有强大到敢跟希腊人一战以决高下。他们只能忍气吞声，默默等待报复的机会。

前面我曾经提过，一支不大的波斯游牧部落四处杀伐，在很短的时间里征服了西亚的大部分土地。这些波斯人还算文明，并不对已经投降的臣民下毒手，前提是这些臣民每年要按时纳贡。当波斯人到达小亚细亚海滨时，他们强硬要求吕底亚地区的希腊殖民地奉波斯国王为主人，并按波斯国王的规定向他们纳贡。那里的希腊殖民地拒不接受波斯人开出的条件，而波斯人也丝毫不肯让步。于是这些希腊殖民地在无奈中只好向爱琴海对岸的宗主国求助，就这样，希波战争的幕布开启了。

如果史书的记载是正确的，那么我们可以知道以前每一任波斯国王都将古希腊的城邦制视作是极端危险的政治制度，它将使其他民族有可能效仿。而波斯国王自然希望这些民族安安心心做他的奴隶。

当然，希腊国家隐藏在波涛汹涌的爱琴海对岸，这使他们相当有安全感。但在此关键时刻，古希腊人的宿敌腓尼基人出头了，他们站出来明确表示愿意帮助波斯人。于是波斯人与腓尼基人达成一纸协议，波斯人出动兵力，腓尼基人负责提供运送波斯士兵漂洋过海的船只。公元前492年，亚洲方面准备就绪，摩拳擦掌要一举击溃欧洲的新贵。

波斯国王在战前发出了最后通牒，派人到古希腊索要"土和水"以作为臣服于波斯的信物。希腊人谈笑间就把波斯使者扔到了水井里面，说那里有的是波斯人想要的"土和水"。于是大战爆发了。

英明的奥林匹斯山诸神护佑着他们的孩子们。当载着波斯士兵的腓尼基船队驶过阿瑟斯山时，风暴之神怒气冲冲地吹起了飓风，吞没了亚洲人的船队，波斯军队全军覆没。

波斯军队被飓风吞没，波斯人在两年后卷土重来，他们这次安全驶过爱琴海，在希腊半岛马拉松村附近成功登陆。雅典人得知情报后组织起十万大军去严守马拉松平原，同时派出一名长跑能手向斯巴达求援。可是斯巴达人向来对雅典心存嫉妒，因而拒绝出兵。其他古希腊城邦也仿效斯巴达的做法，只有小小的普拉提亚城邦派来一千名士兵给予援手。公元前490年9月12日，雅典统帅米泰亚德率领英勇的战士手持长矛突破了波斯人的密集箭阵，在人数处于劣势的情形下将号称无敌的波斯军队一举击溃。

决战那天晚上，雅典市民看着熊熊战火将天都染成了红色，一个个焦虑地盼望着前方能早些传来战报。终于，通往北方的道路上隐隐约约扬起一团尘土，那是雅典人的长跑能手菲迪皮茨赶来了。这位英雄已经能够看到眼前的目的地，但他感到自己身心疲惫，快支撑不住了。就在几天前，他刚刚长途跋涉跑去斯巴达求援，一无所获后又急着跑回来参加战斗，战争刚刚大获全胜，他又主动要求把胜利的喜讯亲自带回给他无限热爱的城市。雅典市民看到他时，他一头栽倒在地，大伙赶紧上去将他扶起。"我们胜利了！"他从嗓子眼里送出这句大家等待良久的话语，然后闭上双眼死在了亲人怀中。他光荣地死去，获得了所有人的深深景仰。为了纪念菲迪皮茨的英雄事迹，古希腊人的第一届奥林匹克运动会举办了马拉松长跑比赛。

选自《人类的故事》

宇宙的定律

【英国】霍金

　　亚里士多德的传统观点还以为，人们用纯粹思维可以找出制约宇宙的定律：不必要用观测去检验它。所以，伽利略是第一个想看看不同重量的物体是否确实以不同速度下落的人。据说，伽利略从比萨斜塔上将重物落下，从而证明了亚里士多德的信念是错的。这故事几乎不可能是真的，但是伽利略的确做了一些等同的事——将不同重量的球从光滑的斜面上滚下。这情况类似于重物的垂直下落，只是因为速度小而更容易观察而已。伽利略的测量指出，不管物体的重量是多少，其速度增加的速率是一样的。例如，在一个沿水平方向每走 10 米即下降 1 米的斜面上，你释放一个球，则 1 秒钟后球的速度为每秒 1 米，2 秒钟后为每秒 2 米等，而不管这个球有多重。当然，一个铅锤比一片羽毛下落得更快，那是因为空气对羽毛的阻力引起的。如果一个人释放两个不遭受任何空气阻力的物体，例如两个不同的铅锤，它们则以同样的速度下降。

伽利略的测量被牛顿用来作为他的运动定律的基础。在伽利略的实验中，当物体从斜坡上滚下时，它一直受到不变的外力（它的重量），其效应是它被恒定地加速。这表明，力的真正效应总是改变物体的速度，而不是像原先想象的那样，仅仅使之运动。同时，它还意味着，只要一个物体没有受到外力，它就会以同样的速度保持直线运动。这个思想是第一次被牛顿在1687年出版的《数学原理》一书中明白地叙述出来的，并被称为牛顿第一定律。物体受力时发生的现象则由牛顿第二定律所给出：物体被加速或改变其速度时，其改变率与所受外力成正比例。（例如，如果力加倍，则加速度也将加倍。）物体的质量（或物质的量）越大，则加速度越小，（以同样的力作用于具有两倍质量的物体则只产生一半的加速度。）小汽车可提供一个熟知的例子，发动机的功率越大，则加速度越大，但是小汽车越重，则对同样的发动机加速度越小。

除了他的运动定律，牛顿还发现了描述引力的定律：任何两个物体都相互吸引，其引力大小与每个物体的质量成正比。这样，如果其中一个物体（例如A）的质量加倍，则两个物体之间的引力加倍。这是你能预料得到的，因为新的物体A可看成两个具有原先质量的物体，每一个用原先的力来吸引物体B，所以A和B之间的总力加倍。其中一个物体质量大到原先的2倍，另一物体大到3倍，则引力就大到6倍。现在人们可以看到，何以落体总以同样的速率下降：具有 2 倍重量的物体受到将其拉下的 2 倍的引力，但它的质量也大到两倍。按照牛顿第二定律，这两个效应刚好互相抵消，所以在所有情形下加速度是同样的。

牛顿引力定律还告诉我们，物体之间的距离越远，则引力越小。牛顿引力定律讲，一个恒星的引力只是一个类似恒星在距离小一半时的引力的四分之一。这个定律极其精确地预言了地球、月亮和其他行星的轨道。如果这定律变为恒星的万有引力随距离减小得比这还快，则行星轨道不再是椭圆的，它们就会以螺旋线的形状盘旋到太阳上去。如果引力减小得更慢，则远处恒星的引力将会超过地球的引力。

选自《时间简史》

第五季　小说的智慧

踏雪寻梅

【清代】曹雪芹

　　一语未了，只见宝玉笑欣欣掮了一枝红梅进来。众丫鬟忙已接过，插入瓶内。众人都笑称谢。宝玉笑道："你们如今赏罢，也不知费了我多少精神呢。"说着，探春早又递过一盏暖酒来，众丫鬟走上来接了蓑笠掸雪。各人房中丫鬟都添送衣服来，袭人也遣人送了半旧的狐腋褂来。李纨命人将那蒸的大芋头盛了一盘，又将朱橘、黄橙、橄榄等物盛了两盘，命人带与袭人去。湘云且告诉宝玉方才的诗题，又催宝玉快作。宝玉道："姐姐妹妹们，让我自己用韵罢，别限韵了。"众人都说："随你作去罢。"

　　一面说一面大家看梅花。原来这枝梅花只有二尺来高，旁有一横枝纵横而出，约有五六尺长，其间小枝分歧，或如蟠螭，或如僵蚓，或孤削如笔，或密聚如林，真乃花吐胭脂，香欺兰蕙，各各称赏。谁知邢岫烟、李纹、薛宝琴三人都已吟成，各自写了出来。众人便依"红梅花"三字之序看去，写道是：

咏红梅花得"红"字
邢岫烟

桃未芳菲杏未红，冲寒先喜笑东风。

魂飞庾岭春难辨，霞隔罗浮梦未通。

绿萼添妆融宝炬，缟仙扶醉跨残虹。

看来岂是寻常色，浓淡由他冰雪中。

咏红梅花得"梅"字
李纹

白梅懒赋赋红梅，逞艳先迎醉眼开。

冻脸有痕皆是血，酸心无恨亦成灰。

误吞丹药移真骨，偷下瑶池脱旧胎。

江北江南春灿烂，寄言蜂蝶漫疑猜。

咏红梅花得"花"字
薛宝琴

疏是枝条艳是花，春妆儿女竞奢华。

闲庭曲槛无余雪，流水空山有落霞。

幽梦冷随红袖笛，游仙香泛绛河槎。

前身定是瑶台种，无复相疑色相差。

众人看了，都笑称赞了一番，又指末一首说更好。宝玉见宝琴年纪最小，才又敏捷，深为奇异。黛玉、湘云二人斟了一小杯酒，齐贺宝琴。宝钗笑道："三首各有各好。你们两个天天捉弄厌了我，如今捉弄他来了。"李纨又问宝玉："你可有了？"宝玉忙道："我倒有了，才一看见那三首，又吓忘了，等我再想。"湘云听了，便拿了一支铜火箸击着手炉，笑道："我击鼓了，若鼓绝不成，又要罚的。"宝玉笑道："我已有了。"黛玉提起笔来，说道："你念，我写。"湘云便击了一下笑道："一鼓绝。"宝玉笑道："有了，你写吧。"众人听他念道，"酒未开樽句未裁"，黛玉写了，摇头笑道："起的平平。"湘云又道"快着！"宝玉笑道："寻春问腊到蓬莱。"黛玉、湘云都点头笑道："有些意思了。"宝玉又道："不求大士瓶中露，为乞嫦娥槛外梅。"黛玉写了，又摇头道："凑巧而已。"湘云忙催二鼓，宝玉又笑道："入世冷挑红雪去，离尘香割紫云来。槎枒谁惜诗肩瘦，衣上犹沾佛院苔。"黛玉写毕，湘云大家才评论时，又见几个丫鬟跑进来道："老太太来了。"众人忙迎出来。大家又笑道："怎么这等高兴！"说着，远远见贾母围了大斗篷，带着灰鼠暖兜，坐着小竹轿，打着青绸油伞，鸳鸯、琥珀等五六个丫鬟，每人都是打着伞，拥轿而来。李纨等忙往上迎，贾母命人止住说："只在那里就是了。"来至跟前，贾母笑道："我瞒着你太太和凤丫头来了。大雪地下坐着这个无妨，没的叫他们来踩雪。"众人忙一面上前接斗篷，搀扶着，一面答应着。贾母来至室中，先笑道："好俊的梅花！你们也会乐，我来着了。"说着，李纨早命拿了一个大狼皮褥来铺在当中。贾母坐了，因笑道："你们只管顽笑吃喝。我因为天短了，不敢睡中觉，抹了一回牌，想起你们来了，我也来凑个趣儿。"李纨早又捧过手炉来，探春另拿了一副杯箸来，亲自斟了暖酒，奉与贾母。贾母便饮了一口，问那个盘子里是什么东西。众人忙捧了过来，回说是糟鹌鹑。贾母道："这倒罢了，撕一两点腿子来。"李纨忙答应了，要水洗手，亲自来撕。贾母又道："你们仍旧坐下说笑我听。"又命李纨："你也坐下，就如同我没来的一样才好，不然我就去了。"众人听了，方依次坐下，这李纨便挪到尽下边。贾母因问作何事了，众人便说作诗。贾母道："有作诗的，不如作些灯谜，大家正月里好顽的。"众人答应了。说笑了一回，贾母便说："这里潮湿，你们别久坐，仔细受了潮湿。"因说："你四妹妹那里暖和，我们到那里瞧瞧他的画儿，赶年才有呢。"众人笑道："那里能年下就有了？只怕明年端阳有了。"贾母道："这还了得！他竟比盖这园子还费工夫了。"

　　说着，仍坐了竹轿，大家围随，过了藕香榭，穿入一条夹道，东西两边皆有过街门，门楼上里外皆嵌着石头匾，如今进的是西门，向外的匾上凿着"穿云"二字，向里的凿着"度月"两字。来至堂中，进了向南的正门，贾母下了轿，惜春已接了出来。从里边游廊过去，便是惜春卧房，门斗上有"暖香坞"三个字。早有几个人打起猩红毡帘，已觉温香拂脸。大家进入房中，贾母并不归坐，只问画在那里。惜春因笑回："天气寒冷了，胶性皆凝涩不润，画了恐不好看，故此收起来。"贾母笑道："我年下就要的，你别托懒儿，快拿出来给我快画。"一语未了，忽见凤姐儿披着紫羯褂，笑嘻嘻的来了，口内说道："老祖宗今儿也不告诉人，私自就来了，要我好找。"贾母见他来了，心中自是喜悦，便道："我怕你们冷着了，所以不许人告诉你们去。你真是个鬼灵精儿，到底找了我来。以理，孝敬也不在这上头。"凤姐儿笑道："我那里是孝敬的心找了来？我因为到了老祖宗那里，鸦没雀静的，问小丫头子们，他又不肯说，叫我找到园里来。我正疑惑，忽然来了两三个姑子，我心里才明白。我想姑子必是来送年疏或要年例香例银子，老祖宗年下的事也多，一定是躲债来了。我赶忙问了那姑子，果然不错。我连忙把年例给了他们去。如今来回老祖宗，债主已去，不用躲着了。已预备下稀嫩的野鸡，请用晚饭去，再迟一回就老了。"他一行说，众人一行笑。

凤姐儿也不等贾母说话，便命人抬过轿子来。贾母笑着，搀了凤姐的手，仍旧上轿，带着众人，说笑出了夹道东门。一看四面，粉妆银砌，忽见宝琴披着凫靥裘站在山坡上遥等，身后一个丫鬟抱着一瓶红梅。众人都笑道："少了两个人，他却在这里等着，也弄梅花去了。"贾母喜的忙笑道："你们瞧，这山坡上，配上他的这个人品，又是这件衣裳，后头又是这梅花，像个什么？"众人都笑道："就像老太太屋里挂的仇十洲画的《双艳图》。"贾母摇头笑道："那画的那里有这件衣裳？人也不能这样好！"一语未了，只见宝琴背后转出一个披大红猩毡的人来。贾母道："那又是那个女孩儿？"众人笑道："我们都在这里，那是宝玉。"贾母笑道："我的眼越发花了。"说话之间，来至跟前，可不是宝玉和宝琴。宝玉笑向宝钗、黛玉等道:"我才又到了栊翠庵。妙玉每人送你们一枝梅花,我已经打发人送去了。"众人都笑说:"多谢你费心。"

　　说话之间,已出了园门,来至贾母房中。吃毕饭大家又说笑了一回。忽见薛姨妈也来了,说:"好大雪,一日也没过来望候老太太。今日老太太倒不高兴?正该赏雪才是。"贾母笑道:"何曾不高兴!我找了他们姊妹们去顽了一会子。"薛姨妈笑道:"昨日晚上,我原想着今日要和我们姨太太借一日园子,摆两桌粗酒,请老太太赏雪的,又见老太太安歇的早。我闻得女儿说,老太太心下不大爽,因此今日也没敢惊动。早知如此,我正该请。"贾母笑道:"这才是十月里头场雪,往后下雪的日子多呢,再破费不迟。"薛姨妈笑道:"果然如此,算我的孝心虔了。"凤姐儿笑道:"姨妈仔细忘了,如今先秤五十两银子来,交给我收着,一下雪,我就预备下酒,姨妈也不用操心,也不得忘了。"贾母笑道:"既这么说,姨太太给他五十两银子收着,我和他每人分二十五两,到下雪的日子,我装心里不快,混过去了,姨太太更不用操心,我和凤丫头倒得了实惠。"凤姐将手一拍,笑道:"妙极了,这和我的主意一样。"众人都笑了。贾母笑道:"呸!没脸的,就顺着竿子爬上来了!你不该说姨太太是客,在咱们家受屈,我们该请姨太太才是,那里有破费姨太太的理!不这样说呢,还有脸先要五十两银子,真不害臊!"凤姐儿笑道:"我们老祖宗最是有眼色的,试一试,姨妈若松呢,拿出五十两来,就和我分。这会子估量着不中用了,翻过来拿我做法子，说出这些大方话来。如今我也不和姨妈要银子，竟替姨妈出银子治了酒，请老祖宗吃了，我另外再封五十两银子孝敬老祖宗，算是罚我个包揽闲事。这可好不好？"话未说完，众人已笑倒在炕上。

选自《红楼梦》

桃园三结义

【明代】罗贯中

　　话说天下大势，分久必合，合久必分。周末七国分争，并入于秦。及秦灭之后，楚、汉分争，又并入于汉。汉朝自高祖斩白蛇而起义，一统天下，后来光武中兴，传至献帝，遂分为三国。推其致乱之由，殆始于桓、灵二帝。桓帝禁锢善类，崇信宦官。及桓帝崩，灵帝即位，大将军窦武、太傅陈蕃共相辅佐。时有宦官曹节等弄权，窦武、陈蕃谋诛之，机事不密，反为所害，中涓自此愈横。

　　建宁二年四月望日，帝御温德殿。方升座，殿角狂风骤起。只见一条大青蛇，从梁上飞将下来，蟠于椅上。帝惊倒，左右急救入宫，百官俱奔避。须臾，蛇不见了。忽然大雷大雨，加以冰雹，落到半夜方止，坏却房屋无数。建宁四年二月，洛阳地震；又海水泛溢，沿海居民，尽被大浪卷入海中。光和元年，雌鸡化雄。六月朔，黑气十余丈，飞入温德殿中。秋七月，有虹现于玉堂；五原山岸，尽皆崩裂。种种不祥，非止一端。帝下诏问群臣以灾异之由，议郎蔡邕上疏，以为蜺堕鸡化，乃妇寺干政之所致，言颇切直。帝览奏叹息，因起更衣。曹节在后窃视，悉宣告左右；遂以他事陷邕于罪，放归田里。后张让、赵忠、封谞、段珪、曹节、侯览、蹇硕、程旷、夏恽、郭胜十人朋比为奸，号为"十常侍"。帝尊信张让，呼为"阿父"。朝政日非，以致天下人心思乱，盗贼蜂起。

时巨鹿郡有兄弟三人，一名张角，一名张宝，一名张梁。那张角本是个不第秀才，因入山采药，遇一老人，碧眼童颜，手执藜杖，唤角至一洞中，以天书三卷授之，曰："此名《太平要术》，汝得之，当代天宣化，普救世人；若萌异心，必获恶报。"角拜问姓名。老人曰："吾乃南华老仙也。"言讫，化阵清风而去。角得此书，晓夜攻习，能呼风唤雨，号为"太平道人"。中平元年正月内，疫气流行，张角散施符水，为人治病，自称"大贤良师"。角有徒弟五百余人，云游四方，皆能书符念咒。次后徒众日多，角乃立三十六方，大方万余人，小方六七千，各立渠帅，称为将军；讹言："苍天已死，黄天当立；岁在甲子，天下大吉。"令人各以白土书"甲子"二字于家中大门上。青、幽、徐、冀、荆、扬、兖、豫八州之人，家家侍奉大贤良师张角名字。角遣其党马元义，暗赍金帛，结交中涓封谞，以为内应。角与二弟商议曰："至难得者，民心也。今民心已顺，若不乘势取天下，诚为可惜。"遂一面私造黄旗，约期举事；一面使弟子唐周，驰书报封谞。唐周乃径赴省中告变。帝召大将军何进调兵擒马元义，斩之；次收封谞等一干人下狱。张角闻知事露，星夜举兵，自称"天公将军"，张宝称"地公将军"，张梁称"人公将军"。申言于众曰："今汉运将终，大圣人出。汝等皆宜顺天从正，以乐太平。"四方百姓，裹黄巾从张角反者四五十万。贼势浩大，官军望风而靡。何进奏帝火速降诏，令各处备御，讨贼立功。一面遣中郎将卢植、皇甫嵩、朱儁，各引精兵、分三路讨之。

且说张角一军，前犯幽州界分。幽州太守刘焉，乃江夏竟陵人氏，汉鲁恭王之后也。当时闻得贼兵将至，召校尉邹靖计议。靖曰："贼兵众，我兵寡，明公宜作速招军应敌。"刘焉然其说，随即出榜招募义兵。

榜文行到涿县，引出涿县中一个英雄。那人不甚好读书；性宽和，寡言语，喜怒不形于色；素有大志，专好结交天下豪杰；生得身长七尺五寸，两耳垂肩，双手过膝，目能自顾其耳，面如冠玉，唇若涂脂；中山靖王刘胜之后，汉景帝阁下玄孙，姓刘名备，字玄德。昔刘胜之子刘贞，汉武时封涿鹿亭侯，后坐酎金失侯，因此遗这一枝在涿县。玄德祖刘雄，父刘弘。弘曾举孝廉，亦尝作吏，早丧。玄德幼孤，事母至孝；家贫，贩屦织席为业。家住本县楼桑村。其家之东南，有一大桑树，高五丈余，遥望之，童童如车盖。相者云："此家必出贵人。"玄德幼时，与乡中小儿戏于树下，曰："我为天子，当乘此车盖。"叔父刘元起奇其言，曰："此儿非常人也！"因见玄德家贫，常资给之。年十五岁，母使游学，尝师事郑玄、卢植，与公孙瓒等为友。

及刘焉发榜招军时，玄德年已二十八岁矣。当日见了榜文，慨然长叹。随后一人厉声言曰："大丈夫不与国家出力，何故长叹？"玄德回视其人，身长八尺，豹头环眼，燕颔虎须，声若巨雷，势如奔马。玄德见他形貌异常，问其姓名。其人曰："某姓张名飞，字翼德。世居涿郡，颇有庄田，卖酒屠猪，专好结交天下豪杰。恰才见公看榜而叹，故此相问。"玄德曰："我本汉室宗亲，姓刘，名备。今闻黄巾倡乱，有志欲破贼安民，恨力不能，故长叹耳。"飞曰："吾颇有资财，当招募乡勇，与公同举大事，如何。"玄德甚喜，遂与同入村店中饮酒。

正饮间，见一大汉，推着一辆车子，到店门首歇了，入店坐下，便唤酒保："快斟酒来吃，我待赶入城去投军。"玄德看其人：身长九尺，髯长二尺；面如重枣，唇若涂脂；丹凤眼，卧蚕眉，相貌堂堂，威风凛凛。玄德就邀他同坐，叩其姓名。其人曰："吾姓关名羽，字长生，后改云长，河东解良人也。因本处势豪倚势凌人，被吾杀了，逃难江湖，五六年矣。今闻此处招军破贼，特来应募。"玄德遂以己志告之，云长大喜。同到张飞庄上，共议大事。飞曰："吾庄后有一桃园，花开正盛；明日当于园中祭告天地，我三人结为兄弟，协力同心，然后可图大事。"玄德、云长齐声应曰："如此甚好。"

次日，于桃园中，备下乌牛白马祭礼等项，三人焚香再拜而说誓曰："念刘备、关羽、张飞，虽然异姓，既结为兄弟，则同心协力，救困扶危；上报国家，下安黎庶。不求同年同月同日生，只愿同年同月同日死。皇天后土，实鉴此心，背义忘恩，天人共戮！"誓毕，拜玄德为兄，关羽次之，张飞为弟。祭罢天地，复宰牛设酒，聚乡中勇士，得三百余人，就桃园中痛饮一醉。来日收拾军器，但恨无马匹可乘。正思虑间，人报有两个客人，引一伙伴当，赶一群马，投庄上来。玄德曰："此天佑我也！"三人出庄迎接。原来二客乃中山大商：一名张世平，一名苏双，每年往北贩马，近因寇发而回。玄德请二人到庄，置酒管待，诉说欲讨贼安民之意。二客大喜，愿将良马五十匹相送；又赠金银五百两，镔铁一千斤，以资器用。

玄德谢别二客，便命良匠打造双股剑。云长造青龙偃月刀，又名"冷艳锯"，重八十二斤。张飞造丈八点钢矛。各置全身铠甲。共聚乡勇五百余人，来见邹靖。邹靖引见太守刘焉。三人参见毕，各通姓名。玄德说起宗派，刘焉大喜，遂认玄德为侄。不数日，人报黄巾贼将程远志统兵五万来犯涿郡。刘焉令邹靖引玄德等三人，统兵五百，前去破敌。玄德等欣然领军前进，直至大兴山下，与贼相见。贼众皆披发，以黄巾抹额。当下两军相对，玄德出马，左有云长，右有翼德，扬鞭大骂："反国逆贼，何不早降！"程远志大怒，遣副将邓茂出战。张飞挺丈八蛇矛直出，手起处，刺中邓茂心窝，翻身落马。程远志见折了邓茂，拍马舞刀，直取张飞。云长舞动大刀，纵马飞迎。程远志见了，早吃一惊，措手不及，被云长刀起处，挥为两段。后人有诗赞二人曰：英雄露颖在今朝，一试矛兮一试刀。初出便将威力展，三分好把姓名标。

选自《三国演义》

风雪山神庙

【明代】施耐庵

　　话说当日林冲正闲走间，忽然背后人叫，回头看时，却认得是酒生儿李小二。当初在东京时，多得林冲看顾。这李小二先前在东京时，不合偷了店主人家财，被捉住了，要送官司问罪，却得林冲主张陪话，救了他免送官司；又与他陪了些钱财，方得脱免。京中安不得身，又亏林冲赍发他盘缠，於路投奔人，不意今日却在这里撞见。林冲道："小二哥，你如何地在这里？"李小二便拜道："自从得恩人救济，赍发小人，一地里投奔人不着，迤逦不想来到沧州，投托一个酒店里姓王，留小人在店中做过卖。因见小人勤谨，安排的好菜蔬，调和的好汁水，来吃的人都喝彩，以此买卖顺当。主人家有个女儿，就招了小人做女婿。如今丈人、丈母都死了，只剩得小人夫妻两个，权在营前开了个茶酒店。因讨钱过来，遇见恩人。恩人不知为何事在这里？"林冲指着脸上道："我因恶了高太尉，生事陷害，受了一场官司，刺配到这里。如今叫我管天王堂，未知久后如何。不想今日到此遇见。"

　　李小二就请林冲到家里面坐定，叫妻子出来拜了恩人。

两口儿欢喜道："我夫妻二人正没个亲眷，今日得恩人到来，便是从天降下。"林冲道："我是罪囚，恐怕玷辱你夫妻两口。"李小二道："谁不知恩人大名？休恁地说。但有衣服，便拿来家里浆洗缝补。"当时管待林冲酒食，至夜送回天王堂。次日又来相请：因此，林冲得店小二家来往，不时间送汤送水来营里，与林冲吃。林冲因见他两口儿恭敬孝顺，常把些银两与他做本银。

且把闲话休题，只说正话。迅速光阴，却早冬来。林冲的绵衣裙袄都是李小二浑家整治缝补。忽一日，李小二正在门前安排菜蔬下饭，只见一个人闪将进来，酒店里坐下，随后又一人闪入来。看时，前面那个人是军官打扮，后面这个走卒模样，跟着也来坐下。李小二入来问道："可要吃酒？"只见那个人将出一两银子与小二道："且收放柜上，取三四瓶好酒来；客到时，果品酒馔只顾将来，不必要问。"李小二道："官人请甚客？"那人道："烦你与我去营里请管营、差拨两个来说话；问时，你只说有个官人请说话，商议些事务，专等，专等。"

李小二应承了，来到牢城里，先请了差拨，同到管营家中请了管营，都到酒店里。只见那个官人和管营、差拨两个讲了礼。管营道："素不相识，动问官人高姓大名？"那人道："有书在此，少刻便知。且取酒来。"李小二连忙开了酒，一面铺下菜蔬果品酒馔，那人叫讨副劝盘来，把了盏，相让坐了。小二独自一个穿梭也似伏侍不暇。那跟来的人讨了汤桶，自行烫酒，约计吃过十数杯，再讨了按酒，铺放桌上。只见那人说道："我自有伴当烫酒，不叫你，休来。我等自要说话。"

李小二应了，自来门首叫老婆道："大姐，这两个人来得不尴尬。"老婆道："怎么的不尴尬？"小二道："这两个人语言声音是东京人。初时又不认得管营，向后我将按酒入去，只听得差拨口里讷出一句'高太尉'三个字来，这人莫不与林教头身上有些干碍？我自在门前理会。你且去阁子背后听说甚么。"老婆道："你去营中寻林教头来认他一认。"李小二道："你不省得。林教头是个性急的人，摸不着便要杀人放火。倘或叫得他来看了，正是前日说的甚么陆虞候，他肯便罢？做出事来，须连累了我和你。你只去听一听再理会。"老婆道："说得是。"便入去听了一个时辰，出来说道："他那三四个交头接耳说话，正不听得说甚么。只见那一个军官模样的人，去伴当怀里取出一帕子物事，递与管营和差拨，帕子里面的，莫不是金银？只见差拨口里说道：'都在我身上，好歹要结果他性命！'"正说之时，阁子里叫"将汤来"。李小二急去里面换汤时，看见管营手里拿着一封书。小二换了汤，添些下饭。又吃了半个时辰，算还了酒钱，管营、差拨先去了。次后那两个低着头也去了。

转背不多时，只见林冲走将入店里来，说道："小二哥，连日好买卖？"李小二慌忙道："恩人请坐，小二却待正要寻恩人，有些要紧话说。"有诗为证：

谋人动念震天门，悄语低言号六军。

岂独隔墙原有耳，满前神鬼尽知闻。

当下林冲问道："甚么要紧的事？"李小二请林冲到里面坐下，说道："却才有个东京来的尴尬人，在我这里请管营、差拨吃了半日酒。差拨口里讷出高太尉三个字来，小人心下疑惑。又着浑家听了一个时辰，他却交头接耳，说话都不听得，临了，只见差拨口里应道：'都在我两个身上，好歹要结果了他！'那两个把一包金银递与管营、差拨；又吃一回酒，各自散了。不知甚么样人，小人心下疑，只怕恩人身上有些妨碍。"林冲道："那人生得什么模样？"李小二道："五短身材，白净面皮，没甚髭须，约有三十余岁。那跟的也不长大，紫棠色面皮。"林冲听了大惊道："这三十岁的正是陆虞候。那泼贱贼，敢来这里害我！休要撞着我，只教骨肉为泥！"李小二道："只要提防他便是了。岂不闻古人言：'吃饭防噎，走路防跌？'"

林冲大怒，离了李小二家。先去街上买把解腕尖刀，带在身上。前街后巷，一地里去寻。李小二夫妻两个捏着两把汗。当晚无事。次日天明起来，洗漱罢，带了刀，又去沧州城里城外，小街夹巷，团团寻了一日。牢城营里都没动静。林冲又来对李小二道："今日又无事。"小二道："恩人，只愿如此。只是自放仔细便了。"林冲自回天王堂，过了一夜，街上寻了三五日，不见消耗，林冲也自心下慢了。

到第六日，只见管营叫唤林冲到点视厅上，说道："你来这里许多时，柴大官人面皮，不曾抬举的你。此间东门外十五里有座大军草场，每月但是纳草纳料的，有些常例钱取觅。原寻一个老军看管，如今我抬举你去替那老军来守天王堂，你在那里寻几贯盘缠。你可和差拨便去那里交割。"林冲应道："小人便去。"当时离了营中，径到李小二家，对他夫妻两个说道："今日管营拨我去大军草料场管事，却如何？"李小二道："这个差使，又好似天王堂。那里收草料时，有些常例钱钞。往常不使钱时，不能够这差使。"林冲道："却不害我，倒与我好差使，正不知何意？"李小二道："恩人休要疑心，只要没事便好了。只是小人家离得远了，过几时挪工夫来望恩人。"就在家里安排几杯酒，请林冲吃了。

话不絮烦，两个相别了。林冲自到天王堂取了包裹，带了尖刀，拿了条花枪，与差拨一同辞管营，两个取路投草料场来。正是严冬天气，彤云密布，朔风渐起，却早纷纷扬扬卷下一天大雪来。那雪早下得密了，但见：

凛凛严凝雾气昏，空中祥瑞降纷纷。须臾四野难分路，顷刻千山不见痕。银世界，玉乾坤，望中隐隐接昆仑。若还下到三更后，仿佛填平玉帝门。

林冲和差拨两个在路上，又没买酒吃处，早来到草料场外。看时，一周遭有些黄土墙，两扇大门。推开看里面时，七八间草屋做着仓廒，四下里都是马草堆，中间两座草厅。到那厅里，只见那老军在里面向火。差拨说道："管营差这个林冲来替你回天王堂看守，你可即便交割。"老军拿了钥匙，引着林冲分付道："仓廒内自有官司封记，这几堆草，一堆堆都有数目。"老军都点见了堆数，又引林冲到草厅上，老军收拾行李，临了说道："火盆、锅子、碗碟都借与你。"林冲道："天王堂内，我也有在那里。你要，便拿了去。"

老军指壁上挂一个大葫芦，说道："你若买酒吃时，只出草场，投东大路去三二里，便有市井。"老军自和差拨回营里来。

只说林冲就床上放了包裹被卧，就坐上生些焰火起来。屋边有一堆柴炭，拿几块来生在地炉里。仰面看那草屋时，四下里崩坏了，又被朔风吹撼，摇振得动。林冲道："这屋如何过得一冬？待雪晴了，去城中唤个泥水匠来修理。"向了一回火，觉得身上寒冷，寻思："却才老军所说二里路外有那市井，何不去沽些酒来吃？"便去包裹里取些碎银子，把花枪挑了酒葫芦，将火炭盖了，取毡笠子戴上，拿了钥匙出来，把草厅门拽上。出到大门首，把两扇草场门反拽上锁了，带了钥匙，信步投东。雪地里踏着碎琼乱玉，迤逦背着北风而行。

那雪正下得紧，行不上半里多路，看见一所古庙，林冲顶礼道："神明庇佑，改日来烧纸钱。"又行了一回，望见一簇人家，林冲住脚看时，见篱笆中挑着一个草帚儿在露天里。林冲径到店里，主人问道："客人那里来？"林冲道："你认得这个葫芦么？"主人看了道："这葫芦是草料场老军的。"林冲道："原来如此。"店主道："既是草料场看守大哥，且请少坐。天气寒冷，且酌三杯，权当接风。"店家切一盘熟牛肉，烫一壶热酒，请林冲吃。又自买了些牛肉，又吃了数杯。就又买了一葫芦酒，包了那两块牛肉，留下些碎银子。把花枪挑着酒葫芦，怀内揣着牛肉，叫声"相扰"，便出篱笆门，仍旧迎着朔风回来。看那雪，到晚越下得紧了。古时有个书生，做了一个词，单题那贫苦的恨雪：

广莫严风刮地，这雪儿下的正好。拈絮挦绵，裁几片大如拷栳。见林间竹屋茅茨，争些儿被他压倒。富室豪家，却言道压瘴犹嫌少。向的是兽炭红炉，穿的是绵衣絮袄。手拈梅花，唱道国家祥瑞，不念贫民些小。高卧有幽人，吟咏多诗草。

再说林冲踏着那瑞雪，迎着北风，飞也似奔到草场门口开了锁，入内看时，只叫得苦。原来天理昭然，佑护善人义士。因这场大雪，救了林冲的性命。那两间草厅已被雪压倒了。林冲寻思："怎地好？"放下花枪、葫芦在雪里。恐怕火盆内有火炭延烧起来，搬开破壁子，探半身入去摸时，火盆内火种都被雪水浸灭了。林冲把手床上摸时，只拽得一条絮被。林冲钻将出来，见天色黑了，寻思："又没把火处，怎生安排？"想起："离了这半里路上，有一古庙，可以安身。我且去那里宿一夜，等到天明，却作理会。"把被卷了，花枪挑着酒葫芦，依旧把门拽上锁了，望那庙里来。

入得庙门，再把门掩上，傍边只有一块大石头，拨将过来靠了门。入得里面看时，殿上塑着一尊金甲山神，两边一个判官，一个小鬼，侧边堆着一堆纸。团团看来，又没邻舍，又无庙主。林冲把枪和酒葫芦放在纸堆上，将那条絮被放开。先取下毡笠子，把身上雪都抖了，把上盖白布衫脱将下来，早有五分湿了，和毡笠放在供桌上。把被扯来，盖了半截下身。却把葫芦冷酒提来慢慢地吃，就将怀中牛肉下酒。正吃时，只听得外面必必剥剥地爆响，林冲跳起身来，就壁缝里看时，只见草料场里火起，刮刮杂杂的烧着。但见：雪欺火势，草助火威。偏愁草上有风，更讶雪中送炭。赤龙斗跃，如何玉甲纷纷；粉蝶争飞，遮莫火莲焰焰。初疑炎帝纵神驹，此方刍牧；又猜南方逐朱雀，遍处营巢。谁知是白地里起灾殃，也须信暗室中开电目。看这火，能教烈士无明发；对这雪，应使奸邪心胆寒。

当时林冲便拿了花枪，却待开门来救火，只听得外面有人说将话来。林冲就伏门边听时，是三个人脚步响，直奔庙里来，用手推门，却被石头靠住了，推也推不开。三人在庙檐下立地看火，数内一个道："这条计好么？"一个应道："端的亏管营、差拨两位用心！回到京师，禀过太尉，都保你二位做大官。这番张教头没的推故。"那人道："林冲今番直吃我们对付了，高衙内这病必然好了。"又一个道："张教头那厮，三回五次托人情去说：'你的女婿没了。'张教头越不肯应承，因此衙内病患看看重了。太尉特使俺两个央浼二位干这件事，不想而今完备了。"又一个道："小人直爬入墙里去，四下草堆上，点了十来个火把，待走那里去？"那一个道："这早晚烧个八分过了。"又听得一个道："便逃得性命时，烧了大军草料场，也得个死罪。"又一个道："我们回城里去罢。"一个道："再看一看，拾得他一两块骨头回京，府里见太尉和衙内时，也道我们也能会干事。"

林冲听得三个人时，一个是差拨，一个是陆虞候，一个是富安。自思道："天可怜见林冲！若不是倒了草厅，我准定被这厮们烧死了。"轻轻把石头掇开，挺着花枪，左手拽开庙门，大喝一声："泼贼那里去？"三个人都急要走时，惊得呆了，正走不动。林冲举手，咔嚓的一枪，先拨倒差拨。陆虞候叫声："饶命！"吓的慌了手脚，走不动。那富安走不到十来步，被林冲赶上，后心只一枪，又搠倒了。翻身回来，陆虞候却才行得三四步，林冲喝声道："好贼，你待那里去！"批胸只一提，丢翻在雪地上，把枪搠在地里，用脚踏住胸脯，身边取出那口刀来，便去陆谦脸上搁着，喝道："泼贼，我自来又和你无甚么冤仇，你如何这等害我？正是'杀人可恕，情理难容。'"陆虞候告道："不干小人事，太尉差遣，不敢不来。"林冲骂道："奸贼，我与你自幼相交，今日倒来害我！怎不干你事？且吃我一刀！"把陆谦上身衣服扯开，把尖刀向心窝里只一剜，七窍迸出血来，将心肝提在手里。回头看时，差拨正爬将起来要走。林冲按住喝道："你这厮原来也恁的歹！且吃我一刀。"又早把头割下来，挑在枪上。回来把富安、陆谦头都割下来，把尖刀插了，将三个人头发结做一处，提入庙里来，都摆在山神面前供桌上，再穿了白布衫，系了搭膊，把毡笠子带上，将葫芦里冷酒都吃尽了。被与葫芦都丢了不要，提了枪便出庙门投东去。走不到三五里，早见近村人家都拿着水桶钩子来救火。林冲道："你们快去救应，我去报官了来。"提着枪只顾走，有诗为证：

天理昭昭不可诬，莫将奸恶作良图。

若非风雪沽村酒，定被焚烧化朽枯。

自谓冥中施计毒，谁知暗里有神扶。

最怜万死逃生地，真是魁奇伟丈夫。

那雪越下的猛，林冲投东走了两个更次，身上单寒，当不过那冷，在雪地里看时，离得草料场远了。只见前面疏林深处，树木交杂，远远地数间草屋，被雪压着，破壁缝里透出火光来。林冲迳投那草屋来，推开门，只见那中间坐着一个老庄客，周围坐着四五个小庄家向火，地炉里面焰焰地烧着柴火。林冲走到面前叫道："众位拜揖，小人是牢城营差使人，被雪打湿了衣裳，借此火烘一烘，望乞方便。"庄客道："你自烘便了，何妨得！"

林冲烘着身上湿衣服，略有些干，只见火炭边煨着一个瓮儿，里面透出酒香。林冲便道："小人身边有些碎银子，望烦回些酒吃。"老庄客道："我们每夜轮流看米囤，如今四更，天气正冷，我们这几个吃，尚且不够，那得回与你！休要指望！"林冲又道："胡乱只回三两碗与小人挡寒。"老庄客道："你那人休缠！休缠"林冲闻得酒香，越要吃，说道："没奈何，回些罢！"众庄客道："好意着你烘衣裳向火，便来要酒吃！去便去，不去时，将来吊在这里。"林冲怒道："这厮们好无道理！"把手中枪看着块焰焰着的火柴头，望老庄家脸上只一挑将起来，又把枪去火炉里只一搅，那老庄家的髭须焰焰的烧着，众庄客都跳将起来。林冲把枪杆乱打，老庄家先走了。庄家们都动弹不得，被林冲赶打一顿，都走了。林冲道："都去了，老爷快活吃酒。"土坑上却有两个椰瓢，取一个下来，倾那瓮酒来，吃了一会，剩了一半。提了枪，出门便走。一步高，一步低，踉踉跄跄，捉脚不住。走不过一里路，被朔风一掉，随着那山涧边倒了，那里挣得起来。大凡醉人一倒，便起不得。当时林冲醉倒在雪地上。

却说众庄客引了二十余人，拖枪拽棒，都奔草屋下看时，不见了林冲。却寻着踪迹赶将来，只见倒在雪地里，花枪丢在一边。庄客一齐上，就地拿起林冲来，将一条索缚了。趁五更时分，把林冲解投一个去处来。不是别处，有分教：蓼儿洼内，前后摆数千只战舰艨艟；水浒寨中，左右列百十个英雄好汉。正是：说时杀气侵人冷，讲处悲风透骨寒。

五庄观行者窃人参

【明代】吴承恩

　　却说唐僧四众在山游玩，忽抬头见那：松篁一簇，楼阁数层。唐僧道："悟空，你看那里是甚么去处？"行者看了道："那所在，不是观宇，定是寺院。我们走动些，到那厢方知端的。"不一时，来于门首观看，见那：松坡冷淡，竹径清幽。往来白鹤送浮云，上下猿猴时献果。那门前池宽树影长，石裂苔花破。宫殿森罗紫极高，楼台缥缈丹霞堕。真个是福地灵区，蓬莱云洞。清虚人事少，寂静道心生。青鸟每传王母信，紫鸾常寄老君经。看不尽那巍巍道德之风，果然漠漠神仙之宅。

　　三藏离鞍下马，见那山门左边有一通碑，碑上有十个大字，乃是"万寿山福地，五庄观洞天"。长老道："徒弟，真个是一座观宇。"沙僧道："师父，观此景鲜明，观里必有好人居住。我们进去看看，若行满东回，此间也是一景。"行者道："说得好。"遂都一齐进去，又见那二门上有一对春联："长生不老神仙府，与天同寿道人家。"行者笑道："这道士说大话唬人。我老孙五百年前大闹天宫时，在那太上老君门首，也不曾见有此话说。"八戒道："且莫管他，

·119·

进去进去，或者这道士有些德行，未可知也。"

及至二层门里，只见那里面急急忙忙，走出两个小童儿来。看他怎生打扮：骨清神爽容颜丽，顶结丫髻短发鬌。道服自然襟绕雾，羽衣偏是袖飘风。环绕紧束龙头结，芒履轻缠蚕口绒。丰采异常非俗辈，正是那清风明月二仙童。

那童子控背躬身，出来迎接道："老师父，失迎，请坐。"长老欢喜，遂与二童子上了正殿观看。原来是向南的五间大殿，都是上明下暗的雕花格子。那仙童推开格子，请唐僧入殿，只见那壁中间挂着五彩装成的"天地"二大字，设一张朱红雕漆的香几，几上有一副黄金炉瓶，炉边有方便整香。

唐僧上前，以左手拈香注炉，三匝礼拜，拜毕回头道："仙童，你五庄观真是西方仙界，何不供养三清、四帝、罗天诸宰，只将天地二字侍奉香火？"童子笑道："不瞒老师说，这两个字，上头的，礼上还当；下边的，还受不得我们的香火。是家师父诌佞出来的。"三藏道："何为诌佞？"童子道："三清是家师的朋友，四帝是家师的故人，九曜是家师的晚辈，元辰是家师的下宾。"那行者闻言，就笑得打跌。八戒道："哥啊，你笑怎的？"行者道："只讲老孙会捣鬼，原来这道童会捆风！"三藏道："令师何在？"童子道："家师元始天尊降简请到上清天弥罗宫听讲混元道果去了，不在家。"行者闻言，忍不住喝了一声道："这个臊道童！人也不认得，你在那个面前捣鬼，扯甚么空心架子！那弥罗宫有谁是太乙天仙？请你这泼牛蹄子去讲甚么！"

三藏见他发怒，恐怕那童子回言，斗起祸来，便道："悟空，且休争竞，我们既进来就出去，显得没了方情。常言道，鹭鸶不吃鹭鸶肉。他师既是不在，搅扰他做甚？你去山门前放马，沙僧看守行李，教八戒解包袱，取些米粮，借他锅灶，做顿饭吃，待临行，送他几文柴钱便罢了。各依执事，让我在此歇息歇息，饭毕就行。"他三人果各依执事而去。

那明月、清风，暗自夸称不尽道："好和尚！真个是西方爱圣临凡，真元不昧。师父命我们接待唐僧，将人参果与他吃，以表故旧之情，又教防着他手下人罗唣。果然那三个嘴脸凶顽，性情粗糙，幸得就把他们调开了。若在边前，却不与他人参果见面。"清风道："兄弟，还不知那和尚可是师父的故人，问他一问看，莫要错了。"二童子又上前道："启问老师可是大唐往西天取经的唐三藏？"长老回礼道："贫僧就是，仙童为何知我贱名？"童子道："我师临行，曾吩咐教弟子远接。不期车驾来促，有失迎迓。老师请坐，待弟子办茶来奉。"三藏道："不敢。"那明月急转本房，取一杯香茶，献与长老。茶毕，清风道："兄弟，不可违了师命，我和你去取果子来。"

二童别了三藏，同到房中，一个拿了金击子，一个拿了丹盘，又多将丝帕垫着盘底，径到人参园内。那清风爬上树去使金击子敲果，明月在树下以丹盘等接。须臾敲下两个果来，接在盘中，径至前殿奉献道："唐师父，我五庄观土僻山荒，无物可奉，土仪素果二枚，权为解渴。"那长老见了，战战兢兢，远离三尺道："善哉，善哉！今岁倒也年丰时稔，怎么这观里作荒吃人？这个是三朝未满的孩童，如何与我解渴？"清风暗道："这和尚在那口舌场中，是非海里，弄得眼肉胎凡，不识我仙家异宝。"明月上前道："老师，此物叫做人参果，吃一个儿不妨。"三藏道："胡说！胡说！他那父母怀胎，不知受了多少苦楚，方生下未及三日，怎么就把他拿来当果子？"清风道："实是树上结的。"长老道："乱谈！乱谈！树上又会结出人来？拿过去，不当人子！"

那两个童儿见千推万阻不吃，只得拿着盘子，转回本房。那果子却也跷蹊，久放不得，若放多时即僵了，不中吃。二人到于房中，一家一个，坐在床边上，只情吃起。

噫！原来有这般事哩！他那道房，与那厨房紧紧的间壁，这边悄悄的言语，那边即便听见。八戒正在厨房里做饭，先前听见说取金击子，拿丹盘，他已在心；又听见他说唐僧不认得是人参果，即拿在房里自吃，口里忍不住流涎道："怎得一个儿尝新！"自家身子又不能彀得动，只等行者来，与他计较。他在那锅门前，更无心烧火，不时的伸头探脑，出来观看。不多时见行者牵将马来，拴在槐树上，径往后走，那呆子用手乱招道："这里来！这里来！"行者转身到厨房门首道："呆子，你嚷甚的？想是饭不彀吃，且让老和尚吃饱，我们前边大人家，再化吃去罢。"八戒道："你进来，不是饭少。这观里有件宝贝，你可晓得？"行者道："甚么宝贝？"八戒笑道："说与你，你不曾见；拿与你，你不认得。"行者道："这呆子笑话我老孙。老孙五百年前，因访仙道时，也曾云游在海角天涯，那般儿不曾见？"八戒道："哥啊，人参果你曾见么？"行者惊道："这个真不曾见。但只常闻得人说，人参果乃是草还丹，人吃了极能延寿。如今那里有得？"八戒道："他这里有。那童子拿两个与师父吃，那老和尚不认得，道是三朝未满的孩儿，不曾敢吃。那童子老大悭懒，师父既不吃，便该让我们，他就瞒着我们，才自在这隔壁房里，一家一个，咽啅咽啅的吃了出去，就急得我口里水泱。怎么得一个儿尝新？我想你有些溜撒，去他那园子里偷几个来尝尝，如何？"行者道："这个容易，老孙去手到擒来。"急抽身，前就走，八戒一把扯住道："哥啊，我听得他在这房里说，要拿甚么金击子去打哩。须是干得停当，不可走露风声。"行者道："我晓得，我晓得。"

那大圣使一个隐身法闪进道房看时，原来那两个道童吃了果子，上殿与唐僧说话，不在房里。行者四下里观看，看有甚么金击子，但只见窗棂上挂着一条赤金，有二尺长短，有指头粗细；底下是一个蒜疙疸的头子；上边有眼，系着一根绿绒绳儿。他道："想必就是此物叫做金击子。"他却取下来，出了道房，径入后边去，推开两扇门，抬头观看，呀！却是一座花园！但见：朱栏宝槛，曲砌峰山。奇花与丽日争妍，翠竹共青天斗碧。流杯亭外，一弯绿柳似拖烟；赏月台前，数簇乔松如泼靛。红拂拂，锦巢榴；绿依依，绣墩草。青茸茸，碧砂兰；攸荡荡，临溪水。丹桂映金井梧桐，锦槐傍朱栏玉砌。有或红或白千叶桃，有或香或黄九秋菊。荼蘼架，映着牡丹亭；木槿台，相连芍药圃。看不尽傲霜君子竹，欺雪大夫松。更有那鹤庄鹿宅，方沼圆池；泉流碎玉，地萼堆金。朔风触绽梅花白，春来点破海棠红。诚所谓人间第一仙景，西方魁首花丛。

那行者观看不尽，又见一层门，推开看处，却是一座菜园：

布种四时蔬菜，菠芹莙荙姜苔。笋薯瓜瓠茭白，葱蒜芫荽韭薤。窝蕖童蒿苦荬，葫芦茄子须栽。蔓菁萝卜羊头埋，红苋青菘紫芥。

行者笑道："他也是个自种自吃的道士。"

走过菜园，又见一层门。推开看处，呀！只见那正中间有根大树，真个是青枝馥郁，绿叶阴森，那叶儿却似芭蕉模样，直上去有千尺余高，根下有七八丈围圆。那行者倚在树下往上一看，只见向南的枝上，露出一个人参果，真个像孩儿一般。原来尾间上是个挖蒂，看他丁在枝头，手脚乱动，点头幌脑，风过处似乎有声。行者欢喜不尽，暗自夸称道："好东西呀！果然罕见，果然罕见！"他倚着树，飕的一声，撺将上去。那猴子原来第一会爬树偷果子。他把金击子敲了一下，那果子扑的落将下来。他也随跳下来跟寻，寂然不见，四下里草中找寻，更无踪影。行者道："跷蹊，跷蹊！想是有脚的会走，就走也跳不出墙去。我知道了，想是花园中土地不许老孙偷他果子，他收了去也。"他就捻着诀，念一口"唵"字咒，拘得那花园土地前来，对行者施礼道："大圣，呼唤小神，有何吩咐？"行者道："你不知老孙是盖天下有名的贼头。我当年偷蟠桃、盗御酒、窃灵丹，也不曾有人敢与我分用，怎么今日偷他一个果子，你就抽了我的头分去了！这果子是树上结的，空中过鸟也该有分，老孙就吃他一个，有何大害？怎么刚打下来，你就捞了去？"土地道："大圣，错怪了小神也。这宝贝乃是地仙之物，小神是个鬼仙，怎么敢拿去？就是闻也无福闻闻。"行者道："你既不曾拿去，如何打下来就不见了？"土地道："大圣只知这宝贝延寿，更不知他的出处哩。"行者道："有甚出处？"土地道："这宝贝三千年一开花，三千年一结果，再三千年方得成熟。短头一万年，只结得三十个。有缘的闻一闻，就活三百六十岁；吃一个，就活四万七千年。却是只与五行相畏。"行者道："怎么与五行相畏？"土地道："这果子遇金而落，遇木而枯，遇水而化，遇火而焦，遇土而入。敲时必用金器，方得下来。打下来，却将盘儿用丝帕衬垫方可。若受些木器就枯了，就吃也不得延寿。吃他须用磁器，清水化开食用，遇火即焦而无用。遇土而入者，大圣方才打落地上，他即钻下土去了。这个土有四万七千年，就是钢钻钻他也钻不动些须，比生铁也还硬三四分，人若吃了，所以长生。大圣不信时，可把这地下打打儿看。"行者即掣金箍棒筑了一下，响一声迸起棒来，土上更无痕迹。行者道："果然，果然！我这棍打石头如粉碎，撞生铁也有痕，怎么这一下打不伤些儿？这等说，我却错怪了你了，你回去罢。"那土地即回本庙去讫。

大圣却有算计，爬上树，一只手使击子，一只手将锦布直裰的襟儿扯起来，做个兜子等住，他却串枝分叶，敲了三个果兜在襟中，跳下树，一直前来，径到厨房里去。那八戒笑道："哥哥，可有么？"行者道："这不是？老孙的手到擒来。这个果子，也莫背了沙僧，可叫他一声。"八戒即招手叫道："悟净，你来。"那沙僧撇下行李，跑进厨房道："哥哥叫我怎的？"行者放开衣兜道："兄弟，你看这个是甚的东西？"沙僧见了道："是人参果。"行者道："好啊！你倒认得，你曾在那里吃过的？"

沙僧道："小弟虽不曾吃，但旧时做卷帘大将，扶侍鸾舆赴蟠桃宴，尝见海外诸仙将此果与王母上寿。见便曾见，却未曾吃。哥哥，可与我些儿尝尝？"行者道："不消讲，兄弟们一家一个。"

他三人将三个果各各受用。那八戒食肠大，口又大，一则是听见童子吃时，便觉馋虫拱动，却才见了果子，拿过来，张开口毂辘的囫囵吞咽下肚，却白着眼胡赖，向行者、沙僧道："你两个吃的是甚么？"沙僧道："人参果。"八戒道："甚么味道？"行者道："悟净，不要睬他！你倒先吃了，又来问谁？"八戒道："哥哥，吃的忙了些，不像你们细嚼细咽，尝出些滋味。我也不知有核无核，就吞下去了。哥啊，为人为彻。已经调动我这馋虫，再去弄个儿来，老猪细细的吃吃。"行者道："兄弟，你好不知止足这个东西，比不得那米食面食，撞着尽饱。像这一万年只结得三十个，我们吃他这一个，也是大有缘法，不等小可。罢，罢，罢！彀了！"他欠起身来，把一个金击子，瞒窗眼儿丢进他道房里，竟不睬他。

那呆子只管絮絮叨叨的唧哝，不期那两个道童复进房来取茶去献，只听得八戒嚷甚么"人参果吃得不快活，再得一个儿吃吃才好。"清风听见心疑道："明月，你听那长嘴和尚讲人参果还要个吃吃。师父别时叮咛，教防他手下人罗唣，莫敢是他偷了我们宝贝么？"明月回头道："哥耶，不好了！不好了！金击子如何落在地下？我们去园里看看来！"

他两个急急忙忙的走去，只见花园开了，清风道："这门是我关的，如何开了？"又急转过花园，只见菜园门也开了。忙人人参园里，倚在树下，望上查数；颠倒来往，只得二十二个。明月道："你可会算帐？"清风道："我会，你说将来。"明月道："果子原是三十个。师父开园，分吃了两个，还有二十八个；适才打两个与唐僧吃，还有二十六个；如今止剩得二十二个，却不少了四个？不消讲，不消讲，定是那伙恶人偷了，我们只骂唐僧去来。"

两个出了园门，径来殿上，指着唐僧，秃前秃后，秽语污言不绝口的乱骂；贼头鼠脑，臭短臊长，没好气的胡嚷。唐僧听不过道："仙童啊，你闹的是甚么？消停些儿，有话慢说不妨，不要胡说散道的。"清风说："你的耳聋？我是蛮话，你不省得？你偷吃了人参果，怎么不容我说。"唐僧道："人参果怎么模样？"明月道："才拿来与你吃，你说像孩童的不是？"唐僧道："阿弥陀佛！那东西一见，我就心惊胆战，还敢偷他吃哩！就是害了馋痞，也不敢干这贼事。不要错怪了人。"清风道："你虽不曾吃，还有手下人要偷吃的哩。"三藏道："这等也说得是，你且莫嚷，等我问他们看。果若是偷了，教他赔你。"明月道："赔呀！就有钱那里去买？"三藏道："纵有钱没处买呵，常言道，仁义值千金。教他陪你个礼，便罢了。也还不知是他不是他哩。"明月道："怎的不是他？他那里分不均，还在那里嚷哩。"三藏叫声："徒弟，且都来。"沙僧听见道："不好了，决撒了！老师父叫我们，小道童胡厮骂，不是旧话儿走了风，却是甚的？"行者道："活羞杀人，这个不过是饮食之类。若说出来，就是我们偷嘴了，只是莫认。"八戒道："正是，正是，昧了罢。"他三人只得出了厨房，走上殿去。

选自《西游记》

保尔的故事

【苏联】奥斯特洛夫斯基

保尔在食堂里辛辛苦苦地干了两年。这两年里，他看到的只有厨房和洗刷间。在地下室的大厨房里，工作异常繁忙，干活的有二十多个人。十个堂倌从餐室到厨房穿梭般地来回奔忙着。

保尔的工钱从八个卢布长到十个卢布。两年来他长高了，身体也结实了。这期间，他经受了许多苦难。在厨房打下手，烟熏火燎地干了半年。那个有权势的厨子头不喜欢这个犟孩子，常常给他几个耳光。他生怕保尔突然捅他一刀，所以干脆把他撵回了洗刷间。要不是因为保尔干起活来有用不完的力气，他们早就把他赶走了。保尔干的活比谁都多，从来不知道疲劳。

在食堂最忙的时候，他脚不沾地地跑来跑去，一会儿端着托盘，一步跨四五级楼梯，下到厨房去，一会儿又从厨房跑上来。

每天夜里，当食堂的两个餐室消停下来的时候，堂倌们就聚在下面厨房的储藏室里大赌特赌，打起"二十一点"和

"九点"来。保尔不止一次看见赌台上堆着一沓沓钞票。

他们有这么多钱，保尔并不感到惊讶。他知道，他们每个人当一天一宿班，能捞到三四十个卢布的外快，收一次小费就是一个卢布、半个卢布的。有了钱就大喝大赌。保尔非常憎恶他们。

"这帮该死的混蛋！"他心里想。"像阿尔焦姆这样的头等钳工，一个月才挣四十八个卢布，我才挣十个卢布；可是他们一天一宿就捞这么多钱，凭什么？也就是把菜端上去，把空盘子撤下来。有了钱就喝尽赌光。"

保尔认为，他们跟那些老板是一路货，都是他的冤家对头。"这帮下流坯，别看他们在这儿低三下四地伺候人，他们的老婆孩子在城里却像有钱人一样摆阔气。"

他们常常把穿着中学生制服的儿子带来，有时也把养得滚圆的老婆领来。"他们的钱大概比他们伺候的老爷还要多。"

保尔这样想。他对夜间在厨房的角落里和食堂的仓库里发生的事情也不大惊小怪。

保尔清楚地知道，任何一个洗家什女工和女招待，要是不肯以几个卢布的代价把自己的肉体出卖给食堂里每个有权有势的人，她们在这里是干不长远的。

保尔向生活的深处，向生活的底层看去，他追求一切新事物，渴望打开一个新天地，可是朝他扑面而来的，却是霉烂的臭味和泥沼的潮气。

阿尔焦姆想把弟弟安置到机车库去当学徒，但是没有成功，因为那里不收未满十五岁的少年。保尔期待着有朝一日能摆脱这个地方，机车库那座熏黑了的大石头房子吸引着他。

他时常到阿尔焦姆那里去，跟着他检查车辆，尽力帮他干点活。

弗罗霞离开食堂以后，保尔就更加感到烦闷了。

这个爱笑的、快乐的姑娘已经不在这里了，保尔这才更深地体会到，他们之间的友谊是多么深厚。现在呢，早晨一走进洗刷间，听到从难民中招来的女工们的争吵叫骂，他就会产生一种空虚和孤独的感觉。

夜间休息的时候，保尔蹲在打开的炉门前，往炉膛里添劈柴；他眯起眼睛，瞧着炉膛里的火。炉火烤得他暖烘烘的，挺舒服。洗刷间就剩他一个人了。他的思绪不知不觉地回到不久以前发生的事情上来，他想起了弗罗霞。那时的情景又清晰地浮现在眼前。

那是一个星期六。夜间休息的时候，保尔顺着楼梯下厨房去。在转弯的地方，他好奇地爬上柴堆，想看一看储藏室，因为人们通常聚在那里赌钱。

那里赌得正起劲，扎利瓦诺夫坐庄，他兴奋得满脸通红。

楼梯上传来了脚步声。保尔回过头，看见堂倌普罗霍尔从上边走下来。保尔连忙躲到楼梯下面，等他走过去。楼梯下面黑洞洞的，普罗霍尔看不见他。

普罗霍尔转了个弯，朝下面走去，保尔看见了他的宽肩膀和大脑袋。

正在这时候，又有人从上面轻轻地快步跑下来，保尔听到了一个熟悉的声音："普罗霍尔，你等一下。"

普罗霍尔站住了，掉头朝上面看了一眼。

"什么事？"他咕哝了一句。

有人顺着楼梯走了下来，保尔认出是弗罗霞。

她拉住堂倌的袖子，压低声音，结结巴巴地说："普罗霍尔，中尉给你的钱呢？"

普罗霍尔猛然挣脱胳膊，恶狠狠地说："什么？钱？难道我没给你吗？"

"可是人家给你的是三百个卢布啊。"弗罗霞抑制不住自己，几乎要放声大哭了。

"你说什么，三百个卢布？"普罗霍尔挖苦她说。"怎么，你想都要？好小姐，一个洗家什的女人，值那么多钱吗？照我看，给你五十个卢布就不少了。你想想，你有多走运吧！就是那些年轻太太，比你干净得多，又有文化，还拿不到这么多钱呢。陪着睡一夜，就挣五十个卢布，你得谢天谢地。哪儿有那么多傻瓜。行了，我再给你添一二十个卢布就算了事。只要你放聪明点，往后挣钱的机会有的是，我给你拉主顾。"

普罗霍尔说完最后一句话，转身到厨房去了。

"你这个流氓，坏蛋！"弗罗霞追着他骂了两句，接着便靠在柴堆上呜呜地哭起来。

保尔站在楼梯下面的暗处，听了这场谈话，又看到弗罗霞浑身颤抖，把头往柴堆上撞，他心头的滋味真是不可名状。

保尔没有露面，没有做声，只是猛然一把死死抓住楼梯的铁栏杆，脑子里轰的一声掠过一个清晰而明确的想法："连她也给出卖了，这帮该死的家伙。唉，弗罗霞，弗罗霞……"

保尔心里对普罗霍尔的仇恨更深更强了，他憎恶和仇视周围的一切。"唉，我要是个大力士，一定揍死这个无赖！我怎么不像阿尔焦姆那样大、那样壮呢？"

炉膛里的火时起时落，火苗抖动着，聚在一起，卷成了一条长长的蓝色火舌；保尔觉得，好像有一个人在讥笑他，嘲弄他，朝他吐舌头。

屋子里静悄悄的，只有炉子里不时发出的哔剥声和水龙头均匀的滴水声。

克利姆卡把最后一只擦得锃亮的平底锅放到架子上之后，擦着手。厨房里已经没有别人了。值班的厨师和打下手的女工们都在更衣室里睡了。夜里，厨房可以安静三个小时。

这个时候，克利姆卡总是跑上来跟保尔一起消磨时间。厨房里的这个小徒弟跟黑眼睛的小烧水工很要好。克利姆卡一上来，就看见保尔蹲在打开的炉门前面。保尔也在墙上看到了那个熟悉的头发蓬松的人影，他头也不回地说："坐下吧，克利姆卡。"

厨房的小徒弟爬上劈柴堆，躺了下来。他看了看坐在那里闷声不响的保尔，笑着说："你怎么啦？对火作法吗？"

保尔好不容易才把目光从火苗上移开。现在这一对闪亮的大眼睛直勾勾地望着克利姆卡。克利姆卡从他的眼神里看见了一种无言的悲哀。他还是第一次看到伙伴这种忧郁的神情。

"保尔，今天你有点古怪……"他沉默了一会儿，又问保尔："你碰到什么事了？"

保尔站起来，坐到克利姆卡身旁。

"没什么，"他闷声闷气地回答。"我在这儿呆着很不痛快。"他把放在膝上的两只手攥成了拳头。

"你今天是怎么了？"克利姆卡用胳膊支起身子，接着问。

"你问我今天怎么了？我从到这儿来干活的那天起，就一直不怎么的。你看看，这儿是个什么地方！咱们像骆驼一样干活，可得到的报答呢，是谁高兴谁就赏你几个嘴巴子，连一个护着你的人都没有。老板雇咱们，是要咱们给他干活，可是随便哪一个都有权揍你，只要他有劲。就算你有分身法，也不能一下子把人人都伺候到。一个伺候不到，就得挨揍。你就是拼命干，该做的都做得好好的，谁也挑不出毛病，你就是哪儿叫哪儿到，忙得脚打后脑勺，也总有伺候不到的时候，那又是一顿耳刮子……"

克利姆卡吃了一惊，赶紧打断他的话头："你别这么大声嚷嚷，说不定有人过来，会听见的。"

保尔抽身站了起来。

"听见就听见，反正我是要离开这儿的。到铁路上扫雪也比在这儿强，这儿是什么地方……是地狱，这帮家伙除了骗子还是骗子。他们都有的是钱，咱们在他们眼里不过是畜生。对姑娘们，他们想怎么干就怎么干。要是哪个长得漂亮一点，又不肯服服帖帖，马上就会给赶出去。她们能躲到哪儿去？她们都是些难民，吃没吃的，住没住的。她们总得填饱肚子，这儿好歹有口饭吃。为了不挨饿，只好任人家摆布。"

保尔讲起这些事情，是那样愤愤不平，克利姆卡真担心别人会听到他们的谈话，急忙站起来把通向厨房的门关好，可是保尔还是只管倾吐他那满腔的积愤。

"拿你来说吧，克利姆卡，人家打你，你总是不吭声。你为什么不吭声呢？"

保尔坐到桌旁的凳子上，疲倦地用手托着头。克利姆卡往炉子里添了些劈柴，也在桌旁坐下。

"今天咱们还读不读书啦？"他问保尔。

"没书读了，"保尔回答，"书亭没开门。"

"怎么，难道书亭今天休息？"克利姆卡惊讶地问。

"卖书的给宪兵抓走了，还搜走了一些什么东西。"保尔回答。

"为什么抓他？"

"听说是因为搞政治。"

克利姆卡莫名其妙地瞧了保尔一眼。

"政治是什么呀？"

保尔耸了耸肩膀，说："鬼才知道！听说，谁要是反对沙皇，这就叫政治。"

克利姆卡吓得打了个冷战。

"难道还有这样的人？"

"不知道。"保尔回答。

洗刷间的门开了，睡眼惺忪的格拉莎走了进来。

"你们怎么不睡觉呢，孩子们？趁火车没来，还可以睡上一个钟头。去睡吧，保尔，我替你看一会儿水锅。"

保尔没有想到，他这样快就离开了食堂，离开的原因也完全出乎他的意外。

这是一月的一个严寒的日子，保尔干完自己的一班，准备回家了，但是接班的人没有来。保尔到老板娘那里去，说他要回家，老板娘却不放他走。他虽然已经很累，还是不得不留下来，连班再干一天一宿。到了夜里，他已经筋疲力尽了。大家都休息的时候，他还要把几口锅灌满水，赶在三点钟的火车进站以前烧开。

保尔拧开水龙头，可是没有水，看来是水塔没有放水。他让水龙头开着，自己倒在柴堆上歇一会儿，不想实在支持不住，一下就睡着了。

过了几分钟，水龙头咕嘟咕嘟地响了起来，水流进水槽，不一会儿就漫了出来，顺着瓷砖滴到洗刷间的地板上。洗刷间里跟往常一样，一个人也没有。水越来越多，漫过地板，从门底下流进了餐室。

一股股水流悄悄地流到熟睡的旅客们的行李下面，谁也没有发觉。直到水浸醒了一个躺在地板上的旅客，他一下跳起来，大喊大叫，其他旅客才慌忙去抢自己的行李。食堂里顿时乱作一团。

水还是流个不停，越流越多。

正在另一个餐室里收拾桌子的普罗霍尔听到旅客的喊叫声，急忙跑过来。他跳过积水，冲到门旁，用力把门打开，原来被门挡住的水一下子全涌进了餐室。

喊叫声更大了。几个当班的堂倌一齐跑进了洗刷间。普罗霍尔径直朝酣睡的保尔扑过去。

拳头像雨点一样落在保尔头上。他简直疼糊涂了。

保尔刚被打醒，什么也不明白。眼睛里直冒金星，浑身火辣辣地疼。

他周身是伤，一步一步地勉强挪到了家。

早晨，阿尔焦姆阴沉着脸，皱着眉头，叫保尔把事情的经过告诉他。

保尔从头到尾讲了一遍。

"谁打的？"阿尔焦姆瓮声瓮气地问弟弟。

"普罗霍尔。"

"好，你躺着吧。"

阿尔焦姆穿上他的羊皮袄，一句话也没有说，走出了家门。

"我找堂倌普罗霍尔，行吗？"一个陌生的工人问格拉莎。

"请等一下，他马上就来。"她回答。

这个身材魁梧的人靠在门框上。

"好，我等一下。"

普罗霍尔端着一大摞盘子，一脚踢开门，走进了洗刷间。

"他就是普罗霍尔。"格拉莎指着他说。

阿尔焦姆朝前迈了一步，一只有力的手使劲按住堂倌的肩膀，两道目光紧紧逼住他，问："你凭什么打我弟弟保尔？"

普罗霍尔想挣开肩膀，但是阿尔焦姆已经狠狠一拳，把他打翻在地；他想爬起来，紧接着又是一拳，比头一拳更厉害，把他钉在地板上，他再也起不来了。

女工们都吓呆了，急忙躲到一边去。

阿尔焦姆转身走了出去。

普罗霍尔满脸是血，在地上挣扎着。

这天晚上，阿尔焦姆没有从机车库回家。

母亲打听到，阿尔焦姆被关进了宪兵队。

六天以后，阿尔焦姆才回到家里。那是在晚上，母亲已经睡了，保尔还在床上坐着。

阿尔焦姆走到他跟前，深情地问："怎么样，弟弟，好点了吗？"他在弟弟身旁坐了下来。

"比这更倒霉的事也有的是。"沉默了一会儿，又接着说："没关系，你到发电厂去干活吧。我已经替你讲过了，你可以在那儿学门手艺。"

保尔双手紧紧地握住了阿尔焦姆的大手。

选自《钢铁是怎样炼成的》

失踪的中卫

【英国】柯南·道尔

在贝克街我们常常收到一些内容离奇的电报，这本来是不值一提的。可是，七八年前，在二月一个阴沉沉的早晨收到的那封，却使我印象很深，并且使得歇洛克·福尔摩斯先生也迷惑了足有一刻钟之久。电报是拍给他的，电文如下：

请等候我。万分不幸。右中卫失踪。明日需要。

欧沃顿

福尔摩斯看了又看，说："河滨的邮戳，十点三十六分发的。显然欧沃顿先生拍电报时心情很激动，所以电报才语无伦次。我断定等我读完《泰晤士报》，他一定会赶到这里，那时我们就能知道一切了。"在那段时间里我们工作不很忙，因此，就是最无关紧要的问题，也同样是受欢迎的。

经验告诉我，无所事事的生活是很可怕的，因为我的朋友头脑过于活跃，如果没有什么事情让他思考，那就很危险。经过我的努力，他停止服用刺激剂，已经有好几年了，因为这种药物曾经一度妨碍他从事他的富有意义的事业。现在，一般情况下福尔摩斯不需要再服用这种人造的刺激剂了。但是，我很明白，他的病症并没有消除，只是潜伏下来了，并且潜伏得很深，当事情少的时候，还会复发。在那种情况下，我看到过福尔摩斯两眼深陷，面容阴郁，看上去令人莫测高深。所以，不管欧沃顿是什么人，他既然带来了不解之谜，我就要感谢他，因为风平浪静要比狂风暴雨更使我的朋友感到痛苦。

正如我们所料，发报人紧随电报亲自登门了。他的名片上印着：剑桥，三一学院，西锐利·欧沃顿。走进来的是一位身材魁梧的年轻人，足有十六石重，他宽阔的身体把屋门都堵住了，他的相貌英俊，但是面容憔悴，无神的眼睛缓缓地打量着我们。"哪位是歇洛克·福尔摩斯先生？"我的朋友点了点头。

"福尔摩斯先生，我去过苏格兰场，见到了侦探霍普金。他建议我来找您。他说，在他看来，我这个案件由您解决更适当一些，不必找官方侦探。"

"请坐，把您的问题告诉我们吧！"

"福尔摩斯先生，事情真糟，糟糕极了！我的头发都快急白了。高夫利·斯道顿——您听说过这个名字吧？他是全队的灵魂。我宁愿在中卫线上只有斯道顿，不要另外那两个。不论是传球、运球、还是抢球，没人能够赶得上他。他是核心，可以把我们全队带动起来。我怎么办呢？福尔摩斯先生，我来请教您该怎么办。当然有莫尔豪斯替补，他是踢前卫的，但是他总是喜欢挤进去争球，而不是守在边线上。他定位球踢得很好，但是他不会判断情况，而且不善于拼抢，牛津的两员宿将，莫尔顿或约翰逊，可能会死死地缠住他。斯蒂文逊跑得很快，但是他不会在二十五码远的地方踢落地球。而一个中卫既不会踢落地球，又不能踢空球，根本就不配参加比赛。福尔摩斯先生，您若是不帮助我们找到高夫利·斯道顿，我准输了。"

我的朋友神情专注，津津有味地听着。这位客人急切地诉说着，他强壮的手臂不时地拍着自己的膝盖，力求使每句话都得到别人充分的理解。客人的话刚一停下来，福尔摩斯便取出有"S"字母的那一卷资料。从这一卷内容丰富的资料中他没有查到什么。

他说："有阿瑟·H·斯道顿，一个发了财的年轻的伪造纸币者。有亨利·斯道顿，我协助警察把这个人绞死了。可是高夫利·斯道顿这个名字我以前却没有听说过。"

我们的客人露出了惊讶的样子。

他说："福尔摩斯先生，我以为您什么都知道。如果您没有听说过高夫利·斯道顿，您也就不会知道西锐利·欧沃顿了。"

福尔摩斯微笑地摇了摇头。

这位运动员说："大侦探先生！在英格兰和威尔士的比赛中，我的球队是英格兰的第一队。我是大学生队的领队，不过，你不知道也没有什么关系！我想在英国每个人都知道高夫利·斯道顿。他是最好的中卫，剑桥队、布莱克希斯队和国家队都请他打中卫，而且国家队请了他五次。福尔摩斯先生，您原来住在英国吗？"

福尔摩斯对这位天真的巨人笑了一笑。

"欧沃顿先生，你的生活范围和我的不一样，你生活在一个更愉快更健康的范围里。我和社会上的各界人士几乎全有接触，可就是和体育界人士没有来往，而业余体育运动是英国最有意义、最有益于健康的事业。您这次意外的光临说明，就是在最讲究规则的户外运动方面，我也有事可做。那么，请你坐下来，慢慢地安静地确切地告诉我们出了什么事以及你要我怎样帮助你。"

欧沃顿的脸上露出了不耐烦的样子，那种样子正像惯于使用体力而不用脑力的人所常有的那样。他开始给我们一点一点地讲述这个奇怪的故事，他的叙述中有许多重复和模糊之处，我便把它们删去了。

"福尔摩斯先生，事情是这样的。我已经和您说过，我是剑桥大学橄榄球队的领队，高夫利·斯道顿是最好的队员。明天我们和牛津大学比赛。昨天我们来到这里，住在班特莱旅馆。晚上十点钟，我去看了看，所有的队员全休息了，因为我相信严格的训练和充足的睡眠可以保持这个队的良好竞技状态。我看见斯道顿脸色发白，似乎心情很不安。我问他是怎么回事，他说没有什么，不过有点头疼。我向他道了晚安便走了。半小时后，旅馆服务员对我说有一个长着满脸胡须、衣着简陋的人拿着一封信要找高夫利。高夫利已经上床睡了，所以服务员把信送到他屋子里。谁知他读过信，一下子就瘫倒在椅子上，好像是被谁用斧子砍了似的。服务员很惊讶，要去找我，高夫利阻止了服务员，喝了一点水又振作起来。然后他走下楼，和在大门里等候的人说了几句话，两个人便一起走出去了。服务员看到的最后情景是他们二人在大街上朝着河滩跑去。今天早上高夫利的房间是空的，没有人睡过，他的东西一点未动，还是像我昨天晚上看到的那样。那个陌生人来找他，他立刻随那人走了，再也没有音信，我想他不会回来了。高夫利是个真正的运动员，他打心眼里喜欢运动，要不是受到什么沉重的打击，他决不会退出比赛，决不会骗其他的领队。我觉得他是永远回不来了，我们不会再见到他了。"

选自《福尔摩斯探案集》

第六季 戏剧人生

学问之趣味

梁启超

　　我是个主张趣味主义的人：倘若用化学化分"梁启超"这件东西，把里头所含一种原素名叫"趣味"的抽出来，只怕所剩下仅有个 0 了。我以为：凡人必常常生活于趣味之中，生活才有价值。若哭丧着脸挨过几十年，那么，生命便成沙漠，要来何用？中国人见面最喜欢用的一句话："近来作何消遣？"这句话我听着便讨厌。话里的意思，好像生活得不耐烦了，几十年日子没有法子过，勉强找些事情来消他遣他。一个人若生活于这种状态之下，我劝他不如早日投海！我觉得天下万事万物都有趣味，我只嫌二十四点钟不能扩充到四十八点，不彀我享用。我一年到头不肯歇息，问我忙什么？忙的是我的趣味。我以为这便是人生最合理的生活，我常常想运动别人也学我这样生活。

　　凡属趣味，我一概都承认他是好的，但怎么样才算"趣味"，不能不下一个注脚。我说："凡一件事做下去不会生出和趣味相反的结果的，这件事便可以为趣味的主体。"赌钱趣味吗？输了怎么样？吃酒趣味吗？病了怎么样？做官趣味吗？没有官做的时候怎么样？……诸如此类，虽然在短时间内像有趣味，结果会闹到俗语说的"没趣一齐来"，所以我们不能承认他是趣味。凡趣味的性质，总要以趣味始以趣味终。所以能为趣味之主体者，莫如下列的几项：一、劳作；二、游戏；三、艺术；四、学问。诸君听我这段话，切勿误会以为：我用道德观念来选择趣味。我不问德不德，只问趣不趣。我并不是因为赌钱不道德才排斥赌钱，因为赌钱的本质会闹到没趣，闹到没趣便破坏了我的趣味主义，所以排斥赌钱；我并不是因为学问是道德才提倡学问，因为学问的本质能彀以趣味始以趣味终，最合于我的趣味主义条件，所以提倡学问。

学问的趣味，是怎么一回事呢？这句话我不能回答。凡趣味总要自己领略，自己未曾领略得到时，旁人没有法子告诉你。佛典说的："如人饮水，冷暖自知。"你问我这水怎样的冷，我便把所有形容词说尽，也形容不出给你听，除非你亲自嗑一口。我这题目——学问之趣味，并不是要说学问如何如何的有趣味，只要如何如何便会尝得着学问的趣味。

诸君要尝学问的趣味吗？据我所经历过的有下列几条路应走：

第一，"无所为"（"为"读去声）：趣味主义最重要的条件是"无所为而为"。凡有所为而为的事，都是以别一件事为目的而以这件事为手段；为达目的起见勉强用手段，目的达到时，手段便抛却。例如学生为毕业证书而做学问，著作家为版权而做学问，这种做法，便是以学问为手段，便是有所为。有所为虽然有时也可以为引起趣味的一种方面，但到趣味真发生时，必定要和"所为者"脱离关系。你问我"为什么做学问"？我便答道："不为什么"。再问，我便答道："为学问而学问"；或者答道："为我的趣味"。诸君切勿以为我这些话故弄虚机；人类合理的生活本来如此。小孩子为什么游戏？为游戏而游戏；人为什么生活？为生活而生活。为游戏而游戏，游戏便有趣；为体操分数而游戏，游戏便无趣。

第二，不息："鸦片烟怎样会上瘾？""天天吃。""上瘾"这两个字，和"天天"这两个字是离不开的。凡人类的本能，只要那部分阁久了不用，他便会麻木会生锈。十年不跑路，两条腿一定会废了；每天跑一点钟，跑上几个月，一天不得跑时，腿便发痒。人类为理性的动物，"学问欲"原是固有本能之一种；只怕你出了学校便和学问告辞，把所有经管学问的器官一齐打落冷宫，把学问的胃弄坏了，便山珍海错摆在面前也不愿意动筷子。诸君啊！诸君倘若现在从事教育事业或将来想从事教育事业，自然没有问题，很多机会来培养你学问胃口。若是做别的职业呢？我劝你每日除本业正当劳作之外，最少总要腾出一点钟，研究你所嗜好的学问。一点钟那里不消耗了？千万别要错过，闹成"学问胃弱"的证候，白白自己剥夺了一种人类应享之特权啊！

第三，深入的研究：趣味总是慢慢的来，越引越多；像倒吃甘蔗，越往下才越得好处。假如你虽然每天定有一点钟做学问，但不过拿来消遣消遣，不带有研究精神，趣味便引不起来。或者今天研究这样明天研究那样，趣味还是引不起来。趣味总是藏在深处，你想得着，便要入去。这个门穿一穿，那个窗户张一张，再不会看见"宗庙之美，百官之富"，如何能有趣味？我方才说："研究你所嗜好的学问"，嗜好两个字很要紧。一个人受过相当的教育之后，无论如何，总有一两门学问和自己脾胃相合，而已经懂得大概可以作加工研究之预备的。请你就选定一门作为终身正业（指从事学者生活的人说）或作为本业劳作以外的副业。（指从事其他职业的人说）不怕范围窄，越窄越便于聚精神；不怕问题难，越难越便于鼓勇气。你只要肯一层一层的往里面追，我保你一定被他引到"欲罢不能"的地步。

第四，找朋友：趣味比方电，越摩擦越出。前两段所说，是靠我本身和学问本身相摩擦；但仍恐怕我本身有时会停摆，发电力便弱了。所以常常要仰赖别人帮助。一个人总要有几位共事的朋友，同时还要有几位共学的朋友。共事的朋友，用来扶持我的职业；共学的朋友和共顽的朋友同一性质，都是用来摩擦我的趣味。这类朋友，能够和我同嗜好一种学问的自然最好，我便和他研究。即或不然——他有他的嗜好，我有我的嗜好，只要彼此都有研究精神，我和他常常在一块或常常通信，便不知不觉把彼此趣味都摩擦出来了。得着一两位这种朋友，便算人生大幸福之一。我想只要你肯找，断不会找不出来。

我说的这四件事，虽然像是老生常谈，但恐怕大多数人都不曾会这样做。唉！世上人多么可怜啊！有这种不假外求不会蚀本不会出毛病的趣味世界，竟自没有几个人肯来享受！古书说的故事"野人献曝"；我是尝冬天晒太阳的滋味尝得舒服透了，不忍一人独享，特地恭恭敬敬的来告诉诸君。诸君或者会欣然采纳吧？但我还有一句话：太阳虽好，总要诸君亲自去晒，旁人却替你晒不来。

选自 1922 年 8 月 12 日《时事新报·学灯》

哈姆雷特

【英国】莎士比亚

第一场　艾尔西诺。城怪前的礴台

〔弗兰西斯科立台上守望。勃那多自对面上。〕

勃那多　那边是谁?

弗兰西斯科　不,你先回答我,站住,告诉我你是什么人。

勃那多　国王万岁!

弗兰西斯　科勃那多吗?

勃那多　正是。

弗兰西斯科　你来得很准时。

勃那多　现在已经打过十二点钟,你去睡吧,弗兰西斯科。

弗兰西斯科　谢谢你来替我,天冷得厉害,我心里也老大不舒服。

勃那多　你守在这儿,一切都很安静吗?

弗兰西斯科　一只小老鼠也不见走动。

勃那多　好,晚安! 要是你碰见霍拉旭和马西勒斯,我的守夜的伙伴们,就叫他们赶紧来。

弗兰西斯科　我想我听见了他们的声音。喂,站住。你是谁？

〔霍拉旭及马西勒斯上。〕

霍拉旭　都是自己人。

马西勒斯　丹麦王的臣民。

弗兰西斯科　祝你们晚安！

马西勒斯　啊！再会，正直的军人谁替了你？

弗兰西斯科　勃那多接我的班。祝你们晚安！（下）

马西勒斯　喂！勃那多！

勃那多　喂，啊！霍拉旭也来了吗？

霍拉旭　有这么一个他。

勃那多　欢迎，霍拉旭！欢迎，好马西勒斯！

马西勒斯　什么！这东西今晚又出现过了吗？

勃那多　我还没有瞧见什么。

马西勒斯　霍拉旭说那不过是我们的幻想。我告诉他我们已经两次看见过这一个可怕的怪象，他总是不肯相信；所以我请他今晚也来陪我们守一夜，要是这鬼魂再出来，就可以证明我们并没有看错，还可以叫他和他说几句话。

霍拉旭　嘿，嘿，他不会出现的。

勃那多　先请坐下。虽然你一定不肯相信我们的故事，我们还是要把我们这两夜来所看见的情形再向你絮叨一遍。

霍拉旭　好，我们坐下来，听听勃那多怎么说。

勃那多　昨天晚上，北极星西面的那颗星已经移到了它现在吐射光辉的地方，时钟刚敲了一点，马西勒斯跟我两个人——马西勒斯住声！不要说下去，瞧，他又来了

〔鬼魂上〕勃那多　正像已故的国王的模样。

马西勒斯　你是有学问的人，去和他说话，霍拉旭。

勃那多　他的样子不像已故的国王吗？看，霍拉旭。

霍拉旭　像得很，他使我心里充满了恐怖和惊奇。

勃那多　他希望我们对他说话。

马西勒斯　你去问他，霍拉旭。

霍拉旭　你是什么鬼怪，胆敢偷窃丹麦先王出征时的神武的雄姿，在这样深夜的时分出现？凭着上天的名义，我命令你说话！

马西勒斯　他生气了。

勃那多　瞧，他昂然不顾地走开了！

霍拉旭　不要走！说呀，说呀！我命令你，快说！【鬼魂下】

马西勒斯　他走了，不愿回答我们。

勃那多　怎么，霍拉旭！你在发抖，你的脸色这样惨白。这不是幻想吧？你有什么高见？

霍拉旭　凭上帝起誓，倘不是我自己的眼睛向我证明，我再也不会相信这样的怪事。

马西勒斯　他不像我们的国王吗？

霍拉旭　正和你像你自己一样。他身上的那副战铠，就是他讨伐野心的挪威王的时候所穿的；他脸上的那副怒容，活像他有一次在谈判决裂以后把那些乘雪车的波兰人击溃在冰上的时候的神气。怪事怪事！

马西勒斯　前两次他也是这样不先不后地在这个静寂

的时辰，用军人的步态走过我们的眼前。

霍拉旭　我不知道究竟应该怎样想法，可是大概推测起来，这恐怕预兆着我们国内将要有一番非常的变故。

马西勒斯　好吧，坐下来。谁要是知道的，请告诉我，为什么我们要有这样森严的戒备，使全国的军民每夜不得安息；为什么每天都在制造铜炮，还要向国外购买战具；为什么征集大批造船匠，连星期日也不停止工作；这样夜以继日地辛苦忙碌，究竟为了什么？谁能告诉我？

霍拉旭　我可以告诉你，至少一般人都是这样传说。刚才他的形象很像我们那位已故的王上，你们知道，曾经接受骄矜好胜的挪威的福丁布拉斯的挑战；在那一次决斗中，我们的勇武的哈姆莱特——他的英名是举世称颂的——把福丁布拉斯杀死了，按照双方根据法律和骑士精神所订立的协定，福丁布拉斯要是战败了，除了他自己的生命以外，必须把他所有的一切土地拨归胜利的一方；同时我们的王上也提出相当的土地作为赌注，要是福丁布拉斯得胜了，那土地也就归他所有。正像在同一协定上所规定的，他失败了，哈姆莱特可以把他的土地没收一样。现在要说起那位福丁布拉斯的儿子，他生得一副未经锻炼的烈火似的性格，在挪威四境召集了一群无赖之徒，供给他们衣食，驱策他们去干冒险的勾当，好叫他们显一显身手。他的唯一的目的，我们的当局看得很清楚，无非是要用武力和强迫性的条件，夺回他父亲所丧失的土地。照我所知道的，这就是我们种种准备的主要动机，我们这样戒备的唯一原因，也是全国所以这样慌忙骚乱的缘故。勃那多我想正是为了这个缘故。我们那位王上在过去和目前的战乱中间，都是一个主要的角色，所以无怪他的武装的形象要向我们出现示警了。

霍拉旭　那是扰乱我们心灵之眼的一点微尘。从前在富强繁盛的罗马，在那雄才大略的裘力斯·恺撒遇害以前不久，披着硷衾的死人都从坟墓里出来，在街道上啾啾鬼语，星辰拖着火尾，露水带血，太阳变色，支配潮汐的月亮被吞蚀得像一个没有起色的病人；这一类预报重大变故？在我们国内的天上地下也已经屡次出现了。可是不要响！瞧！瞧！他又来了！

〔鬼魂重上〕

霍拉旭　我要挡住他的去路，即使他会害我。不要走，鬼魂！要是你能出声，会开口，对我说话吧；要是我有可以为你效劳之处，使你的灵魂得到安息，那么对我说话吧，要是你预知祖国的命运，靠着你的指示，也许可以及时避免未来的灾祸，那么对我说话吧；或者你在生前曾经把你搜刮得来的财宝埋藏在地下，我听见人家说，鬼魂往往在他们藏金的地方徘徊不散，《鸡啼》要是有这样的事，你也对我说吧。不要走，说呀！拦住他，马西勒斯。

马西勒斯　要不要我用我的戟刺他？

霍拉旭　好的，要是他不肯站定。

勃那多　他在这儿！

霍拉旭　他在这儿！（鬼魂下。）

马西勒斯　他走了，我们不该用暴力对待这样一个有尊严的亡魂；因为他是像空气一样不可侵害的，我们无益的打击不过是恶意的徒劳。

勃那多　他正要说话的时候，鸡就啼了。

霍拉旭　于是他就像一个罪犯听到了可怕的召唤似的惊跳起来。我听人家说，报晓的雄鸡用它高锐的啼声，唤醒了白昼之神，一听到它的警告，那些在海里、火里、地下、空中到处游荡的有罪的灵魂，就一个个钻回自己的巢穴里去；这句话现在已经证实了。

马西勒斯　那鬼魂正是在鸡鸣的时候隐去的。有人说，在我们每次欢庆圣诞之前不久，这报晓的鸟儿总会彻夜长鸣；那时候，他们说，没有一颗鬼魂可以出外行走，夜间的空气非常清净，没有一颗星用毒光射人，没有一个神仙用法术迷人，妖巫的符咒也失去了力，一切都是圣洁而美好的。

霍拉旭　我也听人家这样说过，倒有几分相信。可是瞧，清晨披着赤褐色的外衣，已经踏着那边东方高山上的露水走过来了。我们也可以下班了。照我的意思，我们应该把我们今夜看见的事情告诉年轻的哈姆莱特；因为凭着我的生命起誓，这个鬼魂虽然对我们不发一言，见了他一定有话要说。你们以为按着我们的交情和责任说起来，是不是应当让他知道这件事情？

马西勒斯　很好，我们决定去告诉他吧。我知道今天早上在什么地方最容易找到他。

选自《哈姆雷特》

窦娥冤

【元代】关汉卿

第三折

〔外扮监斩官上，云〕下官监斩官是也。今日处决犯人，着做公的把住巷口，休放往来人闲走。

〔净扮公人，鼓三通，锣三下科。刽子磨旗、提刀，押正旦带枷上。刽子云〕行动些，行动些，监斩官去法场上多时了。

〔正旦唱〕

【正宫·端正好】没来由犯王法，不提防遭刑宪，叫声屈动地惊天。顷刻间游魂先赴森罗殿，怎不将天地也生埋怨。

【滚绣球】有日月朝暮悬，有鬼神掌着生死权。天地也！只合把清浊分辨，可怎生糊突了盗跖、颜渊！为善的受贫穷更命短，造恶的享富贵又寿延。天地也！做得个怕硬欺软，却元来也这般顺水推船！地也，你不分好歹何为地！天也，你错勘贤愚枉做天！哎，只落得两泪涟涟。

〔刽子云〕快行动些，误了时辰也。

〔正旦唱〕

【倘秀才】则被这枷纽的我左侧右偏，人拥的我前合后偃。我窦娥向哥哥行有句言。

　　[刽子云] 你有甚么话说？

　　[正旦唱] 前街里去心怀恨，后街里去死无冤，休推辞路远。

　　[刽子云] 你如今到法场上面，有甚么亲眷要见的，可叫他过来，见你一面也好。

　　[正旦唱]

　　【叨叨令】可怜我孤身只影无亲眷，则落的吞声忍气空嗟怨。

　　[刽子云] 难道你爷娘家也没的？

　　[正旦云] 止有个爹爹，十三年前上朝取应去了，至今杳无音信。

　　[唱] 早已是十年多不睹爹爹面。

　　[刽子云] 你适才要我往后街里去，是什么主意？

　　[正旦唱] 怕则怕前街里被我婆婆见。

　　[刽子云] 你的性命也顾不得，怕他见怎的？

　　[正旦云] 俺婆婆若见我披枷带锁赴法场餐刀去呵，

　　[唱] 枉将他气杀也么哥，枉将他气杀也么哥。告哥哥，临危好与人行方便。

　　[卜儿哭上科，云] 天哪，兀的不是我媳妇儿！

　　[刽子云] 婆子靠后。

　　[正旦云] 既是俺婆婆来了，叫他来，待我嘱咐他几句话咱。

　　[刽子云] 那婆子近前来，你媳妇要嘱付你话哩。

［卜儿云］孩儿，痛杀我也！

［正旦云］婆婆，那张驴儿把毒药放在羊肚儿汤里，实指望药死了你，要霸占我为妻。不想婆婆让与他老子吃，倒把他老子药死了。我怕连累婆婆，屈招了药死公公，今日赴法场典刑。婆婆，此后遇着冬时年节，月一十五，有瀽不了的浆水饭，瀽半碗儿与我吃，烧不了的纸钱，与窦娥烧一陌儿，则是看你死的孩儿面上。

［唱］

【快活三】念窦娥葫芦提当罪愆，念窦娥身首不完全，念窦娥从前已往干家缘，婆婆也，你只看窦娥少爷无娘面。

【鲍老儿】念窦娥服侍婆婆这几年，遇时节将碗凉浆奠；你去那受刑法尸骸上烈些纸钱，只当把你亡化的孩儿荐。

［卜儿哭科，云］孩儿放心，这个老身都记得。天哪，兀的不痛杀我也！

［正旦唱］婆婆也，再也不要啼啼哭哭，烦烦恼恼，怨气冲天。这都是我做窦娥的没时没运，不明不暗，负屈衔冤。

［刽子做喝科，云］兀那婆子靠后，时辰到了也。

［正旦跪科］

［刽子开枷科］

［正旦云］窦娥告监斩大人，有一事肯依窦娥，便死而无怨。

［监斩官云］你有什么事，你说。

［正旦云］要一领净席，等我窦娥站立，又要丈二白练，挂在旗枪上，若是我窦娥委实冤枉，刀过处头落，一腔热血

休半点儿沾在地下，都飞在白练上者。

〔监斩官云〕这个就依你，打甚么不紧。

〔刽子做取席科，站科，又取白练挂旗上科〕

〔正旦唱〕

【要孩儿】不是我窦娥罚下这等无头愿，委实的冤情不浅；若没些儿灵圣与世人传，也不见得湛湛青天。我不要半星热血红尘洒，都只在八尺旗枪素练悬。等他四下里皆瞧见，这就是咱苌弘化碧，望帝啼鹃。

〔刽子云〕你还有甚的说话，此时不对监斩大人说，几时说哪？

〔正旦再跪科，云〕大人，如今是三伏天道，若窦娥委实冤枉，身死之后，天降三尺瑞雪，遮掩了窦娥尸首。

〔监斩官云〕这等三伏天道，你便有冲天的怨气，也召不得一片雪来，可不胡说！

〔正旦唱〕

【二煞】你道是暑气暄，不是那下雪天；岂不闻飞霜六月因邹衍？若果有一腔怨气喷如火，定要感得六出冰花滚似锦，免着我尸骸现；要什么素车白马，断送出古陌荒阡？

〔正旦再跪科，云〕大人，我窦娥死得委实冤枉，从今以后，着这楚州亢旱三年。

〔监斩官云〕打嘴！那有这等说话！

〔正旦唱〕

【一煞】你道是天公不可期，人心不可怜，不知皇天也肯从人愿。做甚么三年不见甘霖降，也只为东海曾经孝妇冤。

如今轮到你山阳县。这都是官吏每无心正法,使百姓有口难言。

〔刽子做磨旗科,云〕怎么这一会儿天色阴了也?

〔内做风科,刽子云〕好冷风也!

〔正旦唱〕

【煞尾】浮云为我阴,悲风为我旋,三桩儿誓愿明题遍。

〔做哭科,云〕婆婆也,直等待雪飞六月,亢旱三年呵,

〔唱〕那期间才把你个屈死的冤魂这窦娥显。

〔刽子做开刀,正旦倒科〕

〔监斩官惊云〕

呀,真个下雪了,有这等异事!

〔刽子云〕我也道平日杀人,满地都是鲜血,这个窦娥的血,都飞在那丈二白练上,并无半点落地,委实奇怪。

〔监斩官云〕这死罪必有冤枉。早两桩儿应验了,不知亢旱三年的说话准也不准,且看后来如何。左右,也不必等待雪晴,便与我抬他尸首,还了那蔡婆婆去罢。

〔众应科,抬尸下〕

忆卢沟桥

许地山

记得离北平以前，最后到卢沟桥，是在二十二年的春天。我与同事刘兆蕙先生在一个清早由广安门顺着大道步行，经过大井村，已是十点多钟。参拜了义井庵的千手观音，就在大悲阁外少憩。那菩萨像有三丈多高，是金铜铸成的，体相还好，不过屋宇倾颓，香烟零落，也许是因为求愿的人们发生了求财赔本求子丧妻的事情吧。这次的出游本是为访求另一尊铜佛而来的。我听见从宛平城来的人告诉我那城附近有所古庙场了，其中许多金铜佛像，年代都是很古的。为知识上的兴趣，不得不去采访一下。大井村的千手观音是有著录的，所以也顺便去看看。

出大井村，在官道上，巍然立着一座牌坊，是乾隆四十年建的。坊东面额书"经环同轨"，西面是"荡平归极"。建坊的原意不得而知，将来能够用来做凯旋门那就最合宜不过了。

春天的燕郊，若没有大风，就很可以使人流连。树干上或土墙边蜗牛在画着银色的涎路。它们慢慢移动，像不知道它们的小介壳以外还有什么宇宙似的。柳塘边的雏鸭披着淡黄色的毛，映着嫩绿的新叶；游泳时，微波随蹼翻起，泛成一弯一弯动着的曲纹，这都是生趣的示现。走乏了，且在路边的墓园少住一回。刘先生站在一座很美丽的土坡上，要我给他拍照。在榆树荫覆之下，我们没感到路上太阳的酷烈。寂静的墓园里，虽没有什么名花，野卉倒也长得顶得意地。忙碌的蜜蜂，两只小腿粘着些少花粉，还在采集着。蚂蚁为争一条烂残的蚱蜢腿，在枯藤的根本争斗着。落网的小蝶，一片翅膀已失掉效用，还在挣扎着。这也是生趣的示现，不过意味有点不同罢了。

闲谈着，已见日丽中天，前面宛平城也在域之内了。宛平城在卢沟桥北，建于明崇祯十年，名叫"拱北城"，周围不及二里，只有两个城门，北门是顺治门，南门是永昌门。清改拱北为拱极，永昌门为威严门。南门外便是卢沟桥。拱北城本来不是县城，前几年因为北平改市，县衙才移到那里去，所以规模极其简陋。从前它是个卫城，有武官常驻镇守着，一直到现在，还是一个很重要的军事地点。我们随着骆驼队进了顺治门，在前面不远，便见了永昌门。大街一条，两边多是荒地。我们到预定的地点去探访，果见一个庞大的铜佛头和些铜像残体横陈在县立学校里的地上。拱北城内原有观音庵与兴隆寺，兴隆寺内还有许多已无可考的广慈寺的遗物，那些铜像究竟是属于哪寺的也无从知道。我们摩挲了一回，才到卢沟桥头的一家饭店午膳。

自从宛平县署移到拱北城，卢沟桥便成为县城的繁要街市。桥北的商店民居很多，还保存着从前中原数省入京孔道的规模。桥上的碑亭虽然朽坏，还矗立着。自从历年的内战，卢沟桥更成为戎马往来的要冲，加上长辛店战役的印象，使附近的居民都知道近代战争的大概情形，连小孩也知道飞机、大炮、机关枪都是做什么用的。到处墙上虽然有标语贴着的痕迹，而在色与量上可不能与卖药的广告相比。推开窗户，看着永定河的浊水穿过疏林，向东南流去，想起陈高的诗："卢沟桥西车马多，山头白日照清波。毡卢亦有江南妇，愁听金人出塞歌。"清波不见，浑水成潮，是记述与事实的相差，抑昔日与今时的不同，就不得而知了。但想象当日桥下雅集亭的风景，以及金人所掠江南妇女，经过此地的情形，感慨便不能不触发了。

从卢沟桥上经过的可悲可恨可歌可泣的事迹，岂止被金人所掠的江南妇女那一件？可惜桥栏上蹲着的石狮子个个只会张牙裂眦结舌无言，以致许多可以稍留印迹的史实，若不随蹄尘飞散，也教轮辐压碎了。我又想着天下最有功德的是桥梁。它把天然的阻隔联络起来，它从这岸渡引人们到那岸。在桥上走过的是好是歹，于它本来无关，何况在上面走的不过是长途中的一小段，它哪能知道何者是可悲可恨可泣呢？它不必记历史，反而是历史记着它。卢沟桥本名广利桥，是金大定二十七年始建，至明昌二年（1189—1912 年）修成的。它拥有世界的声名是因为曾入马哥博罗的记述。马哥博罗记作"普利桑干"，而欧洲人都称它做"马哥博罗桥"，倒失掉记者赞叹桑干河上一道大桥的原意了。中国人是擅于修造石桥的，在建筑上只有桥与塔可以保留得较为长久。中国的大石桥每能使人叹为鬼役神工，卢沟桥的伟大与那有名的泉州洛阳桥和漳州虎渡桥有点不同。论工程，它没有这两道桥的宏伟，然而在史迹上，它是多次系着民族安危。纵使你把桥拆掉，卢沟桥的神影是永不会被中国人忘记的。这个在"七七"事件发生以后，更使人觉得是如此。当时我只想着日军许会从古北口入北平，由北平越过这道名桥侵入中原，决想不到火头就会在我那时所站的地方发出来。

在饭店里，随便吃些烧饼，就出来，在桥上张望。铁路桥在远处平行地架着。驮煤的骆驼队随着铃铛的音节整齐地在桥上迈步。小商人与农民在雕栏下作交易上很有礼貌的计较。妇女们在桥下浣衣，乐融融地交谈。人们虽不理会国势的严重，可是从军队里宣传员口里也知道强敌已在门口。我们本不为做间谍去的，因为在桥上向路人多问了些话，便教警官注意起来，我们也自好笑。我是为当事官吏的注意而高兴，觉得他们时刻在提防着，警备着。过了桥，便望见实柘山，苍翠的山色，指示着日斜多了几度，在砾原上流连片时，暂觉晚风拂衣，若不回转，就得住店了。"卢沟晓月"是有名的。为领略这美景，到店里住一宿，本来也值得，不过我对于晓风残月一类的景物素来不大喜爱，我爱月在黑夜里所显的光明。晓月只有垂死的光，想来是很凄凉的，还是回家吧。

　　我们不从原路去，就在拱北城外分道。刘先生沿着旧河床，向北回海甸去。我捡了几块石头，向着八里庄那条路走。进到阜城门，望见北海的白塔已经成为一个剪影贴在洒银的暗蓝纸上。

初到美国

容闳

一八四七年一月四日，予等由黄埔首途。船名亨特利思，帆船也，属于阿立芬特兄弟公司，前章已言之。船主名格拉司彼（Captain Gillespie）。时值东北风大作，解缆扬帆。自黄埔抵圣希利那岛（St.Helena），波平船稳。过好望角时，小有风浪，自船后来，势乃至猛，恍若恶魔之逐人。入夜天则黑暗，浓云如幕，不漏星斗。于此茫茫黑夜中，仰望桅上电灯星星，摇荡空际，飘忽不定，有若墟墓间之磷火。此种愁惨景象，印入脑际，迄今犹历历在目。惟彼时予年尚幼，不自知其危险，故虽扁舟颠簸于惊涛骇浪中，不特无恐怖之念，且转以为乐，竟若此波涛汹涌，入予目中，皆成为不世之奇观者。

迨舟既过好望角，驶入大西洋，较前转平静。至圣希利那岛，稍停装载粮食淡水。凡帆船之自东来者，中途乏饮食料，辄假此岛为暂时停泊之所。自舟中遥望圣希利那岛，但见火成石焦黑如炭，草木不生，有若牛山濯濯。予等乘此停舟之际，由约姆司坦（Jamestown）登陆，游览风景。入其村，居民稀少，田间植物则甚多，浓绿芸芸，良堪娱目。居民中有我国同胞数人，乃前乘东印度公司船以来者，年事方盛，咸有眷属。此岛即拿破仑战败被幽之地。拿氏遂终老于此，其坟在岛之浪奥特（Longwood）地方。予等咸往登临，抚今吊古，怅触余怀。坟前有大柳树一，乃各折一枝携归舟中，培养而灌溉之，以为异日之纪念。后抵美国，勃朗先生遂移此柳枝，植诸纽约省之阿朋学校中。勃朗即在此校任教授数年，后乃往游日本。迨一八五四年予至阿朋学校游览时，则见此枝已长成茂树，垂条万缕矣。

舟既过圣希利那岛，折向西北行，遇海湾水溜（GulfStream），水急风顺，舟去如矢。未几遂抵纽约。时在一八四七年四月十二日，即予初履美土之第一日也。是行计居舟中凡九十八日。而此九十八日中，天气清朗，绝少荫霾，洵始愿所不及。一八四七年纽约之情形绝非今日（指1909年），当时居民仅二十五万乃至三十万耳，今则已成极大之都会，危楼摩天，华屋林立，教堂塔尖高耸云表。人烟之稠密，商业之繁盛，与伦敦相颉颃矣。犹忆一八四五年予在玛礼孙学校肄业时，曾为一文，题曰《意想之纽约游》。当乐时搦管为文，讵料果身履其境者。由是观之，吾人之意想，固亦有时成为事实，初不必尽属虚幻。予之意想得成为事实者，尚有二事：一为予之教育计划，愿遣多数青年子弟游学美国；一则愿得美妇以为室。今此二事，亦皆如愿以偿。则予今日胸中，尚怀有种种梦想，又安知将来不一一见诸实行耶？

予之勾留纽约，为日无多。于此新世界中第一次所遇之良友，为巴脱拉脱夫妇二人（Mr.andMrs.Da—vidE.

Bartlett）。巴君时在纽约聋哑学校教授，后乃迁于哈特福德（Hartford，）仍为同类之事业。今巴君已于一八七九年逝世，其夫人居孀约三十年，于一九〇七年春间亦溘然长逝矣。巴夫人之为人，品格高尚，有足令人敬爱。其宗教之信仰尤诚笃，本其慈善之怀，常热心于社会公益事业，影响所及，中国亦蒙其福。盖有中国学生数人，皆为巴夫人教育而成有用之材。故巴夫人者，予美国良友之一也。

自纽约乘舟赴纽海纹（NewHa一ven），以机会之佳，得晤耶路大学校长谭君（PresidentDayof.YaleUniversity）。数年之后，竟得毕业此校，当时固非敢有此奢望也。予等离纽海纹后，经威哈斯角（WarehousePoint）而至东温若（EastWindsor），经造勃朗夫人家。勃夫人之父母，尔时尚存，父名巴脱拉脱（Rev.ShubaolBartlett，与前节之巴君为另一人），为东温若教堂之牧师。予等入教堂瞻仰，即随众祈祷，人皆怪之。予座次牧师之左，由侧面可周瞩全堂，几无一人不注目予等者。盖此中有中国童子，事属创见，宜其然也。予知当日众人神志既专注予等，于牧师之宣讲，必听而不闻矣。

巴牧师乃清教徒（Puritan，清教徒为耶稣教徒之一派，最先来美洲者），其人足为新英国省清教徒之模范（按新英国省 NewEnglandStates 为美国东部之数省，纽约省亦在其内）。宣讲时语声清朗，意态诚恳。闻其生平兢兢所事，绝不稍稍草率。凡初晤巴牧师者，每疑其人严刻寡恩，实则其心地甚仁厚也。惟以束身极谨，故面目异常严肃，从未闻其纵笑失声，尤无一谐谑语。每日起居有定时，坐卧有常处。晨兴后则将《圣经》及祈祷文置于一定之处，端正无少偏，举止动作，终年如一日。总其一生之行事，殆如时计针之移动，周而复始，不爽晷刻。故凡与巴牧师久处者，未见巴牧师之面，咸能言巴牧师方事之事，历历无少差也。

巴牧师之夫人，则与其夫旨趣大异。长日欢乐，时有笑容，遇人接物尤蔼吉。每一启口，辄善气迎人，可知其宅心之仁慈。凡牧师堂中恒多教友，酬酢颇繁，巴牧师有此贤内助，故教友咸乐巴君夫妇。牧师年俸不过四百美金，以此供衣食，犹虞其不足，乃巴夫人且不时款享宾客，余不解其点金何术，而能措置裕如。后乃知巴牧师有田园数亩，岁入虽微，不无小补。又其幼子但以礼（Daniel）尤勤于所事，以所得资归奉父母。牧师得常以酒食一交一欢宾客，殆赖有此也。后予在孟松中学及耶路大学肄业时，每值假期，辄过巴牧师家。

给成长的你

For A Better You

古文

徐栩　晨朵　宋妍妍◎编著

郑州大学出版社

图书在版编目（CIP）数据

给成长的你 / 徐栩, 晨朵, 宋妍妍编著. –– 郑州：
郑州大学出版社, 2017.6

ISBN 978-7-5645-4426-3

Ⅰ. ①给… Ⅱ. ①徐… ②晨… ③宋… Ⅲ. ①诗集—
世界②散文集—世界 Ⅳ. ① I12 ② I16

中国版本图书馆 CIP 数据核字 (2017) 第 113272 号

GEICHENGZHANGDENI

给成长的你

郑州大学出版社出版发行

郑州市大学路 40 号　　　　邮政编码：450052

出版人：张功员　　　　　　发行部电话：0371-66966070

责任编辑：徐　栩　靳　凯

责任校对：张　贤

责任监制：凌　青　王金彪

全国新华书店经销

河北盛唐印刷有限公司印制

开本：880mm×1230mm　　1/32

总印张：27.5

总字数：585 千字

版次：2017 年 6 月第 1 版　印次：2019 年 1 月第 1 次印刷

书号：ISBN 978-7-5645-4426-3　总定价：130.00 元（全 5 册）

本书如有印装质量问题，由本社负责调换

前面的话

至乐莫于读书

我们为什么要读古文？

有人说：古文是流行于古代的文章，和今天没有太大关系。其实不是这样。古与今是源和流的关系。古文是汉语的源头，诵读古文，我们能从中汲取永不枯竭的能量，传承文化。

有人说：古文很旧，非常难懂。其实也不是这样。大约民国以前，人们"文""言"分开，写文章用书面语，说话用口头语。古文有固定的句式、结构、体例，等等，总体来看比较稳定。只要你对比较稳定的方面有所了解，读懂古文就不是难事。

那么，古人为什么"说一套""写一套"呢？我们知道，在造纸术发明之前，书写载体都比较贵重，使用也不太方便，如帛、竹等。人们书写时也就尽量简约、慎重。即使后来普遍用纸书写，人们仍然沿袭了书面语和口头语分开的习惯。

读懂古文需要一些技巧，下面是几个建议：首先，从经典易读的古文开始。这本书就是按照这样的思路编排的。我们按照国家义务教育阶段对学生学习古文的相关要求，精选我国古代文学宝库中的经典名篇。从先秦诸子、两汉辞赋、史传散文，到唐宋古文、明清八股各种文体全面涉及。其次，学习一些古代汉语句式和词语。前面提到只要我们掌握古代汉语常见的句式和词语，举一反三，就能读懂古文。本书的"注释"，就是这方面的提示，是我们在古文入门阶段的学习重点。最后，注重对古文内涵的理解和历史知识的学习。古文不仅构筑我们的语言表达，通过近距离接触古人的处世智慧、审美情趣，能提高我们对社会、对事物的判断能力。本书的"赏析"，有助于你对这方面知识的学习。

古人云：至乐莫于读书。愿你从读书中体验乐趣，找到真谛。

编者

2018 年 12 月

目录

|给|成|长|的|你|

第一章 先秦诸子

目录

|给|成|长|的|你|

目录

给 | 成 | 长 | 的 | 你

目录

| 给 | 成 | 长 | 的 | 你 |

第一章 先秦诸子

女蜗补天

《淮南子》①

往古之时，四极废②，九州裂③，天下兼覆④，地不周载⑤，火爁焱而不灭⑥，水浩洋而不息⑦，猛兽食颛民⑧，鸷鸟攫老弱⑨。于是，女蜗炼五色石以补苍天⑩，断鳌足以立四极⑪，杀黑龙以济冀州⑫，积芦灰以止淫水⑬。苍天补，四极正；淫水涸，冀州平；狡虫死⑭，颛民生；背方州，抱圆天。

| 注释 |

①《淮南子》：也称《淮南鸿烈》，杂家著作。西汉刘安王编，二十一卷。它保留先秦原始资料甚为丰富，也是包含原生态神话素材较多的典籍之一。

②四极：四方支天的梁柱。极：栋梁。这里指天柱。

③九州：九州大地。古时分天下为冀、兖、青、徐、扬、荆、豫、梁、雍九州。

④兼覆：完全覆盖（大地）。兼，一并，完全。

⑤周载：（把万物）完全承载。周：全，普遍。

⑥爁焱：大火燃烧蔓延的情景。

⑦浩洋：浩荡汪洋，洪水盛大的样子。

⑧颛民：善良的人们。

⑨鸷鸟：猛禽，如鹰、雕、鹫等。攫：鸟兽用爪抓取东西。

⑩女娲：神话中女神名。与传说中的伏羲、神农合称"三皇"。

⑪鳌：神话中的巨龟。这句说女娲用龟足做支天的柱子。

⑫黑龙：神话中的洪水神。济：救助。

⑬芦灰：芦苇烧成的灰。淫水：大水。指泛滥的洪水。

⑭狡虫：指害人的凶兽猛禽。 虫：泛指动物。

| 赏析 |

本文选自《淮南子·览冥训》，是一则反映人与自然关系的上古神话。全文以想象的方式展现并颂扬了人类始祖女娲氏的丰功伟绩，描述了其炼石补天、消除大火与洪水，清除凶禽猛兽的故事，艺术性的反映了女性在远古社会中的重要地位，歌颂了人们理想中的英雄女神。全文连续使用三言句、四言句、五言句、六言句，不仅整齐划一，而且语法结构和修辞手法也较为统一，语言铿锵有力，句式灵活多变，是在流传过程中被先民不断加工润色的结果。

精卫填海

《山海经》①

发鸠之山②，其上多柘木③，有鸟焉，其状如乌，文首④，白喙，赤足，名曰："精卫"，其鸣自詨⑤。是炎帝之少女⑥，名曰女娃。女娃游于东海，溺而不返，故为精卫，常衔西山之木石，以堙于东海⑦。漳水出焉，东流注于河。

| 注释 |

①《山海经》：保存中国古代神话资料最丰富的一部典籍，自古号称奇书。全书十八卷，分为《山经》、《海经》。该书包含着有关中国古代地理、历史、神话、民族、宗教、医药、动物、植物等多方面的内容，是研究上古社会的重要文献。

②发鸠之山：神话中山名。

③柘（zhè）木：柘树，叶子可以饲蚕，树皮可以染黄，桑树的一种。

④文首：文同"纹"，指色彩华丽的头。

⑤其名自詨（xiào 或 jiào）：精卫鸟的名子是自己叫唤的声音。詨，呼叫，叫唤，这里是鸟的啼声。

⑥炎帝：古传说是神农氏的"帝号"。

⑦堙（yīn）：填塞。

该文选自《山海经·北山经》，讲述了溺死的少女化而为鸟，誓向大海复仇的悲壮神话故事。作为原始文学的一种重要形式，神话故事是社会生产力及其低下的历史时期的产物，反映了原古人类对自然和社会稚嫩和天真的想象；文中将精卫描绘成炎帝的少女，并详细描述了其衔木石，填沧海，坚毅不屈、奋斗不止的壮举，表现了古人征服自然，战胜自然的坚定意志。该神话虽有悲剧色彩，但悲剧中却透露出强烈的刚毅之气，这种死而不屈的精神给后人无限的鼓舞和激励。

夸父逐日

《山海经》

夸父与日逐走①，入日②；渴，欲得饮，饮于河、渭③；河、渭不足，北饮大泽。未至，道渴而死。弃其杖，化为邓林④。

| 注释 |

①夸父：神话中的巨神形象。逐走：竞走，赛跑。

②入日：追赶到太阳落下的地方。

③河：指黄河。渭：渭水，是黄河的支流。

④邓林：古地名，据清人考证，古邓、桃音近，邓林即"桃林"。

| 赏析 |

本文选自《山海经·海外北经》。夸父是神话中力大无穷的巨人，该神话赞扬了他同太阳赛跑并敢于自我牺牲的精神。夸父英勇豪迈，奔跑神速，有惊人的饮量。他追赶太阳，渴死在求水的路上。他的血肉浸润木杖，化成桃林。该神话故事采用了大胆夸张的手法来描绘夸父这一理想中的巨神形象，体现出先民力图提高劳动效率的宏愿和战胜自然力的渴望。杖化桃林的幻想解说，显示出远古先民的奋斗给后代留下的福荫。

谋 攻①

《孙子》

孙子曰：夫用兵之法，全国为上，破国次之②；全军为上③，破军次之；全旅为上④，破旅次之；全卒为上⑤，破卒次之；全伍为上⑥，破伍次之。是故百战百胜，非善之善也⑦；不战而屈人之兵⑧，善之善者也。

| 注释 |

①节选自《孙子·谋攻》，《孙子》：即《孙子兵法》，中国古代最著名的兵书，世界公认的"兵书圣典"，约成书于春秋末战国初。该书作者孙武出身于春秋末年齐国兵学世家，后入吴，以兵法晋见吴王阖闾，被任为将军，辅佐吴王争霸。《孙子兵法》除散见于各种古籍、简书的有关段落、残篇外，完整的计有十三篇。这部著作总结了商周以来特别是春秋时期的战争经验，系统地论述了军事领域中的许多重大问题，指出了取胜的原则、条件与策略。书中包含着丰富的哲学思想，具有朴素的辩证观点。

②全国为上，破国次之：迫使敌人举国降服是上策，用兵击破那个国家是次策。全、破，皆用为动词。

③军：古时一万二千五百人为一军。

④旅：古时五百人为旅。

⑤卒：百人以上为卒

⑥伍：五人为伍。

⑦善之善：善中之善，高明中的最高明的。

⑧屈：服，使……屈服。

| 赏析 |

《谋攻》是中国古代兵学名著《孙子》中的重要篇章，该篇主要论述了"全胜"的战略思想及其实现的具体方法和条件，提出了"伐谋""伐交""伐兵"等不同的战略层次，并总结出"知彼知己，百战不殆"这一极为著名的军事规律。该节主要指出了"谋攻"的最高原则，是不战而胜。该文严谨雄辩，无懈可击，洗练明快，斩打截铁，处处透出作者的深思熟虑与坚定自信，全文以短句为主，特别是四字句较多，如诗似歌，通俗易记，不仅阐明了军事思想和战略战术，更现示了孙子的哲学思维和文学智慧，颇具韵味。

子鱼论战

《左传》

楚人伐宋以救郑①。宋公将战。大司马固谏曰②：
"天之弃商久矣③，君将兴之，弗可赦也已。"弗听。
冬十一月巳朔，宋公及楚人战于泓④。宋人既成列，
楚人未既济。司马曰："彼众我寡，及其未既济也，
请击之。"公曰："不可。"既济而未成列，又
以告。公曰："未可。"既陈而后击之⑤，宋师败绩，
公伤股，门官歼焉⑥。

国人皆咎公。公曰："君子不重伤⑦，不禽二毛⑧。
古之为军也，不以阻隘也⑨。寡人虽亡国之余⑩，不
鼓不成列。"子鱼曰："君未知战。勍敌之人⑪，隘
而不列，天赞我也。阻而鼓之，不亦可乎？犹有惧焉！
且今之勍者，皆吾敌也。虽及胡耇⑫，获则取之，何
有于二毛？明耻教战，求杀敌也。伤未及死，如何
勿重？若爱重伤，则如勿伤；爱其二毛，则如服焉。
三军以利用也，金鼓以声气也。利而用之，阻隘可也；
声盛致志，鼓儳可也⑬。"

①楚人伐宋以救郑：鲁僖公二十二年（公元前638年）的夏天，宋襄公为了同楚成王争霸中原，出兵攻打当时依附于楚国的郑国，为援救郑国，楚成王就发兵攻打宋国。

②大司马：官名，掌管军政。固：人名，即公孙固，宋庄公孙。一说，"固"是"谏"的状语，意谓"坚决地"。当时宋襄公的庶兄子鱼任大司马。

③商：宋国是商的后裔。自公元前十一世纪周武王灭商至宋襄公时已历四百余年，故说"弃商久矣"。

④泓：泓水，故道在今河南柘城西北。

⑤陈〔山如〕：通"阵"，用作动词，摆开阵势。

⑥门官：国君的近卫军。平时守门，战时随君。

⑦重伤：对已受伤者再次加以伤害。

⑧禽：通"擒"。二毛：指头发花白的人，指代老人。

⑨不以阻隘：不在险阻狭隘的地方攻击敌人。

⑩亡国之余：灭亡的国家的后裔。宋国国君是殷商王的后裔。

⑪勍（qíng）：强劲有力。

⑫胡耇（gǒu）：年老的人。

⑬鼓儳（chán）：击鼓进攻队伍混乱的敌人。儳：混乱，不成列，无序。

|赏析|

该文背景发生在春秋争霸时期，齐桓公死后，宋襄公与楚成王开始争霸中原，公元前638年，宋襄公

出兵攻打依附于楚国的郑国，楚国则出兵援助自己的同盟，宋、楚于泓水交战。本文以对话的形式展现了泓水之战中两种激烈冲突的军事思想。在占据有利形势的条件下，宋襄公没有听从子鱼的劝告，而是坚持"不鼓不成列""不重伤，不禽二毛""不以阻隘"等战术原则，以致错失良机，导致惨败，自己也伤及大腿。交战中虽未过多的描写子鱼的军事思想，但战后其对"明耻教战"的阐述却极具理论力度。

介之推不言禄

《左传》

晋侯赏从亡者[1]，介之推不言禄[2]，禄亦弗及。推曰："献公之子九人，唯君在矣。惠、怀无亲[3]，外内弃之。天未绝晋，必将有主。主晋祀者，非君而谁？天实置之，而二三子以为己力[4]，不亦诬乎？窃人之财，犹谓之盗。况贪天之功，以为己力乎？下义其罪[5]，上赏其奸。上下相蒙，难与处矣。"

其母曰："盍亦求之？以死谁怼[6]？"

对曰："尤而效之[7]，罪又甚焉！且出怨言，不食其食。"

其母曰："亦使知之，若何？"

对曰："言，身之文也。身将隐，焉用文之？是求显也。"

其母曰："能如是乎？与汝偕隐。"遂隐而死。

晋侯求之，不获，以绵上为之田[8]。曰："以志吾过，且旌善人[9]。"

| 注释 |

①晋侯：指晋文公，公元前 637 年至公元前 628

年在位。从亡者：跟从晋侯一起逃亡的人。

②介之推：也叫介子推、介推，晋国贵族，曾随晋文公流亡。禄：古代官吏的俸给，通常折算成粮食支付。这里指赏赐。

③惠：晋惠公，即夷吾。怀：晋怀公，惠公之子，名圉。

④二三子：犹言"那几个人"。指"从亡者"。

⑤义：把……视为正义。用作动词。

⑥怼：怨恨。

⑦尤：过错，罪过。效：效法，仿效。

⑧绵上：晋国地名，在今山西介休东南。为之田：作为他的祭田。

⑨旌：表彰。

| 赏析 |

该文颂扬了介之推母子不追逐名利的高尚品行。晋文公做公子时曾流亡他国，后在秦穆公的帮助下归国即位后，开始犒赏流亡时的众多随从，在众臣追名逐利，恃宠邀赏时，介之推却能超脱于名利之外，与母亲归隐山林，实为难得。文中介之推以晋文公即位实乃天意和难以与贪天之功的"二三子"相处共事为理由来拒绝名禄，而后又通过其母的三番设问，来表现出介之推内心坚定的信仰。母子二人的问答相得益彰，立意新奇，笔法奇特。

叔向贺贫

《国语》

叔向见韩宣子①，宣子忧贫，叔向贺之。宣子曰："吾有卿之名而无其实，无以从二三子②，吾是以忧，子贺我，何故？"

对曰："昔栾武子无一卒之田，其宫不备其宗器③，宣其德行，顺其宪则④，使越于诸侯。诸侯亲之，戎狄怀之，以正晋国⑤。行刑不疚⑥，以免于难。及桓子，骄泰奢侈，贪欲无艺，略则行志，假货居贿，宜及于难，而赖武之德以没其身。及怀子，改桓之行，而修武之德，可以免于难，而离桓之罪⑦，以亡于楚。夫郤昭子⑧，其富半公室，其家半三军，恃其富宠，以泰于国。其身尸于朝，其宗灭于绛⑨。不然，夫八郤，五大夫，三卿，其宠大矣，一朝而灭，莫之哀也，唯无德也。今吾子有栾武子之贫，吾以为能其德矣，是以贺。若不忧德之不建，而患货之不足，将吊不暇，何贺之有？"

宣子拜，稽首焉，曰："起也将亡，赖子存之，非起也敢专承之，其自桓叔以下，嘉吾子之赐⑩。"

| 注释 |

①叔向：晋国大夫，羊舌氏，名肸。韩宣子：韩起，晋国的卿，"宣子"是他的溢号。

②从：跟随，交往。二三子：指朝中的卿大夫。

③宫：居室。先秦时，住宅都可叫"宫"，与秦汉以后不同。宗器：宗庙祭器。

④宪则：法度。

⑤正：治理好，使安定下来。

⑥不疚：没有毛病。

⑦离桓之罪：受到父亲桓子的罪恶连累。离，同"罹"，遭受。

⑧郤昭子：郤至，晋国的卿。

⑨宗：宗族。绛：晋国都城，在今山西翼城东南。

⑩嘉：赞许，赞美。这里有感激的意思。赐：给人以恩惠。

| 赏析 |

文中讲述韩宣子为自己只有正卿之名，而没有正卿的财富而发愁时，叔向却对他的贫穷表示祝贺。文章以叔向回答韩宣子的话为核心，结合晋国的栾氏和郤氏两大家族的兴衰史，从正反两个方面阐述了应该"忧德之不建"，而不应该"患货之不足"的观点，认为贪欲无尽，骄泰奢侈将导致大祸临头，而勤于修

德，安于贫穷则可保身家长久太平。文章记述了韩宣子的有过则改的正确做法，同时对桓子、郤昭子之流腐败行为的揭露与批评，不仅在当时具有现实意义，也对后世有警示作用。全文主旨鲜明，层次清楚，论证具体，说服力极强。

子路从而后

《论语》

子路从而后，遇丈人，^①以杖荷蓧^②。子路问曰："子见夫子乎？"丈人曰："四体不勤^③，五谷不分^④，孰为夫子？"植其杖而芸^⑤。子路拱而立。止子路宿，杀鸡为黍而食之^⑥，见其二子焉^⑦。明日，子路行，以告。子曰："隐者也。"使子路反见之。至则行矣。子路曰："不仕无义^⑧。长幼之节，不可废也；君臣之义，如之何其废之^⑨？欲洁其身，而乱大伦^⑩。君子之仕也，行其义也。道之不行，已知之矣。"

|注释|

①丈人：老人。

②荷：用肩担负。蓧（diào）：耘田除草的农具。

③四体：四肢。勤：劳动。

④五谷：古代称稻、麦、黍、稷、菽为五谷。分：分辨。

⑤植：同"置"，放下。芸：同"耘"，除草。

⑥为黍：做黍米饭。食：给别人吃，意即款待。

⑦见：同"现"，"使……拜见"的意思。

⑧不仕无义：不出来做官，就失掉了君臣之义。义，

道义。

⑨如之何：为什么。其：语气词，表疑问或反语。

⑩大伦：根本的道德秩序，这里指君臣之义。

| 赏析 |

本文见于《论语·微子篇》，记述的是与《长沮、桀溺耦而耕》类似的故事。文中荷蓧丈人也是长沮、桀溺式的隐士。他过着躬耕自给、逃避现实的隐居生活，并为此感到自豪，并认为孔丘师徒是"四体不勤，五谷不分"的人。子路在文章末尾概括了儒者的政治态度和人生追求，认为"君子之仕"，是因为"行其义"；并且指出，儒者虽知其政治理想难以实现，却能执着的追求，有着一种知其不可为而为之的精神，而像荷蓧丈人一类的隐士却只顾洁身自好，而放弃了对社会的责任和担当。该文记言与记事并重，简明扼要，文笔利落，惜墨如金。

王顾左右而言他

《孟子》

孟子谓齐宣王曰："王之臣，有托其妻子于其友而之楚游者①。比其反也②，则冻馁其妻子③，则如之何？"

王曰："弃之④。'，

曰："士师不能治士⑤，则如之何？"

王曰："已之⑥。"

曰："四境之内不治⑦，则如之何？"

王顾左右而言他。

| 注释 |

①妻子：老婆孩子。之：往。

②比：及，等到。反：同"返"。

③馁：饥饿。

④弃之：同他绝交。弃，抛弃，断绝。

⑤士师：官名，掌管狱讼和刑罚。治士：管理下属。

⑥已之：免掉他的官职。已，止。

⑦四境之内：指国境之内。

本文选自《孟子·梁惠王下》。是孟子与齐宣王之间的一番内容简短的对话，孟子通过友人没有尽到应尽的责任应同他绝交，掌管狱讼的官吏没有治理好下属官吏应当撤职这两个问题引出对国君治国的看法，这三问之间形成类比，逻辑连贯，水到渠成，直奔要害，使得齐宣王心知肚明却又不敢说出结论，只能"顾左右而言他"，文章的讽刺意味也在这简短的结尾显现出来。该文不仅表达了孟子对暴君可以征诛的一贯主张，更是对当时腐朽暴虐统治者的一种批判。

唐雎不辱使命

《战国策》

秦王使人谓安陵君曰[①]："寡人欲以五百里之地易安陵，安陵君其许寡人[②]！"安陵君曰："大王加惠，以大易小，甚善；虽然，受地于先王，愿终守之，弗敢易！"秦王不说[③]。安陵君因使唐雎使于秦[④]。

秦王谓唐雎曰："寡人以五百里之地易安陵，安陵君不听寡人，何也？且秦灭韩亡魏，而君以五十里之地存者，以君为长者，故不错意也[⑤]。今吾以十倍之地，请广于君[⑥]，而君逆寡人者，轻寡人与？"唐雎对曰："否，非若是也。安陵君受地于先王而守之，虽千里不敢易也，岂直五百里哉？"

秦王怫然怒，谓唐雎曰："公亦尝闻天子之怒乎？"唐雎对曰："臣未尝闻也。"秦王曰："天子之怒，伏尸百万，流血千里。"唐雎曰："大王尝闻布衣之怒乎？"秦王曰："布衣之怒，亦免冠徒跣[⑦]，以头抢地耳。"唐雎曰："此庸夫之怒也，非士之怒也。夫专诸之刺王僚也，彗星袭月⑧；聂政之刺韩傀也，白虹贯日⑨；要离之刺庆忌也，苍鹰击于殿上⑩。此三子者，皆布衣之士也，怀怒未发，休祲降于天⑪，与臣而将四矣。若士必怒，伏尸二人，流血五步，天下缟素，今日是也。"挺剑而起。

秦王色挠⑫，长跪而谢之⑬，曰："先生坐！何至于此！寡人谕矣⑭：夫韩、魏灭亡，而安陵以五十里之地存者，徒以有先生也！

| 注释 |

①秦王：即后来的秦始皇。姓嬴名政。当时还未称帝，故称秦王。安陵君：魏襄王之弟，封于安陵，称安陵君。这里说的安陵君是他的后裔。安陵，在今河南省郡陵西北。

②其：助词，表示愿望，要求。

③说：同"悦"。

④唐雎：也作唐且，安陵君的臣子。

⑤错意：放在心上。错，通"措"。

⑥广于君：使安陵君的土地宽广。广：扩充，扩大。

⑦免冠：摘掉帽子。徒跣：光脚步行。徒，步行。跣，赤脚。

⑧专诸之刺王僚：春秋时，吴国公子光（后来的吴王阖闾）养勇士专诸，在宴会上藏短剑于鱼腹，借献食之机，刺杀吴王僚。事见《左传·昭公二十七年》

及《史记·刺客列传》。慧星袭月，慧星尾部的光扫及月亮。意谓专诸刺王僚惊动上天。

⑨聂政之刺韩傀：战国时韩国大夫严仲子派侠士聂政刺死韩相韩傀。事见《战国策·韩策二》及《史记·刺客列传》。白虹贯日，白虹的光彩穿过太阳。

⑩要离之刺庆忌：吴公子光派专诸刺死吴王僚后，其子庆忌逃到卫国。公子光夺位后，派勇士要离假装得罪出逃，到卫国后假意向庆忌献破吴之策，接近庆忌，终将其杀死。庆忌，吴王僚的儿子。苍鹰击于殿上，苍鹰飞到殿上搏击。

⑪休祲：福祸的征兆。休，吉祥。祲，妖气。指前文"慧星袭月"等现象。

⑫色：脸色。挠：屈，屈服。

⑬长跪：挺直身子跪着。古时席地而坐，两膝据地，臀靠脚跟。长跪则要臀离脚跟。

⑭谕：通"喻"，明白，理解。

| 赏析 |

本文选自《战国策·魏策四》。在秦灭韩亡魏后，又企图以欺诈的手段吞并魏附庸的小国安陵，在这种情况下，安陵君派遣唐雎前去与虎狼之秦交涉。本文主体内容由唐雎、秦王和安陵君三人的对话构成，言语中三人的神态与品行均跃然纸上，秦王先是传话"安陵君其许寡人"，疾言厉色，颐指气使，而安陵君则是谨小慎微，低首下心；唐雎出使秦国时，秦王更是

蓄怒待发，兴师问罪，面对虚伪、残暴、蛮横，并以武力威胁的秦王，唐雎据理驳斥，从容镇定，以"布衣之怒"相对，以浪漫夸张的口吻讲述了古代刺客的惊天之举，使盛气凌人的秦王继而"色挠"，转而跪谢，唐雎却由和平自若而气势高昂；其所表现的凛然侠义与秦王的色厉内荏形成鲜明对比。

非攻

《墨子》①

今有一人，入人园圃，窃其桃李，众闻则非之，上为政者得则罚之。此何也？以亏人自利也。至攘人犬豕鸡豚者，其不义，又甚入人园圃窃桃李。是何故也？以亏人愈多。苟亏人愈多，其不仁兹甚，罪益厚。至入人栏厩，取人马牛者，其不义，又甚攘人犬豕鸡豚。此何故也？以其亏人愈多。苟亏人愈多，其不仁兹甚，罪益厚。至杀不辜人也②，扡其衣裘③、取戈剑者，其不义，又甚入人栏厩，取人牛马。此何故也？以其亏人愈多。苟亏人愈多，其不仁兹甚矣，罪益厚。当此，天下之君子皆知而非之，谓之不义。今至大为不义攻国，则弗知非，从而誉之，谓之义。此可谓知义与不义之别乎？

杀一人，谓之不义，必有一死罪矣。若以此说往，杀十人，十重不义④，必有十死罪矣；杀百人，百重不义，必有百死罪矣。当此，天下之君子皆知而非之，谓之不义。今至大为不义攻国，则弗知非，从而誉之，谓之义。情不知其不义也⑤，故书其言以遗后世；若知其不义也，夫奚说书其不义以遗后世哉⑥？

今有人于此，少见黑曰黑，多见黑曰白，则必以此人为不知白黑之辩矣。少尝苦曰苦，多尝苦曰甘，则必以此人为不知甘苦之辩矣。今小为非，则知而非之；大为非攻国，则不知非，从而誉之，谓之义：此可谓知义与不义之辩乎？是以知天下之君子也，辩义与不义之乱也。

注释

①《墨子》：墨家学派的代表著作。据《汉书·艺文志》著录为七十一篇，现存十五卷，五十三篇：其中小部分为墨子自著，大部分为墨子弟子及再传弟子根据他的言行记录编纂而成。墨子（约公元前468年—约公元前376年），名翟，战国初期鲁国人，宋公族目夷氏（墨台氏）之后。出身微贱，曾为木匠，又曾在宋国做过大夫。多次游历于齐、卫、楚各国之间，为墨家学派创始人。墨子提倡"尚贤"、"尚同"、"兼爱"、"非攻"、"节葬"、"非乐"等。

②不辜：无罪。

③扡：同"拖"，拉下或剥下的意思。

④十重：十倍。

⑤情不知：实在是因为他们不知道。情：诚，实在情形。

⑥奚说：什么理由。奚：何，什么。说，用作名词，理由。

| 赏析 |

本文选自《墨子》卷五。《非攻》分上、中、下三篇，此为上篇，是《墨子》一书的第十七篇。《墨子》一书中的文章，语言朴实无华，逻辑推理严密，善于运用人们耳熟能详、司空见惯的具体事例阐明主旨，陈说事理。本文旨在反对侵略兼并战争，是一篇典范作品。本文由"入人园圃，窃其桃李"与"攘人犬豕鸡豚"这样的日常小事说起，推理出"亏人愈多，其不仁兹甚，罪益厚"这一判断是非的基本原则，并依此原则来论证"攻国"是大不义的行为，应当受到谴责；进而又以杀人之事为例，再度类推，并言明君子应明辨义与不义之分。全文结构严谨，环环相扣，步步为营，深入浅出，由明及隐，逐步推论，言辞恳切，易于接受。

礼运

《礼记》

昔者仲尼与于蜡宾①，事毕，出游于观之上②，喟然而叹。仲尼之叹，盖叹鲁也。言偃在侧曰："君子何叹？"孔子曰："大道之行也③，与三代之英④，丘未之逮也，而有志焉。大道之行也，天下为公⑤，选贤与能，讲信修睦。故人不独亲其亲，不独子其子，使老有所终，壮有所用，幼有所长，鳏寡孤独废疾者皆有所养，男有分，女有归。货恶其弃于地也，不必藏于己⑥；力恶其不出于身也，不必为己。是故谋闭而不兴⑦，盗窃乱贼而不作，故外户而不闭，是谓大同。今大道既隐，天下为家。各亲其亲，各子其子，货力为己，大人世及以为礼⑧。城郭沟池以为固，礼义以为纪。以正君臣，以笃父子，以睦兄弟，以和夫妇，以设制度，以立田里，以贤勇知，以功为己。故谋用是作⑨，而兵由此起。禹、汤、文、武、成王、周公，由此其选也⑩。此六君子者，未有不谨于礼者也。以著其义，以考其信，著有过⑪，刑仁讲让，示民有常。如有不由此者，在埶者去，众以为殃，是谓小康。"

| 注释 |

①仲尼：孔子名丘，字仲尼。与于蜡（zhà）宾：参与到蜡祭助祭者的行列之中。与：参与，参加。蜡：蜡祭，古代国君在年终举行的祭祀活动。

②观：宗庙门外两侧的高大建筑，又名"阙"。

③大道：指原始共产社会的那些准则。行：实行。

④三代之英：夏商周三代的杰出人物。

⑤天下为公：天下成为公共的。

⑥藏于己：藏在自己家里。

⑦谋：阴谋，奸诈。闭：闭塞兴：起，生。

⑧大人：指天子、诸侯。世及：世代相传，世袭。父子相传叫'世'兄弟相传叫"及"，以：把……。

⑨用是：因此。

⑩选拔出来的人物，也就是杰出的人物。

⑪著有过：有过错就明白指出。

| 赏析 |

本文是《礼记·礼运》的开头一段。东汉人郑玄认为"礼运"是"记五帝三王相变易及阴阳运转之道"的意思。这段文字是孔子参加了鲁国祭礼之后，登观而叹，弟子言偃发问，孔子所讲的话表现了当时的士人因对现实不满而产生的复古思想。孔子认为，夏禹以前的远古氏族公社时代是"天下为公"的"大同"之世，夏禹传位于其子夏启，则进入了"小康"之世。

人不独亲其亲，不独子其子"的"大同"社会是孔子所称道和向往的理想社会，而其"老有所终，壮有所用，幼有所长"，与《论语·公冶长》中所记孔子语"老者安之，朋友信之，少者怀之"的思想内涵大体一致。这种"天下为公"的"大同"社会与现实社会中"礼崩乐坏"的政治局面形成鲜明对比。全文语言平实，文风朴质，不事雕琢，而又立论严谨，逻辑紧凑，堪称典范。

齐人有一妻一妾

《孟子》

齐人有一妻一妾而处室者，其良人出^①，则必餍酒肉而后反^②。其妻问所与饮食者，则尽富贵也。其妻告其妾曰："良人出，则必餍酒肉而后反；问其与饮食者，尽富贵也，而未尝有显者来，吾将瞷良人之所之也^③。"

蚤起^④，施从良人之所之^⑤，遍国中无与立谈者。卒之东郭墦间^⑥，之祭者，乞其余；不足，又顾而之他。此其为餍足之道也。

其妻归，告其妾，曰："良人者，所仰望而终身也^⑦，今若此。"与其妾讪其良人^⑧，而相泣于中庭，而良人未之知也，施施从外来^⑨，骄其妻妾。

由君子观之，则人之所以求富贵利达者，其妻妾不羞也，而不相泣者，几希矣。

注释

①其良人出：她们的丈夫（每次）出去。良人，古时妻称夫为"良人"。

②餍（yàn）酒肉：酒足饭饱。反：同"返"，回家。

③瞯：偷看。良人之所之：丈夫所到的地方。意思说，看他究竟到了些什么地方，做什么。所之，所往。

④蚤：同"早"。

⑤施从：斜曲跟随，意思是偷偷地尾随在她丈夫后面。

⑥卒：最后。之：往，走到。东郭：东城外。墦间：坟地中间。墦，坟墓。

⑦所仰望而终身也：是（你和我）依靠一辈子的人。仰望，依靠。

⑧讪：讥笑，这里是嘲骂的意思。

⑨施施：洋洋得意的样子。

| 赏析 |

本文选自《孟子·离姿下》，是一篇风格诙谐，意味隽永的讽刺小品，文章描述了一个每日求乞于墓地，酒足饭饱后归来又向自己妻妾百般炫耀的齐人的生活经历，借以讽刺与揭露当时的那些用卑劣的手段追求富贵利达的无耻之徒。该篇仅二百字左右的短文，竟惟妙惟肖地把齐人的自夸海口，妻妾的怀疑跟踪以及齐人乞食墦间和妻妾窥得真情之后的失望和相对而泣描摹、表现的淋漓尽致，纤毫毕现，足以显示孟子散文的文学色彩。孟子并不完全排斥富贵利达，而是主张取之有道，像齐人这般不择手段、甚至丑态百出，丧失尊严的行为是孟子所绝不能认同的。文章结尾点明主旨，意在棒喝人们，警示世人。全文繁简得当，干净利落，衔接自然，已具有短片小说的雏形。

申胥谏许越成

《国语》

吴王夫差乃告诸大夫曰："孤将有大志于齐①，吾将许越成②，而无拂吾虑。若越既改，吾又何求？若其不改，反行，吾振旅焉③。"申胥谏曰④："不可许也。夫越非实忠心好吴也，又非慑畏吾甲兵之强也。大夫种勇而善谋⑤，将还玩吴国于股掌之上，以得其志。夫固知君王之盖威以好胜也，故婉约其辞，以从逸王志⑥，使淫乐于诸夏之国⑦，以自伤也。使吾甲兵钝弊，民人离落，而日以憔悴，然后安受吾烬⑧。夫越王好信以爱民，四方归之，年谷时熟，日长炎炎，及吾犹可以战也。为虺弗摧⑨，为蛇将若何？"吴王曰："大夫奚隆于越⑩？越曾足以为大虞乎？若无越，则吾何以春秋曜吾军士⑪？"乃许之成。将盟，越王又使诸稽郢辞曰："以盟为有益乎？前盟口血未乾⑫，足以结信矣。以盟为无益乎？君王舍甲兵之威以临使之，而胡重于鬼神而自轻也。"吴王乃许之，荒成不盟。

①有大志于齐：对齐国有大志，指伐齐并占领齐国土兵。

②成：讲和。

③振旅：兴师，起兵。

④申胥：即伍子胥，名员，楚国大夫伍奢次子。奔吴后，吴王封以申地，故也称申胥。

⑤大夫种：越国大夫，文种，字少禽，一字子禽。

⑥从（zòng）：放纵恣肆。

⑦诸夏之国：指中原各国。

⑧烬：灰烬。这里指遭难后的吴国残局。

⑨虺（huī）：小蛇。

⑩奚：何，为什么。隆：看重，尊重。

⑪曜：通"耀"，炫耀。

⑫口血未干：指缔盟为时不久。古代盟会时，要杀牲，以牲血涂于嘴唇，表示诚意。

| 赏析 |

春秋末年，吴越争霸，本文写吴国大夫伍子胥识破越国阴谋而极力反对讲和。

伍子胥富有远见卓识，熟谙吴越关系，所以他一开口就断然地说"不可许也"，并直截了当地戳穿了勾践求和是包藏祸心，而"非实忠心好吴"，建议吴王夫差不要被越国的卑辞厚礼所迷惑，应当趁获胜的良机一举灭越，以绝后患。然而骄矜狂傲的夫差对伍子胥的谏言置若罔闻，同意与越讲和。由此埋下了国破身死的祸根。伍子胥的谏言语句简约，分析精辟，从国情、君情、民情及吴越关系的特点与未来均有思量。其中，说到越国求和目的在于"婉约其辞，以从逸王志，使淫乐于诸夏之国，以自伤也"，可谓切中要害，语语中的。

冯谖客孟尝君

《战国策》

　　齐人有冯谖者①，贫乏不能自存，使人属孟尝君②，愿寄食门下。孟尝君曰："客何好？"曰："客无好也。"曰："客何能？"曰："客无能也。"孟尝君笑而受之，曰："诺。"

　　左右以君贱之也，食以草具③。居有顷，倚柱弹其剑，歌曰："长铗归来乎④！食无鱼。"左右以告。孟尝君曰："食之，比门下之客⑤。"居有顷，复弹其铗，歌曰："长铗归来乎！出无车。"左右皆笑之，以告。孟尝君曰："为之驾，比门下之车客。"于是乘其车，揭其剑，过其友曰："孟尝君客我。"后有顷，复弹其剑铗，歌曰："长铗归来乎！无以为家。"左右皆恶之，以为贪而不知足。孟尝君问："冯公有亲乎？"对曰："有老母。"孟尝君使人给其食用，无使乏。于是冯谖不复歌。

　　后孟尝君出记⑥，问门下诸客："谁习计会，能为文收责于薛者乎⑦？"冯谖署曰："能。"孟尝君怪之，曰："此谁也？"左右曰："乃歌夫'长铗归来'者也。"孟尝君笑曰："客果有能也，吾负之，未尝见也。"请而见之，谢曰："文倦于事，愦于忧[8]，而性懧愚，沉于国家之事，开罪于先生。先生不羞，乃有意欲为收责于薛乎？"冯谖曰："愿之。"于是约车治装[9]，载券契而行。辞曰："责毕收，以何市而反[10]？"孟尝君曰："视吾家所寡有者。"

驱而之薛，使吏召诸民当偿者，悉来合券。券遍合，起，矫命，以责赐诸民。因烧其券。民称万岁。长驱到齐，晨而求见。孟尝君怪其疾也，衣冠而见之，曰："责毕收乎？来何疾也！"曰："收毕矣。""以何市而反？"冯谖曰："君之'视吾家所寡有者'，臣窃计，君宫中积珍宝，狗马实外厩，美人充下陈[11]。君家所寡有者，以义耳！窃以为君市义。"孟尝君曰："市义奈何？"曰："今君有区区之薛，不拊爱子其民，因而贾利之。臣窃矫君命，以责赐诸民，因烧其券，民称万岁。乃臣所以为君市义也"孟尝君不悦，曰："诺，先生休矣！"

后期年，齐王谓孟尝君曰："寡人不敢以先王之臣为臣。"孟尝君就国于薛，未至百里，民扶老携幼，迎君道中。孟尝君顾谓冯谖："先生所为文市义者，乃今日见之。"

冯谖曰："狡兔有三窟，仅得免其死耳；今君有一窟，未得高枕而卧也。请为君复凿二窟。"孟尝君予车五十乘，金五百斤，西游于梁，谓惠王曰："齐放其大臣孟尝君于诸侯⑫，诸侯先迎之者，富而兵强。"于是梁王虚上位⑬，以故相为上将军，遣使者黄金千斤，车百乘，往聘孟尝君。冯谖先驱，诫孟尝君曰："千金，重币也；百乘，显使也。齐其闻之矣。"梁使三反，孟尝君固辞不往也。

　　齐王闻之，君臣恐惧，遣太傅赍黄金千斤、文车二驷，服剑一，封书，谢孟尝君曰："寡人不祥⑭，被于宗庙之祟，沉于谄谀之臣，开罪于君。寡人不足为也；愿君顾先王之宗庙，姑反国统万人乎！"冯谖诫孟尝君曰："愿请先王之祭器⑮，立宗庙于薛。"庙成，还报孟尝君曰："三窟已就，君姑高枕为乐矣。"孟尝君为相数十年，无纤介之祸者，冯谖之计也。

　　| 注释 |

①冯谖（xuān）：齐国孟尝君的门客。

②属（zhǔ）：同"嘱"，嘱托，请托。孟尝君：即田文，齐靖郭君田婴少子，袭其父职为齐相。号孟尝君。以好养士闻名，门下有食客数千人。与魏国的信陵君、楚国的春申君、赵国的平原君并称为战国四公子。

③食：给食物吃。草具：装盛粗劣饮食的食具。

④铗（jiá）：剑柄，这里指剑。

⑤食之：给他（鱼）吃。比：比照，像……一样。

⑥出记：出通告。

⑦计会（kuài）：会计。责：同"债"，放出的债款或粮米。薛：在今山东省滕县南。

⑧愦于忧：因为忧虑而致心中昏乱。愦：昏乱。

⑨约车：套车，即将马套在车辕内。治装：治办行装。

⑩何市而反：买些什么回来？市，买。反，同"返"。

⑪充：充实，充满。下陈：后列，指堂下。

⑫放：放逐。

⑬虚：空出，让出。上位：高位。

⑭不祥：不善，不好。

⑮祭器：宗庙里祭祖用的器物。在薛地建起齐国先王的宗庙，将来齐王就不便夺毁其封邑；如有他国来犯，齐王也不便坐视不救。这是冯谖替孟尝君定的安身之计。

| 赏析 |

本文选自《战国策·齐策四》，战国时代，列国纷争，"士"这一新产生的社会阶层在社会政治舞台上非常活跃。王侯将相争相养士，蔚然成风，"士为知己者用"也成为历史的必然。本文主要记述冯谖在孟尝君门下做食客的经历与作为，反映了冯谖这个门客的聪明才智，也显示了作为战国四公子之一的孟尝君养士、用士的政治风采。文章通过引人入胜的富有戏剧性的故事情节，着意刻画了冯谖的门客形象。运用先抑后扬、对比衬托等手法，写出了冯谖由微而著的具体过程。出到孟尝君门下，冯谖以"无好""无能"的说辞来

试探对方，后又装愚守拙，连续三次弹剑而歌来不断增加自己的待遇要求，孟尝君左右皆以其贪心不足而恶之，孟尝君却一次次的满足了其要求，这样的笔法为下文冯谖才能的展露留足了悬念。后冯谖在为孟尝君有条不紊的营造"三窟"的过程中大显身手，不仅使得孟尝君赢得了民心，复其相位，更立宗庙与薛，彻底巩固了孟尝君的政治地位，至此，将冯谖的性格特点和远见卓识展现的淋漓尽致。

王孙满对楚子

《左传》

楚子伐陆浑之戎①，遂至于雒②，观兵于周疆。定王使王孙满劳楚子③。楚子问鼎之大小轻重焉④。对曰："在德不在鼎。昔夏之方有德也，远方图物⑤，贡金九牧⑥，铸鼎象物，百物而为之备，使民知神奸⑦。故民入川泽山林，不逢不若⑧。魑魅罔两，莫能逢之。用能协于上下，以承天休⑨。桀有昏德，鼎迁于商，载祀六百。商纣暴虐，鼎迁于周。德之休明⑩，虽小，重也。其奸回昏乱，虽大，轻也。天祚明德，有所底止。成王定鼎于郏鄏，卜世三十，卜年七百，天所命也。周德虽衰，天命未改。鼎之轻重，未可问也。

│注释│

①楚子：指楚庄王，公元前613年至公元前591年在位。陆浑之戎：古代西北地区少数民族之一，戎人的一支。原居秦、晋西北，春秋时迁至伊川（今河南伊河流域）。

②雒：雒水，今作洛水。发源于陕西，经河南流入黄河。

③定王：周定王，襄王之孙，名瑜，公元前以606

年至公元前 586 年在位。王孙满：周大夫。劳：慰劳。

④鼎：即九鼎，相传夏禹时所造，为夏、商、周三代传国之宝。九鼎象征九州，也象征王朝权力。因此问鼎的轻重，实际上是觊觎王权，暴露了问者的野心。

⑤图物：把物绘制成图。

⑥贡金：贡献青铜。金，指青铜。九牧：即九州，州的长官叫牧。这句意谓"九牧贡金"。

⑦神奸：鬼神的怪异之状。

⑧不逢不若：不会遇到不顺利的事。若，顺。

⑨休：福分，荫庇。

⑩休明：美好光明。

| 赏析 |

春秋时代，随着周天子王权的衰落，礼崩乐坏，诸侯争霸，公元前 606 年，楚庄王吞并了周围的一些小国后，自以为羽翼已丰，便觊觎周室，陈兵于周朝边境，并询问九鼎的轻重。周大夫王孙满针对楚庄王的狂妄野心作了一番义正辞严的回答。他开宗明义地指出，一个王朝的兴亡"在德不在鼎"，可谓掷地有声，坚不可摧，而后，其又以夏、商、周的历史变迁为线索，讲述了九鼎的来历及其几易其主的过程，意在说明有德者才配坐拥天下的道理。同时，王孙满强调"周德虽衰，天命未改"这一说辞，但，将周王室的兴衰归于天命，即是对天下大势的清醒认识，又表现了对日益衰落的周王朝的些许无奈，无论如何，此番对答都是对楚王问鼎的有力回击。

子革对灵王

《左传》

楚子狩于州来①，次于颍尾，使荡侯、潘子、司马督、嚣尹午、陵尹喜帅师围徐以惧吴。楚子次于乾溪②，以为之援。

雨雪，王皮冠，秦复陶，翠被，豹舄③，执鞭以出，仆析父从。右尹子革夕，王见之。去冠被，舍鞭，与之语曰："昔我先王熊绎与吕伋、王孙牟、燮父、禽父，并事康王，四国皆有分，我独无有。今吾使人于周，求鼎以为分，王其与我乎？"

对曰："与君王哉！昔我先王熊绎，辟在荆山，筚路蓝缕，以处草莽，跋涉山林，以事天子，唯是桃弧、棘矢④，以共御王事。齐，王舅也；晋及鲁、卫，王母弟也。楚是以无分，而彼皆有。今周与四国服事君王，将唯命是从，岂其爱鼎？"王曰："昔我皇祖伯父昆吾，旧许是宅。今郑人贪赖其田，而不我与。我若求之，其与我乎？"

对曰："与君王哉！周不爱鼎，郑敢爱田？"王曰："昔诸侯远我而畏晋，今我大城陈、蔡、不羹⑤，赋皆千乘，子与有劳焉。诸侯其畏我乎？"对曰："畏君王哉！是四国者，专足畏也，又加之以楚，敢不畏君王哉？"

工尹路请曰："君王命剥圭以为鏚柲，敢请命。"王入视之。析父谓子革："吾子，楚国之望也！今与王言如响，国其若之何？"子革曰："摩厉以须，王出，吾刃将斩矣。"

王出，复语。左史倚相趋过。王曰："是良史也，子善视之。是能读《三坟》、《五典》、《八索》、《九丘》。"对曰："臣尝问焉，昔穆王欲肆其心，周行天下，将皆必有车辙马迹焉⑥。祭公谋父作《祈招》之诗，以止王心，王是以获没于祗宫。臣问其诗而不知也；若问远焉，其焉能知之？"

王曰："子能乎？"对曰："能。其《诗》曰：'祈招之愔愔，式昭德音。思我王度，式如玉，式如金。形民之力，而无醉饱之心。'"

王揖而入，馈不食，寝不寐，数日。不能自克，以及于难⑦。

仲尼曰："古也有志：'克己复礼⑧，仁也。'信善哉！楚灵王若能如是，岂其辱于乾溪？"

①楚子：指楚灵王，名围，公元前540年至公元前529年在位。狩：冬猎。州来：楚国地名，在今安徽凤台北。

②次：临时住宿，驻扎。

③秦复陶：秦国赠的羽衣。翠被：用翠羽装饰的披肩。舄：鞋。

④桃弧：桃木制成的弓。棘矢：酸枣木制成的箭。

⑤城：修筑城墙。陈：小国名，在今河南淮阳一带。蔡：小国名，在今河南上蔡东南一带。陈、蔡都被楚灭掉。不羹（gēng）：地名，有东西二城，东不羹在今河南舞阳北，西不羹在今河南襄城东。

⑥皆必有车辙马迹：到处都要留下他的车辙马迹。指要周游天下。

⑦及于难：遭遇祸难。鲁昭公十三年（公元前529年），楚灵王被公子子比所逼，在乾溪自杀。

⑧克己复礼：克制自己，使言行回到礼上来。

|赏析|

楚灵王乃是春秋后期一位极富争议的君主，乃楚庄王的孙子，楚共王的次子，楚康王的弟弟。楚康王死后，其幼子即位为君，当时担任令尹的灵王趁国君生病，亲手勒死了国君，自立为王。文章的开头部分先声夺人，楚灵王一出场，作者就以简洁利落的笔墨描绘了他的"皮冠"、"翠被"等服饰，给人以华贵、奢靡的印象，这与下文楚王"问周鼎，问郑田，问诸

侯是否畏楚"的"三问"相互映衬，塑造出一个刚腹自用、贪得无厌的春秋霸主的形象。 而子革的三答语气婉转而充满智慧，以微言讽谏的形式来力求忠言而不甚逆耳。，虽然子革的谏言打动了灵王，灵王却无法克制自己。第二年，楚国内部就爆发了政变，穷兵黩武的灵王被废黜，其弟登基为王，众叛亲离的灵王最后被迫自杀，这就是一代霸主的下场。文章对结局的交待，以及引述孔子的名言，都鲜明的表现出出作品的主题。

赵威后问齐使

《战国策》

齐王使使者问赵威后①。书未发②,威后问使者曰:"岁亦无恙邪③?民亦无恙邪?王亦无恙邪?"使者不说,曰:"臣奉使使威后,今不问王而先问岁与民,岂先贱而后尊贵者乎?"威后曰:"不然,苟无岁,何以有民?苟无民,何以有君?故有舍本而问末者耶?"

乃进而问之曰:"齐有处士曰锺离子④,无恙耶?是其为人也,有粮者亦食⑤,无粮者亦食;有衣者亦衣⑥,无衣者亦衣。是助王养其民也,何以至今不业也?叶阳子无恙乎?是其为人,哀鳏寡,恤孤独,振困穷,补不足。是助王息其民者也,何以至今不业也?北宫之女婴儿子无恙耶⑦?彻其环瑱⑧,至老不嫁,以养父母。是皆率民而出于孝情者也,胡为至今不朝也?此二士弗业,一女不朝,何以王齐国,子万民乎⑨?於陵子仲尚存乎⑩?是其为人也,上不臣于王,下不治其家,中不索交诸侯。此率民而出于无用者,何为至今不杀乎?"

①齐王：战国时齐王建，齐襄王之子。赵威后：战国时赵惠文王妻。惠文王死，其子孝成王立，因年幼由威后执政。

②发：启封。

③岁亦无恙耶：年成还好吧？岁，年成。亦，语助词，无义。无恙，无忧，犹言"平安无事"。

④处士：有才能、有道德而隐居不仕的人。钟离子：齐国处士。钟离，复姓。子，古时对男子的尊称。

⑤食：拿食物给人吃。

⑥衣：拿衣服给人穿。

⑦北宫之女婴儿子：北宫氏的女子婴儿子。北宫，复姓。婴儿子是人名。

⑧彻：通"撤"，除去。环：指耳环、臂环一类的饰物。瑱：一种玉制的耳饰。

⑨子万名：以万名为子女，犹言"为民父母"。

⑩於陵子仲：齐国的隐士。於陵：齐邑名，故城在今山东省长山县西南。

｜赏析｜

本文选自《战国策·齐策四》，这篇文章记述的是赵威后与齐国使臣的对话及赵威后针对齐国政治状况的几番发问，陈述了这位女执政者的"以民为本"的政治见解。公元前266年赵惠文王卒，其子孝成王继位，因年幼，由赵威后执政。短文紧扣一个"问"字，连续七问，句法灵活自如，辞语错综变化，毫无板滞枯躁之感。首段三问：问"岁"，问"民"，问"王"；从此三问的顺序来看，已表明赵威后的民本思想，并刻画出其坦率爽直的性格。齐使认为赵威后"先贱而后尊贵"是所问失序，赵威后以两个简洁的假设反问，逻样严谨地论证了"岁"、"民"、"王"三者的关系，何为"本"，何为"末"，一目了然，是儒家"民贵君轻"思想的体现。第二段由四问构成：问钟离子事，问叶阳子事，问婴儿子事，问补陵子仲事。所步及的前三人都是有益于朝廷治国的正面典型，因而皆用"无羞耶"热情询问，表现出赵威后对他们的命运的关切。矜陵子仲不忠不孝，有害于国，因而用"尚存乎"发问，表现出赵威后对他的鄙视与憎恶之情。"四问"的语言章法完全一致，都是先询问，再评说，最后以一疑问句表明主张。但每问所用句式绝不雷同，显出错落变化之妙；再加上四问的各自的结尾又有不同的情感色彩，读来颇为鲜活生动。

子产不毁乡校

《左传》

郑人游于乡校①，以论执政。然明谓子产曰②："毁乡校，何如？"子产曰："何为？夫人朝夕退而游焉③，以议执政之善否。其所善者，吾则行之；其所恶者，吾则改之。是吾师也，若之何毁之？我闻为忠善以损怨④，不闻作威以防怨⑤。岂不遽止⑥？然犹防川也：大决所犯，伤人必多，吾不克救也；不如小决使道⑦，不如吾闻而药之也⑧。"然明曰："蔑也今而后知吾子之信可事也⑨。小人实 不才。若果行此，其郑国实赖之，岂唯二三臣⑩？"

仲尼闻是语也，曰："以是观之，人谓子产不仁，吾不信也。"

| 注释 |

①乡校：古时乡间的公共场所，既是学校，又是乡人聚会议事的地方。

②然明：郑国大夫，然明是他的字。

③退：工作完毕后回来。

④忠善：尽力做善事。损：减少。

⑤作威：摆出威风。

⑥遽（jù）：很快，迅速。

⑦道：同"导"，疏通，引导。

⑧药之：以之为药，用它做治病的药。

⑨信：确实，的确。可事：可以成事。

⑩二三：这些，这几位。

| 赏析 |

子产是郑国的执政大夫，他先后辅佐郑简公、郑定公达二十余年，执政期间，子产锐意进取，政绩卓著，是春秋时期著名的政治家、改革家，也是法家的一位先驱人物。本文从一个侧面反映了这位政治家的精神风貌与兼容气质，使人们得以知晓郑国一度兴旺发达的一个重要原因就是政治上的开明。"子产不毁乡校"，说明子产重视百姓呼声，善于因势利导，具有大政治家的宽广胸怀。对于民众的批评，力主疏导的子产与主张封堵的然明明显不同，而历史已经一再证明了"防民之口甚于防川"的说法。这篇以人物对话为主体内容的短文议论透彻，比喻贴切，层层深入，理念清晰。文末用孔子之语一锤定音，确切地表达了作者的倾向，可谓曲终奏雅，耐人回味。

驹支不屈于晋

《左传》

会于向①，将执戎子驹支②。范宣子亲数诸朝③。曰："来，姜戎氏。昔秦人迫逐乃祖吾离于瓜州④，乃祖吾离被苫盖⑤，蒙荆棘，以来归我先君。我先君惠公有不腆之田⑥，与女剖分而食之⑦。今诸侯之事我寡君不如昔者，盖言语漏泄，则职女之由。诘朝之事⑧，尔无与焉！与，将执女。"

对曰："昔秦人负恃其众，贪于土地，逐我诸戎。惠公蠲其大德，谓我诸戎是四岳之裔胄也⑨，毋是翦弃⑩。赐我南鄙之田，狐狸所居，豺狼所嗥。我诸戎除翦其荆棘，驱其狐狸豺狼，以为先君不侵不叛之臣，至于今不贰。昔文公与秦伐郑，秦人窃与郑盟而舍戍焉，于是乎有殽之师。晋御其上，戎亢其下，秦师不复，我诸戎实然。譬如捕鹿，晋人角之⑪，诸戎掎之⑫，与晋踣之⑬，戎何以不免？自是以来，晋之百役，与我诸戎相继于时，以从执政，犹殽志也，岂敢离逷⑭？今官之师旅，无乃实有所阙，以携诸侯，而罪我诸戎。我诸戎饮食衣服不与华同，贽币不通，言语不达，何恶之能为？不与于会，亦无瞢焉⑮。"赋《青蝇》而退⑯。

宣子辞焉，使即事于会，成恺悌也⑰。

| 注释 |

①向：吴国地名，在今安徽怀远。鲁襄公十四年（公元前559年），应吴国请求，晋国召集诸侯使臣，在这里共谋伐楚之事。

②执：捉拿，逮捕。戎子：姜戎族的首领。姜戎是古代戎人的一个分支。驹支："戎子"之名。

③范宣子：晋国大臣，士氏，名匄。范文子的儿子。数：历数（罪状），列举。

④迫逐：逼迫驱逐。乃祖：你们的先祖。吾离："乃祖"之名。瓜州：地名，在今甘肃敦煌西。

⑤被：通"披"。苫（shān）盖：用草编的覆盖物。

⑥腆：丰厚，多。

⑦剖分：从中间切开，平分。

⑧洁朝：早晨，指明早。

⑨四岳：传说是尧、舜时的四方部落的首领。裔胄：后代。

⑩剪弃：灭绝，抛弃。

⑪角：抓住角。用作动词。

⑫掎：拉住腿。

⑬踣：仆倒。

⑭离逷：疏远。

⑮耋：惭愧。

⑯《青蝇》：见《诗经·小雅》。这是一首劝戒人们勿信谗言的诗。

⑰恺悌：和蔼可亲。《青蝇》有"岂弟君子，无信谗言"的句子，"岂弟"，即"恺悌"。

| 赏析 |

该文反映了春秋时期各族间既斗争又融合的复杂关系。姜戎氏是分布在我国西北方的古戎族的一支。这个强悍的部族起初聚居于瓜州（在今甘肃敦煌西）一带，后来辗转迁徙至山西南部，依附晋国。鲁襄公十四年，晋国的大臣范宣子与各国使臣在吴国的向地聚会，商讨共同伐楚事宜。姜戎氏首领驹支也前来参加聚会，而范宣子却怒气相凌，恶语相加，在朝堂上列举他的罪状，打算以此将他逐出盟会；如要参加，就将把他拘捕起来。面对骤至的攻击与突然的事变，驹支沉着冷静，从容应对，据理反驳，有理有节，终于以婉转雄辩的外交辞令战胜对方，使得范宣子连忙赔罪，并请他参加了盟会。驹支面对中原地区一些士大夫"非我族类，其心必异"的民族观，镇定自若，运用外交辞令据理力争，不仅围绕着与晋、秦的关系列举出可以服人的事实，而且以"捕鹿"为喻，把姜戎在同晋国一道抗秦时发挥的重要作用作了形象的表述最后更是"赋《青蝇》而退"，他的文化修养和外交辞令使他获得了参加中原各国使臣的盟会资格。

祭公谏征犬戎

《国语》

穆王将征犬戎①，祭公谋父谏曰②："不可。先王耀德不观兵。夫兵，戢而时动③，动则威；观则玩，玩则无震。是故周文公之《颂》曰：'载戢干戈，载櫜弓矢；我求懿德，肆于时夏④。允王保之。'先王之于民也，茂正其德，而厚其性；阜其财求，而利其器用；明利害之乡，以文修之，使务利而避害，怀德而畏威，故能保世以滋大。

昔我先世后稷⑤，以服事虞夏。及夏之衰也，弃稷弗务，我先王不窋，用失其官⑥，而自窜于戎翟之间⑦。不敢怠业，时序其德，纂修其绪，修其训典；朝夕恪勤，守以惇笃，奉以忠信，奕世戴德，不忝前人⑧。至于武王，昭前之光明，而加之以慈和，事神保民，莫不欣喜。商王帝辛，大恶于民，庶民弗忍，欣戴武王，以致戎于商牧。是先王非务武也，勤恤民隐，而除其害也。

夫先王之制：邦内甸服，邦外侯服，侯、卫宾服，夷、蛮要服，戎、狄荒服⑨。甸服者祭，侯服者祀，宾服者享，要服者贡，荒服者王。日祭，月祀，时享，岁贡，终王，先王之训也。

有不祭，则修意；有不祀，则修言；有不享，则修文；有不贡，则修名；有不王，则修德。序成而有不至，则修刑。于是乎有刑不祭，伐不祀，征不享，让不贡，告不王。于是乎有刑罚之辟，有攻伐之兵，有征讨之备，有威让之令，有文告之辞。布令陈辞，而又不至，则又增修于德，无勤民于远。

是以近无不听，远无不服。今自大毕、伯士之终也，犬戎氏以其职来王，天子曰：'予必以不享征之'，且观之兵，其无乃废先王之训，而王几顿乎？吾闻夫犬戎树惇⑩，能帅旧德⑪，而守终纯固，其有以御我矣。"王不听，遂征之，得四白狼、四白鹿以归。自是荒服者不至。

| 注释 |

①穆王：指周穆王，名满，公元前1001年至公元前947年在位。犬戎：古代西北戎人的一支，也称西戎、昆夷。商周时，游牧于陕西关中地区，成为商周主要边患。

②祭公谋父：周公旦的后代，周王卿士，封于祭（今河南开封东北），字谋父。

③戢：集结，聚集。时动：按照一定的季节行动。

④肆：施，传布。时：是，这，这个。夏：华夏。这里指中国。

⑤后稷：周人始祖，名弃，相传他是农耕的发明者。

⑥不窋：古代周族部落首领。用：因此。

⑦窜：逃奔。翟：即狄。

⑧忝：辱没，有愧于。

⑨邦内：指周天子直接统治的王城及周围地区。甸服：人民为天子种田。甸，通"田"，治田。服，服事，服侍。侯服：天子分封给诸侯的土地。卫，保卫王城的地区。宾服：诸侯按时向天子朝拜贡纳，表示服从。要：通"徼"，边境。荒：边远地带。

⑩树惇厚：本性淳厚。树，建立，树立，指立性。

⑪帅：通"率"，由，循。

| 赏析 |

本文记述了西周前期著名卿士祭公谋父劝说周穆王的谏辞。成、康之后，西周王朝呈现出衰退的迹象，周穆王却不以为然，急于依靠武力征伐来树立自身形象，巩固天子地位，祭公谋父对于穆王这种劳师远征，穷兵黩武的行为深表不满，并进行了极力的劝谏。针对宗法观念极强的周穆王，祭公谋父的劝谏也极具技巧，他先道出"先王耀德不观兵"的观点，将先王以德服人，不轻易诉诸武力的执政传统言表出来，继而，为增强论证力度，又引述"周文公之《颂》"中的言语，追述周朝先王灭商前那段"不敢怠业，时序其德"的发祥史，其言有理有据，颇具逻辑力量。而后，祭公谋父又强调了"先王之制"。按"先王之制"的要求，对居于荒远地区的少数民族只要名义上臣服就可以了，不必去武力征伐。穆王"将征犬戎"，这是一种"废先王之训"的错误举动。劝谏语语切中要害，但无奈穆王不以为然。文章最后言明其征伐的结果是"自是荒服者不至"，而"得四白狼、四白鹿以归"的记述，较"一无所获"而言更具讽刺意味。

敬姜论劳逸

《国语》

公父文伯退朝[①]，朝其母，其母方绩[②]，文伯曰："以歜之家而主犹绩[③]，惧干季孙之怒也[④]。其以歜为不能事主乎？"其母叹曰："鲁其亡乎？使僮子备官而未之闻耶[⑤]？居，吾语女。昔圣王之处民也，择瘠土而处之，劳其民而用之，故长王天下。夫民劳则思，思则善心生；逸则淫，淫则忘善；忘善则恶心生。沃土之民不材，淫也。瘠土之民，莫不向义，劳也。

是故天子大采朝日[⑥]，与三公九卿，祖识地德[⑦]，日中考政，与百官之政事。师尹惟旅牧相，宣序民事。少采夕月[⑧]，与大史司载纠虔天刑。日入，监九御，使洁奉禘郊之粢盛，而後即安。诸侯朝修天子之业命，昼考其国国职，夕省其典刑，夜儆百工，使无慆淫，而後即安。卿大朝考其职，昼讲其庶政，夕序其业，夜庀其家事，而後即安。士朝受业，昼而讲贯，夕而习复，夜而计过，无憾，而後即安。自庶人以下，明而动，晦而休，无日以怠。王后亲织玄紞[⑨]，公侯之夫人，加之纮、綖[⑩]。卿之内为大带，命妇成祭服。

列士之妻，加之以朝服。自庶士以下，皆衣其夫。社而赋事，蒸而献功，男女效绩，愆则有辟。古之制也！君子劳心，小人劳力，先王之训也！自上以下，谁敢淫心舍力？

今我寡也，尔又在下位⑪，朝夕处事，犹恐忘先人之业。况有怠惰，其何以避辟？吾冀而朝夕修我，曰：'必无废先人。'尔今曰：'胡不自安？'以是承君之官⑫，余惧穆伯之绝祀也？"

仲尼闻之曰："弟子志之，季氏之妇不淫矣⑬！"

| 注释 |

①公父文伯：鲁国大夫，名歜（chù），敬姜之子。父，同"甫"。

②方：正在。绩：纺麻。

③主：大夫或大夫之妻称主。指敬姜，她是鲁国大夫公父穆伯的妻子。

④忓（chàn）：通"干"，冒犯，触犯。季孙：即季康子，名肥，是鲁国主持朝政的国卿。敬姜是他的叔祖母。

⑤憧子：未成年的男子。憧，通"童"。备官：当官，做官。

⑥大采：（穿上）五彩礼服。朝日：朝拜太阳神。古时天子春分时穿五彩礼服朝拜太阳神。

⑦祖识：熟识，熟悉了解。地德：指大地生长的五谷。

⑧少采：三采礼服。夕月：古代天子祭祀月神的仪式。

⑨玄紞（dǎn）：冠冕两边用以系镇的黑色丝带。

⑩纮： 古代冠冕上的带子，由颔下挽上而系于笄的两端。綖：覆在冠冕上的装饰用的布。

⑪下位：下大夫之位。

⑫承：承担。

⑬淫：安逸。

| 赏析 |

敬姜因教子有方，成为春秋时期的著名女性。本文记叙的就是她教育儿子公父文伯的一番言论。公父文伯退朝后，拜见正在纺麻的母亲。他劝母亲别再这样劳作，认为这样会有失贵族身份，更会招致别人对儿子不孝的责难。敬姜夫人对儿子的见解不以为然，先是叹息，继而严肃、庄重的教诲了儿子。她指出，古代"圣王""长王天下"的原因，在于他们能够"择瘠土而处之，劳其民而用之"，"劳则思"，"逸则淫"。她认为勤劳对培养人的优秀品质具有重要作用，而安逸则往往导致放荡，使人走上邪路。敬姜的言论一字一板，语重心长，而又观点鲜明，在当时看来，无疑具有进步意义。同时，敬姜不仅凭抽象的立论与说教，而且善于以史为证，引述古代天子、诸侯、王后等勤劳从政的业绩，以及当时的礼制规范，用充分的具体事例证明"劳则思，思则善心生"的道理。此种观点与儒家的"劳逸观"相一致，得到了孔子的赞同。

召公谏厉王止谤

《国语》

厉王虐①，国人谤王。召公告曰："民不堪命矣②！"王怒，得卫巫③，使监谤者。以告，则杀之。国人莫敢言，道路以目④。

王喜，告召公曰："吾能弭谤矣⑤，乃不敢言。"召公曰："是障之也。防民之口，甚于防川。川壅而溃，伤人必多，民亦如之。是故为川者决之使导⑥，为民者宣之使言⑦。故天子听政，使公卿至于列士献诗⑧，瞽献曲⑨，史献书⑩，师箴⑪，瞍赋⑫，矇诵，⑬百工谏⑭，庶人传语⑮，近臣尽规，亲戚补察，瞽、史教诲，耆、艾修之，而后王斟酌焉，是以事行而不悖。民之有口，犹土之有山川也，财用于是乎出⑯；犹其有原隰衍沃也⑰，衣食于是乎生。口之宣言也，善败于是乎兴。行善而备败，其所以阜财用衣食者也。夫民虑之于心而宣之于口，成而行之，胡可壅也？若壅其口，其与能几何？"

王不听，于是国人莫敢出言。三年，乃流王于彘⑱。

|注释|

①厉王：周厉王，名胡，夷王之子。公元前878年至公元前842年在位。虐：暴虐，残暴。

②不堪命：受不了暴虐的政令。堪：胜，任。命：命令，政令。

③得卫巫：弄来一些卫国的巫人。卫，国名，在今河南北部。巫，以装神弄鬼替人祈祷为职业的人。

④道路以目：路上相遇，只能用眼睛彼此望一望。意谓人们害怕担谤王的嫌疑，见了面连互相问候也不敢。

⑤弭：止，除。

⑥为川者：治河的人。决之使导：排除水使河道疏通。决，排除，指导水，引水。导，疏导。

⑦为民者：治民的人，指君王。宣之使言：开放言路使民能尽言。宣，宣导，开放。

⑧公卿：三公九卿。至于：以及。列士：上士、中士、下士的总称。献诗：进献讽谏的诗篇。

⑨瞽（gǔ）：盲乐师。献曲：进献谱写的或采自民间的乐曲。

⑩史献书：史官进献史籍。

⑪师箴（zhēn）：少师进规箴的言辞。师，少师，次于太师的乐官。箴，一种规谏用的四言韵文。用作动词。

⑫瞍赋：盲人诵读公卿列士献的诗。瞍，没有眸子的盲人。赋，不歌而诵，即朗诵。

⑬朦诵：盲人弦歌讽诵箴谏的文辞。朦，有眸子而看不见物的盲人。

⑭百工：百官。一说，各种工匠。

⑮庶人：一般民众，平民。传语：把意见间接传给君王。

⑯于是乎出：由这里生产出来。是，此，这。

⑰原：高而平坦的土地。隰（xí）：低平而潮湿的土地。衍：低洼而平坦的土。沃：有河流可用于灌溉的土地。

⑱流王于彘：把厉王放逐到彘地去了。彘，晋国地名，在今山西霍县。厉王被逐事在公元前842年。

|赏析|

西周末年，厉王暴虐，阻塞言路，监视并屠杀敢于指斥他的国人，造成了"国人莫敢言，道路以目"的恐怖局面。召公对他苦心劝谏，终不见纳，社会矛盾愈加激化。三年后，国人将厉王放逐到彘。文章通过详记召公的"防民之口，甚于防川"，"为川者决之使导，为民者宣之使言"等谏辞，指出君王广开言路、察纳不同意见的重要性，宣传了重民思想和民本主张。文章首先采用了记言与记事相结合，并以记言为中心的写作方法，在简写形势的严峻和厉王的自鸣得意后，再详记召公的谏辞，最后以冷峻的几笔写出厉王一意孤行，终于垮台的下场。其次，召公的谏辞颇有特色。逻辑性强，论证有力。其中有"防民之口，甚于防川"的贴切自然的比喻，也有引史为证的一段内容，强调传统不可丢弃；继而再谈民言不可壅的道理，使"防川"的比喻贯穿其中，最后，文章漫画式地勾画了厉王这个暴君的形象。虽着笔不多，但"王怒"、"王喜"、"王弗听"，已分别写出了他的残暴专断、轻浮浅薄。文末更以"流王于彘"写出其必然下场，从而使一个古代暴君的形象已经跃然纸上了。

苏秦始将连横

《战国策》

苏秦始将连横说秦惠王曰[①]："大王之国，西有巴、蜀、汉中之利，北有胡貉、代马之用，南有巫山、黔中之限，东有崤、函之固。田肥美，民殷富，战车万乘，奋击百万，沃野千里，蓄积饶多，地势形便，此所谓'天府'，天下之雄国也。以大王之贤，士民之众，车骑之用，兵法之教，可以并诸侯，吞天下，称帝而治。愿大王少留意[②]，臣请奏其效。"

秦王曰："寡人闻之，毛羽不丰满者，不可以高飞；文章不成者，不可以诛罚；道德不厚者，不可以使民；政教不顺者，不可以烦大臣。今先生俨然不远千里而庭教之，愿以异日。"

苏秦曰："臣固疑大王之不能用也。昔者神农伐补遂，黄帝伐涿鹿而禽蚩尤，尧伐驩兜，舜伐三苗，禹伐共工，汤伐有夏，文王伐崇，武王伐纣，齐桓任战而伯天下。由此观之，恶有不战者乎[③]？古者使车毂击驰[④]，言语相结，天下为一，约连横，兵革不藏；文士并饰[⑤]，诸侯乱惑，万端俱起，不可胜理；

科条既备，民多伪态；书策稠⑥，百姓不足；上下相愁，民无所聊；明言章理，兵甲愈起；辩言伟服，战攻不息；繁称文辞，天下不治；舌弊耳聋，不见成功；行义约信，天下不亲。于是，乃废文任武，厚养死士，缀甲厉兵，效胜于战场。夫徒处而致利，安坐而广地，虽古五帝、三王、五伯⑦，明主贤君，常欲佐而致之，其势不能，故以战续之。宽则两军相攻，迫则杖戟相橦，然后可建大功。是故兵胜于外，义强于内；威立于上，民服于下。今欲并天下，凌万乘，诎敌国，制海内，子元元⑧，臣诸侯，非兵不可！今不嗣主，忽于至道，皆于教，乱于治，迷于言，惑于语，于辩，溺于辞。以此论之，王固不能行也。"

说秦王书十上而说不行，黑貂之裘弊，黄金百斤尽。资用乏绝，去秦而归。赢縢履蹻⑨，负书担橐，形容枯槁，面目黑，状有愧色。归至家，妻不下紝⑩，嫂不为炊，父母不与言。苏秦喟叹曰："妻不以我为夫，嫂不以我为叔，父母不以我为子，是皆秦之罪也！"乃夜发书，陈箧数十⑪，得《太公阴符》之谋⑫，伏而诵之，简练以为揣摩。读书欲睡，引锥自刺其股，血流至足，曰："安有说人主不能出其金玉锦绣，取卿相之尊者乎？"

期年，揣摩成，曰："此真可以说当世之君矣！"

于是乃摩燕乌集阙⑬，见说赵王于华屋之下，抵掌而谈。赵王大悦，封为武安君，受相印。革车百乘，锦绣千纯，白百双，黄金万溢，以随其后，约从散横，以抑强秦，故苏秦相于赵而关不通。当此之时，天下之大，万民之众，王侯之威，谋臣之权，皆欲决苏秦之策。不费斗粮，未烦一兵，未战一士，未绝一弦，未折一矢，诸侯相亲，贤于兄弟。夫贤人在而天下服，一人用而天下从。故曰：式于政，不式于勇；式于廊庙之内，不式于四境之外。当秦之隆，黄金万溢为用，转毂连骑，炫于道，山东之国，从风而服，使赵大重。且夫苏秦特穷巷掘门桑户棬枢之士耳⑭，伏轼撙衔⑮，横历天下，廷说诸侯之王，杜左右之口，天下莫之能伉。

　　将说楚王，路过洛阳，父母闻之，清宫除道，张乐设饮，郊迎三十里。妻侧目而视，倾耳而听。嫂蛇行匍伏，四拜自跪而谢。苏秦曰："嫂何前倨而后卑也？"嫂曰："以季子之位尊而多金。"苏秦曰："嗟乎！贫穷则父母不子，富贵则亲戚畏惧。人生世上，势位富，盖可忽乎哉？"

　　| 注释 |

　　①苏秦：战国时洛阳人，字季子。纵横家代表人

物。曾帮助燕昭王谋划攻略齐国，并受命入齐从事间谍活动。齐湣王时任齐相。不断奔走于齐、赵、魏等国，游说上书。与赵国李兑一起约五国合纵攻打秦国，迫使秦国取消帝号，并归还一部分所侵占的韩、魏领土。后来，燕将乐毅统率五国大军攻齐，苏秦被齐国车裂而死。连横：也作"连衡"，指秦与东方六国个别联合，去攻打其他诸侯国的一种策略。说：劝说别人听从自己的意见。秦惠王：秦国国君，秦孝公之子，公元前337年至公元前311年在位。

②奏其效：说明使秦统一天下的功效。

③恶：何，哪，怎。

④毂：车轮中心的圆木，车轴安在其中。击驰：（车辆）互相摩擦撞击，往来奔驰。形容车多。

⑤饬：通"饰"，游说。

⑥书策：文书政令。稠浊：多而混乱。

⑦五帝：传说中的上古五位帝王。说法不一，依司马迁《史记·五帝本纪》，指黄帝、颛顼、帝喾、尧、舜。三王：指夏禹、商汤、周文王。一说，周文王与周武王合为一王。五霸：春秋时先后称霸的五个诸侯，齐桓公、晋文公、宋襄公、秦穆公、楚庄王。一说指齐桓王、晋文公、楚庄王、吴王阖闾、越王勾践。

⑧子：以……为子。元元：百姓。"子元元"，即统治天下百姓的意思。

⑨嬴：通"累"，缠绕。縢：绑腿布。履：穿。蹻：草鞋。

⑩纴：纺织，这里指织布机。

⑪陈：陈列，摆出。箧：小箱子。指较小的书箱。

⑫太公：姜太公，吕尚。《阴符》：即《阴符经》，是太公所著兵书。

⑬摩：靠近，接近。燕乌集阙：赵国宫殿。

⑭特：只，不过。掘门：掘墙为门。桑户：桑木做的门板。棬枢：用弯木枝做门轴。

⑮伏轼撙衔：伏在车前横木上，拉着马嚼子。撙，勒住。衔，横在马口中的备勒控的长条形铁器，即马嚼子。

| 赏析 |

本文选自《战国策·秦策一》。苏秦是战国时代纵横家的代表人物，作为纵横家的策士并无固定政见，他们伺机而动，到处游说，时而合纵，时而连横，其目的无非是靠唇舌怂恿君王，博取个人的富贵利达。所谓"朝秦暮楚"正是苏秦这样的历史人物思想品格与行为方法的写照。文章主要记述了苏秦由落魄到发迹的个人奋斗史。苏秦出身贫寒，为谋求富贵而向秦惠王献连横之策，却"书十上而说不行"。狼狈归家而遭家人白眼，于是苏秦发愤读书，仔细揣摩，钻研兵法，创合纵之说，再次出游的苏秦，其主张适应了山东诸国抵御强秦的政治需要，于是一拍即合，大功告成。苏秦身佩六国相印，衣锦荣归，家人又敬又畏。

文章前半部分集中记言，即记述苏秦游说秦王的说辞，其核心内容是鼓吹利用秦的有利条件通过兼并战争谋取霸权，统一天下、说辞极尽铺排夸张之能事，颇能显示出苏秦之才辩。后半部分则侧重记事，集中刻画苏秦的形象。说秦失败，落魄而归，文章以穷形尽相而又简洁明快的描摹写出了苏秦失志时的狼狈不堪："羸縢履蹻，负书担橐，形容枯槁，面目犁黑，状有愧色"。这里既有肖像描绘，也有心理刻画，可谓传神写。归家仔细揣摩太公兵书及天下大势，再次出游山东各国而终于成功。此时的苏秦，其身后是"革车百乘，锦绣千纯，白璧百双，黄金万镒"，真是富甲天下，炙手可热，权势煊赫一时。苏秦的得势与当初的潦倒恰成鲜明对比，透露出战国时代策士们不择手段地追求功名富贵的必然趋势。苏秦由落魄而荣归，其家人的态度也由冷淡蔑视而变为谄媚逢迎。不难看出，这是对世态炎凉、人情冷暖的传神描摹。

晋献公杀世子申生

《礼记》①

晋献公将杀其世子申生②，公子重耳谓之曰③："子盍言子之志于公乎？"世子曰："不可。君安骊姬④，是我伤公之心也。"曰："然则盍行乎？"世子曰："不可。君谓我欲弑君也。天下岂有无父之国哉？吾何行如之⑤？"

使人辞于狐突曰⑥："申生有罪，不念伯氏之言也⑦，以至于死。申生不敢爱其死。虽然，吾君老矣，子少，国家多难。伯氏不出而图吾君⑧，伯氏苟出而图吾君，申生受赐而死。"再拜稽首，乃卒。是以为恭世子也⑨。

注释

①礼记：儒家经典之一。又称《小戴礼》、《小戴记》、《小戴礼记》。相传是西汉戴圣编。本为秦汉以前儒家治礼所辑、解释和补充性传习资料，初无定本，而附会为"小戴"之作。内容多取材于周秦古书，是研究古代社会、儒家学说和文物制度的重要文献。

②晋献公：晋国国君，公元前676年至公元前651年在位。世子：天子或诸侯的嫡长子，君位继承人。申生：晋献公的长子，献公夫人齐姜所生。献公宠妾骊姬生子奚齐，骊姬恃宠欲废申生而立奚齐，献公听信她的谗言，逼迫申生自缢。公子重耳、夷吾为避祸而出逃。

③重耳：申生的异母弟，即后来的晋文公。

④安骊姬：喜爱骊姬，心思在骊姬身上。

⑤何行如之：到哪里去呢？如，到……去。

⑥辞：告别，诀别。狐突：姓狐，名突，字伯行。申生的师傅。

⑦不念伯氏之言：没有记住伯氏的话。伯氏，指狐突。晋献公派申生伐东山皋落氏时，狐突曾劝申生逃离晋国，申生不听，所以说"不念伯氏之言。

⑧图吾君：为我们的君主谋划政事。

⑨恭：申生的谥号。

| 赏析 |

《礼记》是儒家经典之一，它所记载的一些带有传闻性质的小故事，多是为了形象地阐释儒家的价值观念与道德准则。本篇就是以晋国历史上著名的"骊姬之难"的故事宣扬了儒家的"亲亲"的宗法思想。 晋献公听信骊姬谗言，逼迫太子申生自尽。重耳劝申生对父亲剖白隐衷，申生怕伤了父亲的心；重耳让他逃亡，他又怕背上弑父的恶名。一心考虑

君父，全然不顾自身，为了成全名节，甘愿含冤自尽。文章通过人物语言刻画出申生临死前的心理状态。其实，申生自裁的选择是愚忠愚孝的表现。主观上，为了追求孝子的名声；客观上，却使骊姬的阴谋得以施展，起到了助纣为虐的作用。

第二章 汉魏六朝

上书自荐

东方朔[①]

臣朔少失父母，长养兄嫂。年十学书，三冬，文史足用。十五学击剑。十六学诗书，诵二十二万言。十九学孙吴兵法，战阵之具，钲鼓之教[②]，亦诵二十二万言。凡臣朔固已诵四十四万言。又常服子路之言[③]。臣朔年二十二，长九尺三寸，目若悬珠，齿若编贝，勇若孟贲[④]，捷若庆忌[⑤]，廉若鲍叔[⑥]，信若尾生[⑦]。若此，可以为天子大臣矣。臣朔昧死[⑧]，再拜以闻。

|注释|

①东方朔（前154—前98），字曼倩，西汉平原厌次人，官至太中大夫，以奇计徘辞而被汉武帝亲近。本文选自《汉书》。

②钲鼓：战阵上用于指挥军队进退的乐器。

③子路：孔子的弟子，以勇力闻名。

④孟贲：古时勇士。

⑤庆忌：春秋时吴王僚之子公子庆忌，以勇捷闻名。

⑥鲍叔：鲍叔牙，齐桓公臣，以廉洁自爱著称于世。

⑦尾生：传说中守信用的人，他与女子约定在桥下相会，水来不去，终于抱着桥柱子被淹死。

⑧昧死：冒死，为臣下给君王上书常用套语。

| 赏析 |

东方朔的这篇奏疏是在汉武帝内兴建制，外兴武功，急需人才时，下诏令郡国举荐人才，同时也鼓励士人直接上书自荐这一情况下创作出来的。奏疏开篇在简单的介绍自己的身世后便自诩学识过人，文韬武略；言及自身品德，更是"身长九尺三寸，目若悬珠，

齿若编贝，勇若孟贲，捷若庆忌，廉若鲍叔，信若尾生"看似大言不惭，狂傲至极，但考之汉史，其之才学与见识确是国之大才。武帝在看到这份狂傲的上书后，不但未加归罪，反而伟其意气，正是有这样的帝王与这样一批渴望负担政治重任，充满自信与人生意气的人才才有了武帝时期的富强安康。

给成长的你

第三章　唐代

谏太宗十思疏

魏征①

臣闻：求木之长者，必固其根本；欲流之远者，必浚其泉源②；思国之安者，必积其德义。源不深而望流之远，根不固而求木之长，德不厚而思国之安，臣虽下愚，知其不可，而况于明哲乎？人君当神器之重③，居域中之大④，不念居安思危，戒奢以俭，斯亦伐根以求木茂，塞源而欲流长也。

凡百元首，承天景命⑤，善始者实繁，克终者盖寡⑥。岂取之易，守之难乎？盖在殷忧⑦，必竭诚以待下；既得志，则纵情以傲物。竭诚，则吴、越为一体；傲物，则骨肉为行路⑧。虽董之以严刑，振之以威怒⑨，终苟免而不怀仁⑩，貌恭而不心服。怨不在大，可畏惟人⑪。载舟覆舟，所宜深慎。

诚能见可欲，则思知足以自戒；将有作⑫，则思知止以安人；念高危，则思谦冲⑬而自牧；惧满溢，则思江海下百川；乐盘游，则思三驱⑭以为度；忧懈怠，则思慎始而敬终；虑雍⑮蔽，则思虚心以纳下；惧谗邪，则思正身以黜恶；恩所加，则思无因喜以

谬赏；罚所及，则思无以怒而滥刑。总此十思，宏
兹九德⑯。简能而任之⑰，择善而从之，则智者尽其谋，
勇者竭其力，仁者播其惠，信者效其忠⑱。文武并用，
垂拱而治⑲。何必劳神苦思，代百司之职役哉？

| 注释 |

①魏征（580—643）：字玄成，魏州曲城（今河
北巨鹿）人。早年参加李密起义军，后投奔唐高祖李渊，
先依附李建成，建成败后归李世民。太宗即位，拜谏
议大夫、秘书监，寻晋检校侍中，封郑国公。直言极谏，
为唐初贞观之治作出了重要的贡献。

②浚：疏通。

③神器：指帝位。

④域中之大：域中、宇内、国内。"域中之大"
即国君。语出《老子》"域中有四大，而王居其一"。

⑤景命：上天授君位于帝王的大命。

⑥克：能够。

⑦殷忧：深忧。

⑧骨肉：亲属。行路：过路人。

⑨董：监督。振：通"震"，镇压。

⑩苟免：苟且得免于触犯君主威命。

⑪人：即"民"。因避唐太宗李世民的名讳，改
为"人"。

⑫作：兴作，如建造宫室之类。

⑬冲：谦和。自牧：自我约束。

⑭三驱：一年打猎三次。因为打猎时必须驱赶禽兽，所以称打猎为"驱"。据说古代圣贤之君在打猎布网时只拦住三面有意网开一面，从而体现圣人的"好生之仁"。

⑮雍：堵塞。蔽：蒙蔽。

⑯宏：发扬。兹：此。九德：古代的九种道德标准，即"宽而栗、柔而立、愿而恭、乱而敬、扰而毅、直而温、简而廉、刚而塞、强而义。"德原作"得"，据《贞观政要》改。

⑰简：选拔。

⑱信：诚实。

⑲垂拱：天子垂衣拱手，表示无为而治。

|译文|

我听人这样说：要使树木长大，必须首先加固它的根；要使江河流得远，必须首先疏通它的源；要想国家能长治久安，必须积德行义。水源不深而盼望江河流得远，根本不牢固而企求树木能长大，不能积德行义而要想国家能长治久安，我虽然愚钝，也知道这是不可能的，更何况聪明俊哲的人呢？国君担当江山社稷的重任，处于国中最高的位置，如不能居安思危，戒奢行俭，这也等于砍伐树木的根本而要它长得高大，堵塞江河的源头而要它流得长远啊！

凡是古代的君王，承受上天的使命，初始时做得好的很多，能够坚持到最终的却很少。难道取得时容易，守得住难吗？这大概是初始时都怀有很深的忧患意识，必然诚心实意地对待下属，等到得志以后，便放纵自己高傲起来。对人如果能以诚相待，即使像吴、越那敌对的国家也能团结一致；如果狂傲无礼，就是骨肉至亲也会如同路人。虽然可以用严刑去责罚，用威怒去震慑，但这样只能使人苟且地免遭刑罚而不能感怀圣上的恩泽，表面上恭顺而内心却不能诚服。怨恨不在于有多大，可怕的惟有天下人民。水可以载船也可以将船覆没，这是应该认真对待的。

果真能见到想要得到的东西，便想到应该知足以此来警戒自己；将有大兴土木之事，便想到应该适可而止以便使人民安居乐业；想到身居高位的艰险，就应该想到要以谦虚谨慎来约束自己；惧怕自满自大，应该想到只有像大海那样才能容纳下百川汇流；喜欢游猎，便应该想到君主每年只能狩猎三次的规矩；应为意志松懈懒惰担忧，应想到做事谨慎要善始善终；忧虑言路闭塞，便应该想到要虚心听取下边的意见；惧怕谗言奸邪，便应该想到正身正己废免邪恶之人；施恩行赏时，便应该想到不要因一时高兴而赏赐；施加刑罚时，便应该想到不要因一时恼怒而用刑。要完全做到这十个方面，弘扬九种美德。选拔贤能之人而任用，选择正确的意见而听从，便会使聪明的人完全发挥出他的智慧，勇敢的人完全用出他的力气，仁义之士便会发扬他的美德，信义之士便会报效他的忠心。文武百官都能尽职尽责，垂衣拱手便可使国家长治久安。何用君主劳神费思，代行百官的职责呢？

魏征的这篇《谏太宗十思疏》，表达了封建时代人治政治的最高理想。它基本的论题是：一个在君权逐鹿中获得了成功的君主，如何在此后的统治中保持甚至加强道德的自律。太宗无疑是英明之主，但当他的统治地位业已巩固之后，也不免滋长起骄奢耽逸的心理，魏征勇敢地一次次犯颜极谏，甚至有几次连从谏如流的太宗也被惹怒，表现了封建时代良臣的最高政治责任心。本文中魏征提出"十思"的要求。君主之正思，核心在于"思国之安者"，故此文首揭此义，并以"求木之长者，必固其根本；欲流之远者，必浚其泉源"为喻，认为国家能否安治，从根本上说取决于君主的德义。次段继论成功之君主往往容易骄奢纵情，所以鲜能善始善终。最后正面阐述"十思"之义。当然"十思"只是一些原则，作为一个君主，所要反省的远不止此。但英明之主，既然明白了反省与自律之重要，自能举一反三。所以，所谓"十思"，扩之可延为百思、千思，约之则不过一"思"而已。魏征此文，体现了他人格中的刚直正大之气。文朴茂有西汉章疏之风，而兼唐文修辞精警之美，实为汉唐政论文之代表作。

山中与裴秀才迪书

王维①

近腊月下，景气和畅，故山殊可过。足下方温经，猥不敢相烦②，辄便往山中，憩感配寺，与山僧饭讫而去。

北涉玄灞③，清月映郭④。夜登华子冈⑤，辋水沦涟，与月上下。寒山远火，明灭林外。深巷寒犬，吠声如豹⑥。村墟夜舂，复与疏钟相间⑦。此时独坐，僮仆静默，多思曩昔，携手赋诗⑧，步仄径⑨，临清流也。

当待春中，草木蔓发⑩，春山可望⑪，轻鲦出水⑫，白鸥矫翼⑬，露湿青皋⑭，麦陇朝雊⑮，斯之不远，倘能从我游乎？非子天机清妙者⑯，岂能以此不急之务相邀。然是中有深趣矣！无忽。因驮黄檗人往⑰，不一⑱，山中人王维白⑲。

| 注释 |

①王维（701—760）：唐朝诗人、画家。字摩诘，祖籍祁（今山西祁县东南），其父迁居蒲州（今山西

水济西），遂为河东人开元进士。累官至给事中，安禄山攻陷长安，迫其任职乱平后，因念其作有《凝碧池》诗，只受到降职处分。后官至尚书右丞，故世称王右丞。晚年，退居蓝田（今陕西蓝田）辋川别墅，徘徊于仕宦隐居之间，以弹琴赋诗、绘画、诵佛为事。早期写过一些边塞诗，但一生中以描写山水田园诗为最多，成就也较大。兼通音乐与绘画，是一个有多方面才能的艺术家。

②猥：鄙贱。自谦之词。相烦：打扰。

③玄灞：形容灞水色深青。

④郭：指辋川的四周。

⑤华子冈：惆川的一处景观。沧涟：水面在微风中波动的样子。与月上下：水波与水中月影上下浮动。

⑥吠声如豹：形容犬吠的声音很猛。

⑦舂：捣米。疏钟：断断续续的钟声。

⑧曩昔：从前，以往。

⑨仄径：狭窄的小路。

⑩蔓发：草木很快地抽芽生长。

⑪可望：可以观赏。

⑫轻鯈：体态轻捷的修鱼。

⑬矫：举。

⑭皋：泽边的地。

⑮朝雉：清晨雉鸡叫。

⑯天机：天资，天性。清妙：高洁聪慧。

⑰黄蘗：即黄柏，药材。

⑱不一：不一一细说。

⑲白：表白，述说。

|译文|

时序将近腊月的末尾，景物气候变得暖和舒畅，辋川中游览过的山川很值得再去游览。您正在温习经书，仓猝之间不敢打扰。我就独自到辋川的山中去了，在感配寺小作休息，与山僧一起用过斋饭便离开了寺院。

向北涉过青幽的灞水，明月的清辉映照着辋川的四周。在夜色中登上华子冈，辋水在夜风中荡着微波，水中的月影随着水波上下浮动。寒山远处的灯火，在树林外忽明忽灭。幽深巷子里不怕寒冷的狗，发出很响的叫声。村子里有人在夜间捣米，捣米声又与寺庙稀疏的钟声交错相间。这时我独自坐下休息，跟随我的仆人也都静默无语，我回想起很多往事，从前我们曾互相牵着手吟诗，走过狭窄的小路，面对着清清流水的情景。

当等到春天到来的时候，花草树木在抽芽生长，春天的山很值得游览，轻捷的鲦鱼跳出水面，白鸥振翅飞翔，露水浸湿了泽边长满青草的土地，清晨麦田里雉鸡在鸣叫。这样的情景已经为期不远了。你能否和我一起来游赏呢？如不是您这样天资清远高妙的人，怎能以这种并不紧迫的事情来邀请您呢？这中间真是有很深的旨趣呀！不要疏忽忘却了。有驮运黄蘗的人出山，托他给您带去这封书信，不一一细说。

这是诗人王维在他的别墅辋川山中写给友人裴迪的一封信。信中描写的山中景物，清幽淡远，美丽如画。字里行间，洋溢着对大自然的热爱和对朋友的真情，这就是其中的"深趣"吧！全篇不足三百字，可分作三个部分，层次分明，层层递进。从"近腊月下"至"与山僧饭讫而去"为第一部分。开头便点明时序，意在强调又到了到辋川游赏的时候了。然而这次是诗人独自去的，没有邀请友人裴迪同往。交代了一人独往的原因，写得委婉动情。从"北涉玄灞"至"临清流也"，为第二部分。着重描写了月夜辋川山中的景色。水中的明月，林外的灯火，深巷的犬吠，寺院的疏钟……真是如诗如画。面对此景，更触发了对友人的思念，回想起拄昔与友人同游此地时的情景。在这段景物描写中，作者善于运用以动写静的手法，写"吠声如豹"，捣米声与疏钟相间，更反衬出辋川夜的宁静。"此时独坐，憧仆静默"，自然更加思念友人了。从"当待春中"至"因驮黄蘗人往，不一"，为第三部分。由于第二部分突出强调了对友人的思念，自然引发出第三部分对友人的"相邀"。对春日辋川景物的描写，既是辋川往昔春日的再现，也不乏诗人美好的想象。如此美景，怎能不邀友人一起来领略这深趣呢？这种"深趣"，就是朋友之间的真情，就是人与大自然的和谐统一。

原毁

韩愈

古之君子①，其责己也重以周②，其待人也轻以约③。重以周，故不怠；轻以约，故人乐为善。

闻古之人有舜者，其为人也，仁义人也。求其所以为舜者④，责于己曰⑤："彼，人也；予，人也。彼能是，而我乃不能是！"早夜以思，去其不如舜者，就其如舜者。闻古之人有周公者⑥，其为人也，多才与艺人也⑦。求其所以为周公者，责于己曰："彼，人也；予，人也。彼能是，而我乃不能是！"早夜以思，去其不如周公者，就其如周公者。舜，大圣人也，后世无及焉；周公，大圣人也，后世无及焉。是人也，乃曰："不如舜，不如周公，吾之病也⑧。"是不亦责于身者重以周乎！其于人也，曰："彼人也，能有是，是足为良人矣⑨；能善是，是足为艺人矣⑩。"取其一，不责其二；即其新，不究其旧：恐恐然惟惧其人之不得为善之利。一善易修也，一艺易能也，其于人也，乃曰："能有是，是亦足矣。"曰："能善是，是亦足矣。"不亦待于人者轻以约乎？

今之君子则不然。其责人也详，其待己也廉。详，故人难于为善；廉，故自取也少⑪。已未有善⑫，曰："我善是，是亦足矣。"已未有能，曰："我能是，是亦足矣。"外以欺于人，内以欺于心，未少有得而止矣，不亦待其身者已廉乎？其于人也，曰："彼虽能是，其人不足称也；彼虽善是，其用不足称也⑬。"举其一，不计其十；究其旧，不图其新：恐恐然惟惧其人之有闻也⑭。是不亦责于人者已详乎？夫是之谓不以众人待其身，而以圣人望于人，吾未见其尊己也。

虽然，为是者，有本有原，怠与忌之谓也。怠者不能修⑮，而忌者畏人修。吾尝试之矣，尝试语于众曰："某良士，某良士。"其应者，必其人之与也⑯；不然，则其所疏远不与同其利者也；不然，则其畏也。不若是，强者必怒于言，懦者必怒于色矣。又尝语于众曰："某非良士，某非良士。"其不应者，必其人之与也，不然，则其所疏远不与同其利者也，不然，则其畏也。不若是，强者必说于言，懦者必说于色矣⑰。是故事修而谤兴，德高而毁来。呜呼！士之处此世，而望名誉之光，道德之行，难已！

将有作于上者，得吾说而存之⑱，其国家可几而理欤⑲！

|注释|

①君子：古代指有道德修养的人。

②责：要求。重：严格。周：全面。"其责己也"二句，语出《论语·卫灵公》："躬自厚而薄责于人。"

③轻：宽容。约：简略。

④求其所以为舜者：探求舜之所以成为舜这样的人的原因。

⑤"责于己日"数句：语本《孟子·离娄下》："舜，人也，我亦人也；舜为法于天下，可传于后世，我由未免为乡人也。"

⑥周公：姓姬名旦，周文王之子，周武王之弟。西周初年杰出的政治家。

⑦艺：技能。

⑧病：瑕疵，缺点。

⑨良人：良善的人。

⑩艺人：有才艺的人。

⑪廉：少，低。自取也少：自己（在德与艺等方面）的进取就很少。即固步自封的意思。

⑫已：太，甚。

⑬用：作用，这里指才能。

⑭闻：声望，声誉。

⑮修：求上进。

⑯与：朋友，党与。

⑰说：通"悦"，高兴。下句"说"同此。

⑱存：记在心中。

⑲几：庶几，差不多。理：即"治"，治理。唐代为避高宗讳，"治"改为"理"。

|译文|

古时候的君子，他们对自己的要求既严格又全面，他们对别人的要求既轻微又简易。既严格又全面，所以便不会懈怠；既轻微又简易，所以别人便会愿意去做善事。他们听说古时候有一位叫舜的人，他的所作所为，是有仁德讲道义的人。探求这位舜之所以能成为舜的原因，便要求自己说："他，是人；我，也是人。他能这样，可我却不能这样。"日夜思考，去掉那些不如舜的地方，保存那些与舜相同的地方。他们听说古时候有一位叫周公的人，他的所作所为，是多才多艺的人。探求这位周公之所以能成为周公的原因，便要求自己说："他，是人；我，也是人。他能这样，可我却不能这样。"日夜思考，去掉那些不如周公的地方，保存那些与周公相同的地方。舜，是位大圣人，后世没有能比得上他的。周公，是位大圣人，后世没有能比得上他的。这些人便说："不如舜，也不如周公，这就是我忧虑的地方。"这不就是要求自己，既严格又全面吗？他们对待别人，这样说："那个人，能有这样的品德，这便足以称得上是个好人了。能善长于此，这便足以称得上是个有技艺的能人了。"只要求别人于此，不再要求其他。只要见到别人有新的表现，便不再追究别人以前的是非对错，所担心的只怕别人得不到做好事的回报。一件好事，容易做到。一种技能，容易学会。他们对于别人，却说："能做这些好事，这也就足够了。"又说："能有这些技能，这也就足够了。"这不也就是对别人的要求，既轻微又简易吗？

如今的君子们可不是这样。他们要求别人很详尽，他们要求自己却很少。要求别人详尽，所以别人便很难做出好事。要求自己很少，所以自己也便少有进取。自己做的好事很少，却说："我能做这些好事，便足够了。"自己会的技能很少，却说："我能学会这些技能，便足够了。"对外欺骗别人的耳目，对内欺骗自己的良心，还没取得什么收获便终止了。这不也就是对自己的要求太少了吗？他们对于别人，却说：'他虽然做了这些好事，他这个人也是不值得称赞的；他虽然会这些技能，他的这些本事也是不值得称赞的。"只强调人家的一点短处，不考虑人家的其他方面；只追究人家从前的所作所为，不重视人家新的表现。所担心的只怕人家成为有声望的人物。这不也就是对别人的要求太详尽了吗？这就叫做不以要求别人的标准来要求自己，却用圣人的标准来要求别人，我看不出这是在尊重他自己。

尽管如此，这样做的人，是有根源的，就是所说的懒怠与妒忌。懒怠的人便不能有所上进，而妒忌别人的人便惧怕别人进取。我曾经试验过，曾试探着对众人说："某人是个好人，某人是个好人。"那些赞同我的人一定是那个人的朋友。不然的话，便是与那个人很疏远，与那个人没有利害关系的人。再若不然的话，便是惧怕那个人的人。如果不是这样的话，强硬的人一定说出愤怒的话，怯懦的人也一定流露出不高兴的表情。我又曾经对众人说："某人不是个好人，某人不是个好人。"那些不赞同我的人，一定是那个人的朋友。不然的话，便是与那个人很疏远，与那个人没有利害关系的人。再若不然的话，便是惧怕那个人的人。如果不是这样的话，强硬的人一定说出一些高兴的话，怯懦的人也一定流露出高兴的表情。因此一个人事业有成诽谤便会兴起；品德高尚低毁也就随之而来。唉，一个读书人处于这样的世道，而希望名誉能够光大，道德能够施行，实在是太难了。身居高位想要有所作为的人，如能记住我说的这些话，这个国家差不多可以治理好了吧！

| 赏析 |

人们之间相互评价，不过毁与誉两种，毁者言人之短，誉者道人之长。但人性的最大弱点就是喜欢抵毁他人，或是通过抵毁他人以掩己之短，或是以此来扬己之长。只有道德修养高的人，才可免此病。韩愈这篇《原毁》的深刻性，正在于揭示出喜好抵毁人这一人性弱点的根源。让我们读了它后，都得到一种镜鉴的作用。论者也常说，韩愈有感于自己"动而得谤"而写此文。这种说法也是有根据的。但他的好处，是并没有停留在个人的恩怨抒发，而是超越了个人情绪，冷静地分析了这种现象。表现出作者拯济世俗人心的博大胸怀。

此文在艺术上也是颇具匠心的。一是论断分明，逻辑性强。文章推原人们好毁人的原因，即原毁之本旨。认为人之好毁人，原因在于"其责人也详，其待己也廉。"而之所以会这样，究其深层的原因，则在于"怠与忌"。《原毁》之逻辑层次，即此已经完备。但作者又在这之上设古今对比一层。指出古人刚好与今人相反。并且文章一开始就先写古之君子"其责己也重以周，其待人也轻以约"。将在思考的顺序上属于后面的一层，在表达层次上提到前面一层。文章之波澜由此而生。二是善于揣想古今毁誉的具体情状，在这篇论说文中，使用了形象塑造的笔法，而且在每个逻样层次中都采用这一手法。三是在上面的逻辑上自然形成排比对应的修辞艺术。逻辑层次的对应与形象层面的对应相映照。凡此三点，可见韩公阅世之深，文心之妙。

右溪记

元结①

道州城西百余步，有小溪。南流数十步，合营溪②。水抵两岸，悉皆怪石③，敧嵌盘屈④，不可名状⑤。清流触石，洄悬激注⑥。佳木异竹，垂阴相荫。

此溪若在山野之上，则宜逸民退士之所游处；在人间⑦，则可为都邑之胜境，静者之林亭⑧。而置州以来⑨，无人赏爱；徘徊溪上，为之怅然。乃疏凿芜秽，俾为亭宇⑩；植松与桂，兼之香草，以裨形胜⑪。为溪在州右，遂命之曰右溪。刻铭石上，彰示来者。

|注释|

①元结（719—772）：唐朝文学家。字次山，汝州鲁山（今河南鲁山）人。天宝进士。安史之乱中，任山南东道节度参谋，曾组织义军，保全十五城，后任道州刺史。晚年遭权贵嫉妒，辞官归隐。在文学创作上，他反对浮艳文风，主张发挥"救世劝俗"的作用。诗作《春陵行》、《贼退示官吏》，均表示了宁愿待罪免官，不愿盘剥百姓的心情，深得杜甫称赞。他的散文格调高古。

②营溪：即营水，发源于湖南省宁远县南。经江

华县、道县，至零陵县入湘水。今道县以南一段称沲水，道县以北称潇水。

③抵：到达。悉皆：全部，都是。

④欹嵌盘屈：形容怪石横斜盘曲的样子。

⑤不可名状：意思是用语言难以描述出它的形状来。

⑥洞悬激注：形容水流从高处倾注下来。

⑦游处：游玩和居处。人间：指人烟稠密的地方。

⑧静者：喜爱清静的人。林亭：植树建亭。

⑨而：然而。

⑩俾：使。兼之香草：还种植了芳香的花草

⑪裨：增添，补助。州右：州的西边。

| 译文 |

在道州城的西面一一百多步远的地方，有一条小溪，向南流去数十步远，便与营溪汇合。溪水抵达两边的堤岸，岸上全都是奇形怪状的山石，有的倾斜有的凹陷相互盘屈在一起，难以用语言描述出它的形状。清澈的溪水触及到石头上，又从高处倾注下来。秀美的树木奇异的竹林，垂下的阴影相互遮蔽着。

这条溪水如果是在偏远的山野间，便很适合隐居避世的人在这里游玩和居住；如果流经人烟稠密的地方，便可成为某一个都市的风景名胜之处，那些有财势而又喜爱清静的人，便可以在这里植树造林建造亭台。然而自从在此处设置州郡以来，并无人欣赏喜爱这条溪水；为此我在溪水岸边徘徊，心中郁闷不愉快。于是便开凿疏通河道，清除脏乱之物，使这里变为亭台和屋宇，种植松树与桂树，还栽种了各种芳香的花草，使这里的景色更加优美。因为这条溪水在道州的右侧，于是便命名为右溪。将这篇铭文刻在石上，将这些情况明白地告诉后人。

| 赏析 |

本文作者元结，于唐代宗时出任道州刺史，对道州城西的这条溪水进行改造美化，使原来的芜秽之处，变为道州可供游览的景区，并给这条小溪起了名字——右溪。

这是一篇不足二百字的短文，却形象生动地记述了这条小溪的情况，抒发了作者热爱自然环境的美好情愫。

全文分作三部分从"道州城西百余步"至"垂阴相荫"为第一部分。记述了小溪的方位，描绘了两岸的怪石，激荡的溪水和佳木异竹，使人感到这确实是个绝好的去处。从"此溪若在山野"至"为之怅然"为第二部分。作者对小溪的命运展开想象，若在山野，会成为隐士游玩和居住的理想之地；若在都邑，会成为一处游览名胜。接下来，笔锋一转，这里早已设置州郡，却无人赏爱这条溪水，引起作者的惆怅。从"乃疏凿芜秽"至"彰示来者"为第三部分。作者没有停留在发一番感慨便算完了的层面上，而是付诸实践，对小溪进行一系列地开发，清除芜秽，修建亭宇，植树种草，终于使小溪成为道州的一道美丽风景。不仅如此，作者还热心为小溪命名，并将铭文刻在石上，告诉后来的人。全文层次分明，语言简练，趣味隽永。清末古文家吴汝纶对此文评论说："次山放恣山水，实开子厚（柳宗元）先声。文字幽渺芳洁，亦能自成境趣。"

愚溪诗序

柳宗元

灌水之阳有溪焉①，东流入于潇水②。或曰：冉氏尝居也，故姓是溪为冉溪。或曰：可以染也，名之以其能③，故谓之染溪。予以愚触罪④，谪潇水上。爱是溪，入二三里，得其尤绝者家焉⑤。古有愚公谷⑥，今余家是溪，而名莫能定，土之居者，犹龂龂然⑦，不可以不更也，故更之为愚溪。

愚溪之上，买小丘，为愚丘。自愚丘东北行六十步，得泉焉，又买居之，为愚泉。愚泉凡六穴，皆出山下平地，盖上出也⑧。合流屈曲而南⑨，为愚沟。遂负土累石⑩，塞其隘，为愚池。愚池之东为愚堂。其南为愚亭。池之中为愚岛。嘉木异石错置⑪，皆山水之奇者，以予故，咸以愚辱焉。

夫水，智者乐也⑫。今是溪独见辱于愚，何哉？盖其流甚下，不可以溉灌。又峻急多坻石⑬，大舟不可入也。幽邃浅狭⑭，蛟龙不屑，不能兴云雨，无以利世，而适类于予，然则虽辱而愚之，可也。宁武子"邦无道则愚"⑮，智而为愚者也；颜子"终日不违如愚"，睿而为愚者也。皆不得为真愚。今予遭有道而违于理⑯，悖于事，故凡为愚者，莫我若也。夫然，则天下莫能争是溪，予得专而名焉。

溪虽莫利于世，而善鉴万类⑰，清莹秀澈⑱，锵鸣金石⑲，能使愚者喜笑眷慕，乐而不能去也。予虽不合于俗，亦颇以文墨自慰，漱涤万物，牢笼百态⑳，而无所避之。以愚辞㉑歌愚溪，则茫然而不违，昏然而同归㉒，超鸿蒙㉓，混希夷㉔，寂寥而莫我知也㉕。于是作《八愚诗》，纪于溪石上。

| 注释 |

①灌水：湘江支流，在今广西东北部，今称灌江。阳：山的南面，水的北面。

②潇水：在今湖南省道县北，因源出潇山，故称潇水。

③能：胜任的，能做到的。

④以愚触罪：唐宪宗时，柳宗元因参加王叔文政治集团革新政治失败，被贬永州。愚，指此事。

⑤尤绝：更好的，指风景极佳美的。家：居住。

⑥愚公谷：在今山东省淄博市北。刘向《说苑·政理》曾记载此谷名称的由来："齐桓公出猎，入山谷中，见一老翁，问曰：'是为何谷？'对曰：'愚公之谷。'桓公问其故，曰：'以臣名之。'"

⑦龂（yín）龂然：争辩的样子。

⑧上出：指泉向上冒。

⑨合流屈曲而南：泉水汇合后弯弯曲曲地向南流去。

⑩负土累石：指运土堆石。负，背。累，堆积。

⑪错置：交错布置，以求变化。

⑫乐（yào）：喜爱，爱好。此句语出《论语·雍也》："知者乐水，仁者乐山。"

⑬坻（chí）：水中的高地或小洲。

⑭幽邃：深远。

⑮宁武子：春秋时卫国大夫宁俞，"武"是谥号。此句语出《论语·公冶长》："子曰：'宁武子，邦有道则智，邦无道则愚。其智可及也，其愚不可及也。'"意谓宁武子乃佯愚，并非真愚。

⑯有道：指政治清明的时代。

⑰万类：万物。

⑱清莹：形容水如玉色光洁。

⑲锵鸣金石：水声象金石一样铿锵作响。锵，金石撞击声。金石，用金属、石头制成的钟、磬一类乐器。

⑳牢笼：包罗，概括。

㉑愚辞：指所作序的《八愚诗》，诗已失传。

㉒不违、同归：此处都是谐合的意思。两句谓茫茫然昏昏然好像同愚溪融为一体。

㉓超鸿蒙：指超越天地尘世。鸿蒙，指宇宙形成以前的混沌状态。语出《庄子·在宥（yòu）》："云

将东游，过扶摇之枝，而适遭鸿蒙。"

㉔混希夷：指与自然混同，物我不分。希夷：虚寂玄妙的境界。语出《老子》："视之不见名曰夷，听之不闻名曰希，搏之不得名曰微。此三者，不可致诘，故混而为一。"这是道家所指的一种形神俱忘、空虚无我的境界。

㉕寂寥而莫我知也：谓连自己的存在也忘记了。寂寥，寂静空阔。

|译文|

灌水的北面有一条溪水，向东流入潇水。有人说：有一个姓冉的人曾经居住在这里，所以这条溪水便称作冉溪。还有人说：溪水可以染东西，以它的性能作它的名，所以又称为染溪。我因为愚钝而获罪，被贬到潇水这个地方。喜爱这条溪水，沿着溪水往里走二、三里，见到一处环境极好的地方便在这里安家了。古代有愚公谷，如今我安家在这条溪水边上，可是这条溪水的名字还没有定下来，本地的居民还在为此争论不休，不能不为它改名了，所以改名为愚溪。

在愚溪的边上，买下一个小丘，叫做愚丘。从愚丘向东北走六十步，能见到一处泉水，又买下来在此居住，叫做愚泉。愚泉共有六个泉眼，都在山下的平地流出，是向上冒出来的。它们汇流到一起又曲曲折折地向南流去，叫做愚沟。于是又运土积石，将狭窄的地方堵上形成一座池塘，叫做愚池。在愚池东面建造的房舍，叫做愚堂。在它的南面建个亭子，叫做愚亭。愚池水中有小岛，叫做愚岛。美好的树木和奇异的山石错落有致地分布在这里，都是山水间的珍奇之物，因为我的缘故，都以"愚"字命名而蒙受了羞辱。

溪水，本来是有智慧的人所喜爱的。如今这条溪水偏偏受辱于这个"愚"字，为什么呢？因为它的流向很低，无法用它灌溉。又因流速太急多浅滩和大石，大船无法进入。幽暗深远又浅又窄，蛟龙不愿意来这里，不能在这里兴起风雨，做不出有利于世人的事情，但正好类似我，既然如此虽然受辱于这个"愚"字，也是可以的了。

宁武子在"国家昏乱的时候装作很愚昧的样子"，那是有智慧的人故作的愚昧；颜回"从来不提与老师不同的意见好像很愚钝的样子"，这是大智如愚的人。都不能说是真的愚笨。如今我生逢盛世，却做了违背事理的事情，所以凡是称作愚人的，都没有愚昧到我的程度。既然如此，普天之下没有谁能与我争夺这条溪水，我可以得到为这条溪水命名的专利权了。

这条溪水对世人虽然没有什么好处，然而它能映照人间万物，清澈明丽，淙淙的流水声像音乐一样动听，能使愚钝的人高兴依恋，快乐不肯离去。我虽然与世俗不合，也还能用文章来自我安慰，洗濯各种事物，包容各样形态，因此也就别无他求了。我用愚拙的文辞来歌颂愚溪，茫茫然没什么违背事理的，昏昏然都是同样的归宿，超越于混沌状态，混同于寂灭的境界，在这清静无为中没有谁能了解我了。于是作《八愚诗》，写在愚溪的石头上。

┃赏析┃

此篇所谓"一字立骨"者也。通篇尽情发挥一个"愚"字，而所用"愚"字凡二十六次，累累如珠玉之贯串，其章法之独特，惟欧阳修《醉翁亭记》可比。而其苍莽沉郁之气，与欧文之翩翩秀发者，文境自是不同。柳州之文，少鼓荡辞气者，惟此文近之，盖有不可抑止之牢骚，于此南界荒远之地，山川幽僻之境，得一尽情发泄之契机。唱出这种山水中的骚音。文邪？诗邪？

开篇记叙溪水，用郦道元《水经注》笔法。先言此溪之位置，继言其名"冉"抑"染"，土著争执未定。文字极似考据。然援此名字难定一绪，很轻巧地说到自己将它命名为愚溪之事。且又引"愚公谷"作典故，煞有介事。文至此骚音初发矣。接着，说因愚溪之名，而复得名溪上的七件景物亦得以愚名之，合愚溪为"八愚"。俨然一愚溪山水名谱。文情极饶趣味。然即名之，复为之宣不平，云"嘉木异石错置，皆山水之奇者，以余故，咸以愚辱焉。"骚音二发矣。既为其鸣不平，又复笔锋一转，断其名"愚"虽然有冤，但也并非无自取之咎。此咎有多端，总诚之辞为"无以利世"。而云"适类于余"，至此骚音大发，坐定一篇以山水为比兴的文旨。其下复引古人之事，以为古人之愚皆不是真愚，真愚莫有如己者。牢骚愈盛。而结束一段，却与愚溪相慰相赏其愚，溪能"善鉴万物，清莹秀澈"，己之文能"漱涤万物，牢笼百态"，溪果愚邪？己果愚邪？高自标置，至"超鸿濛，混希夷，寂寥而莫我知也"，直是《离骚》高举游仙之别调矣。

越妇言①

罗隐

买臣之贵也，不忍其去妻②，筑室以居之，分衣食以活之，亦仁者之心也。

一旦，去妻言于买臣之近侍曰："吾秉箕帚于翁子左右者③，有年矣。每念饥寒勤苦时节，见翁子之志，何尝不言通达后以匡国致君为己任④，以安民济物为心期⑤。而吾不幸离翁子左右者，亦有年矣，翁子果通达矣。天子疏爵以命之⑥，衣锦以昼之⑦，斯亦极矣。而向所言者，蔑然无闻⑧。岂四方无事使之然耶？岂急于富贵未假度者耶⑨？以吾观之，矜于一妇人⑩，则可矣，其他未之见也。又安可食其食！"乃闭气而死⑪。

| 注释 |

①越妇，指汉武帝时朱买臣的前妻，因朱买臣的家乡，春秋时属越国，故称越妇。朱买臣，西汉人，武帝时曾任会稽太守。

②去妻：前妻。

③秉箕帚：拿着扫帚、簸箕，指做洒扫庭除之事。

意思是为人妻。翁子：古代妇女称丈夫的父亲为翁，翁子是对丈夫的委婉称呼。

④匡国：匡正国家。致君：使君尊贵，即辅佐国君，使其成为圣明的君主。致，使。

⑤济物：救济百姓。物，这里指人。心期：心愿，志愿。

⑥疏爵：赐给爵位。疏，分、赐。命：任用。

⑦衣锦以昼之：意思是让他衣锦还乡。《史记·项羽本纪》载，项羽烧毁秦宫室后，意欲东归，曰："富贵不归故乡，如衣绣夜行，谁知之者。"朱买臣拜为会稽太守后，汉武帝也对他说了这句话。衣，穿。锦和绣同指有彩色花纹的丝织品，即官服。昼之，使他白天行走，比喻荣归故里。

⑧蔑然：泯灭、消失的样子。无闻：指没有听到实现。

⑨未假：不暇，没空闲。假，通"暇"。度（duó）：思考。

⑩矜于一妇人：在一个女人面前夸耀自己。矜（jīn），夸耀。

⑪闭气而死：自缢而死。

| 译文 |

朱买臣做了会稽太守，过上了富贵的日子，不忍心见到已离婚的妻子受苦，便为她建造房子居住，供给她穿的和吃的等生活用品，这也是一个有仁德的人一片好心啊！

有一天，已离婚的妻子对朱买臣身边的人说："我在朱买臣身边服侍他，已经多年了。每年挨饿受冻勤劳困苦的时候，便能发现他心中的志愿，没有一次不说等到他富贵发达以后一定以帮助皇上治理好国家作为自己的责任，以使人民能过上安定富足的日子作为自己所追求的目标。后来不幸我离开了丈夫的身边，也已经多年了，丈夫果然富贵发达了。皇上不惜给他高官厚禄，让他衣锦还乡回到故乡来做太守，这也称得上是最大的荣耀了。但是他从前受苦时说过的那些话，好像都被他忘得一干二净了。难道是因为天下太平无事了，使得他这样吗？难道是因为急于享受荣华富贵，没有时间去思考从前的志愿吗？以我看来，在一个女人面前夸耀自己，他是做到了，除此之外便没有什么了。我又怎么可以食用他的食物！"于是就自缢而死了。

这篇文章是借朱买臣前妻之口嘲讽那些封建官僚的。作者就朱买臣前妻自杀一节，别出心裁，独出新意，生发开来，揭露朱买臣前后不一、表里不一、言行不一的虚伪嘴脸，借此对那些以富贵骄人的官僚们加以冷嘲热讽，无情鞭挞。他们失意时标榜的所谓"匡国致君"、"安民济物"的宏图大志，不过是欺人之谈，一旦得志，便将原来的那些大话忘得一干二净，置国计民生于不顾，其实是一伙心存富贵，志在高官的自私虚伪之徒。文章短小精悍，尖锐犀利，正如鲁迅先生所称赞的那样，"几乎全部是抗争和愤激之谈。"这正是罗隐小品文的主要特点。

第四章 宋代

代王昭君谢汉帝疏①

柳开②

臣妾奉诏出妻单于，众谓臣妾有怨愤之心，是不知臣妾之意也。臣妾今因行③，敢谢陛下以言④，用明臣妾之心无怨愤也。

夫自古妇人，虽有贤异之才，奇峻之能⑤，皆受制于男子之下，妇人抑挫至死，亦罔敢雪于心⑥；况幽闭殿廷，备职禁苑⑦，悲伤自负⑧，生平不意者哉⑨！臣妾少奉明选，得列嫔御⑩；虽年华代谢，芳时易失，未尝敢尤怨于天人；纵绝幸于明主⑪，虚老于深宫，臣妾知命之如是也。不期国家以戎虏未庭⑫，干戈尚炽，胡马南牧⑬，圣君北忧，虑烦师征，用竭民力；征前帝之事⑭，兴和亲之策，出臣妾于掖垣⑮，妻匈奴于沙漠，斯乃国家深思远谋，简劳省费之大计也。臣妾安敢不行矣。况臣妾一妇人，不能违陛下之命也。

今所以谢陛下者，以安国家，定社稷，息兵戈，静边戍，是大臣之事也。食陛下之重禄，居陛下之崇位者，曰相，宜为陛下谋之；曰将，宜为陛下伐之。

今用臣妾以和于戎，朝廷息轸顾之忧⑯，疆场无侵渔之患⑰，尽系于臣妾也。是大臣之事，一旦之功⑱，移于臣妾之身矣。臣妾始以幽闭之心⑲，宠幸是望，今反有安国家，定社稷，息兵戎，静边戍之名，垂于万代，是臣妾何有于怨愤也。愿陛下宫闱中复有如妾者，臣妾身死之后，用妻于单于，则国安危之事，复何足虑于陛下之心乎！

陛下以此安危系于臣妾一妇人，臣妾敢无辞以谢陛下也！

| 注释 |

①《代王昭君谢汉帝疏》：选自《河东先生集》。疏，即奏疏，是臣下向皇帝陈述意见的一种文体。这是作者柳开代王昭君立言的一篇拟作，作者借题发挥，对北宋君臣对辽屈辱求和的卑怯行为予以嘲讽和抨击。

②柳开（947—1000）：北宋文学家。字仲涂，因慕韩愈、柳宗元，故原名肖愈，字绍元，自号东郊野夫，又号补亡先生，大名（今河北大名东）人。开宝进士，历任右赞善大夫、殿中丞、监察御史、殿中侍御史，曾知贝州等州郡。他反对北宋初的浮靡文风，提倡古文，是北宋诗文革新运动的先驱者之一。著有《河东先生集》。

③行：出嫁。

④谢：告。

⑤峻：同"俊"，特出。

⑥周：无。雪：倾吐。

⑦备职禁苑：在宫廷里任职，指充当宫人。

⑧自负：自己承受。

⑨不意：没有希望。

⑩嫔御：宫中的妃妾。

⑪绝幸：断绝宠幸。

⑫未庭：尚未臣服。

⑬胡马南牧：胡人南下牧马，指匈奴南侵。

⑭征：遵照。前帝之事：汉王朝自开国初期便实行与匈奴和亲的政策，后来一度中断。

⑮掖垣：指宫廷。

⑯轸顾：深切的挂念。

⑰侵渔：侵掠。

⑱一旦之功：战功，战争胜利的功劳。

⑲幽闭：指深居宫廷。

| 译文 |

臣妾遵照皇帝的诏书去嫁给南匈奴呼韩邪单于为妻，人们都说臣妾我心中怀有怨愤之情，这是不了解臣妾我的心意。臣妾我如今奉命出嫁，敢于将我心中的话向皇帝禀告，以此表明臣妾我心中确实没有怨愤。

自古以来的女人，有的虽然有贤惠特异的天才，奇特超凡的能力，但是都在男人的控制之下，使女人遭受压抑和挫折直到死去，也不敢倾吐自己的心事；何况是深居宫中，在宫廷里充当宫人，自己默默承受悲伤苦闷，终生没有什么希望的人啊！臣妾我年纪很轻的时候，被选为宫人；虽然时光流逝，青春很快就失去，不曾敢于怨天尤人；纵然是被皇帝断绝宠幸，在深宫里空自老去，臣妾我知道这是命该如此。没有料到的是国家因为匈奴不肯臣服，战争还很激烈，匈奴不断南侵，皇帝为北方边境而忧虑，恐怕出兵征讨，会耗尽民力；为了先帝未竟的事业，采用与匈奴和亲的政策，让臣妾我离开宫廷，到沙漠去做匈奴单于的妻子。这是为国家深谋远虑，节省国力民财的大计了。臣妾怎敢不出嫁呀！况且臣妾我是一个女人，不能违背皇帝的命令。

如今我所向皇帝察告的是，能使天下太平，国家安定，战争停息，边境平静，这都是大臣们应该做的事情。享受皇帝赐给的厚重俸禄，身居皇帝授命的高位要职，称作宰相的，应该为皇帝出谋划策；称作将军的，应该为皇帝杀伐征讨。如今用臣妾我去与匈奴和亲，解除朝廷深切的忧虑，免除匈奴在边界上侵掠的祸患，都在于我一个人了。这些本是大臣们应做的事，是将军们应该立的战功，都移交到臣妾我的身上了。臣妾我当初一心所想的只是深居宫中，盼望有朝一日能受到宠幸，如今反倒得到了能使天下太平，国家安定，战争停息，边境平静的名声，流传千古，这样臣妾我还有什么怨愤呀！但愿皇帝的宫廷中还有像我这样的宫人，等到臣妾我身死之后，可让她再去做单于的妻子，这样有关国家安定的大事，还怎么会使皇帝为此心中忧虑啊！

皇帝将这种有关国家安危的大事寄托在臣妾我一个女人身上，臣妾我岂敢没有向皇帝察告的话啊！

北宋初年，北方即受到辽的威胁，宋太宗两次伐辽均告失败，从此北宋对辽由进攻转为退守，朝廷中主和甚至主降的势力抬头。柳开是宋初的朝臣，他关心政治、军事，对此深有感受。他借用汉元帝时汉朝与匈奴和亲、王昭君远嫁南匈奴呼韩邪单于的人物和事件，借题发挥，对北宋王朝对辽的屈辱求和进行尖锐的嘲讽。作者善用曲笔，将文章的主题思想不断地向更深的层面开掘。分明是揭露和嘲讽，排遣心中的怨愤，却偏偏强调说"臣妾之心无怨愤也"。而且文章开篇即申明"无怨愤"，直至文章结束"臣妾何有于怨愤也"。越是反复强调"无怨愤"，越说明怨愤之深。作者还采用对比的手法，将朝中的宰相和将军，满朝文武大臣、衮衮诸公，与王昭君一个弱女子做对比。"安国家，定社稷，息兵戈，静边戍"本来是大臣之事，如今竟系于一个弱女子的身上，这是何等尖苛辛辣的讽刺！

丰乐亭①记

欧阳修

　　修既治滁之明年②，夏，始饮滁水而甘。问诸滁人③，得于州南百步之近。其上则丰山，耸然而特立④；下则幽谷，窈然⑤而深藏；中有清泉，滃然⑥而仰出。俯仰⑦左右，顾而乐之。于是疏泉凿石，辟地以为亭，而与滁人往游其间。

　　滁于五代⑧干戈⑨之际，用武之地也。昔太祖皇帝，尝以周师破李景兵十五万于清流山下，生擒其皇甫辉、姚凤于滁东门之外，遂以平滁⑩。修尝考其山川，按其图记⑪，升高以望清流之关⑫，欲求辉、凤就擒之所。而故老皆无在也，盖天下之平久矣。自唐失其政，海内分裂，豪杰并起而争，所在为敌国者，何可胜数⑬？及⑭宋受天命，圣人出而四海一⑮。向之凭恃险阻，铲削消磨⑯。百年之间，漠然徒见山高而水清；欲问其事，而遗老⑰尽矣。今滁介江淮之间，舟车商贾⑱、四方宾客之所不至，民生不见外事，而安于畎⑲亩衣食，以乐生送死⑳。而孰知上之功德，休养生息，涵煦㉑于百年之深也。

修之来此，乐其地僻而事简㉒，又爱其俗之安闲。既得斯泉于山谷之间，乃日与滁人仰而望山，俯而听泉；掇幽芳而荫乔木㉓，风霜冰雪，刻露清秀㉔，四时之景，无不可爱。又幸其民乐其岁物㉕之丰成，而喜与予游也。因为本其山川，道其风俗之美，使民知所以安此丰年之乐者，幸生无事之时也。夫宣上恩德，以与民共乐，刺史㉖之事也。遂书以名㉗其亭焉。

注释

①丰乐亭：在今安徽滁州城西丰山北，为欧阳修被贬滁州后建造的。苏轼曾将《丰乐亭记》书刻于碑。《舆地纪胜》："淮南路滁州：丰乐亭，在幽谷寺。庆历中，太守欧阳修建。"清《一统志》："安徽滁州丰乐亭在州西南琅琊山幽谷泉上。欧阳修建，自为记，苏轼书，刻石。"

②明年：第二年，即庆历六年。

③问诸滁人：向滁人打听泉水的出处。诸，兼词，之于。《与韩忠献王书》："山川穷绝，比乏水泉，昨夏天之初，偶得一泉于川城之西南丰山之谷中，水味甘冷，因爱其山势回抱，构小亭于泉侧。"又有《幽谷泉》诗。

④耸然而特立：高峻挺拔地矗立着。耸然，高耸的样子。特，突出。

⑤窈然：深幽的样子。

⑥翁然：水势盛大的样子。

⑦俯仰：这里为环顾的意思。

⑧五代：指后梁、后唐、后晋、后汉、后周。

⑨干戈：古代兵器，此指战争。

⑩"昔太祖"五句：公元956年，宋太祖赵匡胤为后周大将，与南唐中主李璟的部将皇甫晖、姚凤会战于滁州清流山下，南唐部队败于滁州城。随后赵匡胤亲手刺伤皇甫晖，生擒皇甫晖、姚凤，夺下滁州城。《资治通鉴》后周纪三："……太祖皇帝引兵出后，晖等大惊，走入滁州，欲断桥自守。太祖皇帝跃马兵麾涉水，直抵城下。……一手剑击晖中脑，生擒之，并擒姚凤，遂克滁州。"周，指五代时后周。李景，即李璟，南唐的中主。清流山，在今滁州城西南。

⑪图记：指地图和文字记载。

⑫清流之关：在滁州西北清流山上，是宋太祖大破南唐兵的地方。

⑬"所在"二句：指到处都割据称王，难以计算。胜，尽。

⑭及：等到。

⑮圣人出而四海一：指宋太祖赵匡胤统一天下。

⑯"向之凭恃险阻"二句：如先前那些凭借险阻称霸的人，有的被诛杀，有的被征服。向，从前。

⑰遗老：指经历战乱的老人。

⑱舟车商贾：坐船乘车的商人。

⑲畎：田地。

⑳乐生送死：使生的快乐，礼葬送死。《孟子·离

· 119 ·

娄》："养生者不足以当大事，惟送死可以当大事。"

㉑涵煦：滋润教化。

㉒事简：公务简单。

㉓掇幽芳而荫乔木：春天采摘清香的花草，夏天在大树荫下休息。掇，拾取。荫，荫庇，乘凉。

㉔"风霜"二句：秋天刮风下霜，冬天结冰下雪，经风霜冰雪后草木凋零，山岩裸露，更加清爽秀丽。刻露，清楚地显露出来。

㉕岁物：收成。

㉖刺史：官名，宋人习惯上作为知州的别称。欧阳修此时为滁州知州，根据习惯自称为刺史。

㉗名：起名，命名。

｜译文｜

我在治理滁州之后的第二年夏天，才在喝滁河水时感到它的甘甜。向滁州人询问滁河的源头，发现它近在州城南面百步之地。它的上面是丰山，山势高耸陡立，下面是深谷，幽远深邃，中间有一股清澈的泉水，水势充盛，向上喷出。上下左右环顾一遭，觉得很喜欢这个地方，于是疏浚泉水，凿开岩石，开辟出一块土地，在那里建了个亭子，和滁州人一同到那里游息。

滁州在五代战争频仍的时期，是一个经常争战的地方。先前太祖皇帝曾经率领后周的军队，在清流山下击败李景的十五万军队，在滁州东门外活捉了他的将军皇甫晖、姚凤，于是趁机平定了滁州。我曾经考察过那里的山脉河流，查阅过地图和记载，登到高处眺望清流关，想要找到皇甫晖、姚凤被活捉的所在，而亲历战乱的老人们全都没有在世的了，大概是天下太平的时间太久了。自从唐朝政治混乱以来，天下四分五裂，豪杰齐起而相争，各地成为对立国家的，怎能数得尽？等到大宋承受天命，圣人出世，天下统一。先前的可以凭靠恃的险要之地，都被铲除削平了。在这一百年之间。天下太平，只看见山峰高耸溪水清澈。想问问当年的事情，但是往年留下的老人已不在人世了。现在滁州处于长江、淮河之间，是个四方车船、商人旅客都不到的地方，百姓生来没见过外边的事情，只是安于这里的耕种来谋衣糊口，无忧无虑地生活到死。但是谁又知道皇上普施恩德，使百姓休养生息，宽容体恤达百年之久呢？

我来到这里，喜欢这个地方偏僻，政事清简，又喜爱这里的民俗清静悠闲。在高山峡谷之间发现这股清澈的泉水之后，就每天同滁州人一道抬头远望丰山，俯身静听清泉。采摘芳香的鲜花，在高大的树阴下纳凉，刮风下霜结冰飘雪之时，更显露出它的清肃秀美。一年四季的景致，没有一时不令人喜爱的。又有幸遇到这里的百姓为年丰物阜而欢乐，并喜欢同一道游赏。于是我根据这里的山脉河流，述说这里民俗风情的美好，让百姓知道他们能够安享这丰收之年的欢乐，是由于有幸生活在这没有战乱的年代啊。

宣扬皇上的恩德，来和百姓共享欢乐，这是刺史的本职。于是我写了这篇记文，来为这座亭子命名。

| 赏析 |

丰乐亭是欧阳修被贬滴滁州时所建造，欧阳修在写此文时，虽然身处贬滴之中，但文中却表达了对宋王朝和乐太平景象的快慰之情。文章写其欲寻五代干戈之遗迹而不可得，所谓"向之凭恃险阻，铲削消磨。百年之间，漠然徒见山高而水清；欲问其事，而遗老尽矣"，巧妙地表现出五代的疮痍已然平复，委婉地肯定了宋朝统治者"休养生息，涵煦于百年之深也"的统治功绩。欧阳修在贬滴之中，不斤斤于一己的牢骚哀怨，而能着眼天下民生的太平和煦，同其所乐，这样的胸怀是宋代士人精神的写照。

文章的核心在表现一个乐字，而其中包含了欧阳修立足人情、平易为政的理想。文章对宋朝涵煦百年的赫赫功绩，只以寻找五代遗迹而不见的平淡之笔出之，看似散缓无奇，却写出了宋王朝休养生息，于潜移默化之中改天换地的力量。这也正是欧阳修的政治理想，为政不当"立异"、"逆情"，而应该顺人情、秉常德，于简易之中，成无穷之业。而休养生息的根本则在于体民之需，成民之乐，故能成其涵煦之功。文中写与滁人游赏，并无刻意追奇逐异之笔，而只是就身边四时风物俯仰品味，最后点出"安此丰年之乐"的主旨。明代金圣叹称此文"只是不把圣宋功德看得奇怪，不把排徊山水看得游戏，此所谓心地淳厚、学问真到文字也"(《评注才子古文》卷12)其所谓"心地淳厚"，就是由欧阳修独特之政治理想和精神志趣所形成。

送石昌言①使北引

苏洵

　　昌言举进士时，吾始数岁，未学也。忆与群儿戏先府君②侧，昌言从旁取枣栗啖我；家居相近，又以亲戚故，甚狎。昌言举进士，日有名。吾后渐长，亦稍知读书，学句读③、属对、声律，未成而废。昌言闻吾废学，虽不言，察其意，甚恨④。后十余年，昌言及第⑤第四人，守官四方，不相闻。吾日益壮大，乃能感悔⑥，摧折复学。又数年⑦，游京师，见昌言长安，相与劳问，如平生欢。出文十数首，昌言甚喜称善。吾晚学无师，虽日当文，中甚自惭；及闻昌言说，乃颇自喜。今⑧十余年，又来京师，而昌言官两制，乃为天子出使万里外强悍不屈之虏庭，建大旆⑨，从骑数百，送车千乘，出都门，意气慨然。自思为儿时，见昌言先府君旁，安知其至此？富贵不足怪，吾于昌言独有感也！大丈夫生不为将，得为使，折冲⑩口舌之间足矣。

　　往年彭任⑪从富公使还，为我言曰："既出境，宿驿亭。闻介马数万骑驰过，剑槊相摩，终夜有声，从者怵然⑫失色。及明，视道上马迹，尚心掉不自禁⑬。"凡虏所以夸耀中国⑭者，多此类。中国之人不测也，故或至于震惧而失辞⑮，以为夷狄笑。呜呼！何其不思之甚也！昔者奉春君使冒顿，壮士健马皆匿不见，是以有平城之役。今之匈奴，吾知其无能为也。孟子曰："说大人则藐之。"况与夷狄！请以为赠。

注释

①石昌言：字扬休，眉州（治所在今四川省眉山县）人。

②先府君：去世的父亲，指苏序。

③句读：断句。古人读书要自行断句，"句读"是古代读书人必须掌握的基本知识。

④恨：遗憾，不满意。

⑤及第：石昌言进士及第在宋仁宗宝元元年（1038）。

⑥感悔：感悟悔恨。一本作"感悟"。

⑦又数年：指庆历五年（1045），此次东游，作者与史经臣同行。

⑧今：指嘉祐元年（1056），是年苏洵携其二子同游京师。

⑨大旆：大旗。旆，旗边上下垂的装饰品。

⑩折冲：本意是使敌军的战车折还，制止敌人的进攻。冲，指车。

⑪彭任：字有道，身长七尺，有胆量，曾自请随

富弼出使契丹。

⑫怛然：惊恐的样子。

⑬不自禁：自己不能控制自己。

⑭中国：指中原地带。不测：出乎意外。

⑮失辞：失言，说了不应该说的话。

| 赏析 |

这篇文章是作者苏洵为石昌言出使契丹写的一篇序文。由契丹族建立的辽国，灵北宋王朝北方的最强大的敌国。太宗两次伐迁均以失败而告终，从此对契丹便采取屈辱求和的政策。作为出使契丹的北宋王朝的使节，最重要的是要克服那种俱怕敌人的心理，才有可能在外交上制敌取胜。为此，作者总结了历史的经验和教训，既不能像汉高祖那样轻敌冒进，也不能像本朝彭任那样畏敌如虎。作者分析了契丹的情况，证明契丹并不足畏，鼓励石昌言以"说大人，则藐之"的态度，"折冲口舌之间"。行文中，作者没有急于将"说大人，则藐之"的赠言过早地点出来，"卒章显其志"，直到文章的结尾才点明这个题旨。尽管全文篇幅很短，作者还是从容地从儿时写起，用不少笔墨描述作者与石昌言的亲情，写石昌言曾为作者废学而生气，后又为作者文章的长进而欣喜，甚至还描写了"与群儿戏先府君侧，昌言从旁取枣栗啖我"等细节。正因为作者与石昌言有这种非同寻常的关系，所以作者的赠言才不是一般应酬的客套话，而是肺腑之言。同时，这种描述，使文章具有强烈的抒情色彩，每句话都在情理之中，亲切感人又富有情致。

第五章　元代明代

送秦中诸人引

元好问

关中风土完厚，人质直而尚义，风声习气，歌谣慷慨，且有秦汉之旧。至于山川之胜，游观之富，天下莫与为比。故有四方之志者，多乐居焉。

予年二十许时，侍先人官略阳①，以秋试留长安中八九月。时纨绮气②未除，沉涵酒间，知有游观之美而不暇也。长大来，与秦人游益多，知秦中事益熟，每闻谈周、汉都邑，及蓝田、鄠、杜间风物，则喜色津津然动于颜间。

二三君多秦人，与余游，道相合而意相得也。常约近南山③，寻一牛田，营五亩之宅，如举子结夏课时，聚书深读，时时酿酒为具，从宾客游，伸眉高谈，脱屣世事④，览山川之胜概，考前世之遗迹，庶几不负古人者。然予以家在嵩前，暑途千里，不若二三君之便于归也。清秋扬鞭，先我就道，矫首西望，长吁青云。

今夫世俗惬意事，如美食大官，高赀华屋，皆众人所必争，而造物者之所甚靳，有不可得者。若夫闲居之乐，澹乎其无味，漠乎其无所得。盖自放于方之外者之所贫，人何所争，而造物者亦何靳耶？行矣诸君，明年春风，待我于辋川之上矣⑤。

| 注释 |

①略阳：古郡名，西晋泰始中置，治所在临渭（今天水东北）。

②纨绮气：纨绮子弟的奢华之气。

③南山：即终南山，在今陕西西安西南。

④脱屣世事：像脱掉鞋子一样摆脱世俗的纠缠。

⑤辋川：水名，在今陕西蓝田县南。唐代诗人王维曾隐居于此，筑辋川别业。

| 赏析 |

元好问的这篇《送秦中诸人引》虽然也属于送别一类，但重点不在写离情别绪，而是盛赞关中山川形势、风土人情，并借此来表达自己向往田园生活、远离世俗喧嚣的心境。文章由关中形胜和民风质直尚义入手，为其与秦中诸人"道相合而意相得"作铺垫，表达了作者对关中风土人情的欣羡之意，对秦中诸人的恋恋不舍之情；对世俗追逐名利和奢侈豪华，作者则流露出鄙夷之意。文章写来委婉曲折，情义绵绵。结尾对世俗"惬意事"的描述，似闲非闲，非关有无，透露出作者向往田园生活的现实背景。至于送别，虽仅"清秋扬鞭，先我就道。矫首西望，长吁青云"寥寥16个字，却是情深意款，胜似一篇长吁短叹的大文章。

送天台陈庭学序

宋濂

　　西南山水，惟川蜀最奇。然去中州万里①，陆有剑阁栈道之险，水有瞿唐、滟滪之虞②。跨马行，则篁竹间山高者，累旬日不见其巅际。临上而俯视，绝壑万仞，杳莫测其所穷，肝胆为之悼栗③。水行，则江石悍利，波恶涡诡，舟一失势尺寸，辄糜碎土沉，下饱鱼鳖。其难至如此。故非仕有力者，不可以游；非材有文者，纵游无所得；非壮强者，多老死于其地。嗜奇之士恨焉。

　　天台陈君庭学，能为诗，由中书左司掾，屡从大将北征，有劳，擢四川都指挥司照磨④，由水道至成都。成都，川蜀之要地，扬子云、司马相如、诸葛武侯之所居，英雄俊杰战攻驻守之迹，诗人文士游眺、饮射、赋咏、歌呼之所，庭学无不历览。既览必发为诗，以纪其景物时世之变，于是其诗益工。越三年，以例自免归，会予于京师；其气愈充，其语愈壮，其志意愈高；盖得于山水之助者侈矣。

　　予甚自愧，方予少时，尝有志于出游天下，顾以学未成而不暇。及年壮方可出，而四方兵起，无所投足。逮今圣主兴而宇内定，极海之际，合为一家，而予齿益加耄⑤矣。欲如庭学之游，尚可得乎？

然吾闻古之贤士，若颜回、原宪，皆坐守陋室，蓬蒿没户，而志意常充然，有若囊括于天地者。此其故何也？得无有出于山水之外者乎？庭学其试归而求焉？苟有所得，则以告予，予将不一愧而已也！

| 注释 |

①中州：指当时全国的中心，古人一般指今河南一带。

②剑阁：在今四川北部与陕西、甘肃接境处，有大、小剑山，道路艰险。栈道：古人在悬崖峭壁间用木搭成的通道。瞿唐：即瞿唐峡。在今重庆市奉节白帝城至巫山大宁河口，江面狭窄，水流湍急。滟（yàn）滪（yù）：即滟滪堆，在瞿唐峡东口，是江中巨石，1958年已炸除。

③悼栗：因恐惧发抖。

④天台：地名，在今浙江。中书左司掾：官名。明代的中书省下设左右司，陈庭学是其佐司中的属员。擢（zhuó）：升迁。都指挥使：官署名。主管军事指挥。照磨：掌管文书档案的属员。

⑤齿：年龄。耄（mào）：年老，八十以上叫"耄耋"。

　　古代的文人往往认为历览山川奇景可以有益于文章。宋濂则进一步认为像蜀地这样道路艰险，而且有过许多政治和文化名人的地方，只要是有文学才能的人到此必能发为诗歌，使诗才更为精进。文中说到自己早年亦曾有志于游览，但因元末的兵乱未能实现。最后提到古代的颜回、原宪无力出游，而在道德修养方面达到了很高的境界，因此他认为"得无有出于山水之外者乎"？他这句话的意思很清楚，无非是要陈庭学在儒家的"正心、诚意"方面下功夫。这正是理学家的主张。但宋濂此文，仍不失为古代散文中的名篇。像文章的第一段，描写入蜀道路之险，不论水路还是陆路，都有种种艰阻，虽着墨不多，而读之令人惊心动魄，显出作者驾御文词的高超才能。末段谈到自己有志出游而未果，感慨甚深，归结到可以求于山水之外，既为勉励陈庭学，亦所以自慰。文章写得层次井然，意思一层进一层，言有尽而意无穷，深可玩味。

工之侨为琴①

刘基

工之侨得良桐焉，斫而为琴，弦而鼓之，金声而玉应。自以为天下之美也②，献之太常。使国工视之③，曰："弗古。"还之。

工之侨以归，谋诸漆工，作断纹焉；又谋诸篆工，作古窾焉。匣而埋诸土，朞年出之，抱以适市④。贵人过而见之，易之以百金，献诸朝。乐官传视，皆曰："希世之珍也。"

工之侨闻之，叹曰："悲哉世也！岂独一琴哉？莫不然矣。而不早图之，其与亡矣。"遂去，入于宕冥之山⑤，不知其所终。

| 注释 |

①《工之侨为琴》：选自《郁离子》，是刘基隐居青田山时所作。《郁离子》是寓言故事集。郁是文采，离是光明，郁离子就是文明者。

②斫（zhuó）：砍。鼓：弹奏。

③太常：原为掌管礼乐的官名，魏晋以后代指主管礼乐的官府。国工：国内一流的乐师。

④诸：之于，与的意思。焉：于是，指琴上。篆工：

刻字、刻图纹的工人。 篆: 同款, 即款识。 朞年: 一周年。

⑤ 窅冥: 高深的样子。

| 赏析 |

这则寓言不过百四十余字, 却生动而深刻地揭示了贵古贱今以至真假莫辨的虚伪和可笑。同一张琴, 同是 "金声而玉应", 却有如此不同的命运, 其价值真的如此悬殊吗? 关健是崇古的心态在作怪。文中辛辣地嘲讽了国工的虚伪可笑, 刻画了工之侨不与世俗妥协的高洁形象。

这则寓言在艺术上很成功, 一是语言精炼, 寓意深远, 把丰富的哲理融汇在简括的故事叙述和人物刻画之中, 读后耐人寻味, 引人思考。二是很善于用对比的手法, 前面是 "使国工视之", 后面是 "乐官传视", 语言上既不重复, 又鲜明地衬托出同一张琴的不同际遇。而前一段里的 "勿古, 迁之" 与后一段里的 "稀世之珍也" 更是把同一张琴做假前后的不同命运展现出来, 也很自然地引出工之侨 "悲哉, 世也!" 的感叹和 "而不早图之, 其与之矣" 的念头, 对比手法的巧妙使用, 对揭露崇古贱今的虚伪可笑和刻画工之侨不与世俗同流合污的性格都有非常直接的作用。

题孔子像于芝佛院①

李贽

人皆以孔子为大圣，吾亦以为大圣；皆以老、佛为异端，吾亦以为异端。人人非真知大圣与异端也，以所闻于父师之教者熟也；父师非真知大圣与异端也，以所闻于儒先之教者熟也；儒先亦非真知大圣与异端也，以孔子有是言也。其曰"圣则吾不能②"，是居谦也。其曰"攻乎异端③"，是必为老与佛也。

儒先臆度而言之，父师沿袭而诵之，小子矇聋而听之④。万口一词，不可破也；千年一律，不自知也。不曰"徒诵其言"，而曰"己知其人"；不曰"强不知以为知"，而曰"知之为知之"。至今日，虽有目，无所用矣。

余何人也，敢谓有目？亦从众耳。即从众而圣之，亦从众而事之⑤，是故吾从众事孔子于芝佛之院。

| 注释 |

①芝佛院：佛寺名，位于湖北麻城，距城三十里。万历十三年（1585）春，李贽由黄安移居此地，在芝佛院著述讲学达十余年之久。

②圣则吾不能：孔子语，见《孟子·公孙丑上》"昔者子贡问于孔子曰：'夫子圣矣乎？'孔子曰：'圣则吾不能，我学不厌而教不倦也。'"意思是我还当不上圣人。

③攻乎异端：孔子语。见（论语·为攻》"攻乎异端，斯害己也"。

④臆度：主观臆测。度读作duó。曚聋：这里是昏乱模糊的意思。

⑤圣之：把孔子当成圣人。事：事奉，指供奉孔子像。

| 赏析 |

这是一篇犀利的驳论小品，全文不过三百字，却切入了一个纵贯古今的大论题。开始两个对句，提出论题，接下去按论题的思路，把所要驳论的论点推到原始的起点，然后用圣人孔子的话，揭示出所谓"大圣"与"异端"的荒谬，原来是无稽之谈。第二段正式进入驳斥，接着第一段的思路再推回来，谬论之荒唐也就昭然若揭了。更富于讽刺意味的是，李把大圣孔子的话拿来，作为驳论的"论据"，使孔圣人处于尴尬、被嘲弄的境地，产生"黑色幽默"的效果。最后一段，看似作者一个表白，实则对"大圣"再一次嘲弄，对传统的人云亦云再来一次体无完肤的嘲笑。

本文艺术上特点主要有两个方面：一是以子之矛，攻子之盾。用孔子自己的话来揭穿"大圣"与"异端"之说的荒谬。二是寓意深邃。如此意蕴丰富、内容复杂的论题，以极简捷的方式辩驳，给人以直切要害、一击中的的畅快，短短的几句话，就把孔说大圣，世代因袭的无稽和荒谬展示给读者，令人警醒，教人反思。

湖心亭看雪

张岱①

　　崇祯五年十二月，余住西湖。大雪三日，湖中人鸟声俱绝。是日更定矣，余拏一小舟，拥毳衣②炉火，独往湖心亭看雪。雾凇沆砀③，天与云、与山、与水，上下一白。湖上影子，惟长堤一痕、湖心亭一点、与余舟一芥、舟中人两三粒而已。到亭上，有两人铺毡对坐，一童子烧酒炉正沸。见余大喜曰："湖中焉得更有此人？"拉余同饮。余强饮三大白而别。问其姓氏，是金陵人，客此。及下船，舟子喃喃曰："莫说相公痴，更有痴似相公者！"

|注释|

①张岱（1597-1679）：字宗子，又字石公，号陶庵、蝶庵。自言蜀人，生于浙江绍兴。其祖父、父亲皆为高官，张岱自幼受到良好教育，学问颇杂，按他自己在《自为墓志铭》中说有十五种之多，涉及经、史、哲和文学，收藏鉴赏也很有成就，其《陶庵梦忆》和《西湖寻梦》为主要散文集。本篇即选自《陶庵梦忆》。

②毳（cuì）衣：细毛兽皮制成的衣服。

③沆砀（hàng dàng）：白气弥漫的样子。

| 赏析 |

性情中人率性而为，纵情任性，常常有出人意料之举。东晋时期，王子献大雪之夜忽然心血来潮，驾舟前往山阴拜访戴逵，天快亮了才来到戴逵的门前，可他却折身返回不再去见戴逵。有人问他为何到了门前却又回去，他说："乘兴而来，兴尽而返。见不见戴逵还有什么关系。"只要是感兴趣的事，哪怕在别人看来大乖常理，也是要做，直到尽兴为止，这就是性情中人的选择。他们的行为或许不为舆论接受和理解，甚至还会受到某种程度的指责，但这并不能影响他们。因为在他们看来，不违背自己的性情才是最重要的。

本文在艺术上的特点是文字简捷明快，善于用极扼要的语言把人物或景色的神态传达出来，尤其是"一痕、一点、一芥、两三粒"这几个数量词的使用，文笔是简约到了极致，而大背景的空阔，小环境的孤寂都跃然纸上。最后落实到一个"痴"字上，正好暗合，令人拍案叫绝。

第六章 清代

复庵记①

顾炎武②

旧中涓范君养民③，以崇祯十七年夏，自京师徒步入华山为黄冠。数年，始克结庐于西峰之左，名曰复庵。华下之贤士大夫多与之游，环山之人皆信而礼之。而范君固非方士者流也。幼而读书，好《楚辞》诸子及经史，多所涉猎，为东宫伴读④。方李自成之挟东宫、二王以出也，范君知其必且西奔，于是弃其家走入关中，将尽厥⑤职焉。乃东宫不知所之，而范君为黄冠矣。

太华之山，悬崖之巅，有松可荫，有地可蔬，有泉可汲，不税于官，不隶于宫观之籍。华下之人或助之材，以创是庵而居之。有屋三楹，东向以迎日出。

余尝一宿其庵，开户而望，大河之东，雷首之山，⑥苍然突兀，伯夷、叔齐之所采薇而饿者，若揖让乎其间，固范君之所慕而为之者也；自是而东，则汾之一曲，绵上之山，出没于云烟之表，如将见之，介子推之从晋公子，既反国而隐焉，又范君之所有志而不遂者也；又自是而东，太行、碣石之间，宫阙山陵之所在，去之茫茫，而极望之不可见矣！相与泫然。

作此记，留之山中。后之君子登斯山者，无忘范君之志也。

｜注释｜

①《复庵记》：复庵，明朝太监范养民于明灭亡之后隐居华山时所建造的居室。顾炎武曾于登游华山时寄宿于此，故有此记

②顾炎武（1613—1682）：原名绛，字宁人，号亭林，昆山（今江苏省昆山县）人。生于官宦之家，十四岁时参加当时的政治性学术社团"复社"，1654年5月，清兵攻陷南明都城南京，顾炎武先后参加了苏州起义和昆山保卫战。失败后背井离乡，流浪四方，希望有机会实现复明大计。他两次拒绝清廷招聘，直到晚年定居华阴，

恢复之志不减。他在文、史、哲、考古等方面均有建树，是清初大学者，著有《日知录》、《亭林诗文集》等。

③中涓：太监，原意为宫中主持洒扫之事。

④东宫伴读：东宫，太子所居之宫，亦指太子。伴读，官名，负责王室子弟教育之事。

⑤尽厥职：尽其保护之职责。厥：义同"其"。

⑥雷首之山：首阳山，在今山西省永济县南，是

中条山的南端。相传伯夷、叔齐反对武王伐纣，不食周粟，入首阳山采薇而食，终于饿死葬于山上。今尚存夷齐墓。

|赏析|

顾炎武是一位政治倾向极强的学者，尽管在写《复庵记》）时，清朝江山已定，但文中所暗含的故国之思和复明之志还是很明晰的，这与他终生的奋斗目标和日常言行很吻合。由于清初严格的文字禁锢，整篇文章写得比较隐晦，通过复庵的创建过程和作者临庵瞻望的感慨，赞扬了前朝遗老范养民的气节，以此抒发自己对故国的怀念。

文章在写作上主要有三特点：

一是笔调曲折、用意深邃这与顾炎武当时所处的政治境况相关，读完全文，读者就能深切体会到，作者对前朝遗民范养民是无限同情并赞赏备至的，范养民的情志，就是作者人的情志。

二是记述、抒情和议论圆融一体，相互依托，突出了主题。文章的前半部分以叙事为主，主要是介绍复庵的营建和庵主的经历。从这最后一句，既是对后来登斯山者的企望，也是对自己的激励，意味深远。

三是简洁明快，层次清晰，短短四五百字，不仅记叙了复庵和范君的诸多事迹，还回顾历史、思虑当时、勉励后人。交代清晰、述说简明，很有条理性和层次感。

芙蕖①

李渔②

　　芙蕖与草本诸花似觉稍异，然有根无树，一岁一生，其性同也。谱云："产于水者曰草芙蓉，产于陆者曰旱莲。"则谓非草本不得矣。予夏季倚此为命者③，非故效颦于茂叔④而袭成说于前人也，以芙蕖之可人，其事不一而足，请备述之。

　　群葩当令时，只在花开之数日，前此后此皆属过而不问之秋矣。芙蕖则不然，自荷钱出水之日，便为点缀绿波；及其茎叶既生，则又日高日上，日上日妍。有风既作飘飖之态，无风亦呈袅娜之姿，是我于花之未开，先享无穷逸致矣。迨至菡萏⑤成花，娇姿欲滴，后先相继，自夏徂秋，此则在花为分内之事，在人为应得之资者也。及花之既谢，亦可告无罪于主人矣；乃复蒂下生蓬，蓬中结实，亭亭独立，犹似未开之花，与翠叶并擎，不至白露为霜而能事不已。此皆言其可目者也。

　　可鼻，则有荷叶之清香，荷花之异馥，避暑而暑为之退，纳凉而凉逐之生。至其可人之口者，则莲实与藕皆并列盘餐而互芬齿颊者也。

只有霜中败叶，零落难堪，似在弃物矣；乃摘而藏之，又备经年裹物之用。

是芙蕖者也，无一时一刻不适耳目之观，无一物一丝不备家常之用者也。有五谷之实而不有其名，兼百花之长而各去其短，种植之利有大于此者乎？

予四命之中，此命为最。无如酷好一生，竟不得半亩方塘为安身立命之地。仅凿斗大一池，植数茎以塞责，又时病其漏⑥，望天乞水以救之，岂所谓不善养生而草菅其命者哉。

|注释|

①芙蕖：荷花，又名莲花、芙蓉。

②李渔（1611—1679）：字笠鸿，号笠翁，明末兰溪（今浙江省兰溪县）人。清代著名戏曲理论家和作家。本文选自其《闲情偶寄》一书。

③倚此为命：依靠芙蕖生存。

④茂叔：即周敦颐，著有《爱莲说》。袭成说，即沿袭固有的说法。

⑤菡萏（hàn dàn）：荷花的花苞。

⑥病：担忧、担心。

|赏析|

这是一篇写法独特的说明文，堪称与北宋周敦颐的《爱莲说》相媲美。其宗旨在于说明荷花具有的种种优点和它的栽种价值。

文章共分三个部分：第一部分简述荷花的属性。第二部分备述荷花可人的品性，阐述其种植的价值。第三部分表达作者对荷花的酷爱，感叹自己缺乏种植条件。

在艺术上，本文一是围绕中心，从视觉、嗅觉、味觉及日用四个方面作具体说明，条理明晰、层次清楚。二是在荷花的诸品性中，作者并未平均使用笔墨，在剪裁布局上，做到了详略得当。比如在"可目"的一面，按荷花的生长阶段，细致说明，充分展示荷花的价值；而在另几个方面，就简明扼要，说明即可。这样从总体上看，荷花的主要特点被突出了出来，其它的品性也得到了恰到好处的说明，既完成了"备述"，也不至于使人感到哕嗦。另外，本文语言简洁明晰而又富于情感，不仅使读者感受到语言的精致，也体悟到作者那份幽深的人格寄托，平实之中不乏美好的启示。

市声说①

沙张白

鸟之声聚于林，兽之声聚于山，人之声聚于市。是声也，盖无在无之。而当其所聚，则尤为庞杂沸腾，令听者难为聪焉②。今人入山林者，闻鸟兽之声，以为是天籁适然③，鸣其自乐之致而已。由市声推之，鸟知彼羽毛之族，非多求多冀，哓哓焉炫其所有，急其所无，以求济夫旦夕之欲者乎？

京师土燥水涩，其声噌以吰④。鬻百货于市者，类为曼声高呼，夸所挟以求售。肩任担负，络绎孔道，至于穷墟僻巷，无所不到。传呼之声相闻，盖不知几千万人也！祁寒暑雨，莫不自晨迄暮，不肯少休，抗喉而疾呼，以求济其旦夕之欲耳！

苟谓鸟之呼于林，兽之呼于山者，皆怡然自得，一无所求，而人者独否，是天之恩勤群类，予以自然之乐者，反丰于物而靳于人，此亦理之不可信者也。然使此千百万人者，厌其勤苦，且自悔不鸟兽若，尽弃其业而他业焉，将京师之大，阒然寂然，不特若曹无以赡其生⑤，生民之所需，畴为给之？此又势之必不可者矣。顾使其中有数人焉，耻其所为，而从吾所好，则为圣贤，为仙佛，为贵人，为高士，何不可者。吾惜其自少至老，日夕为抗喉疾呼，而皇皇于道路以死者⑥。甚矣，市声之可哀也。

虽然，市者，声之所聚；京师者，又市之所聚也。揽权者市权，挟势者市势，以至市文章，市技艺，市恩，市诒，市诈，市面首，市鞶笑：无非市者。炫其所有，急其所无，汲汲然求济其旦夕之欲，虽不若市声之哓哓然，而无声之声，震于钟鼓矣。甚且暮夜之乞怜无声，中庭之相泣有声，反不若抗声疾呼者之为其事而不讳其名也。君子之所哀，岂仅在市声也哉！

嗟乎！有凤凰焉，而后可以和百鸟之声；有麒麟焉，而后可以谐百兽之声；有圣人焉，而后能使天下之人之声皆得其中，终和且平，而无嘄杀嚣陵之患⑦。四灵⑧不至，君子之所为致慨也。若曰厌苦人声，而欲逃之山林，以听夫无所求而自然之鸣焉，是鸟兽同群，而薄斯人之吾与也。

| 注释 |

①市声：集市上的叫卖声。这里以市声代指城市里的生意人和商贾。作者沙张白，初名一卿，字介臣，号定峰，江阴（今属江苏）人。清代史学家、文学家。著有《读史大略》、《定峰文集》等。

②聪：听觉灵敏。

③天籁：自然之音。

④嘈以吰：形容钟鼓之声宏亮。这里形容商贩的叫卖声粗犷有力。

⑤若曹：你们。

⑥皇皇：即遑遑，匆匆忙忙的样子。

⑦憔杀嚣凌：憔杀，声音急噪；嚣陵，喧嚣侮慢。

⑧四灵：即麟、凤、龟、龙，传说中的祥瑞之物。

| 赏析 |

传统文化以农为本，视商为末，重农抑商。这篇文章却能一反传统之见，从商人的叫卖声切入，通过时山林鸟兽自得其乐的鸣叫和商贩辛苦求售的喊叫的对比描写，写出了商贩的勤苦，商贩的辛酸，对商贩不易寒暑，没明没黑地沿街叫卖的生涯，表示深深的同情。不仅如此，作者还对商贩的地位和作用给予了充分的肯定，批驳了那些对商贩的叫卖声抱有反感的人。最后，作者向人们指出了诸多龌龊现象的根源在于世无圣人，因为只有圣人才能"使天下之人之声，皆得其中，终和且平，而无憔杀嚣陵之患"。这实际上也是对当时社会的一种否定。在文章的结尾，作者把厌弃商贩叫卖之声而喜听鸟兽之鸣、逃避现实的人，称之为与鸟兽同群，表达了作者对这类人的鄙夷之情。本文属讽刺小品一类，说理层层推进，鞭挞入木三分。针砭时事，虽着墨不多，但颇能令人警醒。尤其是对商人的肯定，对世俗的批判，显示出作者立论的胆识。

醉乡记①

戴名世

昔众尝至一乡陬②，颓然靡然，昏昏冥冥，天地为之易位，日月为之失明，目为之眩，心为之荒惑，体为之败乱。问之人："是何乡也？"曰："酣适之方，甘旨之尝，以徜以徉，是为醉乡。"

呜呼！是为醉乡也欤？古之人不余欺也，吾尝闻夫刘伶、阮籍之徒矣③。当是时，神州陆沉④，中原鼎沸，所天下之人，放纵恣肆，淋漓颠倒，相率入醉乡不已。而以吾所见，其间未尝有可乐者。或以为可以解忧云耳。夫忧之可以解者，非真忧也，夫果有其忧焉，抑亦不必解也。况醉乡实不能解其忧也，然则入醉乡者，皆无有忧也。

呜呼！自刘、阮以来，醉乡遍天下。醉乡有人，天下无人矣。昏昏然，冥冥然，颓堕委靡，入而不知出焉。其不入而迷者，岂无其人者欤？而荒惑败乱者，率指以为笑，则真醉乡之徒也已。

|注释|

①《醉乡记》：醉乡，沉酒于醉酒之中。这是一篇讽刺颓风、警戒世人的小品。作者戴名世（1653—

· 149 ·

1713），字田有，一字褐夫，世称南山先生、忧庵先生。江南桐城（今属安徽）人，与方苞同为桐城派的先驱。著有《南山集》。

②乡陬：偏僻的乡村。陬，角落。

③刘伶、阮籍：魏晋之际的名士，同是竹林七贤中的人物，又皆以能豪饮著名。

④神州陆沉：国土沉沦。

| 赏析 |

中国是地地道道的酒乡，酒文化相当发达。从传说中的杜康造酒，到《尚书·酒语》，到曹操的"何以解忧，惟有杜康"，酒由祭祀之物演变成消愁解忧之物。魏晋之际的刘伶更是"惟酒是务，焉知其余"，以一篇《酒德颂》而成为高阳酒徒的代名词。阮籍、刘伶等竹林七贤，生当魏晋易代之际，激烈的党争和惨烈的政治角逐，使神州陆沉，中原鼎沸，名士少有全者。面时这样一种社会现实，他们为求自保，苟全性命，不沉醉酒乡，又能怎样呢？在作者看来，可以消解的，都不是忧愁。真正的忧愁是无法消解的，正如李白的诗所说"抽刀断水水更流，举杯消愁愁更愁"。所以，在文章的结尾，作者有感于"醉乡有人，天下无人"的状况，指出了这种极不正常的社会现象，以期引起世人的关注。文章描绘了两种"醉乡"，对"醉乡有人，天下无人"的社会现象表示深深的忧虑，表现出知识分子关心社会的良知。

为学一首示子侄①

彭端淑

　　天下事有难易乎？为之，则难者亦易矣；不为，则易者亦难矣。人之为学有难易乎？学之，则难者亦易矣；不学，则易者亦难矣。

　　吾资之昏，不逮人也②，吾材之庸，不逮人也③；旦旦而学之，久而不怠焉，迄乎成，而亦不知其昏与庸也。吾资之聪，倍人也，吾材之敏，倍人也；屏弃而不用，其与昏与庸无以异也。圣人之道，卒于鲁也传之④。然则昏庸聪敏之用，岂有常哉？

　　蜀之鄙有二僧⑤：其一贫，其一富。贫者语于富者曰："吾欲之南海⑥，何如？"富者曰："子何恃而往？"曰："吾一瓶一钵足矣⑦。"富者曰："吾数年来欲买舟而下，犹未能也。子何恃而往！"越明年，贫者自南海还，以告富者。富者有惭色。

　　西蜀之去南海，不知其几千里也，僧富者不能至，而贫者至焉。人之立志，顾不如蜀鄙之僧哉？是故聪与敏，可恃而不可恃也；自恃其聪与敏而不学者，自败者也。昏与庸，可限而不可限也；不自限其昏与庸，而力学不倦者，自力者也。

| 注释 |

①为学：做学问，求学。作者彭端淑，字乐斋，

四川丹棱人。清代文学家。曾主讲四川锦江书院，名重一时。著有《白鹤堂文集》等。

②资：资质，天赋。逮：及。

③材：才能，才干。

④卒于鲁也传之：终于由天资不高的曾参传了下来。鲁，指曾参。用孔子"参也鲁"之语。

⑤鄙：边境。

⑥之：到某地去。南海：指佛教圣地普陀山，在今浙江定海县东的海中。

⑦瓶：水瓶。钵：和尚用来盛饭食的器皿。

| 赏析 |

这篇文章承认人的天资禀赋的差异，但更看重个人努力和树立志向的作用。作者以蜀地的贫僧和富僧都想到南海去，而最终却是贫僧到了南海的故事，说明人的天资和禀赋就像财富一样，不是成功与否的充分必要条件，而努力和立志才是最重要的。如果自以为天资禀赋比别人强，而放弃努力，坐享其成，等来的必定是失败。相反，只要认定目标，努力学习，就可以克服天资禀赋不足的缺点，最终取得成功。先秦时期的思想家荀子对学习的重要性和学习的方法很精彩的论述。他说："吾尝终日而思矣，不如须臾之所学也。"又说："不积硅步，无以至千里；不积小流，无以成江海。骐骥一跃，不能十步；驽马十驾，功在不舍。锲而舍之，朽木不折；锲而不舍，金石可镂。"（《劝学》）认识到学习的重要性，只是一个好的开端，但也要持之以恒，坚持不懈。所以，关键是要有目标，有决心，有恒心。

所好轩记

袁枚

所好轩者，袁子藏书处也。袁子之好众矣，而胡以书名？盖与群好敌而书胜也。其胜群好奈何？曰：袁子好味，好色，好葺屋①，好游，好友，好花竹泉石，好珪璋彝尊②、名人字画，又好书。书之好无以异于群好也，而又何以书独名？曰：色宜少年，食宜饥，友宜同志，游宜清明，宫室花石古玩宜初购，过是欲少味矣。书之为物，少壮、老病、饥寒、风雨，无勿宜也。而其事又无尽，故胜也。

虽然，谢众好而昵焉，此如辞狎友而就严师也，好之伪者也。毕众好而从焉，如宾客散而故人尚存也，好之独者也。昔曾晳嗜羊枣③，不嗜脍炙也④，然谓之嗜脍炙，曾晳所不受也。何也？从人所同也。余之他好从同，而好书从独，则以所好归书也固宜。

余幼爱书，得之苦无力。今老矣，以俸易书，凡清秘之本，约十得六七。患得之，又患失之。苟患失之，则以"所好"名轩也更宜。

①葺：修缮。这里有建造房屋的意思。

②珪璋：贵重的玉器。彝尊：青铜酒具。文中泛指有收藏价值的古董。

③曾皙：孔子的弟子。羊枣：果名。初生时黄色，长熟时变黑，个很小，像羊粪。俗称羊奶柿。

④脍炙：脍，切细的鱼肉丝；炙，烤肉。皆佳肴。

| 赏析 |

人们的爱好千差万别，好游乐，好交友，好美味，好美色，好书画，好古董，好花草，好虫鱼。有的人的爱好可以堂而皇之地说出来，有的人的爱好只是留在心里，却羞于出口，或是不愿说出来。譬如好色，本是人之大欲，可是，能够坦白地承认的，又有几许呢？好色是很正常的事情，关键是能否把握好一个度，做到好色而不淫。袁枚坦率地承认"好色"是其诸多爱好中的一种，很是难得。但是，不论好色、好友还是其他爱好，若是和对书的爱好比起来，都得退位。因为，其他各种爱好都有条件和时间的限制，而只有对书的爱好，可以不受年龄、身体、饥寒、风雨等条件的限制。但对书的爱好也有区别。一种是"谢众好而昵焉"，一种是"毕众好而从焉"。"昵"和"从"虽仅一字之别，却反映出对书的两种不同态度。袁枚自幼到老，经历了人世沧桑，有过许多爱好，但他最终却选择了书籍，并把他的书斋命名为"所好轩"，这充分表明了他对书的爱好和对书的认识，已经进入一种独特的境界。

病梅馆记①

龚自珍

江宁之龙蟠②，苏州之邓尉③，杭州之西溪④，皆产梅。或曰："梅以曲为美，直则无姿；以欹为美，正则无景；以疏为美，密则无态。"固也。此文人画士，心知其意，未可明诏大号⑤，以绳天下之梅也；又不可以使天下之民斫直，删密，锄正，以夭梅病梅为业以求钱也。梅之欹之疏之曲，又非蠢蠢求钱之民能以其智力为也。有以文人画士孤癖之隐明告鬻梅者⑥，斫其正，养其旁条，删其密，夭其稚枝，锄其直，遏其生气，以求重价，而江浙之梅皆病。文人画士之祸之烈至此哉！

予购三百盆，皆病梅，无一完者。既泣之三日，乃誓疗之：纵之顺之，毁其盆，悉埋于地，解其棕缚⑦；以五年为期，必复之全之。予本非文人画士，甘受诟厉⑧，辟病梅之馆以贮之。

呜呼！安得使予多暇日，又多闲田，以广贮江宁、杭州、苏州之病梅，穷予生之光阴以疗梅也哉！

①《病梅馆记》：本文一题《疗梅说》，与《己亥六年重过扬州记》同写于1839年。这一年，正是近代西方列强对中国发动殖民战争的前一年。

②龙蟠：即今江苏南京清凉山麓龙蟠里。

③邓尉：山名。又称袁墓山、万峰山，在今江苏吴县。因东汉太尉邓禹曾隐居于此，故名。

④西溪：地名。在今杭州灵隐山西北。

⑤明诏大号：公开宣传，大力号召。

⑥鬻梅者：卖梅花的人。

⑦棕缚：棕绳的束缚。

⑧诟厉：责骂，辱骂。

|赏析|

龚自珍是近代中国第一个意识到中国正面临着空前危机的知识分子。在这篇《病梅馆记》中，龚自珍着重揭示了病梅产生的两个最重要的深层原因，一是崎形的审美观念和审美需求，二是文人画士和"蠢蠢求钱"之鬻梅人的推波助澜。但是，这仅是作者写作本文的第一层意思。作者真正的目的，则是以病梅为喻体，讽喻社会，批判现实。在落后的、病态的传统文化的束缚下，在市利之心的驱使下，中国的民众，尤其是有社会良知和民族脊梁之誉的知识分子队伍中，有一些人已经陷入病态之中，他们消极颓废，醉生梦死，很少关心社会现实与民生疾苦，不仅如此，他们还以其病态的社会文化行为，影响了中国的民众。作者对此深以为虑，表示要穷其毕生之精力，救治社会，救治民生，哪怕是为此受到严厉的指责和辱骂，也再所不惜。作者对当时社会了解之全面，认识之深刻，是其他文人所不及的。作者的社会良知，救治社会的急切心情，以及英勇无畏的精神，令人肃然起敬。联系到这篇文章是写于鸦片战争爆发的前夜，作者的远见卓识和深刻用意，就更加不言而喻了。

原才

曾国藩

　　风俗之厚薄奚自乎？自乎一二人之心之所向而已。民之生，庸弱者戢戢皆是也[①]，有一二贤且智者，则众人君之而受命底焉；尤智者，所君尤众焉。此一二人者之心向义，则众人与之赴义；一二人者之心向利，则众人与之赴利。众人所趋，势之所归，虽有大力，莫之敢逆，故曰："挠万物者[②]，莫疾乎风。"风俗之于人心也，始乎微，而终乎不可御者也。

　　先王之治天下，使贤者皆当路在势[③]，其风民也皆以义，故道一而俗同。世教既衰，所谓一二人者不尽在位，彼其心之所向，势不能不腾为口说[④]而播为声气，而众人者势不能不听命而蒸为习尚[⑤]，于是乎徒党蔚起，而一时之人才出焉。有以仁义倡者，其徒党亦死仁义而不顾；有以功利倡者，其徒党亦死功利而不返。水流湿，火就燥，无感不雠[⑥]，所从来久矣。

　　今之君子之在势者，辄曰天下无才，彼自尸于高明之地，不克以己之所向，转移习俗而陶铸一世之人⑦，而翻谢曰："无才。"谓之不诬可乎？否也。

十室之邑，有好义之士，其智足以移十人者，必能拔十人中之尤者而材之；其智足以移百人者，必能拔百人中之尤者而材之，然则转移习俗而陶铸一世之人，非特处高明之地者然也，凡一命以上，皆与有责焉者也。

有国家者，得吾说而存之，则将慎择与共天位之人；士大夫得吾说而存之，则将惴惴乎谨其心之所向，恐一不当，以坏风俗而贼人才。循是为之，数十年之后，万有一收其效者乎？非所逆睹已。

| 注释 |

①戢戢：众多貌。

②挠：使某物弯曲。搅动，动摇。

③当路在势：有权有势，处在关键的位子上。

④腾：升，流传。

⑤蒸：逐渐形成。

⑥謦：应答，响应。

⑦陶铸：培养造就。

| 赏析 |

关于人才的培养和使用，古往今来有很多精彩的论述。但是，像曾国藩这样，把人才和风俗联系起来，从人才的得失和风俗的淳厚与浇薄这一特殊的视角，

来论述人才的培养、选拔与使用，却是不多见。文章开篇就提出了风俗的浮厚与浇薄，与最为关键的一两个人的追求和向往有直接关系的命题，设问新颖独到，有引人入胜之魅力。接下来层层深入，步步推进，论述贤明睿智之人对世俗人心的巨大影响力。开明的帝王都深谙这一道理，让贤明睿智之人高居要路，通过他们来移风易俗，影响世人，教化世风。人们起而效之，人才也就脱颖而出了。若是让贪图功名利禄的人窃居高位，许多人就会跟着他们追逐名利，鄙薄道义，结果自然是风衰俗怨，世风日下，人心不古。因此，那些大权在握的权贵们，不要动辄就说世无人才，实际上是他们没有提供人才脱颖而出的条件和机遇，更不要说培养和选拔人才了。曾国藩设想了一套培养选拔人才的办法，所谓"十室之邑，有好义之士，其智足以移十人者，必能拔十人中之尤者而材之；其智足以移百人者，必能拔百人中之尤者而材不了几十年，就会收到效果。

与妻书①

林觉民

意映卿卿如晤②：吾今以此书与汝永别矣！吾作此书时，尚是世中一人；汝看此书时，吾已成为阴间一鬼。吾作此书，泪珠与笔墨齐下，不能竟书而欲搁笔，又恐汝不察吾衷，谓吾忍舍汝而死，谓吾不知汝之不欲吾死也，故遂忍悲为汝言之。

吾至爱汝，即此爱汝一念，使吾勇于就死也。吾自遇汝以来，常愿天下有情人都成眷属。然遍地腥云，满街狼犬，称心快意，几家能彀？司马青衫③，吾不能学太上之忘情也④。语云：仁者"老吾老，以及人之老；幼吾幼，以及人之幼。"吾充吾爱汝之心，助天下人爱其所爱，所以敢先汝而死，不顾汝也。汝体吾此心，于啼泣之余，亦以天下人为念，当亦乐牺牲吾身与汝身之福利，为天下人谋永福也。汝其勿悲！

汝忆否？四五年前某夕，吾尝语曰："与使吾先死也，无宁汝先吾而死。"汝初闻言而怒，后经吾婉解，虽不谓吾言为是，而亦无词相答。吾之意盖谓以汝之弱，必不能禁失吾之悲，吾先死，留苦与汝，吾心不忍，故宁请汝先死，吾担悲也。嗟夫！谁知吾卒先汝而死乎？吾真真不能忘汝也！回忆后街之屋，入门穿廊，过前后厅，又三四折，有小厅，厅旁一室，为吾与汝双栖之所。初婚三四个月，适冬之望日前后⑤，窗外疏梅筛月影，依稀掩映。吾与汝并肩携手，低低切切，何事不语？何情不诉？及今思之，空余泪痕。又回忆六七年前，吾之逃家复归也，汝泣告我："望今后有远行，必以告妾，妾愿随君行。"吾亦既许汝矣。前十余日回家，即欲乘便以此行之事语汝，及与汝相对，又不能启口，且以汝有身也，更恐不胜悲，故惟日日呼酒买醉。嗟夫！当时余心之悲，盖不能以寸管形容之⑥。

吾诚愿与汝相守以死，第以今日事势观之，天灾可以死，盗贼可以死，瓜分之日可以死，奸官污吏虐民可以死，吾辈处今日之中国，国中无时无地不可以死。到那时，使吾眼睁睁看汝死，或使汝眼睁睁看吾死，吾能之乎？抑汝能之乎？即可不死，而离散不相见，徒使两地眼成穿而骨化石，试问古来几曾见破镜能重圆？则较死为苦也，将奈之何？今日吾与汝幸双健。天下人之不当死而死，与不愿离而离者，不可数计，钟情如我辈者，能忍之乎？

此吾所以敢率性就死不顾汝也。吾今死无余憾，国事成不成自有同志者在。依新已五岁，转眼成人，汝其善抚之，使之肖我。汝腹中之物，吾疑其女也，女必像汝，吾心甚慰。或又是男，则亦教其以父志为志，则吾死后尚有二意洞在也。甚幸，甚幸！吾家后日当甚贫，贫无所苦，清静过日而已。

吾今与汝无言矣。吾居九泉之下遥闻汝哭声，当哭相和也。吾平日不信有鬼，今则又望其真有。今是人又言心电感应有道，吾亦望其言是实，则吾之死，吾灵尚依依旁汝也，汝不必以无侣悲。

吾平生未尝以吾所志语汝，是吾不是处。然语之，又恐汝日日为吾担忧。吾牺牲百死而不辞，而使汝担忧，的的非吾所忍。吾爱汝至，所以为汝谋者惟恐未尽。汝幸而偶我，又何不幸而生今日之中国！吾幸而得汝，又何不幸而生今日之中国！卒不忍独善其身。嗟夫！巾短情长⑦，所未尽者，尚有万千，汝可以模拟得之⑧。吾不能见汝矣！汝不能舍吾，其时时于梦中得我乎？一恸。

辛亥三月廿六夜四鼓，意洞手书。

家中诸母皆通文，有不解处，望请其指教，当尽吾意为幸。

①《与妻书》：这是林觉民于广州起义前写给妻子陈意映的信。林觉民（1886—1911），字意洞，号抖飞，又号天外生。福建闽县（今闽侯）人。早年留学日本，1911 年回国，参加广州起义，负伤被捕，数日后英勇就义。为黄花冈七十二烈士之一。

②卿卿：古时夫妻间的爱称。

③司马青衫：唐代诗人白居易曾被贬为江州司马，其诗《琵琶行》中有"座中泣下谁最多，江州司马青衫湿"之句。这里借用过来，用以形容作者极其悲痛的心情。

④太上：即圣人。

⑤望日：农历每月十五日。

⑥寸管：即毛笔。

⑦巾：林觉民给妻子写信用的白布方巾。

⑧模拟：揣测，琢磨。

│赏析│

1911 年，同盟会在黄兴、赵声的领导下，选拔八百人，准备在州举行武装起义，计划占领广州后，分兵大举北伐，不料走漏了消息，起义军与严加戒备的清军展开了激烈的巷战，伤亡至巨，被迫撤退。事后，广州人民收脸烈士遗骸 72 具，葬于黄花冈，史称"黄花冈七十二烈士"。林觉民参加了这次武装起义，与方声洞率领敢死队率先袭击总督街门，受伤被捕，从容就义。这封（《与妻书》，是林觉民于起义前三天写给爱妻陈意映的。因林觉民在广州起义中牺牲，故又称此文为《绝笔书》。在信中，作者已抱定必死的决心，委婉地表达了对妻子的绵绵深情和真挚爱意，表达了忧国忧民之心和对祖国的一片赤诚。为了拯危救亡，救国家于危难，救民众于水火，作者勇于抛弃个人之爱，夫妻之爱，"率性就死"，"百死而不辞"。作者把国家的命运和前途放在首位，为了"天下人之不当死而死，与不愿离而离者"，舍小家而为大家，舍夫妻之爱而为众人之爱，表现出一个革命者的高尚情操和博大胸怀。这封信以委婉的笔调，讲述了一个朴素的道理：个人的幸福、家庭的幸福是和国家的安定昌盛联系在一起的。文章既情真意切，哀婉感人，又大义凛然，豪气凌云，具有强烈的艺术感染力。

析廉①

林纾

廉者，居官之一事也，非能廉遂足尽官也。六计尚廉②，汉法，吏坐赃者，皆不得为吏。鄙意此特用以匡常人，若君子，律身固已廉矣，一日当官，忧君国之忧，不忧其身家之忧，宁静淡泊，斯名真廉。若夫任气以右党③，积偏以断国④，督下以诿过，劫上以迁权，行固以遂祸，挑敌以市武，朘民以佐欲，屏忠以文昏，其人日怵然自直其直以为廉，夫公孙弘、卢杞之廉岂后欤⑤？君子不名之廉者，国贼也。贼幸以廉自冒，劫君绝民覆国，恶可因其冒廉而宽之？矧若人者⑥，吾又安知其不外糠粃而内粱肉也？贪财为贪，贪权势尤贪。权势所极，货由之入，官属者慑之矣，国人者慑之矣，暮夜之事即知，而谁言之？虽其人盛言黩财，而响之财者，犹将饰之以义。矧起居酬应，廉不去口，又恶敢不归之以廉？呜呼！载金帛而即豺虎，宁舍人而取金帛乎？则亦将谓豺虎为廉乎？然则，劫君绝民覆国之廉，直豺虎耳。吾恐无识方以豺虎为廉，故取而析之。

│注释│

①析廉：解剖廉洁。作者林纾（1852—1924），
原名群玉、秉辉，字琴南，号畏庐，别号冷红生，福
建闽县（今福州）人。近代文学家、翻译家、书画家，
清末桐城派著名古文家。著有《畏庐文集》等。

②六计：古代考察官吏的六条标准。第一为廉善，
所以说六计尚廉。

③右：偏袒，袒护。

④断国：处理国家事务。

⑤公孙弘：字季，齐地薛（今山东藤县）人。汉
武帝时官居丞相。此人生活俭朴，事母至孝，但为官
却是明哲保身，外宽内刻，恩怨必报。卢杞：字子良，
滑州灵昌（今河南滑县西南）人。德宗时任宰相。以
筹备军资为名，搜刮财富，后事情败露遭贬。

⑥矧：况且。

│赏析│

为官应该清廉，这是人们都明白的道理。所以，
中国古代的法律规定，做官的人必须具备清廉的品格，
贪赃枉法的人不能做官。可事实怎么样呢？不少人一
旦做了官，高高在上，就贪财纳贿，然后再拿钱财贿
赂更大的官，以便往上爬。等官做大了，也就无所顾
忌了，表面上很是清廉，实际上却是上欺君主，下压
僚属百姓，成为国家的蛀虫。这些人虽然个个都是大
贪官，却是以清廉的面目示人，生活好像很俭朴，对
人也装出一副清廉的样子，弄得下属害怕他，百姓更

害怕他，他们那些贪财纳贿的丑行，人们即使知道了，又有谁敢说出来呢？不仅如此，如果有人揭发，那些行贿的人还会站出来为他辩护，给他找一个冠冕堂皇的正当理由，使得人们不敢不说他清廉。林纾把这样的人和汉代的公孙弘、唐朝的卢杞相提并论，以为他们是"外糠粃而内粱肉"，表面是清官，实际上是巨贪。 他打了一个很有意思的比喻，说这样的贪官，好像是只吃人而不取财物的豺狼和老虎，你能因为豺狼和老虎不要财物而说它是清廉的吗？文章从一个"廉"字入手，层层深入，逐步剖析，剥去了那些假清廉的人的画皮，指出了他们贪婪成性的本质，认为"忧君国之忧，不忧其身家之忧，宁静淡泊"的人才是真正清廉的人。这样的 文章，这样的立意，即使在今天看来，也是很有意义的。

给成长的你

For A Better You

中外诗歌

徐栩 晨朵 宋妍妍◎编著

郑州大学出版社

图书在版编目（CIP）数据

给成长的你 / 徐栩 , 晨朵 , 宋妍妍编著 . -- 郑州 : 郑州大学出版社 , 2017.6

ISBN 978-7-5645-4426-3

Ⅰ . ①给… Ⅱ . ①徐… ②晨… ③宋… Ⅲ . ①诗集—世界②散文集—世界 Ⅳ . ① I12 ② I16

中国版本图书馆 CIP 数据核字 (2017) 第 113272 号

GEICHENGZHANGDENI

给成长的你

郑州大学出版社出版发行

郑州市大学路 40 号	邮政编码：450052
出版人：张功员	发行部电话：0371-66966070

责任编辑：徐　栩　靳　凯

责任校对：张　贤

责任监制：凌　青　王金彪

全国新华书店经销

河北盛唐印刷有限公司印制

开本：880mm×1230mm　　1/32

总印张：27.5

总字数：585 千字

版次：2017 年 6 月第 1 版　印次：2019 年 1 月第 1 次印刷

书号：ISBN 978-7-5645-4426-3　总定价：130.00 元（全 5 册）

阅读伴我成长

阅读之于人生，"是全世界的营养品"。成长是人生的必经过程，我们的身体吸收各种营养，变得健壮，为一生打下基础。我们的心灵呢？成长中的心灵也需要营养物质的强化与补充。阅读为我们输送了丰富的精神食粮，心灵可以从中汲取多种营养。

《给成长的你》精选古今中外适于青少年阅读的文学佳作，分为《古诗词》《中外诗歌》《古文》《散文》和《最美文》五册，是一份可供读者时而大快朵颐，时而细嚼慢咽的精神大餐。

这套书亮点何在？

亮点一：扎根实际，内容与课本知识紧密相关，形成互动与互补，是课内知识的延伸和巩固。同时它有所拓展，有效扩大了阅读者的视野，启迪智慧。

亮点二：内容较为浅显，读起来朗朗上口。妙语连珠、好词佳句像退潮后沙滩上五光十色的贝壳，随处可见，读者可以一路采撷、摘抄、诵读、记忆，这不仅能增强语感，而且为写作积累了丰富的素材。

亮点三：经典之作优中选优，适合青少年阅读，培

养阅读兴趣。"读书不觉已春深,一寸光阴一寸金。"如何解决"寸光阴"和"春已深"这一矛盾呢?如何让小读者有效利用有限的时间,像海绵一样,从经典文学作品中吸足营养呢?筛选作品时,我们先在适合青少年和其他人群阅读的作品之间画了"楚河汉界",在已划定的范围内又在经典和最经典作品之间做了选择。本着"少而精"的原则,我们力求做到"青少年读者"和"经典之作"之间的"无缝对接"。

希望这套书指引青少年读者步入经典文学的圣殿,也愿经典之作的精华滋养成长的心灵。

编者

2018 年 12 月

目录

|给|成|长|的|你|

目录

│给│成│长│的│你│

目录

|给|成|长|的|你|

目录

|给|成|长|的|你|

目录

|给|成|长|的|你|

目录

|给|成|长|的|你|

目录

|给|成|长|的|你|

目录

| 给 | 成 | 长 | 的 | 你 |

给成长的你

中国卷

邮吻

刘大白

我不是不能用指头儿撕，
我不是不能用剪刀儿剖，
祇是缓缓地
轻轻地
很仔细地挑开了紫色的信唇；
我知道这信唇里面，
藏着她秘密的一吻。

从她底很郑重的折叠里，
我把那粉红色的信笺，
很郑重地展开了。
我把她很郑重地写的
一字字一行行，
一行行一字字地
很郑重地读了。

我不是爱那一角模糊的邮印，
我不是爱那幅精致的花纹，
祇是缓缓地
轻轻地
很仔细地揭起那绿色的邮花；
我知道这邮花背后，
藏着她秘密的一吻。

旧梦（节选）

刘大白

二五

贪洗海水澡的星群，
被颠狂的海水晃荡得醉了，
拥着赤裸裸的明月，
突然跳舞起来。

二六

最重的一下，
扣我心钟的，
是月黑云低深夜里，
一声孤雁。

三六

少年是艺术的，
一件一件地创作；
壮年是工程的，
一座一座地建筑；
老年是历史的，
一叶一叶地翻阅。

他

鲁迅

一

"知了"不要叫了，

他在房中睡着；

"知了"叫了，刻刻心头记着。

太阳去了，"知了"住了，——还没有见他，

待打门叫他，——锈铁链子系着。

二

秋风起了，

快吹开那家窗幕。

开了窗幕，会望见他的双靥。

窗幕开了，——一望全是粉墙，

白吹下许多枯叶。

三

大雪下了，扫出路寻他；

这路连到山上，山上都是松柏，

他是花一般，这里如何住得！

不如回去寻去他，——呵！回来还是我的家。

为了忘却的记念

鲁迅

惯于长夜过春时，挈妇将雏鬓有丝。

梦里依稀慈母泪，城头变幻大王旗。

忍看朋辈成新鬼，怒向刀丛觅小诗。

吟罢低眉无写处，月光如水照缁衣。

教我如何不想她

刘半农

天上飘着些微云，

地上吹着些微风。

啊！

微风吹动了我头发，

教我如何不想她？

月光恋爱着海洋，

海洋恋爱着月光。

啊！

这般蜜也似的银夜，

教我如何不想她？

水面落花慢慢流，

水底鱼儿慢慢游。

啊！

燕子你说些什么话？

教我如何不想她？

枯树在冷风里摇，

野火在暮色中烧。

啊！

西天还有些儿残霞，

教我如何不想她？

稻棚

刘半农

记得八、九岁时，曾在稻棚中住过一夜。
这情景是不能再得的了，所以把它追记下来。

凉爽的席，
松软的苫，
铺成张小小的床；
棚角里碎碎屑屑的，
透进些银白的月亮光。

一片唧唧的秋虫声，
一片甜蜜蜜的新稻香——
这美妙的浪，
把我的幼年的梦托着翻着……
直翻到天上的天上！……

回来停在草叶上，
看那晶晶的露珠，
何等的轻！
何等的亮！……

落叶

刘半农

秋风把树叶吹落在地上，
它只能悉悉索索，
发几阵悲凉的声响。

它不久就要化作泥；
但它留得一刻，
还要发一刻的声响，
虽然这已是无可奈何的声响了，
虽然这已是它最后的声响了。

一个小农家的暮

刘半农

她在灶下煮饭，
新砍的山柴，
必必剥剥的响。
灶门里嫣红的火光，
闪着她嫣红的脸，
闪红了她青布的衣裳。
他衔着个十年的烟斗，
慢慢地从田里回来；
屋角里挂去了锄头，
便坐在稻床上，
调弄着只亲人的狗。
他还踱到栏里去，
看一看他的牛，
回头向她说：
"怎样了——
我们新酿的酒？"
门对面青山的顶上，
松树的尖头，
已露出了半轮的月亮。

孩子们在场上看着月，

还数着天上的星：

"一，二，三，四……"

"五，八，六，两……"

他们数，他们唱：

"地上人多心不平，

天上星多月不亮。"

一念

胡适

　　我笑你绕太阳的地球，一日夜只打得一个回旋；

　　我笑你绕地球的月亮，总不会永远团圆；

　　我笑你千千万万大大小小的星球，总跳不出自己的轨道线；

　　我笑你一秒钟行五十万里的无线电，总比不上我区区的心头一念！

　　我这心头一念才从竹竿巷，忽到竹竿尖；

　　忽在赫贞江上，忽在凯约湖边；

　　我若真个害刻骨的相思，便一分钟绕遍地球三千万转！

梦与诗

胡适

都是平常经验，
都是平常影象，
偶然涌到梦中来，
变幻出多少新奇花样！

都是平常情感，
都是平常言语，
偶然碰着个诗人，
变幻出多少新奇诗句！

醉过才知酒浓，
爱过才知情重；——
你不能做我的诗，
正如我不能做你的梦。

希望

胡适

我从山中来，
带着兰花草，
种在小园中，
希望开花好。

一日望三回，
望到花时过；
急坏看花人，
苞也无一个。

眼见秋天到，
移花供在家；
明年春风回，
祝汝满盆花！

也是微云

胡适

也是微云，
也是微云过后月光明。
只不见去年得游伴，
也没有当日的心情。

不愿勾起相思，
不敢出门看月。
偏偏月进窗来，
害我相思一夜。

再别康桥

徐志摩

轻轻的我走了，
正如我轻轻的来；
我轻轻的招手，
作别西天的云彩。

那河畔的金柳，
是夕阳中的新娘；
波光里的艳影，
在我的心头荡漾。

软泥上的青荇，
油油的在水底招摇；
在康桥的柔波里，
我甘心做一条水草！

那榆荫下的一潭，
不是清泉，
是天上虹揉碎在浮藻间，
沉淀着彩虹似的梦。

寻梦？撑一支长蒿，

向青草更青处漫溯，
满载一船星辉，
在星辉斑斓里放歌。

但我不能放歌，
悄悄是别离的笙箫；
夏虫也为我沉默，
沉默是今晚的康桥！

悄悄的我走了，
正如我悄悄的来；
我挥一挥衣袖，
不带走一片云彩。

偶然

徐志摩

我是天空里的一片云，
偶尔投影在你的波心——
你不必讶异，
更无须欢喜——
在转瞬间消灭了踪影。

你我相逢在黑夜的海上，
你有你的，我有我的，方向；
你记得也好，
最好你忘掉
在这交会时互放的光亮！

我有一个恋爱

徐志摩

我有一个恋爱——
我爱天上的明星；
我爱它们的晶莹：
人间没有这异样的神明。

在冷峭的暮冬的黄昏，
在寂寞的灰色的清晨，
在海上，在风雨后的山顶——
永远有一颗，万颗的明星！

山涧边小草花的知心，
高楼上小孩童的欢欣，
旅行人的灯亮与南针——
万万里外闪烁的精灵！

我有一个破碎的魂灵，
像一堆破碎的水晶，
散布在荒野的枯草里——
饱啜你一瞬瞬的殷勤。

人生的冰激与柔情，

我也曾尝味，我也曾容忍；
有时阶砌下蟋蟀的秋吟，
引起我心伤，逼迫我泪零。

我袒露我的坦白的胸襟，
献爱与一天的明星：
任凭人生是幻是真，
地球存在或是消泯——
太空中永远有不昧的明星！

黄鹂

徐志摩

一掠颜色飞上了树。
"看，一只黄鹂！"有人说。
翘着尾尖，它不作声，
艳异照亮了浓密——
像是春光，火焰，像是热情，
等候它唱，我们静着望，
怕惊了它。但它一展翅，
冲破浓密，化一朵彩云；
它飞了，不见了，没了——
像是春光，火焰，像是热情。

雪花的快乐

徐志摩

假如我是一朵雪花，

翩翩的在半空里潇洒，

我一定认清我的方向——

飞飏，飞飏，飞飏——

这地面上有我的方向。

不去那冷寞的幽谷，

不去那凄清的山麓，

也不上荒街去惆怅——

飞飏，飞飏，飞飏——

你看，我有我的方向！

在半空里娟娟的飞舞，

认明了那清幽的住处，

等着她来花园里探望——

飞飏，飞飏，飞飏——

啊，她身上有朱砂梅的清香！

那时我凭借我的身轻，

盈盈的，沾住了她的衣襟，

贴近她柔波似的心胸——

消溶，消溶，消溶——

溶入了她柔波似的心胸！

沪杭车中

徐志摩

匆匆匆！催催催！

一卷烟，一片山，几点云影，

一道水，一条桥，一支橹声，

一林松，一丛竹，红叶纷纷：

艳色的田野，艳色的秋景，

梦境似的分明，模糊，消隐，

催催催！是车轮还是光阴？

催老了秋容，催老了人生！

沙扬娜拉十八首

徐志摩

一

我记得扶桑海上的朝阳,

黄金似的散布在扶桑的海上;

我记得扶桑海上的群岛,

翡翠似的浮沤在扶桑的海上——

　　沙扬娜拉!

二

趁航在轻涛间,悠悠的,

我见有一星星古式的渔舟,

像一群无忧的海鸟,

在黄昏的波光里息羽优游,

　　沙扬娜拉!

三

这是一座墓园;谁家的墓园

占尽这山中的清风,松馨与流云?

我最不忘那美丽的墓碑与碑铭,

墓中人生前亦有山风与松馨似的清明——

　　沙扬娜拉!(神户山中墓园)

四

听几折风前的流莺，
看阔翅的鹰鹚穿度浮云，
我倚着一本古松瞑悻：
问墓中人何似墓上人的清闲？——
沙扬娜拉！（神户山中墓园）

五

健康，欢欣，疯魔，我羡慕
你们同声的欢呼"阿罗呀嗜"！
我欣幸我参与这满城的花雨，
连翩的蛱蝶飞舞，"阿罗呀嗜"！
沙扬娜拉！（大阪典祝）

六

增添我梦里的乐音——便如今——
一声声的木屐，清脆，新鲜，殷勤，
又况是满街艳丽的灯影，
灯影里欢声腾跃，"阿罗呀嗜"！
沙扬娜拉！（大阪典祝）

七

仿佛三峡间的风流，
保津川有青嶂连绵的锦绣；
仿佛三峡间的险巇，

飞沫里趁急矢似的扁舟——

沙扬娜拉！（保津川急湍）

八

度一关湍险，驶一段清涟，

清涟里有青山的倩影；

撑定了长篙，小驻在波心，

波心里看闲适的鱼群——

沙扬娜拉！（同前）

九

静！且停那桨声胶爱，

听青林里嘹亮的欢欣，

是画眉，是知更？像是滴滴的香液，

滴入我的苦渴的心灵——

沙扬娜拉！（同前）

十

"乌塔"：莫讪笑游客的疯狂，

舟人，你们享尽山水的清幽，

喝一杯"沙鸡"，朋友，共醉风光，

"乌塔，乌塔"！山灵不嫌粗鲁的歌喉——

沙扬娜拉！（同前）

十一

我不辨——辨亦无须——这异样的歌词，
像不逞的波澜在岩窟间咈嘶，
像衰老的武士诉说壮年时的身世，
"乌塔乌塔"！我满怀滟滟的遐思——
沙扬娜拉！（同前）

十二

那是杜鹃！她绣一条锦带，
迤逦着那青山的青麓；
啊，那碧波里亦有她的芳躅，
碧波里掩映着她桃蕊似的娇怯——
沙扬娜拉！（同前）

十三

但供给我沉酣的陶醉，
不仅是杜鹃花的幽芳；
倍胜于娇柔的杜鹃，
最难忘更娇柔的女郎！
沙扬娜拉！

十四

我爱慕她们体态的轻盈，
妩媚是天生，妩媚是天生！
我爱慕她们颜色的调匀，

蝴蝶似的光艳，蛱蝶似的轻盈——
沙扬娜拉！

十五

不辜负造化主的匠心，
她们流盼中有无限的殷勤；
比如薰风与花香似的自由，
我餐不尽她们的笑靥与柔情——
沙扬娜拉！

十六

我是一只幽谷里的夜蝶：
在草丛间成形，在黑暗里飞行，
我献致我翅羽上美丽的金粉，
我爱恋万万里外闪亮的明星——
沙扬娜拉！

十七

我是一只酣醉了的花蜂：
我饱啜了芬芳，我不讳我的猖狂：
如今，在归途上嘤嗡着我的小嗓，
想赞美那别样的花酿，我曾经恣尝——
沙扬娜拉！

十八

最是那一低头的温柔，
像一朵水莲花不胜凉风的娇羞，
道一声珍重，道一声珍重，
那一声珍重里有蜜甜的忧愁——
沙扬娜拉！

多谢天！我的心又一度的跳荡

徐志摩

多谢天！我的心又一度的跳荡，

这天蓝与海青与明洁的阳光

驱净了梅雨时期无欢的踪迹，

也散放了我心头的网罗与纽结，

像一朵曼陀罗花英英的露爽，

在空灵与自由中忘却了迷惘——

迷惘，迷惘！也不知来自何处，

囚禁着我心灵的自然的流露，

可怖的梦魇，黑夜无边的惨酷，

苏醒的盼切，只增剧灵魂的麻木！

曾经有多少的白昼，黄昏，清晨，

嘲讽我这蚕茧似不生产的生存？

也不知有几遭的明月，星群，晴霞，

山岭的高亢与流水的光华……

辜负！辜负自然界叫唤的殷勤，

惊不醒这沉醉的昏迷与顽冥！

如今，多谢这无名的博大的光辉，

在艳色的青波与绿岛间萦回，

更有那渔船与航影，亭亭的粘附

在天边，唤起辽远的梦景与梦趣：

我不由的惊悚，我不由的感愧

（有时微笑的妩媚是启悟的棒槌！）
是何来倏忽的神明，为我解脱
忧愁，新竹似的豁裂了外箨，
透露内裹的青篁，又为我洗净
障眼的盲翳，重见宇宙间的欢欣。
这或许是我生命重新的机兆；
大自然的精神！容纳我的祈祷，
容许我的不踌躇的注视，容许
我的热情的献致，容许我保持
这显示的神奇，这现在与此地，
这不可比拟的一切间隔的毁灭！
我更不问我的希望，我的惆怅，
未来与过去只是渺茫的幻想，
更不向人间访问幸福的进门，
只求每时分给我不死的印痕——
变一颗埃尘，一颗无形的埃尘，
追随着造化的车轮，进行，进行……

我不知道风是在哪一个方向吹

徐志摩

我不知道风

是在哪一个方向吹——

我是在梦中,

在梦的轻波里依洄。

我不知道风

是在哪一个方向吹——

我是在梦中,

她的温存,我的迷醉。

我不知道风

是在哪一个方向吹——

我是在梦中,

甜美是梦里的光辉。

我不知道风

是在哪一个方向吹——

我是在梦中,

她的负心，我的伤悲。

我不知道风
是在哪一个方向吹——
我是在梦中，
在梦的悲哀里心碎！

我不知道风
是在哪一个方向吹——
我是在梦中，
黯淡是梦里的光辉。

铁匠铺中

王统照

一个星，两个星，无数明丽的火星。
一锤影，两锤影，无数快重的锤影。
来呀，大家齐用力，
咱们要使这铁火碰动！

一只手，两只手，无数粗硬的黑手。
一阵风，两阵风，无数呼动的风阵。
来呀，大家齐用力，
咱们先要忍住这火热的苦闷。
一个星，一锤影；一只手，一阵风；
无数的星，无数的锤影；
无数的手，无数的风阵。
来呀，大家齐用力，
在这里是生活的紧奋！

北河沿的路灯

朱自清

有密密的毡儿，
遮住了白日里繁华灿烂。
悄没声的河沿上，
满铺着寂寞和黑暗。
只剩城墙上一行半明半灭的灯光，
还在闪闪烁烁地乱颤。
他们怎样微弱！
但却是我们唯一的慧眼！
他们帮着我们了解自然；
让我们看出前途坦坦。
他们是好朋友，
给我们希望和慰安。
祝福你灯光们，
愿你们永久而无限！

光明

朱自清

风雨沉沉的夜里，

前面一片荒郊。

走尽荒郊，

便是人们的道。

呀！黑暗里歧路万千，

叫我怎样走好？

"上帝！快给我些光明罢，

让我好向前跑！"

上帝慌着说，"光明？

我没处给你找！

你要光明，

你自己去造！"

赠友

朱自清

你的手像火把，
你的眼像波涛，
你的言语如石头，
怎能使我忘记呢?

你飞渡洞庭湖，
你飞渡扬子江；
你要建红色的天国在地上！

地上是荆棘呀，
地上是狐兔呀，
地上是行尸呀；
你将为一把快刀，
披荆斩棘的快刀！
你将为一声狮子吼，
狐兔们披靡奔走！
你将为春雷一震，
让行尸们惊醒！

我爱看你的骑马，
在尘土里驰骋——

一会儿，不见踪影！

我爱看你的手杖，
那铁的铁的手杖；
它有颜色，有斤两，
有铮铮的声响！

我想你是一阵飞沙
走石的狂风，
要吹倒那不能摇撼的黄金的王宫！
那黄金的王宫！
呜——吹呀！

去年一个夏天大早我见着你：
你何其憔悴呢？
你的眼还涩着，
你的发太长了！
但你的血的热加倍地薰灼着！

在灰泥里辗转的我，
仿佛被焙炙着一般！ ——
你如郁烈的雪茄烟，
你如酽酽的白兰地，
你如通红通红的辣椒，
我怎能忘记你呢？

独自

朱自清

白云漫了太阳；
青山环拥着正睡的时候，
牛乳般雾露遮遮掩掩，
像轻纱似的，
幂了新嫁娘的面。
默然在窗儿口，
上不见只鸟儿，
下不见个影儿，
只剩飘飘的清风，
只剩悠悠的远钟。
眼底是靡人间了，
耳根是靡人间了；
故乡的她，独灵迹似的，
猛猛然涌上我的心头来了！

死水

闻一多

这是一沟绝望的死水，
清风吹不起半点漪沦。
不如多扔些破铜烂铁，
爽性泼你的剩菜残羹。

也许铜的要绿成翡翠，
铁罐上锈出几瓣桃花；
再让油腻织一层罗绮，
霉菌给他蒸出些云霞。

让死水酵成一沟绿酒，
飘满了珍珠似的白沫；
小珠们笑声变成大珠，
又被偷酒的花蚊咬破。

那么一沟绝望的死水，
也就夸得上几分鲜明。
如果青蛙耐不住寂寞，
又算死水叫出了歌声。

这是一沟绝望的死水，
这里断不是美的所在，
不如让给丑恶来开垦，
看他造出个什么世界。

红烛

闻一多

> 蜡炬成灰泪始干
>
> ——李商隐

红烛啊！
这样红的烛！
诗人啊！
吐出你的心来比比，
可是一般颜色？

红烛啊！
是谁制的蜡——给你躯体？
是谁点的火——点着灵魂？
为何更须烧蜡成灰，
然后才放光出？
一误再误；
矛盾！冲突！

红烛啊！
不误，不误！
原是要"烧"出你的光来——
这正是自然底方法。

红烛啊！
既制了，便烧着！
烧罢！烧罢！
烧破世人底梦，
烧沸世人底血——
也救出他们的灵魂，
也捣破他们的监狱！

红烛啊！
你心火发光之期，
正是泪流开始之日。

红烛啊！
匠人造了你，
原是为烧的。
既已烧着，
又何苦伤心流泪？
哦！我知道了！
是残风来侵你的光芒，
你烧得不稳时，
才着急得流泪！

红烛啊！
流罢！你怎能不流呢？

请将你的脂膏，
不息地流向人间，
培出慰藉底花儿，
结成快乐底果子！

红烛啊！
你流一滴泪，灰一分心。
灰心流泪你的果，
创造光明你的因。

红烛啊！
"莫问收获，但问耕耘。"

祈祷

闻一多

请告诉我谁是中国人，
启示我，如何把记忆抱紧；
请告诉我这民族的伟大，
轻轻地告诉我，不要喧哗！

请告诉我谁是中国人，
谁的心里有尧舜的心，
谁的血是荆轲聂政的血，
谁是神农黄帝的遗孽。

告诉我那智慧来得离奇，
说是河马献来的馈礼；
还告诉我这歌声的节奏，
原是九苞凤凰的传授。

请告诉我戈壁的沉默，
和五岳的庄严？又告诉我
泰山的石霤还滴着忍耐，
大江黄河又流着和谐？

再告诉我，那一滴清泪
是孔子吊唁死麟的伤悲？
那狂笑也得告诉我才好，——
庄周，淳于髡，东方朔的笑。

请告诉我谁是中国人，
启示我，如何把记忆抱紧；
请告诉我这民族的伟大，
轻轻地告诉我，不要喧哗！

一句话

闻一多

有一句话说出就是祸，
有一句话能点得着火。
别看五千年没有说破，
你猜得透火山的缄默？
说不定是突然着了魔，
突然青天里一个霹雳
爆一声：
　　"咱们的中国！"

这话教我今天怎样说？
你不信铁树开花也可，
那么有一句话你听着：
等火山忍不住了缄默，
不要发抖，伸舌头，顿脚，
等到青天里一个霹雳
爆一声：
　　"咱们的中国！"

你是人间的四月天

林徽因

——一句爱的赞颂

我说你是人间的四月天；
笑响点亮了四面风；轻灵
在春的光艳中交舞着变。

你是四月早天里的云烟，
黄昏吹着风的软，星子在
无意中闪，细雨点洒在花前。

那轻，那娉婷，你是，鲜妍
百花的冠冕你戴着，你是
天真，庄严，你是夜夜的月圆。

雪化后那片鹅黄，你像；新鲜
初放芽的绿，你是；柔嫩喜悦
水光浮动着你梦期待中白莲。

你是一树一树的花开，是燕
在梁间呢喃，——你是爱，是暖，
是希望，你是人间的四月天！

灵感

林徽因

是你，是花，是梦，打这儿过，

此刻像风，在摇动着我；

告诉日子重叠盘盘的山窝；

清泉潺潺流动转狂放的河；

孤僻林里闲开着鲜妍花，

细香常伴着圆月静天里挂；

且有神仙纷纭的浮出紫烟，

衫裙飘忽映影在山溪前；

给人的理想和理想上

铺香花，叫人心和心合着唱；

直到灵魂舒展成条银河，

长长流在天上一千首歌！

是你，是花，是梦，打这里儿过，

此刻像风，在摇动着我；

告诉日子是这样的不清醒；

当中偏响着想不到的一串铃，

树枝里轻声摇曳；金镶上翠，

低了头的斜阳，又一抹光辉。

难怪阶前人忘掉黄昏，脚下草，

高阁古松，望着天上点骄傲；

留下檀香，木鱼，合掌

在神龛前，在蒲团上，

楼外又楼外，幻想彩霞却缀成

凤凰栏杆，挂起了塔顶上灯！

情愿

林徽因

我情愿化成一片落叶，
让风吹雨打到处飘零；
或流云一朵，在澄蓝天，
和大地再没有些牵连。

但抱紧那伤心的标帜，
去触遇没着落的怅惘；
在黄昏，夜半，蹑着脚走，
全是空虚，再莫有温柔；
忘掉曾有这世界；有你；
哀悼谁又曾有过爱恋；
落花似的落尽，忘了去
这些个泪点里的情绪。

到那天一切都不存留，
比一闪光，一息风更少
痕迹，你也要忘掉了我
曾经在这世界里活过。

别丢掉

林徽因

别丢掉
这一把过往的热情，
现在流水似的，
轻轻
在幽冷的山泉底，
在黑夜，在松林，
叹息似的渺茫，
你仍要保存着那真！
一样是月明，
一样是隔山灯火，
满天的星，
只使人不见，
梦似的挂起，
你问黑夜要回
那一句话——你仍得相信
山谷中留着
有那回音！

笑

林徽因

笑的是她的眼睛，口唇，
和唇边浑圆的漩涡。
艳丽如同露珠，
朵朵的笑向
贝齿的闪光里躲。
那是笑——神的笑，美的笑：
水的映影，风的轻歌。
笑的是她惺松的鬈发
散乱的挨着她耳朵。
轻软如同花影，
痒痒的甜蜜
涌进了你的心窝。
那是笑——诗的笑，画的笑：
云的留痕，浪的柔波。

雨巷

戴望舒

撑着油纸伞，独自
彷徨在悠长，悠长
又寂寥的雨巷，
我希望逢着
一个丁香一样地
结着愁怨的姑娘。

她是有
丁香一样的颜色，
丁香一样的芬芳，
丁香一样的忧愁，
在雨中哀怨，
哀怨又彷徨；

她彷徨在这寂寥的雨巷，
撑着油纸伞
像我一样，
像我一样地
默默行着，
冷漠，凄清，又惆怅。

她默默地走近
走近，又投出
太息一般的眼光，

她飘过
像梦一般地，
像梦一般地凄婉迷茫。
像梦中飘过
一枝丁香地，
我身旁飘过这女郎；
她静默地远了，远了，
到了颓圮的篱墙，
走尽这雨巷。

在雨的哀曲里，
消了她的颜色，
散了她的芬芳，
消散了，甚至她的
太息般的眼光，
丁香般的惆怅。

撑着油纸伞，独自
彷徨在悠长，悠长
又寂寥的雨巷，
我希望飘过
一个丁香一样地
结着愁怨的姑娘。

过旧居

戴望舒

这样迟迟的日影，
这样温暖的寂静，
这片午炊的香味，
对我是多么熟稔。

这带露台，这扇窗
后面有幸福在窥望，
还有几架书，两张床，
一瓶花……这已是天堂。

我没有忘记：这是家，
妻如玉，女儿如花，
清晨的呼唤和灯下的闲话，
想一想，会叫人发傻；

单听他们亲昵地叫，
就够人整天地骄傲，
出门时挺起胸，伸直腰，
工作时也抬头微笑。

现在……可不是我回家的午餐？

……桌上一定摆上了盘和碗，
亲手调的羹，亲手煮的饭，
想起了就会嘴馋。
这条路我曾经走了多少回！
多少回？……过去都压缩成一堆，
叫人不能分辨，日子是那么相类，
同样幸福的日子，这些孪生姊妹！

我可糊涂啦，是不是今天
出门时我忘记说"再见"？
还是这事情发生在许多年前，
其中间隔着许多变迁？

可是这带露台，这扇窗，
那里却这样静，没有声响，
没有可爱的影子，娇小的叫嚷，
只是寂寞，寂寞，伴着阳光。

而我的脚步为什么又这样累？
是否我肩上压着苦难的岁月，
压着沉哀，透渗到骨髓，
使我眼睛矇眬，心头消失了光辉？

为什么辛酸的感觉这样新鲜？
好像伤没有收口，苦味在舌间。

是一个归途的游想把我欺骗，
还是灾难的日月真横亘其间？

我不明白，是否一切都没改动，
却是我自己做了白日梦，
而一切都在那里，原封不动：
欢笑没有冰凝，幸福没有尘封？

或是那些真实的岁月，年代，
走得太快一点，赶上了现在，
回过头来瞧瞧，匆忙又退回来，
再陪我走几步，给我瞬间的欢快？

有人开了窗，
有人开了门，
走到露台上——
一个陌生人。

生活，生活，漫漫无尽的苦路！
咽泪吞声，听自己疲倦的脚步：
遮断了魂梦的不仅是海和天，云和树，
无名的过客在往昔作了瞬间的踌躇。

外国卷

森林

（意大利）但丁

我在我们人生旅程的中途，

踏进了一片幽暗的森林，

这是因为我没有找到正确的方向。

啊！这是一片荒芜、艰险、寸步难行的森林！

这是无法用语言形容的景象！

现在想起也仍会不寒而栗，

尽管其中的痛苦没有失去生命那般悲惨；

但是要谈到我在那里如何化险为夷而脱离困境，

我需要谈一谈我在那里耳闻目睹的其他事物。

我带着朦胧的睡意一步步踏进那里，

我迷失了自己的方向，

我不知道该去往何方。

野蔷薇

（德）歌德

少年看到一朵蔷薇，
荒野的小蔷薇，
那么娇嫩，那么鲜艳，
匆匆忙忙走向前，
满心欢喜地注视着。
蔷薇，蔷薇，红蔷薇，
荒野的小蔷薇。

少年说："我要采摘你，
荒野的小蔷薇！"
蔷薇说："我要刺伤你，
让你永远记住这一刻。
我不想被采摘。"
蔷薇，蔷薇，红蔷薇，
荒野的小蔷薇。

任性少年去采摘她，
荒野的小蔷薇；
蔷薇自卫去刺他，
她徒然含悲忍泪，
还是遭到采摘，
蔷薇，蔷薇，红蔷薇，
荒野的小蔷薇。

迷娘歌

（德）歌德

你可知道那柠檬花开的地方？
金黄的橘子，在黯绿的密叶中闪耀，
从蔚蓝的天空中吹来柔和的风，
桃金娘静立，月桂梢头高展，
你可知道吗？
那地方啊！就是那地方，
我亲爱的人儿啊，我愿和你一同前往！

你可知道，那圆柱高耸的大厦，
厅堂辉煌，居室宽敞明亮，
大理石像对我凝眸伫望：
"可怜的人儿，你有什么忧伤？"
你可知道吗？
那地方啊！就是那地方，
守护我的恩人，我愿和你一同前往！

你可知道，那座山和它的云栈？
骡儿在浓雾里寻觅方向前进，
岩洞里有古老的蛟龙在潜藏，
悬崖欲坠，飞溅的瀑布在奔腾——
你可知道吗？
那地方啊！就是那地方，
我们启程罢，父亲，让我们一路驰骋！

致西风

你那潮湿的翅膀啊，
西风，我是多么地忌妒：
你能捎去信息给他，
告诉他我在忍受离别的痛苦。

你翅膀的振动唤醒了
我内心无限的渴慕，
花朵，眼眸，树林和山岗
在你的吹动下闪烁着泪光。

然而，你那温柔的吹拂
让我的眼睑不再痛苦，
唉，我定会忧伤而死，
失去和他相见的希望。

快快飞到我爱人身旁，
轻轻地安慰他的心；
不要将我的痛苦告诉他，
我不想让他为我悲伤。

轻轻地告诉他，

· 63 ·

他的爱情是我的生命；
只有在他的身旁，我才能
尽情地享受生命和爱情。

守望者之歌 ——译自《浮士德》

（德）歌德

生来为观看，
矢志在守望，
受命居高阁，
宇宙真可乐。
我眺望远方，
我谛视近景，
月亮与星光，
小鹿与幽林，
纷纭万象中，
皆见永恒美。
物既畅我衷，
我亦悦己意。
眼呵你何幸，
凡你所瞻视，
不论逆与顺，
无往而不美！

任凭你在千种形式里隐身

（德）歌德

任凭你在千种形式里隐身，
可是，最亲爱的，我能立刻认识你；
任凭你披上魔术的幻纱，
最在眼前的，我能立刻认识你。
看扁柏在明媚的阳光下耸立，
最身材窈窕的，我能立刻认识你；
看河渠的波浪荡起阵阵涟漪，
最妩媚的，我能立刻认识你。
在喷射的喷泉下，
最善于嬉戏的，我快乐地认识你！
若是变幻莫测的云彩，
最多种多样的，我能立刻认识你。
看鲜花覆盖的草原地毯，
最星光灿烂的，我美好地认识你；
千条枝蔓的缠藤四处伸展，
啊，拥抱一切的，这里我认识你。
晨曦照耀着山顶，
愉悦一切的，我立即欢迎你；
晴空笼罩着大地，
最开阔心胸的，我就呼吸你。
我的感性所认识的，

你所感化的一切，我认识全都来自你；
轻声呼唤真主的一百个圣名，
每个圣名都响应一个名称为了你。

致大自然

（德）荷尔德林

当我还在你的面纱旁嬉戏，
还像花儿依偎在你身旁，
还倾听你每一声心跳，
它温柔了我不安的心房；
当我还像你一样满怀信仰和希望，
伫立在你的画像前，
这个地方，让我泪流满面，
这个地方，将我的爱安放。

当我的心朝向太阳，
仿佛阳光听得见它的跳动，
它和星星称兄道弟，
把春天看作神的乐章；
当小树林里散发着诱人的芳香，
你的灵魂，你欢乐的灵魂，
在寂静中微微荡漾，
那时金色的日子，让我心生向往。

在柔媚的湛蓝中

（德）荷尔德林

在柔媚的湛蓝中
教堂钟楼的金属尖顶泛着光芒。
燕子低飞，笼罩在淡蓝色下。
旭日冉冉升起，尽染金属尖顶，
风向标迎着风发出阵阵响声。
谁在钟底缘阶而下，
谁就拥有宁静的一生，因为
他们的外表被极度隔绝，
适应性被凸显了出来。
钟声中的窗，便是打开美的大门。
同样，因为门也是自然的一部分，
便具有林中秀木的相似性。
纯真也是美的一种。
严肃的心灵在逝去之物的内部产生。
影像如此单纯、神圣，以至于
我们不敢轻易地将其描绘。
上苍，始终美好善良，
拥有富足、品德与欢快。
人或可仿效。
当我们的生命充满艰辛，人
也许会向上天抱怨：难道我就会这样了吗？

诚然，只要我们的心灵保留着善美与纯真，

我们便不会哀怨地用神性度测自身。

神高深莫测难以看清？神如苍天彰明昭著？

我选择相信后者。神本人的尺规。

劬劳功绩，然而诗意般地，

人栖居在大地上。

我是否能够这样认为，

那繁星点缀着的夜影，

要比称为神明影像的人

更加明澈纯洁呢？

大地之上可有尺规？

绝无！同样

造物主也难以阻挡雷霆的步伐。

花朵是美丽的，因为它在阳光下绽放。

双眼终将在生命中发现，

美好的事物都是以花为名。

哦，我对此颇为清楚！

莫非神矢志于身心喋血，

而变得支离破碎？

灵魂，我相信，它必是纯真，

否则，就会达到权力的巅峰，在鹰翼之上，膺受

赞美的歌咏与众鸟的和鸣。

这正是本性和外表的显露。

哦，美丽的溪流，波光粼粼，在阳光的照射下清澈

见底，

宛若穿过银河的神的目光。

我如此熟悉你，

情不自禁流下眼泪。我看见，在我的外表

一个勃然的生命散发着光芒，因为

我不曾将它和墓地上的孤鸟相提并论。

只缘我有一颗跳动的心，

我会用微笑来表示我的忧伤。

我能否变成一颗彗星？

我相信。因为彗星能像鸟儿一样迅疾轻捷；在烈火

中盛开，

如同向着纯洁的赤子。

伟大岂是人之本性所敢僭妄。

德行之喜悦需要得到嘉许，

得到在花园中飘荡在三圆柱间严肃神灵的

嘉许。窈窕淑女头戴着

爱神木之花，她的性情和感情与爱神木极为相似。

而爱神木只在希腊的大地生长。

当一个人望着镜中的自己，

看到镜中被临摹的影像，

发现影像如同真人。

人的影像生有双目，

明月带着光辉。

而俄狄浦斯王拥有一目或已逾分。

他所承受的痛苦，难以用语言诉说，

无可置辩。

当戏剧描绘这样的人物形象，便会滋生痛苦。

当此刻我想念着你，苦难于我意味着什么？

当我随着溪流漂至亚细亚般

绵延的某处尽头。

无疑，俄狄浦斯在承受着苦难。

事实确实如此。

是否赫拉克勒斯也曾承受苦难？

毫无疑问。这对相交莫逆的朋友

不也承受着他们的苦难？

赫拉克勒斯站在诸神的对立面，就是苦难。

分享这些被生命忌妒的不朽，

也是一种苦难。

而当一个人被太阳斑所覆盖，

那些斑点将其彻底覆盖，

更是一种苦难！

这是艳阳的作为：

太阳掌管着世间万物。

太阳散发着光芒，如同耀眼的玫瑰一般

引领着少年人的道路。

俄狄浦斯承受的苦难，

就如同一个穷人在悲哀失去了什么一般。

哦，拉伊俄斯之子，希腊大地上穷困的异乡人！

生即是死，死亦是一种生。

浮生的一半

（德）荷尔德林

悬挂着黄橙的果实
长满野蔷薇的
湖岸倒映在湖里。
可爱的天鹅，
相吻而醉
把头浸入
神圣冰冷的水里。
可悲啊，冬天到来
我到哪里采花？
到哪里去寻阳光
和地上的绿荫？
四周环绕着围墙
冷酷而无言，风信旗
在风中瑟瑟作响。

罗蕾莱

（德）海涅

不知道是为了什么，
我感到莫名的伤感；
一个古老的传说，
萦绕脑海始终不能忘却。

夜色渐晚，寒气逼人，
莱茵河水静静北归；
群峰孤寂伫立，
晚霞铺满了整片天空。

一位绝美的少女，
端坐云间，
她裹金带银，
正梳理着她的一头金发。
手执金色的梳子，
轻轻吟唱；
那歌声是如此的动人，
倾听的众人如痴如狂。

小舟中的舟子
万分痛苦；

他无视岩岸礁石，
只顾举首远望。

嗳，波涛很快就会吞噬他的人和桨；
这都是罗蕾莱
又用歌声在干她的勾当。

西里西亚的纺织工人

（德）海涅

忧郁的眼里没有泪水，
他们坐在织机旁，痛心疾首：
"德意志，我们在织你的尸布，
我们织进去三重的诅咒——
我们织，我们织！

"一重诅咒给所谓的上帝，
贫困交加时我们向他祈求，
却没有得到任何回应，
他对我们只是利用和欺骗——
我们织，我们织！

"一重诅咒给那些贵族，
我们的痛苦无法打动他们的心肠，
他榨取我们身上的所有财产，
还把我们像狗一样枪毙——
我们织，我们织！

"一重诅咒给虚伪的祖国，
这里充满了耻辱和罪恶，
花朵还没开放就会被摧折，

到处都是腐尸和粪土——
我们织，我们织！

"梭子在飞，织机在响，
我们日日夜夜地织布——
老德意志，我们在织你的尸布，
我们织进去三重的诅咒，
我们织，我们织！"

还乡曲

（德）海涅

一

在我极端阴暗的生活里，
曾出现过一个迷人的身影；
而今这身影已经消失，
留下的只是无尽的黑夜。
孩子们处在黑暗之中，
内心总是充满不安，
他们总是高声吟唱，
来驱赶恐惧。
我这发狂的孩子，
如今在黑暗之中唱歌；
歌声并不动听，
却驱散了我的忧愁。

二

在我最近的歌里，
如果还未曾摆脱
那令人哀伤的音调，
请不要焦急！
很快，我这悲哀的歌声

就要成为人间绝响，

从我康复的心中

涌现出欢快的新春的歌调。

抒情插曲

（德）海涅

一

从我的眼泪里
喷涌出许多花朵，
而我的叹息
变成了夜莺的绝唱。
爱人呵，如果你爱我，
我将奉献全部的花儿，
而且在你的窗前
夜莺将唱起绝美的歌。

二

北国荒山上面，
伫立着一棵孤零零的树。
它睡着了；冰和雪
给它盖上了一条白毯。
它梦见一棵棕榈，
生长在遥远的东方，
孤寂而哀伤，
伫立在灼热的岩壁上。

十四行诗·第十八首

（英）莎士比亚

我怎么能够把你同夏天做比较？
你和它相比更加可爱也更温柔。
狂风没有丝毫怜惜五月的嫩蕊，
夏天能享受到的时间未免太短。
天上的眼睛像是要将我们融化，
它那耀眼无比的光芒也常暗淡。
被机缘或无常的天道无情摧折，
任何芳艳都会有凋残或毁灭日。
但是你的长夏却永远不会消散，
也不会消减你皎洁纯真的芳容，
死神夸口你在他影里漂泊流浪，
当你在不朽的诗里与时间同长。
只要一天有人类，或人有眼睛，
这诗将永存，并且给予你希望。

天真的预示

（英）布莱克

　　　　一颗沙粒透视一个世界，
　　　　一朵花朵映射一座天堂，
　　　　把无限紧握在手掌上，
　　　　把永恒定格在一瞬间。

羔羊

（英）布莱克

小羔羊谁创造了你，
你可知道谁创造了你？
将你哺育长大，
在溪流旁，在青草地；
让你穿上华丽的衣裳，
柔软、漂亮；
让你拥有温和的声音，
给山谷带来欢快；
小羔羊谁创造了你，
你可知道谁创造了你？

小羔羊我要告诉你，
小羔羊我要告诉你；
他和你有着一样的名字，
他也认为自己是羔羊；
他温柔、平和，
他变成了一个小小孩，
我是个小孩你是羔羊，
我们和他有着一样的名字。
小羔羊上天庇护你。
小羔羊上天庇护你。

扫烟囱的孩子（一）

（英）布莱克

我母亲去世的时候，我还很小，
我父亲将我卖给了别人，
我挥着小手喊道"扫呀，扫"，
我就扫你们烟囱，在煤屑里睡觉。
有个小托姆，他有着一头卷发，
剃光的时候，他难受得直哭，
我就说："小托姆，没关系，没有了头发，
这样煤屑就不会糟蹋你白头发。"
他瞬间不哭了，当天夜里，
托姆睡着了，发生了奇异的事情，
他看见无数个扫烟囱的小孩
全部关进了黑棺材。
后来出现了一位天使，他手里拿着把金钥匙，
他打开棺材将他们放了出来（真是好天使！）
他们就边跳，边笑，边跑过草坪，
到河里洗了澡，在阳光照射下散着光。
光光的，白白的，把袋子往上一抛，
他们飞到了上空，在风里游戏；
"只要你做个好孩子，"天使对托姆说，
"上帝会永远照看你，你永远快乐。"
托姆睡醒了；屋子里一片漆黑，

我们就起来拿袋子、扫帚去做工。

清晨透着寒气，托姆的心里异常暖和；

这叫作：做好自己的职责，就不怕灾难。

当我们分别时

（英）拜伦

当我们分别时，
相对无言泪默流，
想到此别多年，
我们忍不住心碎！
你的脸变得冰凉、发白，
你的吻带着寒气，
啊，那一刻正预兆了
我今日的悲伤。

清晨冰冷的朝露，
滴落在我的额头，
它似乎警示了
我此刻的痛楚。
你的誓言全破碎了，
你的名声如此轻浮，
听到别人说你的名字，
我感到万分羞耻。

他们在我面前提到你，
就如同耳边响起了丧钟声；
我止不住战栗——

为什么对你如此情重？
没有人知道我熟识你，
呵，熟识得过度——
我情不自禁地惋惜你，
这种深沉难以向外人诉说。

曾经你我秘密地相会——
如今我独自哀伤，
你欺骗了我的心灵，
我终于遗忘了你。
如果很多年以后，
我们再次相遇，
我该怎么迎接你？
唯有眼泪和沉默。

西风颂

（英）雪莱

一

哦，狂暴的西风，是秋之生命的气息！
你无形之中吹落枯死的落叶，
犹如鬼魅碰到了法师，纷纷逃避：
黄的，黑的，灰的，红得像患肺痨，
呵，病入膏肓的一群：西风呵，
是你用车驾把带翼的种子催送到
黑暗的冬床上，它们就躺在那里，
像是墓中的死穴，冰冷，阴暗，潮湿，
直等到春天，你那柔和的姊妹挥着双手
将沉睡的大地唤醒，
（唤出嫩芽，像羊群一样，愉悦地觅食）
山峰和平原充满了芳香。
不羁的精灵呵，你随风四处漂泊；
破坏者兼保护者：听吧，你且聆听！

二

没入急流，高空变得混乱，
流云像大地的枯叶一样被撕扯
脱离天空和海洋的纠缠的枝干。
成为雨和电的使者：它们飘落

在你缥缈的蔚蓝波涛的表面，

就像狂女飘散的头发闪烁着光芒，

从天穹那遥远的远方

直冲九霄的中天，那微微摇动的卷发，

到处摇曳着。对濒死的一年

你唱出了哀歌，在这浓浓的夜色之中

将成为它广大墓陵的一座圆顶，

里面凝结着无数的力量；

那是你的浑然之气，它会迸发出黑雨、冰雹和火焰：

哦，你听！

三

是你，唤醒了熟睡的蓝色的地中海，

而它曾经昏睡了一整个夏天，

带着水流的回声安然入梦，

就在巴亚海湾的一个浮石岛边，

它梦到了古老的宫殿和楼阁在梦幻般地波影里颤动，

青苔葱葱，花朵耀眼地绽放着，

那芬芳令人迷醉！呵，为了给你

让一条路，劈开了大西洋的汹涌的浪波，

而潜藏在大海深底的

那海洋中的花草和泥污的森林，

虽然生机勃勃，却没有精力；

听到你的声音，它们浑身战栗：

一边发抖，一边自动萎缩：哦，你听！

四

唉，假如我是一片落叶随你飘动，

假如我是一片流云随你飞行，

是一个波浪，和你的威力同喘息，

假如我分有你的脉搏，仅仅不如

你那么自由，哦，无拘无束的生命！

假如我能像在少年时，随风飞舞

便成了你的伴侣，在天空中飞翔

（因为呵，那时候，要想随着你飞翔并不是幻想），

我就不会像现在

这样焦急地哀求于你。

哦，举起我吧，当我是波涛、树叶、流云！

我摔倒在生活的荆棘上，我流血了！

这被岁月所折服的生命

原是和你一样：骄傲、桀骜不驯。

五

把我当作你的竖琴吧，如同树林：

尽管我的叶子都落了，那有什么关系！

你那非凡和谐的慷慨激越之情

弹奏着秋天的韵味

虽忧伤而甜蜜。呵，但愿你给予我

迅猛的劲头！奋勇者呵，让我们相融合！

请把我尘封的思想散落在世界，

让它像枯叶一样创造新的生命！

哦，请听从这一篇符咒似的诗歌，

就把我的心声，如同还没有燃尽的灰烬和火苗

在人间播散！

让预言的喇叭通过我的嘴唇，

唤醒沉睡的大地吧！

西风呵，

要是冬天已经来了，

春天还会远吗？

致云雀

（英）雪莱

祝你长生，愉快的精灵！
你似乎不是一只飞禽。
你从天堂，或它的近处，
倾吐你的衷心，
无须用琢磨的艺术，发出优美的乐音。

你从大地一跃而起，
朝着太阳向上飞翔，
如同火云一般耀眼，在蓝天
舒展着你的翅膀，
不曾停歇地歌唱与飞翔。

地平线下的太阳
发出金色的闪光，
在那朵朵白云之间
你沐浴着亮光飞翔，
像不具形体的喜悦，开始了你的远征。

当黎明透出淡淡的紫色
你的翱翔渐渐融合，
就像白日星空中的

一颗隐匿形迹的明星，

你虽不见，我却能感受到你的喜悦——

明朗，锐利，有如那晨星

散发出无尽的光芒，

在透露白光的晨曦中

渐渐消散，

一直消散不见，却还能依稀感觉到。

整个大地和天空

迎着你的歌声回响，

有如在清冷的夜晚，

月亮躲在一片孤独的云后，

渐渐露出脸庞，顿时光华溢满天地。

我们不知道你是什么，

什么和你最相似？

雨滴从彩虹中飘落，

映射着七彩的光芒，

但怎及得你留下的一片音响？

好像是一个诗人在思想的明辉中隐藏，

他昂首吟唱，使人感动至极，

有感于他所唱的希望、忧虑和赞赏；

好像是一位高贵的少女
在高楼中独坐，
在寂寞难言的时刻，
排遣心中的情怀，
轻轻地吟唱甜蜜爱情的歌曲；

好像是金色的萤火虫，
在草叶沾满露水的幽谷中，
散发着柔和的光芒，
在花丛，在草地，
隐藏在花草之中，毫不感激；

好像一朵玫瑰将自己淹没在
它自己的绿叶里，
当温和的风轻轻地袭来，
而终于，它的香气
它的甜味陶醉了偷香之人。

无论是春日的急雨
洒落在草丛，
或是唤醒沉睡的花朵，
凡是可以称得
欢快明亮的乐音，怎及得你的歌？

鸟也好，精灵也好，说吧：

你在思虑什么？
我没有听过关于爱情或是美酒的赞美，
像你这样让我情不自禁地欢愉。

无论是凯旋的歌声
还是婚礼的合唱，
和你的歌声相比，是难以察觉的浮夸，
呵，那里总感到有什么不如所望。

什么样的物象，
是你那快乐之歌的源泉？
什么田野、波浪或山峦？
什么天空或平原？
是对同辈的爱？还是对难以感受到的痛苦？

有你这种舒适的欢快
谁还会感到疲惫？
你从来没有感受到过苦闷，
你在爱，却不知道过分充满爱的悲哀。

无论是醒来或是睡去，
对死亡这件事情
你看得比世人
更为真实而深沉，
否则，你的歌声为什么会如此动人？

我们总是犹豫不决，
期盼着不存在的事情；
我们最真心的笑也带有着某种痛苦，
对于我们来说
你的歌声最能诉说哀声。

可是，假若我们远离了
那些悔恨、自满和惶恐；
假若我们学不会流泪和沉默，
那我们又如何表达对你的欣喜？

呵，对于诗人，你的歌艺
比一切音律更加美妙，
比书中的一切知识更加宝贵，
你是那么富有，你藐视大地的生灵！

只要把你熟悉的愉悦
教一半与我歌唱，
和谐的激情
就会从我的唇中流露，
那世人就将听我，像我听你一样。

爱的哲学

（英）雪莱

泉水始终流向河水，
河水又汇入海中，
飘荡在空中的微风永远融有
一种甜蜜的感情；
世上哪有什么是单独存在的？
世间万物因规律
都必融汇于一种精神。
没有谁是独特存在的。

你看高山在追逐着蓝天，
波浪拥抱着前行；
谁曾见花儿难以容忍对方，
姊妹欺负弟兄？
阳光紧紧地拥抱大地，
月光温柔地照射着海波，
但这些吻没有任何意义，
如果你不肯吻我？

夜莺颂

我的心阵阵作疼，昏昏欲睡，麻木不仁
渗入了感官，好像是饮过毒鸩，
又像是刚刚吞服了鸦片，
于是沉向那忘川之河：
我并不忌妒你快乐的一生，
而是为你的快乐而感到幸福——
因为在无穷无尽的绿荫之中，
你是轻轻挥动着翅膀的仙灵，
你躲进山毛榉的密叶和绿荫，
为了夏季，轻声歌唱。

哎，要是有一口酒！畅快地饮着冷藏
在地下多年的美酒，
尝一口就会想到绿色之邦，
想起花神，恋歌，阳光和舞蹈！
如果那杯酒带着南国的温暖，
真挚激荡的诗才最有灵性，
杯口旁跳动着珍珠的泡沫，
给嘴唇染上绯红色；
哦，我要一饮而尽，悄然离开尘寰，
随着你一同隐没在幽暗的山林：

远远消失，就此蒸发，忘却尘世间的所有，
你在树叶间从不知道的一切，
忘记这疲惫、燥热和焦虑，
人们坐着长吁短叹的世界；
在这里，青春苍白、消瘦、死亡，
凄惨地摇动着稀疏的白发；
在这里，只要稍微思考就会充满哀伤和绝望，
美人的双眸难以保持住光彩，
新生的爱情难以支撑到明天。

去吧！去吧！我要朝你飞去，
不是与酒神同驾豹车而去，
我乘坐着诗歌的无形羽翼，
尽管这头脑已经困惑、呆滞；
去了！呵，我已经和你同往！
月色如此皎洁，月后正登上宝座，
星星在周围守望着她；
但这里却没有丝毫亮光，
除了有一线天光，随着风飘散，
穿过葱绿的幽暗和苔藓的曲径。

我难以辨认脚旁的花草，
分不清悬挂在枝条的软香；
在温馨的幽暗里，我只能猜想

这个时节，果树、草丛带着何种芳香，
这白山楂花和田野的玫瑰，
这隐藏在绿叶中的紫罗兰，
还有五月中旬的娇宠，
这带着露珠的即将盛开的麝香蔷薇，
它成了夏夜蚊虫飞鸣的地方。

我多少次在黑暗里倾听：
我享受着这安静的死亡，
我用优美的言语形容这诗意，
求它把我的生命化为青烟；
而现在，越来越感受到死是多么富丽：
在午夜里悄然地离开人间，
当你正诉说着你的心怀，
发出这般的狂喜！
你将永远歌唱不息，但我却不再听见——
你的葬歌只有泥草听见。

永生的鸟呵，你不会死亡！
饥饿无法夺去你的生命；
今夜，我偶然听到的歌曲
就是古代的帝王和村夫也会欢愉；
这样的歌怎能不唤起露丝的
忧愁，使她不禁落泪，
站在异邦的谷田里思念家乡；

这奇异的歌声，
在失掉了的仙域里荡起回声：
让独自望着大海的美人
心怀忧伤。

呵，忘却了！这句话好比一声钟
使我回到我独自站立的地方！
别了！幻想，这骗人的妖精，
并不是像盛传那样灵验。
别了！别了！你如泣如诉的歌声
穿过草丛，越过幽静的溪水，
迎上山坡；而此时，它正深深
隐没在附近的溪谷中：
噫，这是个幻觉，还是梦寐？
歌声渐渐远去：——我是睡？是醒？

我是怎样地爱你……

（英）勃朗宁夫人

我是怎样地爱你？让我告诉你：
我爱你的时候，我的灵魂如同遨游太空，
在九天和黄泉中
探寻生存的奥秘和意义。

我爱你的时候，如同每日必需的食物，
如同白昼的太阳、黑夜的烛光。
我勇敢地爱你，如同勇敢地同恶魔做斗争；
我纯洁地爱你，如同童年般的忠诚。
我爱你，以昔日的伤感、泪水、所有的笑容；
我爱你，以满腔的热情、我全部的生命。

如果没有你，
我的人生就会失去乐趣。
如果可以，上帝会为我见证：
在我死后，我只会更爱你。

天风来自四面八方

（苏格兰）彭斯

天风来自四面八方，
其中西方是我的最爱。
西方有个好姑娘，
我对她心生向往！
那里树林繁茂，河流清澈，
山岗连绵，
但是我夜夜思念，
只想我的琴姑娘。
眼前鲜花耀眼绽放——
我看见她美丽的脸庞；
小鸟停留在枝头——
我听见她迷人的歌喉；
只要花朵美丽妖艳，
哪怕生长在山间，
小鸟也会歌唱，
我便想到我的琴姑娘！

我的心儿在高原

（苏格兰）彭斯

我的心儿在高原，我的心不在这儿，

我的心儿在高原，随着鹿儿一起奔跑。

追逐着野鹿，找寻着獐儿；

我的心儿在高原，不管我处于何地，

再见了我的高原，再见了我的北国，

英雄的家乡，可敬的故国，

不管我的人在哪里游荡，

我的心始终在高原的山丘上。

再见了啊，白雪皑皑的山岳，

再见了啊，山下的山涧溪水，

再见了啊，森林和繁茂的树林，

再见了啊，涌进的激流和山川，

我的心儿在高原，我的心不在这儿，

我的心儿在高原，随着鹿儿一起奔跑，

追逐着野鹿，找寻着獐儿，

我的心儿在高原，不管我处于何地。

假如生活欺骗了你

（俄）普希金

假如生活欺骗了你，

不要悲伤，不要心急！

忧郁的日子里需要镇静：

相信吧，快乐的日子将会来临。

心儿永远向往着未来；

现在却常是忧郁。

一切都是瞬息，

一切都将会过去；

而那过去了的，

就会成为亲切的怀恋。

致大海

（俄）普希金

别了，自由的元素！
在我面前，最后一次，
你翻滚起蓝色的波涛，
闪现着高傲的美丽。
像友人哀伤的怨诉，
像他分手时的呼叫，
最后一次，我又听到
你忧郁的召唤的咆哮。
我的心灵所向往的疆界！
静静而又朦胧的我，
时常在你的岸边徘徊，
因隐秘的企图而愁苦！
我多么爱你的回声，
那低沉的深渊之音，
我爱你傍晚的宁静，
也爱你任性的激情！
渔人的恭顺的船帆，
为你的意志所护佑，
勇敢地在波涛上滑过；
但难以征服的你一发怒，
成群的船只就会沉没。

我没能永久地离开

这枯燥死寂的海岸，

我满怀喜悦向你祝贺，

让我的诗情，

走上你的波峰浪谷！

你等待，你呼唤——我却被束缚；

我心灵的挣脱也是枉然：

为那有力的激情所迷惑，

我于是只能停留在海岸……

有什么可惋惜？如今，

我无忧的路通向何方？

能使我的心灵感到震惊，

只有你荒原中的那个地方。

一座悬崖，一座荣光的坟墓……

在那儿，珍贵的思念

纷纷沉入凄冷的梦境：

拿破仑就长眠在那儿。

他在那里的苦难中安息

紧随其后，另一个天才

也雷霆般离我们而去，

我们思想的另一位主宰。

他去了，自由在哭泣，

他把桂冠留给了世界。

咆哮吧，在风暴中汹涌：

哦，大海，他是你的歌手。

你的形象现在他的身上，

他为你的精神所创造：

像你，他强大、深沉、忧郁，

像你，什么也不能将他击倒。

世界空了……海洋啊，

如今你要把我带向何方？

人间的命运到处都一样：

有一星儿利益，就有占有，

就有教育或专制的帝王。

别了，大海！我不会

忘记你的壮丽，

我将久久地久久地倾听

傍晚时分你的絮语。

我的心中充满着你，

我要将你的涛声和暗影，

将你的悬崖和海湾，

带向无声的荒原和森林。

致恰阿达耶夫

（俄）普希金

爱情，希望，平静的荣光，

这些欺骗并未久久把我们爱抚，

青春的欢乐也消失了，

像一场梦，像清晨的雾；

但我们心中还燃烧着愿望，

背着不祥政权的重负，

怀着一颗焦急的心灵，

我们在倾听祖国的呼唤。

我们在忍受期待的折磨，

在等候神圣自由的时光，

就像一个年轻的恋人

等待忠诚的约会一样。

趁我们胸中还燃烧着自由，

趁献身荣誉的心尚未死亡，

让我们把心灵的美好激情，

我的朋友，给祖国献上！

同志，请相信：那迷人的幸福，

将像星辰一样冉冉升起，

俄罗斯将从睡梦中苏醒，

我们的姓名将被刻在

专制制度的废墟上！

致凯恩

（俄）普希金

我记得那神奇的瞬间：
在我的面前出现了你，
就像昙花一现的幻象，
就像纯洁之美的精灵。
我为绝望的悲痛所折磨，
在喧闹生活的纷扰里，
温柔的声音久久在我的耳畔回响，
可爱的脸庞浮现在我的梦里。
岁月飞逝。骚动的风暴，
吹散了往日的幻想，
我淡忘了你温柔的声音，
和你那天仙般的脸庞。
幽居中，置身囚禁的黑暗，
我的岁月在静静地延续，
没有神灵，没有灵感，
没有眼泪、生活和爱情。
现在，又觉醒了，我的心：
我的面前又出现了你，
就像昙花一现的幻象，
就像纯洁之美的精灵。
心儿在狂喜中跳荡，

一切又都为它而复生：
有了神灵，有了灵感，
有了眼泪、生活和爱情。

自由颂

（俄）普希金

去吧，快躲开我的眼睛，
西色拉岛软弱的王后！
你在哪里，诸王的雷霆，
高傲的自由的歌手？
来吧，快摘去我的桂冠，
摔碎我温柔的竖琴……
我想对世界歌唱自由，
我要痛斥王位上的罪行。

请为我指明那个高卢人
他崇高而辉煌的足迹，
在那光荣的灾难中，
你使他唱出勇敢的歌曲。
颤抖吧！世间的暴君！
轻浮的命运的宠儿们！
而你们，匍匐的奴隶，
请倾听吧，再挺起身！

唉！无论我向哪里看去，
到处都是皮鞭，是镣铐，
是法律致命的耻辱，

是奴隶们软弱的泪水；
到处是不公正的权力，
在偏见那浓密的黑暗里，
威严的奴役天才和可怕的
荣誉激情，——它登了基。
统治者的脑袋上，
才不会悬着人民苦难的阴影，
只有当神圣的自由
和强大的法律结合一体，
只有当法律的厚盾保护众人，
只有当公民们忠诚的手
紧握利剑，毫无选择地
在平等的脑袋上方挥过，
高出众人的罪恶，
将被正义的一击斩首；

只有当他们的手不被收买，
不为贪婪和恐惧所动。
统治者！是法律而非上天，
给了你们宝座和帝号，
你们虽然高居于人民之上，
但永恒的法律比你们更高。

那就会有不幸，民族的不幸，
如果法律在粗心地瞌睡，

如果无论人民或者皇帝，

全都能够左右法律！

我要请你来做证，

哦，光荣错误的牺牲品，

因为祖先，你那皇帝的脑袋

跌落在不久前的风暴里。

作为一个无言的后代，

路易走向了死亡，

他把卸下王冠的头颅，

放在血腥的断头台上。

法律在沉默，人民在沉默，

罪恶的斧头落下了……

于是，凶手的紫袍

套在被缚的高卢人身上。

你这专制的恶人啊！

我憎恨你和你的王位，

我带着残忍的欢喜，

目睹你和儿女的灭亡。

人们在你的前额，

读到了人民的诅咒，

世界的恐惧，自然的耻辱，

你是世人对神的责备。

当一颗夜半的星辰，

照耀着幽暗的涅瓦河，

当一场静静的梦，

重压着无忧无虑的头，

沉思的歌手正在凝视

一座被遗弃的皇宫，

那暴君荒芜的纪念碑，

正威严地沉睡在雾中；

在那可怕的宫墙后，

他还听到克利俄可怕的声音，

他的眼前生动地浮现出

卡里古拉最后的时辰，

他还看到，他们挂着绶带和勋章，

灌满了烈酒和恶意，

诡秘的凶手正在行走，

脸上是大胆，心里是恐惧。

不忠的卫兵沉默着，

高悬的吊桥静静地落下，

被收买的叛变之手，

在黑夜中把大门打开……

啊，耻辱！啊，我们时代的暴行！

野兽般的御林兵一拥而进！

不光彩的打击降临了……

戴皇冠的凶手死于非命。

记住这个教训吧，哦，帝王们：
无论是惩罚还是奖赏，
无论是血腥的牢房还是神坛，
都不是你们忠实的屏障。
请在可靠的法律的荫庇下，
首先低下你们的头颅，
人民的自由和安宁，
才是王座永远的守护。

致一位希腊女郎

（俄）普希金

你生来就是为了
点燃诗人们的想象。
你惊扰、俘虏了想象，
用亲切活泼的问候，
用奇异的东方语言，
用镜子般闪耀的眼睛，
用这双玉足的放浪⋯⋯

你生来就是为了柔情，
就是为了激情的欢畅。
请问，当莱拉的歌手，
怀着天堂般的憧憬，
描绘他不渝的理想，
那痛苦的可爱的诗人，
再现的莫非是你的形象？

也许，在那遥远的国度，
在希腊那神圣的天幕下，
那充满灵感的受难者，
见到了你，像是在梦乡，
于是他便在心灵的深处，

珍藏起了这难忘的形象?

也许，那魔法师迷惑了你，
把他幸福的竖琴拨响；
一阵不由自主地颤抖，
掠过你自尊的胸膛，
于是你便靠向他的肩膀……
不，不，我的朋友，
我不想怀有忌妒的幻想；
我已久久疏远了幸福，
当我重新享受幸福的时辰，
暗暗的忧愁却将我折磨，
我担心：凡可爱的均不忠诚。

给一位幻想家

（俄）普希金

你苦中作乐，

你任由泪水流淌，

你用火焰折磨想象，

将淡淡的忧愁在心中悄然隐藏。

单纯的幻想家啊，请你相信，你不懂得爱。

哦，如果你，追寻忧郁情感的人，

一旦被那可爱又可怕的爱情触及，

爱情的全部毒液将在你的血管中沸腾，

黑暗的夜晚伴随着失眠的你不断延续，

你将会躺在床上，感受着愁苦的煎熬，

你在自欺欺人地呼唤那片刻的安静，

徒劳地想要闭紧哀伤的眼睛，

你痛哭着，拥抱着滚烫的被子，

你在愿望落空时变得憔悴又疯狂——

请相信，等到那时，

你便不会再有任何幻想！

不，不！你会泪流满面，

跪倒在高傲情人的脚旁，

你颤抖、苍白、疯狂，

你会冲着诸神喊叫：

"诸神啊，请把我受骗的理智还给我，

请把这该死的形象从我面前赶跑!
我爱得够了,请给我安宁……"
但那幽暗的爱情和难忘的形象,
你永远也摆脱不掉。

小花

（俄）普希金

我发现了一朵被遗忘的小花，

它枯干在书页间，已无芳香；

顿时，我的心中

充满了一阵奇异的幻想：

它开在何处？何时？哪个春天？

它开了多久？又为谁所采？

那采花的手是陌生还是熟悉？

它为何又被人夹进了书页？

可是一次温情约会的怀念，

或是对命定的别离的眷念，

也许为了追忆田野和密林中

那孤身一人的漫步？

他是否活着，她是否健在？

如今何处是他俩的角落？

或许他俩也都已凋零，

就像这默默无闻的花朵？

帆

（俄）莱蒙托夫

淡蓝色的海面云雾茫茫
一叶孤帆泛着点点白光！……
它在遥远的地方找寻什么？
它把什么遗弃在了故乡？……

海风呼啸，溅起阵阵浪花，
桅杆弯着腰发出声响……
啊！——它既不是寻求幸福，
也没有逃避幸福！

帆下，荡漾着清澈的碧波，
帆上，映射着金色的阳光……
而不安的帆呼唤着风暴，
仿佛在风暴中才有安宁！

一朵小花

（俄）屠格涅夫

你曾经有一次——在阴暗的小树林里，

在绿色的草丛中央，

找到了一朵平凡又质朴的小花？

（那时你孤苦伶仃，漂泊在他乡。）

它等待着你——沾染着清晨的露珠，

在草丛中独自开放……

为了你啊，它珍惜着自己纯洁的香味，

那是它最原始的味道。

于是你摘下了那晃动着的花茎，

轻轻地拿在手中，

你望着它，微微一笑，

这朵被你摘下的花儿成了你纽扣上的观赏物。

然后你带着花儿迎着灰尘大步向前走，

田野在太阳的照射下更有层次感，

一股热浪袭来，

你的那朵小花也枯萎了。

它在安静的阴影里生长，

它靠着清晨的雨水滋长，
它被飞扬的尘土所闷死，
它被炎热的阳光所烧伤。

这怎么办呢？痛惜也是徒然！
你可知道，它来到世上，
只是为了紧靠你的心口，
哪怕只有一瞬间的生存时光。

海燕

（俄）高尔基

在苍茫的大海上，狂风聚集着乌云。

在乌云和大海之间，海燕像黑色的闪电高傲地飞翔。

一会儿翅膀碰着波浪，

一会儿箭一般地直冲云霄，

它叫喊着，

——在这鸟儿勇敢的叫喊声里，

乌云听到了欢乐。

在这叫喊声里——

充满着对暴风雨的渴望！

在这叫喊声里，

乌云感到了愤怒的力量、热情的火焰和胜利的信心。

海鸥在暴风雨到来之前呻吟着，

——呻吟着，在大海上面飞窜，

想把自己对暴风雨的恐惧，

掩藏到大海深处。

海鸭也呻吟着，

——这些海鸭呀，

享受不了生活的战斗的欢乐：
轰隆隆的雷声就把它们吓坏了。

愚笨的企鹅，
畏缩地把肥胖的身体躲藏在峭崖底下。
——只有那高傲的海燕，
勇敢地，自由自在地，
在翻起白沫的大海上面飞翔！

乌云越来越暗，
越来越低，
向海面压下来；
波浪一边歌唱，
一边冲向空中去迎接那雷声。

雷声轰响。
波浪在愤怒的飞沫中呼叫，
跟狂风争鸣。
看吧，
狂风紧紧抱起一堆巨浪，
恶狠狠地扔到峭崖上，
把这大块的翡翠摔成尘雾和水沫。

海燕叫喊着，
飞翔着，

像黑色的闪电，

箭一般地穿过乌云，

翅膀刮起波浪的飞沫。

看吧，

它飞舞着像个精灵——

高傲的、黑色的暴风雨的精灵，

——它一边大笑，一边高叫……

它笑那些乌云，

它为欢乐而高叫！

这个敏感的精灵，

从雷声的震怒里早就听出困乏，

它深信，

乌云遮不住太阳，

——是的，遮不住的！

风在狂吼……雷在轰响……

一堆堆的乌云，

像青色的火焰，

在无底的大海上燃烧。

大海抓住金箭似的闪电，

把它熄灭在自己的深渊里。

闪电的影子，

像一条条的火蛇，

在大海里蜿蜒浮动，

一晃就消失了。

"暴风雨！

暴风雨就要来啦！"

这是勇敢的海燕，

在闪电之间，

在怒吼的大海上高傲地飞翔。

这是胜利的预言家在叫喊：

——让暴风雨来得更猛烈些吧！

失去的东西永不复归

（俄）叶赛宁

我无法再回到那清凉的夜晚，
我无法再目睹女友的风采，
我无法在花园里
再次听到夜莺欢快的歌唱。

那多情的夜晚飞逝而去
你无法叫它再度降临。
萧瑟的秋天悄然来临
连绵的细雨勾起无尽的惆怅。

女友正在坟墓中长眠，
爱情的火焰埋葬在内心，
秋天的暴雨也难以唤醒她，
再也不会让她热血澎湃。

夜莺停止了歌唱，
它飞向了遥远的海外，
在清凉夜空中响起的动听的歌声，
也已永远地平静了下来。

昔日体会到的快乐，

也早已随着歌声而消散，
留下的只有冷却的感情，
逝去的东西再也回不来。

拉起红色的手风琴

（俄）叶赛宁

拉起来，拉起红色的手风琴。
美丽的姑娘在牧场上幽会情人。

心中的苹果在燃烧，映射出矢车菊的光色，
我拉起手风琴，轻轻吟唱着那淡蓝色的眼眸。

湖中波光闪闪，那不是霞光，
那是山坡后面绣着花的围巾。

拉起来，拉起红色的手风琴。
让美丽的姑娘能听出情人的歌声。

可爱的家乡啊

（俄）叶赛宁

再次梦见了可爱的家乡啊！
江河漂荡看草垛似的众阳。
我想躲在绿荫的深渊，
我想藏在百鸟争鸣的地方。

三叶草穿着金色的服装，
和木樨草一道在田边生长。
柳树像一群温和的修女——
发出的声响如同念珠般清脆。

沼泽的烟斗冒着烟云，
苍穹上空飘散着黑色的灰烬。
我深深地思念着某人，
将无限的思愁深埋在心房。

我欢迎一切、忍受一切，
哪怕痛苦万分也满心欢喜。
我急忙赶到这片大地啊——
就为了更快地与它离别。

我不叹惋、呼唤和哭泣

我不叹惋、呼唤和哭泣，
所有的终究会逝去，如白苹果树的烟花，
金秋的黯然笼罩我心头，
芬芳的年华再也不会有。

我的心被冰冷的寒气侵袭，
你再也不会蓬勃地跳动，
白桦图案花布一般的国家，
你再也没有让我赤着脚游逛的吸引力。

流浪汉的心魂，你越来越少
将我内心的火焰点燃。
啊，我失去了的朝气、
狂暴的眼神、猛烈的情感！

生活，难道我已经失去了希望？
莫非你只是我的一场春梦？
仿佛在那歌声阵阵的清晨，
我骑着玫瑰色的骏马奔跑。

在世上我们都终究会逝去，

金黄色的树叶随着风悄然落下……
生生不息的天下万物啊，
但愿你永远地美好幸福。

莎士比亚

（法）雨果

面对流言蜚语，莎士比亚
跃出，头带风暴，冲破云霄，
幽晦的诗人写了一部作品，那
样艰涩，那样壮阔、波澜，
耀眼夺目的光芒射向山顶，
冲破深渊和阴暗，
在难以到达的幽境中，那么阴沉、丰富，
三百年来，思想家迷茫，
带着惊奇的眼光注视着他，那是心灵的归所，
那是人类思想上难以逾越的高峰。

播种季——傍晚

（法）雨果

这正是黄昏的时刻。
我坐在门前，观赏
这白昼的余晖映照
农忙最后的一刻。
在夜色的田野里，
我凝视着一个衣衫
褴褛的老人，一把把
将未来的收成播散大地。
他高大的深色身影
控制着深沉的耕地。
他多么相信啊，
时光的飞逝并非无益。
他独在广阔的平原上走动，
将种子向远处抛掷，
手张开，合上又张开，
而我，一个无名的旁观者。
沉思着，在喧嚣的夜影中，
播种者神圣的向空中扬手的姿势，
仿佛直触天上的群星。

哀愁

我失去了力量和生气，
也失去了朋友和欢乐；
甚至失去了那种使我，
以天才自负般的豪气。
当我认识真理之时，
我坚信她是个朋友；
而我理会她之后，
我对她却深感厌恶。
可是她却永存世间，
不理会她之人，
就会在世间极度愚昧。
上帝垂询，必须如实禀告。
我身上唯一能够用的法宝，
就是情不自禁流过的眼泪。

请你记住

（法）缪塞

请你记住，当惶惶的黎明
在阳光的照耀下打开了它美丽的心房；
请你记住，当沉思的黑夜
随着皎洁的月色悄然流逝；
当欢乐充斥在你的心跳声中，
当阴影渐渐将你笼罩在梦一般的黄昏中，
你听，在森林深处，
有一个声音在窃窃私语：
请你记住。

请你记住，当世间的纷杂
让我和你不得不永别，
当悲惨、流亡和无尽的岁月
让绝望的心更加枯灭；
请你想到我悲哀的爱情，想到崇高的诀别！
当我们相爱时，就会忘记时间和分离。
只要我的心还跳动，
它永远对你说：
请你记住。

请你记住，我那破碎的心

在冰冷的地下长眠，
请你记住，我的坟墓
长满了孤寂的花儿。
我再也不能看见你，但我不灭的灵魂
永远忠实地陪伴在你左右。
你听，在深夜里，
有一个声音在呻吟：
请你记住。

乌鸦

（法）兰波

当寒冷笼罩着草地，
在孤寂的小村庄里，
在萧瑟的大自然里，
乌鸦从天空中飞过，
那些可爱的奇妙的乌鸦。

叫声凄厉而又奇异的队伍，
冷风袭击你们的窠！
你们沿着黄流滚滚的江河，
沿着竖着旧十字架的道路，
在沟渠上面，在洼地上空，
时不时散开，时不时聚拢！

在法国原野上，
在那些前日的死者的长眠之地，
成群盘旋吧，可好？
在冬天，
引起行人的无限沉思，
请带着使命尽情地喊叫，
哦，我们的悲戚的鸟！

可是，天空的圣者啊，让五月之莺
在那模糊颜色的桅杆，
在那橡树的高枝上面，
为逝去的人高歌鸣唱，
他们无法离开这里，
那些一塌糊涂的失败者！

感觉

（法）兰波

夏季蓝色的黄昏，我将走上幽径，
腿被麦尖刺得发痒，脚踏着密密的草丛：
梦幻中，感受到阵阵清凉渗入脚心。
微风拂过我的头顶。

我沉默不语，也无思无虑：
但灵魂深处却涌动着无尽的爱意，
我要走向远方，遥远的地方，像个吉卜赛人一样，
和大自然一起，幸福得如同有一个女人跟随。

我愿意是激流

（匈牙利）裴多菲

我愿意是一条激流，
　是山间的小河，
穿过崎岖的山路，
经过光洁的岩石……
只要我的爱人
是一条小鱼，
在我的浪花中
　自由地游来游去。

我愿意是一片荒林，
在河流的两岸，
迎着一阵阵狂风，
我高声呼唤……
只要我的爱人
是一只小鸟，
在我的枝头鸣叫，
在我的怀抱中做窠。

我愿意是一片废墟，
　在险峻的山崖上，
这静默的毁灭

并不使我懊悔……
只要我的爱人
是青绿的长春藤，
沿着我萧瑟的额头，
紧紧地攀缘而上。

我愿意是一座草屋，
隐藏在深深的山谷底部，
草屋的顶上
饱受着风雨的摧残……
只要我的爱人
是熊熊的火焰，
在我的炉子里，
欢快而缓慢地闪烁。

我愿意是一片云朵，
是灰色的破旗，
在辽阔的天空中
随风飘来飘去，
只要我的爱人
是珊瑚似的夕阳，
照耀着我苍白的脸，
映出红色的辉煌。

当你老了

（爱尔兰）叶芝

当你老了，头发花白，睡思昏沉，
炉火旁打盹，请取下这部诗歌，
慢慢读，回想你过去眼神的柔和，
回想它们昔日浓重的阴影；
多少人爱你青春欢畅的时辰，
爱慕你的美丽，假意或者真心，
只有一个人爱你那朝圣者的灵魂，
爱你衰老了的脸上痛苦的皱纹；
垂下头来，在红光闪耀的炉子旁，
凄然地轻轻诉说那爱情的消逝，
在头顶的山上它缓缓踱着步子，
在一群星星中间隐藏着脸庞。

白鸟

（爱尔兰）叶芝

亲爱的，但愿我们是大海浪尖上的一双白鸟！
流星虽未陨逝，我们已厌倦了它的闪耀；
天边低悬，晨光中蓝色星星闪烁的幽光
唤醒了你我心中，一缕不灭的忧伤。

带着露水的百合、玫瑰梦里流淌出丝丝倦意；
呵，亲爱的，流星的火焰会熄灭，
蓝星的幽光也会在滴露中减退：
但愿我们化作浪尖上的白鸟：我和你！

我心头萦绕着无数岛屿和丹南湖滨，
在那里，没有时光的流逝，没有悲哀的来访；
转眼间就会远离玫瑰、百合和星光的叨扰，
只要我们是双白鸟，亲爱的，在浪波中游荡！

我自己的歌（节选）

（美）惠特曼

屋里芳香弥漫，书架上也散发着芳香，

我感受这香气，认识了它也喜欢它，

我陶醉在这精华之中，但我却又不能这样。

大气层不是一种芳香，它没有香味，它没有任何气味，

它帮助我呼吸，我热爱它，

我要去林畔的河岸那里，抛下束缚，赤裸裸地，

我期待它和我接触。

我自己呼吸的空气，

回声，波浪，喁喁私语，爱根草，合欢树，树枝和藤蔓，

我的呼吸，我心脏的跳动，在我肺部流淌的血液和

畅通的空气，

迎着风闻到绿叶和枯叶、海岸和黝黑的岩石以及谷

仓里的干草的味道，

我情不自禁地吟唱诗句，在风吹动的旋涡里渐渐飘散，

几次轻吻，几次拥抱，伸出两臂想拥抱什么，

树枝的柔条随风摆动，摇曳着时光和光影，

独居，享受着在热闹的街市或在野坡周围的乐趣，

享受健康，正午时的颤音，清晨从床上起来迎接太

阳时唱的歌。

你觉得一千亩就很多了吗？你觉得地球就很大了吗？

为了学会读书你练习了很久吗？

因为你想努力懂得诗歌的含义就感到十分自豪吗？

今天和今晚请和我在一起，你将清楚所有诗歌的来源，

你将得到大地和太阳的恩惠（另外还有千百万个太阳），

你将不会再通过他人之手看清事物，也不会借死人的眼睛观察，或从书本中的幽灵那里掌握精华，

你也不会借我的眼睛审视，不会通过我而看清事物，

你将从各个方面得到知识并过滤一切。

如果记住就是忘却

（美）狄金森

如果记住就是忘却
我不愿再忆起，
如果忘却就是记住
我是多么靠近忘却。

如果思念，是娱乐，
而哀伤，是欢乐，
那些手指是多么欢快，今天，
我采撷到了这些。

头脑，比天空辽阔

（美）狄金森

头脑，比天空辽阔——
因为，两者相比较——
一个能容纳另一个
轻易，而且，还能容你——

头脑，比海洋深邃——
因为，比一比，蓝对蓝——
一个能吸收另一个
像水桶，也像，海绵——

头脑，和上帝比肩——
因为，称一称，一磅对一磅——
他们，如果有不同——
那便是音节和音响的区别——

心灵选择自己的伴侣

心灵选择自己的伴侣，然后

紧关心窗——

如神圣的决定——

不允许干预——

从容不迫——发现车辇，停在她

低矮的门前——

从容不迫——一位皇帝跪倒

在她的席垫——

我知道，从人口众多的一个民族——

选中了一个——

从此，封闭自己关注的心灵——

像一块石头——

第一次的茉莉

（印度）泰戈尔

啊，这些茉莉呀，这些洁白的茉莉！

我仿佛忆起我第一次双手捧着这些茉莉，这些洁白的茉莉！

我爱那日光！我爱那天空！我爱那绿色的大地！

我听见河水淙淙，在漆黑的午夜中传来；

秋日的夕阳在荒原的大路转角处迎接我，如同新娘揭起她的面纱迎接她的新郎。

我想起，童年时代，第一次捧在手里的那些白茉莉，我心中充满了甜蜜的回忆。

我这一生有过许多快乐的日子，在节庆晚宴上，我曾随着说笑话的人大笑。

在灰暗的雨天的清晨，我吟哦许多飘逸的诗句。

我脖子上戴过，我的爱人亲手编织的碎花花环，以搭配我的晚装。

我想起，童年时代，第一次捧在手里的那些白茉莉，我心中充满了甜蜜的回忆。

生如夏花

（印度）泰戈尔

我听见回声，来自山谷和心间

以寂寞的镰刀收割空旷的灵魂

不断地重复决绝，又重复幸福

终有绿洲摇曳在沙漠

我相信自己

生来如同璀璨的夏日之花

不凋不败，妖冶如火

承受心跳的负荷和呼吸的累赘

乐此不疲

我听见音乐，来自月光和胴体

辅极端的诱饵捕获缥缈的唯美

一生充盈着激烈，又充盈着纯然

总有回忆贯穿于世间

我相信自己

死时如同静美的秋日落叶

不盛不乱，姿态如烟

即便枯萎也保留丰肌清骨的傲然

玄之又玄

我听见爱情，我相信爱情

爱情是一潭挣扎的蓝藻
如同一阵凄微的风
穿过我失血的静脉
驻守岁月的信念

我相信一切能够听见
甚至预见离散，遇见另一个自己
而有些瞬间无法把握
任凭东走西顾，逝去的必然不返
请看我头置簪花，
一路走来一路盛开
频频遗漏一些，
又深陷风霜雨雪的感动

般若波罗蜜，一声一声
生如夏花之绚烂，死如秋叶之静美
还在乎拥有什么

榕树

（印度）泰戈尔

喂，那站在池边的蓬头的榕树，

你会不会忘记了那个小小的孩子，

那个在你的枝头筑了窝又离开你的像鸟一样的孩子？

你还记不记得他是如何惊诧地坐在窗前，

吃惊地望着你深入地下的纠缠的根系？

女人们经常来到池边，

打满了一整罐的水就离去，

你大大的黑色的影子就在水面上摇动，

好像睡着的人挣扎着要醒来。

日光在微波上舞蹈，

好像不停歇的梭子编织着金色的花毡。

两只鸭子的身旁就是芦苇，

于是它们在芦苇的影下游来游去，

孩子们就坐在旁边静默思考。

他们想要成为风，

吹过你萧萧的枝丫；

他们想要成为你的影子，

在水面上，

随着日光增长；

他们想做一只鸟，

栖息在你最高的枝头；

他们想做一只鸭子，

在芦苇和阴影中游来游去。

当时光已逝

（印度）泰戈尔

假如时光已逝，

鸟儿停止歌唱，

连风都感觉疲倦了，

那就将我置于黑暗的厚幕之下吧，

如同黄昏来临，

大地盖上睡眠的衾被，

又轻轻地合上睡莲的花瓣。

旅客还没到达目的地，

携带的粮食已经吃完，

衣裳破烂不堪，

而又浑身疲惫，

你使他抛弃了羞涩与困窘，

使他的生命之花再次开放。

仿佛

（印度）泰戈尔

我早已不记得我的母亲，
依稀记得在我游戏玩耍时，
有一段安逸的歌调，
在我的玩具上回旋，
她一边轻轻晃动我的摇篮，
一边细细哼着。

我早已不记得我的母亲，
但是在初秋的早晨
空气中弥漫着合欢花的香气，
还有庙殿里传来的晨祷的馨香
仿佛就是母亲的气息。

我早已不记得我的母亲，
只是透过卧室的窗户
望着碧蓝的天空，
我仿佛觉得
天空中的光芒
就是母亲注视我的目光。

我一无所求

（印度）泰戈尔

我别无所求，就这样站在林边树后。

倦意还逗留在黎明的眼皮，露水湿润着空气。

湿润的青草散发的慵懒，悬垂在地面的薄雾中。

你在榕树下，用奶油般柔嫩的手挤着牛奶。

我沉静地站着。

无法说出一个字，那是藏起来的鸟儿在密林中歌唱。

杧果树上的繁花撒满了村径，蜜蜂一只又一只嗡嗡地飞来。

在池塘边，湿婆天的庙门已经打开，朝拜者开始诵经。

你把罐子放在膝头上挤着牛奶，我提着空桶站着。

我没有走向你。

天空和庙里的锣声一起醒来。

街上的尘土被人们驱赶着的牛带起，飞扬着。

腰上搂着汩汩作响的水瓶，女人们从河边走来。

你的钗环叮当作响，你的牛奶溢出了罐沿。

晨光渐远，我没有向你靠近。

你一定要走吗？

（印度）泰戈尔

赶路的人儿啊，你一定要走吗？

夜晚寂静，黑暗就在树林里昏睡。

我们的凉台上有辉煌的灯火，有鲜美的繁花，还有那依旧清醒着的，青春的眼睛。

到没到你要走的时间？

赶路的人儿啊，你一定要走吗？

我们没有用恳求的双臂抱住你的双脚。

你的门大开着，你的马就立在门外，马上也早就套好了鞍鞯。

要是我们想要拦住你的去路，也只好唱支我们自己的歌儿了。

如果我们想要挽留你，也只会用我们的双眸。

赶路的人儿啊，我们没有能留下你的希望，我们拥有的只是眼泪。

是什么样的不灭之火，在你的眼睛里发光？

在你的血管里奔腾不息的，是什么样的热量？

又是什么，在黑暗中将你召唤，给你指引？

你从天空的繁星里，念会了哪条可怕的咒语？——

是不是那条当黑夜沉默而异样地走进你心中时，带来的那个密封的秘密消息？

如果你不爱那热闹的宴会，如果你想要安静，困倦的心灵啊，我们就吹熄那灯火，停止琴声。

我们在黑暗中静静坐着，伴着和风，

困乏的月儿会把苍白的光芒撒上你的窗棂。

啊，赶路的人儿啊，从午夜的心中和你接触的，是什么不眠的精灵呢？

云与波

"我们一睁眼就开始游戏直到白天结束。"

"我们和黄金色的曙光游戏，我们和银白色的月亮游戏。"

那住在云端的人这样呼唤我，妈妈。

"可是我们要怎么才能够到你那里去？"我询问着。

"你站在地球的边缘，举手朝天，这样就可以被接到云端上来了。"他们回答。

"可是我的妈妈还在家里等我呢，我怎么能就这样离开她？"我说。

他们微笑着，乘着浮云离开了。

但是我知道一个比这更好的游戏呀，我的妈妈。

我是云彩，你做月亮，我用两只手遮挡着你，我们的屋顶就是那青蓝色的天空呀！

"我们从早到晚都在歌唱，我们不断地前进，每日旅行在路上，我们也不知道经过了些什么地方。"住在波涛上的人这样呼唤我，我的妈妈。

"可是我如何才能加入你们？"我问。

"你来到岸边，站在那里，闭紧你的双眼，你就被带进了波涛。"他们这样答复我。

"可是每天傍晚我的妈妈都让我待在家里呢。——我怎么能就这样离开她？"

于是他们微笑着，乘着舞动着的激流而去。

但我知道一个比这更好玩的游戏呀，我的妈妈！

我是波涛，你就是那陌生的岸边，

我奔流着，突进，突进，突进，笑嘻嘻地就撞碎在了你的膝盖上。

于是这世上没有任何人知道我俩人在何方。

美之歌

（黎巴嫩）纪伯伦

我为爱情指明了方向，振奋了精神，滋润了心灵。

我是迎着晨曦绽放的玫瑰花，姑娘们摘下我，吻我，将我点缀在她们的胸前。

我是幸福的家园，是欢乐的源泉，是舒适的开端。

如同姑娘唇边浮现的微笑，温柔迷人，让年轻人的烦恼和负担消失地无影无踪，生活就会变成甜蜜的梦一般的草原。

我为诗人唤起灵感，我是艺术家的旅途良伴，我是音乐家的热情教员。

我是婴儿单纯的慧眼，慈祥的母亲见了就会跪下祈祷，轻轻地唱着赞美安拉的歌谣。

我以夏娃的模样出现在亚当面前，并俘虏了他的心；

我以女友的身份出现在所罗门面前，把他变成贤者和诗人。

我对海伦微微一笑，特洛伊城就变成废墟；我为克利奥佩特拉女皇戴上皇冠，尼罗河畔就充满了欢声笑语。

我是造化，人世沧桑由我安排；

我是上帝，主宰万物的生死存亡。

我温柔时，胜过紫罗兰的芳香；

我粗暴时，胜过狂风骤雨。

人们啊！我是真理。

我是真理啊，也是你们所能理解的最美好的事物！

编者声明

在本书的编选过程中，我们一直积极地与国外诗歌部分的译者联系，并获得了大部分译者授权，但由于部分译者通讯地址不详，一时未能联系上，在此，我们恳请这部分译者给予谅解，敬请译者见到本书后，及时与我们联系，以便我们按国家有关规定支付稿酬。

通联邮箱：771340162@qq.com　史老师

2018 年 8 月

给成长的你

For A Better You

古诗词

徐栩 晨朵 宋妍妍 ◎ 编著

郑州大学出版社

图书在版编目（CIP）数据

给成长的你 / 徐栩，晨朵，宋妍妍编著 . —— 郑州：
郑州大学出版社，2017.6
ISBN 978-7-5645-4426-3

Ⅰ . ①给… Ⅱ . ①徐… ②晨… ③宋… Ⅲ . ①诗集—
世界②散文集—世界 Ⅳ . ① I12 ② I16

中国版本图书馆 CIP 数据核字 (2017) 第 113272 号

GEICHENGZHANGDENI

给成长的你

郑州大学出版社出版发行

郑州市大学路 40 号　　　　　邮政编码：450052
出版人：张功员　　　　　　　发行部电话：0371-66966070
责任编辑：徐　栩　靳　凯
责任校对：张　贤
责任监制：凌　青　王金彪
全国新华书店经销
河北盛唐印刷有限公司印制
开本：880mm×1230mm　　1/32
总印张：27.5
总字数：585 千字
版次：2017 年 6 月第 1 版　印次：2019 年 1 月第 1 次印刷

书号：ISBN 978-7-5645-4426-3　总定价：130.00 元（全 5 册）

本书如有印装质量问题，由本社负责调换

阅读伴我成长

阅读之于人生，"是全世界的营养品"。成长是人生的必经过程，我们的身体吸收各种营养，变得健壮，为一生打下基础。我们的心灵呢？成长中的心灵也需要营养物质的强化与补充。阅读为我们输送了丰富的精神食粮，心灵可以从中汲取多种营养。

《给成长的你》精选古今中外适于青少年阅读的文学佳作，分为《古诗词》《中外诗歌》《古文》《散文》和《最美文》五册，是一份可供读者时而大快朵颐，时而细嚼慢咽的精神大餐。

这套书亮点何在？

亮点一：扎根实际，内容与课本知识紧密相关，形成互动与互补，是课内知识的延伸和巩固。同时它有所拓展，有效扩大了阅读者的视野，启迪智慧。

亮点二：内容较为浅显，读起来朗朗上口。妙语连珠、好词佳句像退潮后沙滩上五光十色的贝壳，随处可见，读者可以一路采撷、摘抄、诵读、记忆，这不仅能增强语感，而且为写作积累了丰富的素材。

亮点三：经典之作优中选优，适合青少年阅读，培

养阅读兴趣。"读书不觉已春深，一寸光阴一寸金。"如何解决"寸光阴"和"春已深"这一矛盾呢？如何让小读者有效利用有限的时间，像海绵一样，从经典文学作品中吸足营养呢？筛选作品时，我们先在适合青少年和其他人群阅读的作品之间画了"楚河汉界"，在已划定的范围内又在经典和最经典作品之间做了选择。本着"少而精"的原则，我们力求做到"青少年读者"和"经典之作"之间的"无缝对接"。

希望这套书指引青少年读者步入经典文学的圣殿，也愿经典之作的精华滋养成长的心灵。

编者

2018 年 12 月

目录

|给|成|长|的|你|

给一成一长一的一你

目录

目录

给 成 长 的 你

给 成 长 的 你

目录

目录

|给|成|长|的|你|

给 成 长 的 你

目录

目录

|给|成|长|的|你|

给成长的你

目录

目录

|给|成|长|的|你|

给成长的你

目录

目 录

|给|成|长|的|你|

第一周　春

城^①东早春

〔唐〕杨巨源

诗家清景在新春，
绿柳才黄半未匀。
若待上林花似锦，
出门俱是看花人。

①城：指唐代京城长安。

　　全诗将清幽、明艳之景并列而出，对比鲜明，色调明快；同时含蕴深刻，耐人寻味。

　　"俱是看花人"不仅仅是说锦绣满地，观赏花的人多，更是说人已功成名就，人们争趋共仰。

天净沙·春

〔元〕白朴

春山暖日和风①，
阑干②楼阁帘栊，
杨柳秋千院中。
啼莺舞燕，
小桥流水飞红。

①和风：多指春季的微风。
②阑干：即栏杆。

　　这首以"春"为题的小令像一幅水墨山水画，
寥寥几笔，清丽隽永，"不涉理路，不落言荃"，
曲家根据自己的仔细观察、体验，写出新的意境、
新的格调。运用绘画技法，从不同空间层次描写春
天的景物。

春日偶成

【宋】程颢

云淡风轻近午天，
傍花随柳过前川。
时人不识余心乐，
将谓偷闲学少年。

【笺注】

　　诗人是宋代有名的理学家，长期困在书斋里，少有闲暇宽怀的时候。一旦走出书斋，回到大自然中，他那种怡然自得的心情不言而喻。

定风波·莫听穿林打叶声

【宋】苏轼

三月七日，沙湖①道中遇雨。雨具先去，同行皆狼狈，余独不觉。已而遂晴，故作此词。

莫听穿林打叶声，何妨吟啸且徐行。竹杖芒鞋轻胜马，谁怕？一蓑烟雨任平生。

料峭春风吹酒醒，微冷，山头斜照却相迎。回首向来萧瑟处，归去，也无风雨也无晴。

①沙湖：在今湖北黄冈东南三十里，又名螺丝店。

词人与朋友春日出游，风雨忽至，朋友深感狼狈，词人却毫不在乎，泰然处之，吟咏自若，缓步而行。

春题湖上

【唐】白居易

湖上春来似画图，乱峰①围绕水平铺。

松排山面②千重翠，月点波心一颗珠。

碧毯线头抽早稻，青罗裙带展新蒲。

未能抛得杭州去，一半勾留是此湖。

【笺注】

①乱峰：参差不齐的山峰。

②月点波心：月亮倒映在水中。

　　这是一首著名的杭州西湖春景诗。白居易为了逃避当时朝廷激烈党争的政治漩涡，诗作不免流露出离开了是非之地的轻松愉快心情。这首诗则因届满将归，而滋生怅惘的依依惜别情。

破阵子①·春景

【宋】晏殊

　　燕子来时新社，梨花落后清明。池上碧苔三四点，叶底黄鹂一两声。日长飞絮轻。

　　巧笑东邻女伴，采桑径里逢迎。疑怪昨宵春梦好，元是今朝斗草②赢。笑从双脸生。

　　①破阵子：词牌名，原为唐教坊曲名。又名《十拍子》。双调六十二字，平韵。

　　②斗草：古代妇女的一种游戏，也叫"斗百草"。

　　这首词上片写景，下片写人，以轻淡的笔触，描写了古代少女们春天生活的一个小小片段，反映出少女身上显示的青春活力，充满着一种欢乐的气氛。全词纯用白描，笔调活泼，风格朴实，形象生动，展示了少女的纯洁心灵。

新雷

〔清〕张维屏

造物①无言却有情，

每于寒尽觉春生。

千红万紫安排著，

只待新雷第一声。

【笺注】

①造物：指天。古人认为天是创造万物的。

这首绝句写于道光四年（1824）初春，正是鸦片战争前的十余年。《新雷》写的是迎春的情景，这首诗不仅表现了诗人对大自然的无限赞美，还抒发了对社会变革的热切期待。

蝶恋花·暖雨晴风初破冻

〔宋〕李清照

暖雨晴风初破冻①，柳眼梅腮，已觉春心动。酒意诗情谁与共？泪融残粉花钿重。

乍试夹衫金缕缝，山枕斜欹，枕损钗头凤。独抱浓愁无好梦，夜阑犹剪灯花弄。

①初破冻：刚刚解冻。

上片前三句，既以明丽的色彩描绘早春特有的风物，也表现出对生活的信心、期望和热爱。下片以细微的笔触，分层次、多侧面地刻画了李清照的孤寂情怀。

春兴

【唐】武元衡

杨柳阴阴①细雨晴，
残花落尽见流莺。
春风一夜吹乡梦，
又逐春风到洛城。

【笺注】

①阴阴：形容杨柳幽暗茂盛。

这首诗题作"春兴"。依题意，当是诗人由春日景物而引起的种种情思。此诗的开头两句，从春天的景物写起，刻画出一幅典型的暮春景物图画，同时透露出一种美好的春天景物即将消逝的意象。触景生情，悠悠乡思便不可抑止地产生了。

第二周

夏

夏日山中

〔唐〕李白

懒摇白羽扇，
裸袒青林中。
脱巾挂石壁，
露顶洒松风。

【笺注】　　全诗写出了作者在山林无拘无束，旷达潇洒，不为礼法所拘的形象，有魏晋风度。诗人忘情沉醉于"夏日山中"，悠悠然一种自乐自足的逍遥，特别是对个人情感的放纵与宣泄，可以说达到了极点。

贺新郎·夏景

〔宋〕苏轼

乳燕飞华屋。悄无人、桐阴转午，晚凉新浴。手弄生绡白团扇，扇手一时似玉。渐困倚、孤眠清熟。帘外谁来推绣户，枉教人、梦断瑶台曲。又却是，风敲竹。

石榴半吐红巾蹙。待浮花、浪蕊都尽，伴君幽独。秾艳一枝细看取，芳心千重似束。又恐被、秋风惊绿。若待得君来向此，花前对酒不忍触。共粉泪，两簌簌。

【笺注】　作者赋予词中的美人、榴花以孤芳高洁、自伤迟暮的品格和情感，在这两个美好的意象中渗透进自己的人格和感情。

闲居初夏午睡起·其一

【宋】杨万里

梅子留酸软齿牙，

芭蕉分绿与窗纱。

日长睡起无情思，

闲看儿童捉柳花。

【笺注】 这首诗写芭蕉分绿，柳花戏舞，诗人情怀也同
有景物一样清新闲适，童趣横生。诗人选用了梅子、
芭蕉、柳花等物象来表现初夏这一时令特点。

闲居初夏午睡起·其二

【宋】杨万里

松阴一架半弓①苔，
偶欲看书又懒开。
戏掬清泉洒蕉叶，
儿童误认雨声来。

【笺注】

　　①半弓：半弓之地，形容面积极小。弓，古时丈量地亩的器具，后为丈量地亩的计算单位。一弓等于1.6米。

　　这首诗写夏日午睡后闲适、慵倦的情绪。他想看书，可是刚刚翻开又兴致索然，百无聊赖中掬起泉水去浇芭蕉。那淅沥水声惊动了正在玩耍的儿童，他们还以为骤然下起雨来。

菩萨蛮①·回文②夏闺怨

　　柳庭风静人眠昼，昼眠人静风庭柳。香汗薄衫凉，凉衫薄汗香。

　　手红冰碗藕③，藕碗冰红手。郎笑藕丝长，长丝藕笑郎。

〔笺注〕

　　①菩萨蛮：词牌名，原为唐教坊曲名。又名"菩萨篁"、"重叠金"、"花间意"、"梅花句"等。上下片各四句，均为两仄韵，两平韵。

　　②回文：诗词的一种形式，因回环往复均能成诵而得名，相传起于前秦窦滔妻苏蕙的《璇玑图》。

　　③古诗中，常用"藕"谐"偶"，以"丝"谐"思"。

　　通常的回文诗，主要是指可以倒读的诗篇。东坡的七首回文词中，如"邮便问人羞，羞人问便邮"、"颦浅念谁人，人谁念浅颦"、"楼上不宜秋，秋宜不上楼"、"归不恨开迟，迟开恨不归"等，下句补充发展了上句，故为妙构。

山亭夏日

〔唐〕高骈

绿树阴浓夏日长，
楼台倒影入池塘。
水精帘①动微风起，
满架蔷薇一院香。

【笺注】

①水精帘：一作水晶帘，是一种质地精细而色泽莹澈的帘。

诗写夏日风光，用近似绘画的手法：绿树阴浓，楼台倒影，池塘水波，满架蔷薇，构成了一幅色彩鲜丽、情调清和的图画。山亭和诗人虽然没有在诗中出现，然而当人在欣赏这首诗时，却仿佛看到了那个山亭和那位悠闲自在的诗人。

〔元〕白朴

天净沙·夏

云收雨过波添，楼高水冷瓜甜，绿树阴垂画檐。纱厨藤簟，玉人罗扇轻缣。

作者选取了一个别致的角度：用写生手法，勾画出一幅宁静的夏日图。整首小令中没有人们熟悉的夏天燥热、喧闹的特征，却描绘了一个静谧、清爽的情景，使人油然产生神清气爽的感觉。

初夏游张园①

【宋】戴复古

乳鸭②池塘水浅深，

熟梅天气半阴晴。

东园载酒西园醉，

摘尽枇杷一树金。

【笺注】

①题原作"初夏"，作者原作"戴石屏"，据《宋
钞·东皋集》改。

②乳鸭：刚孵出不久的小鸭。

这首田园诗色调明丽，气氛热烈，写的是江南
初夏时人们宴饮园林的生活情景。丰收的喜悦、生
活的富足是诗歌要表现的主题，诗人用心用情，用
欢乐、用幸福感染和陶醉读者。

浣溪沙·玉碗冰寒滴露华

【宋】晏殊

　　玉碗①冰寒滴露华，粉融香雪透轻纱。晚来妆面胜荷花。

　　鬓嚲欲迎眉际月，酒红初上脸边霞。一场春梦日西斜。

　　①玉碗：古代富贵人家冬时用玉碗贮冰于地窖，夏时取以消暑。

　　这首《浣溪沙》用白描的手法，选取了闺房中的一个情景，描绘的是一幅浓艳有余的仕女午睡图，写夏日黄昏丽人昼梦方醒、晚妆初罢、酒脸微醺的情状。全词婉转有致，犹如一幅别具韵味、浓墨重彩的油画，词格浓艳，颇见"花间"遗风。

客中①初夏

【宋】司马光

四月清和②雨乍晴，

南山当户转分明。

更无柳絮因风起，

惟有葵花向日倾。

①客中：旅居他乡作客。

②清和：天气清明而和暖。

　　整首诗描述了变化的画面，诗人不喜雨丝蒙蒙的南山，也不赞随风飞舞的柳絮，而把独钟给了葵花，不难发现诗人非独爱葵花，而是言在此而意在彼。诗人久在官场，自是看够了人云亦云的柳絮，不愿"摧眉折腰"随风飘摆，终而选择了葵花，葵花懂得珍惜阳光，有其可爱之处。

画堂春·外湖莲子长参差

【宋】张先

外湖莲子长参差，霁①山青处鸥飞。水天溶漾②画桡迟，人影鉴中移。

桃叶浅声双唱，杏红深色轻衣。小荷障面避斜晖，分得翠阴归。

①霁（jì）山：雨后山色。
②溶漾：水波荡漾的样子。

这首词上片起句开门见山，直写湖中美景。下片由写景转为写人，重点描写歌女容貌之美和性灵之美。词表现出湖山和人物纯真自然的性灵，体现出词人高雅、清旷的审美意趣，抒写了词人对于大自然和生活的无限热爱。

第三周 秋

秋词

【唐】刘禹锡

自古逢秋悲寂寥[①]，

我言秋日胜春朝。

晴空一鹤排云上，

便引诗情到碧霄。

【笺注】

①悲寂寥：悲叹萧条。

全诗气势雄浑，意境壮丽，融情、景、理于一炉，表现出诗人的高扬精神和开阔胸襟。

"秋日胜春朝"，用对比手法，热情赞美秋天，说秋天比万物萌生、欣欣向荣的春天更胜一筹。

三五七言 / 秋风词

〔唐〕李白

秋风清，秋月明，

落叶聚还散，寒鸦栖复惊。

相思相见知何日？此时此夜难为情！

入我相思门，知我相思苦。

长相思兮长相忆，短相思兮无穷极。

早知如此绊人心，何如当初莫相识。

【笺注】 此诗写在深秋的夜晚，诗人望见了高悬天空的明月，以及栖息在落尽叶子的树上的寒鸦。也许在此时诗人正在思念一个故人，此情此景，不禁让他悲伤和无奈。

秋夕

〔唐〕杜牧

银烛秋光冷画屏，轻罗小扇扑流萤。

天阶夜色凉如水，坐看牵牛织女星。

　　诗的开头即描绘出一幅深宫生活的图景，古诗里常以秋扇比喻弃妇，诗中的"轻罗小扇"也象征了这位宫女被遗弃的命运。

　　全诗自夜初写到夜深，无一字句相怨之情，只有"坐看"两字，写出隐约的情思，顿时通篇流露着一股幽怨凄婉之意。

秋晓行南谷①经荒村

〔唐〕柳宗元

杪秋霜露重，晨起行幽谷。

黄叶覆溪桥，荒村唯古木。

寒花疏寂历，幽泉微断续。

机心②久已忘，何事惊麇鹿。

【笺注】

①南谷：在永州郊外。

②机心：机巧之心，奸诈之心。

　　首句的"杪秋"点明季节，在句尾又以"霜露重重"加重笔墨，进一步渲染了秋之已深。次句的"幽"字，则是强调了所行山谷远离市井，幽深僻静。诗人特有的心境与眼前寥落衰败的景象相互交融，达到了情景交融的境界。

长安秋望

〔唐〕杜牧

楼倚霜树①外，

镜天无一毫。

南山与秋色，

气势两相高。

①霜树：指深秋时节的树。

这是一曲高秋的赞歌。题为"长安秋望"，重
点却并不在最后的那个"望"字，而是赞美远望中
的长安秋色。"秋"的风貌才是诗人要表现的直接
对象。

甘草子·秋暮

〔宋〕柳永

秋暮。乱洒衰荷，颗颗真珠雨。雨过月华生，冷彻鸳鸯浦。

池上凭阑愁无侣。奈此个、单栖情绪。却傍金笼共鹦鹉。念粉郎言语。

这首《甘草子》不直写女主人公的思念之情及其"言语"，而通过鹦鹉学"念"来表现，实为婉曲含蓄。鸟语之后，反添一种凄凉，因鸟语之戏不过是自我安慰，又岂能真正遗忘空虚。

子夜吴歌·秋歌

【唐】李白

长安一片月，

万户捣衣声。

秋风吹不尽，

总是玉关情。

何日平胡虏，

良人罢远征。

　　全诗写征夫之妻秋夜怀思远征边陲的丈夫，希望早日结束战争，丈夫归家。虽未直写爱情，却字字渗透着真挚情意；虽没有高谈时局，却又不离时局。

【宋】李清照

怨王孙[1]·湖上风来波浩渺

　　湖上风来波浩渺。秋已暮，红稀香少[2]。水光山色与人亲，说不尽、无穷好。

　　莲子已成荷叶老。青露洗，萍花汀草。眠沙鸥鹭不回头，似也恨、人归早。

　　这是一首秋景词，词人以其独特的方式，细腻委婉又具体形象地传达出一种特色鲜明的阴柔之美。

秋风辞

〔两汉〕刘彻

秋风起兮白云飞，草木黄落兮雁南归。

兰有秀兮菊有芳，怀佳人①兮不能忘。

泛楼船兮济汾河，横中流兮扬素波。

箫鼓鸣兮发棹歌，欢乐极兮哀情多。

少壮几时兮奈老何！

【笺注】

①佳人：这里指想求得的贤才。

全诗比兴并用、情景交融，是中国文学史上的"悲秋"名作。舟中宴饮，乐极生哀，而以人生易老的慨叹作结。

给 成 长 的 你

第四周

冬

北风行①

【唐】李白

烛龙②栖寒门，光曜犹旦开。

日月照之何不及此？惟有北风号怒天上来。

燕山雪花大如席，片片吹落轩辕台。

幽州思妇十二月，停歌罢笑双蛾摧。

倚门望行人，念君长城苦寒良可哀。

别时提剑救边去，遗此虎文金鞞靫。

中有一双白羽箭，蜘蛛结网生尘埃。

箭空在，人今战死不复回。

不忍见此物，焚之已成灰。

黄河捧土尚可塞，北风雨雪恨难裁。

【笺注】

①北风行：乐府"时景曲"调名，内容多写北风雨雪、行人不归的伤感之情。

②烛龙：中国古代神话传说中的龙。人面龙身而无足，居住在不见太阳的极北的寒门，睁眼为昼，闭眼为夜。

怪诞离奇的神话虽不足凭信，但它所展现的幽冷严寒的境界却借助于读者的联想成为真实可感的艺术形象。作者用"停歌"、"罢笑"、"双蛾摧"、"倚门望行人"等一连串的动作来刻画人物的内心世界，塑造了一个忧心忡忡、愁肠百结的思妇的形象。

满路花·冬

【宋】张淑芳

罗襟①湿未干，又是凄凉雪。欲睡难成寐、音书②绝。窗前竹叶，凛凛狂风折。寒衣③弱不胜，有甚遥肠，望到春来时节。孤灯独照，字字吟成血。仅梅花知苦、香来接。离愁万种，提起心头切④。比霜风更烈。瘦似枯枝，待何人与分说。

①罗襟：罗，织得稀疏而轻软的丝织品；襟，衣服的胸前部位。

②音书：音信、书信。

作者不仅善于寄情于景来表达她的情思，更有将物人性化的一绝。如"梅花知苦、香来接。"语言精妙，形象生动。富于灵性，情思深远。"又是凄凉雪"。人生沦落至此，凄凉的又岂止是雪？这些看似平淡的寻常之语，实乃作者当时心境使然。

冬十月

【魏晋】曹操

孟冬①十月，北风徘徊，

天气肃清，繁霜霏霏。

鹍鸡晨鸣，鸿雁南飞，

鸷鸟潜藏，熊罴窟栖。

钱镈停置，农收积场。

逆旅整设，以通贾商。

幸甚至哉！歌以咏志。

①孟冬：初冬

这首诗写于初冬十月。诗篇反映了战争后人民过上的安居乐业的生活，及诗人渴望国家统一、政治安定和经济繁荣的理想。

南乡子·冬夜

【宋】黄升

万籁寂无声。衾^①铁棱棱近五更。香断灯昏吟未稳，凄清。只有霜华^②伴月明。

应是夜寒凝。恼得梅花睡不成。我念梅花花念我，关情。起看清冰满玉瓶^③。

①衾：被子。

②霜华：霜花。

③玉瓶：瓷瓶的美称。

结句"起看清冰满玉瓶"，跟以上两句不可分割，互为联系，词中句断乃为韵律所限。

从整个词来说，晶莹快洁，恰似玉树临风；托意高远，说它的风格如"晴空冰柱"，不是很相宜么？

稚子弄冰

〔宋〕杨万里

稚子金盆脱晓冰①，

彩丝穿取当银铮②。（银铮一作：银钲）

敲成玉磬③穿林响，

忽作玻璃碎地声。（玻璃一作：玻瓅）

【笺注】

　　①脱晓冰：在这里指儿童晨起，从结成坚冰的铜盆里剜冰。

　　②铮：指古代的一种像锣的乐器。

　　③磬（qìng）：四声，古代打击乐器，形状像曲尺，用玉、石制成，可以悬挂在墙上。

　　诗中孩子弄冰的场景，充满了童趣：心态上，寒天"弄冰"，童心炽热；色泽上，"金"盘"彩"丝串"银"冰；形态上，是用"金盘"脱出的"银铮"，圆形；声音上，有"玉磬穿林响"的高亢，忽又转作"玻璃碎地声"的清脆。

菩萨蛮·朔风吹散三更雪

【清】纳兰性德

朔风①吹散三更雪，倩魂②犹恋桃花月。梦好莫催醒，由他好处行。

无端听画角，枕畔红冰薄。塞马一声嘶，残星拂大旗。

①朔风：边塞外凛冽的北风。
②倩魂：少女的梦魂，典出唐人小说《离魂记》。此处指作者自己的梦魂。

词人以自己的亲身体验，把边地军旅生活的劳苦艰辛和征夫们对妻室故园的魂牵梦绕的思念之情表达得淋漓尽致，强烈地抒发出对卫戍边地的征夫们无限同情。

终南望余雪

【唐】祖咏

终南①阴岭秀，

积雪浮云端。

林表明霁色，

城中增暮寒。

【笺注】

①终南：山名，在唐京城长安（今陕西西安）南面六十里处。余雪：指未融化之雪。《全唐诗》此诗题下有小字注："有司试此题，咏赋四句即纳，或诘之，曰'意尽'。"

据《唐诗纪事》卷二十记载，这首诗是祖咏在长安应试时作的。按照规定，应该作成一首六韵十二句的五言排律，但他只写了这四句就交卷。有人问他为什么，他说："意思已经完满了。"这真是无话即短，不必画蛇添足。

大德歌·冬景

［元］关汉卿

雪粉华①，舞梨花，再不见烟村四五家。密洒堪图画，看疏林噪晚鸦。黄芦掩映清江下，斜缆着钓鱼艖②。

【笺注】

①华：光彩、光辉。
②艖（chā）：小船。

这首小令，作者通过对"冬景"的描绘，曲折地表现了元朝文人儒士无限的历世感叹和兴亡之感。大雪纷飞，是冬季的天气特征。

夜雪

【唐】白居易

已讶衾枕冷①，
复见窗户明。
夜深知雪重，
时闻折竹声②。

①衾（qīn）枕：被子和枕头。
②折竹声：指大雪压折竹子的声响。

咏雪诗写夜雪的不多，这与雪本身的特点有关。雪无声无嗅，只能从颜色、形状、姿态见出分别，而在沉沉夜色里，人的视觉全然失去作用，雪的形象自然无从捕。这首诗新颖别致，首要在立意不俗。

给 成 长 的 你

第五周 草木

莲花

【唐】温庭筠

绿塘摇滟接星津①，

轧轧兰桡入白萍②。

应为洛神波上袜，

至今莲蕊有香尘。

【笺注】

①星津：指银河。

②轧轧：形声词，船桨在水中滑动产生的声音。

　　首句写荷塘，远观其美丽，就像银河一般，"摇滟"二字精炼的写出荷花的姿态。二句写近观莲花，远近结合。后两句把莲比成"洛神波上袜"，写其轻盈之姿，更突出其美。本诗咏莲，静美至极。

鹧鸪天·桂花

【宋】李清照

暗淡轻黄体性柔，情疏迹远只香留。何须浅碧深红色，自是花中第一流。（深红一作：轻）

梅定妒，菊应羞，画阑开处冠中秋①。骚人可煞无情思，何事当年不见收。（阑通：栏）

①"画阑"句：化用李贺《金铜仙人辞汉歌》的"画栏桂树悬秋香"之句意，谓桂花为中秋时节代表性的花木。

李清照的这首咏物词咏物而不滞于物。草间或以群花作比，或以梅菊陪衬，或评骘古人，从多层次的议论中，形象地展现了她那超尘脱俗的美学观点和对桂花由衷的赞美和崇敬。

同儿辈赋未开海棠①

【金】元好问

枝间新绿一重重，

小蕾深藏数点红。

爱惜芳心莫轻吐，

且教桃李闹春风。

【笺注】

①同儿辈赋句：和儿女们一起做赋。

作者以一首海棠诗暗示、告诫自己的儿女们要稳重行事，要像海棠一样不轻易显露自己的芳心，保持自己内心的纯洁。"芳心"是一个双关词语，一层意思是海棠花的花心。另一层是儿女的爱慕之心。

点绛唇·素香丁香

【宋】王十朋

　　落木萧萧，琉璃叶下琼葩①吐。素香柔树，雅称幽人趣。

　　无意争先，梅蕊休相妒。含春雨，结愁千绪，似忆江南主。

　　①琼葩：色泽如玉的花

　　本是无情之花卉植物，在作者的笔下便化为了有情意的作者心志的寄托，一怀愁绪，满腔悲情，也就有了具体的着落。

赏牡丹

【唐】刘禹锡

庭前芍药妖无格，

池上芙蕖净少情。

唯有牡丹真国色①，

花开时节动京城。

【笺注】

①国色：原意为一国中姿容最美的女子，此指牡丹花色卓绝，艳丽高贵。

诗人没有从正面描写牡丹的姿色，而是从侧面来写牡丹。诗中暗示牡丹兼具妖、净、格、情四种资质，可谓花中之最美者。

减字木兰花·卖花担上

〔宋〕李清照

卖花担上，买得一枝春欲放。泪染轻匀，犹带彤霞晓露痕。

怕郎猜道，奴面不如花面好。云鬓斜簪，徒要教郎比并看。

〔笺注〕

全词语言生动活泼，富有浓郁的生活气息，是一首独特的闺情词。

寒菊/画菊

【宋】郑思肖

花开不并百花丛，

独立疏篱趣未穷①。

宁可枝头抱香死②，

何曾吹落北风中。

【笺注】

①未穷：未尽，无穷无尽。

②抱香死：菊花凋谢后不落，仍系枝头而枯萎，所以说抱香死。

郑思肖的这首画菊诗，与一般赞颂菊花的诗歌不同，托物言志，深深隐含了诗人的人生遭际和理想追求，是一首有特定生活内涵的菊花诗。这首诗句用于表达"民族气节，忠贞爱国"时显得分外贴切。

虞美人·赋虞美人草

【宋】辛弃疾

当年得意如芳草，日日春风好，拔山①力尽忽悲歌。饮罢虞兮从此，奈君何。

人间不识精诚苦，贪看青青②舞，蓦然敛袂③却亭亭。怕是曲中犹带，楚歌声。

①拔山：比喻力大。

②青青：兼谓鬓发，指虞姬。

③敛袂（mèi）：整理衣袖，此言罢舞。

本词用拟人笔法和心理描写的方式，推想虞美人草不舞的原因，赋予虞美人草以人的感情色彩，含蓄蕴藉，真挚动人。

归园田居·其三

【魏晋】陶渊明

种豆南山①下，草盛豆苗稀。

晨兴②理荒秽，带月荷锄归。

道狭草木长，夕露沾我衣。

衣沾不足惜，但使愿无违。

【笺注】

①南山：指庐山。

②兴：起床。

　　陶渊明勇敢地反对了传统观念，冲破了陈旧的精神枷锁，毅然地告别官场，辞去了彭泽县令，不做劳心治人的"君子"；决然地返回家园，心甘情愿地扛起了锄头，辛勤地躬耕垄亩，偏要做个劳力的"小人"。

第六周 雨雪

对雪

〔唐〕杜甫

战哭多新鬼①，愁吟独老翁。

乱云低薄暮，急雪舞回风。

瓢弃尊无绿，炉存火似红。

数州消息断，愁坐正书空。

〔笺注〕

①战哭：指在战场上哭泣的士兵。新鬼：新死去士兵的鬼魂。

"炉存火似红"，这样的以幻作真的描写，非常深刻地挖出了诗人此时内心世界的隐秘。因为它不仅没有局限于对客观事物的如实描写，而且融进了诗人本身的主观情感。

踏莎行·雪似梅花

【宋】吕本中

雪似梅花，梅花似雪。似和不似都奇绝。恼人风味阿谁①知？请君问取南楼月。

记得去年②，探梅时节。老来旧事无人说。为谁醉倒为谁醒？到今犹恨轻离别。

①阿谁：谁，何人。

②去年：往年。

吕本中这首《踏莎行》见雪兴怀，睹梅生情，登楼抒感，对月寄慨，把离别恨委婉道出，有着一种朦胧美。这种朦胧美不同于明快之美，但也不是晦涩。

雨晴

〔唐〕王驾

雨前初见花间蕊，

雨后全无叶底花。

蜂蝶纷纷过墙去，

却疑春色在邻家。

这首七言绝句，精巧地选择雨晴后的景物，进行生动的描绘和对比，表达了作者的惜春之情。

采桑子·塞上咏雪花

【清】纳兰性德

　　非关癖爱轻模样，冷处偏佳。别有根芽，不是人间富贵花。

　　谢娘别后谁能惜，飘泊天涯①。寒月悲笳，万里西风瀚海沙②。

　　① 谢娘二句：谢娘，指晋代王凝之的妻子、才女谢道蕴。

　　② 瀚海：谓沙漠。

　　这是一首咏雪词，是作者陪同康熙皇帝出巡塞外时所作。

山中雪后

〔清〕郑燮

晨起开门雪满山，

雪晴云淡日光寒。

檐流未滴梅花冻，

一种清孤不等闲。

【笺注】

在这首诗歌中，郑板桥由大雪之后的寒冷，写到自己内心深处的凄凉，看似写景状物，实则见景生情，将景和物交融一起，对历经苦难的身世发出深深的感叹。

乌夜啼·昨夜风兼雨

【五代】李煜

昨夜风兼雨，帘帏飒飒秋声。烛残漏断频欹枕，起坐不能平。

世事漫随流水，算来一梦浮生。醉乡路稳宜频到，此外不堪行。（一梦一作：梦里）

这首词作者对自己的苦痛毫不掩饰，把自己的人生感慨明白写出，不假饰，不矫情，简洁质朴，有现实感。

夜雪

【唐】白居易

已讶衾枕冷，

复见窗户明。

夜深知雪重，

时闻折竹声。

　　这首诗朴实自然，诗境平易，充分体现了诗人通俗易懂、明白晓畅的语言特色。

第七周 山河

望山

〔唐〕贾岛

南山三十里，不见逾一旬。

冒雨时立望，望之如朋亲。

虬龙一掬波，洗荡千万春。

日日雨不断，愁杀望山人。

天事不可长，劲风来如奔。

阴霾一以扫，浩翠写国门。

长安百万家，家家张屏新。

谁家最好山，我愿为其邻。

　　该诗描写阴雨过后的终南山满眼翠绿，生机盎
然的景象。

虞美人·影松峦峰①

【清】侯文曜

有时云与高峰匹，不放松峦历历。望里依岩附壁，一样黏天碧。

有时峰与晴云敌，不许露珠轻滴。别是娇酣颜色，浓淡随伊力。

①松峦峰：山名，浙江遂昌、河北平泉、辽宁锦州等地均有之，此处可能指浙江。

此词咏山岚云雾变幻奇观。上片以云为主，下片以山为主。各以"有时"两字作领，叙次井然，奕奕有神。全词以拟人手法，写得清新别致，和婉多姿。

登太白峰

〔唐〕李白

西上太白峰，夕阳穷登攀。

太白与我语，为我开天关。

愿乘泠风去，直出浮云间。

举手可近月，前行若无山。

一别武功去，何时复更还？

【笺注】

　　全诗借助丰富的想象，忽而驰骋天际，忽而回首人间，结构跳跃多变，突然而起，忽然而收，雄奇跌宕，生动曲折地反映了诗人对黑暗现实的不满和对光明世界的憧憬。

长相思·一重山

〔五代〕李煜

一重山,两重山。山远天高烟水寒,相思枫叶丹。
菊花开,菊花残。塞雁高飞人未还,一帘风月闲。

【笺注】

　　这首词的语言单纯明净、简洁准确,并且景中蕴情,耐人寻味,句句写"秋怨","秋怨"二字却深藏不露。

江上值水如海势聊短述

〔唐〕杜甫

为人性僻耽佳句，语不惊人死不休。

老去诗篇浑漫与，春来花鸟莫深愁。（漫与一作：漫兴）

新添水槛供垂钓，故着浮槎替入舟。

焉得思如陶谢手，令渠述作与同游。

【笺注】　该诗题中一个"如"字，突现了江水的海势，动态展现了江水的宽度、厚度，提高了江景的壮美层次。诗人自谓"为人性僻耽佳句，语不惊人死不休"，正由于杜甫艺术上的一丝不苟，因此老年臻于出神入化的极境，足见"聊短述"的良苦用心与诗艺的炉火纯青。

点绛唇·醉漾轻舟

【宋】秦观

醉漾轻舟，信流引到花深处。尘缘相误，无计花间住。

烟水茫茫，千里斜阳暮。山无数，乱红如雨。不记来时路。

该词当为秦观于谪徙途中所作。全词以轻柔优美的笔调开端，以景语情语的笔法收篇，情蕴意深，委曲含蓄，耐人寻味。

桃花溪

〔唐〕张旭

隐隐飞桥隔野烟，
石矶西畔问渔船。
桃花尽日随流水，
洞在清溪何处边。

〔笺注〕　　该诗以东晋陶渊明的《桃花源记》为背景，通过描写桃花溪幽美的景色和作者对渔人的询问，抒写一种向往世外桃源，追求美好生活的心情。

望岳①

〔唐〕杜甫

渴日绝壁出，

漾舟清光旁。

祝融五峰尊，

峰峰次低昂。

①杜甫有望岳诗三首，分别描写泰山、华山、衡山，该诗为描写衡山所做。

晓日与峰间冉冉升起，泛舟清波，生动地描写除了山水秀丽的景象，全诗言语简练，通俗易懂，将衡山的高耸巍峨，山水的秀美多姿描写的生动魄丽。

山中

〔唐〕王勃

长江悲已滞,
万里念将归。
况属高风晚,
山山黄叶飞。

【笺注】　　诗人在寥寥二十个字中,巧妙地借景抒情,表现出了一种悲凉浑壮的气势,创造了一个情景交融的开阔的意境,抒发了旅愁乡思。

给 成 长 的 你

第八周　星月

夜月

【唐】刘方平

更深①月色半人家，
北斗阑干南斗斜。
今夜偏知春气暖，
虫声新透绿窗纱。

①更深：古时计算时间，一夜分成五更。更深，夜深了。

该诗前两句写景，不着一丝春意，却又与春意暗合；后两句在点明"春气暖"的同时，又以"虫声""绿窗纱"来相互映合，不仅体现了诗人观察入微，也使得诗意更为深厚。

拜星月①·高平秋思

【宋】周邦彦

夜色催更，清尘收露，小曲幽坊月暗。

竹槛灯窗，识秋娘庭院。

笑相遇，似觉琼枝玉树，暖日明霞光烂。

水盼②兰情，总平生稀见。

画图中、旧识春风面。谁知道、自到瑶台畔。

眷恋雨润云温，苦惊风吹散。

念荒寒、寄宿无人馆。重门闭、败壁秋虫叹。

怎奈向、一缕相思，隔溪山不断。

上篇该词先写路途，次写居所，再写会晤，节节逼近，忽落笔以"笑相遇"总之；转而全力描摹人物之美，以"琼枝玉树""暖日明霞"来形容美人，既不滥俗，同时与暗淡的月光和隐约的烛火形成更为显明的色彩对比，更显神采照人。

峨眉山月歌

【唐】李白

峨眉山月半轮秋，
影入平羌江水流。
夜发清溪向三峡，
思君不见下渝州。

【笺注】　　该诗是作者李白出蜀途中所作，意境明朗，语言浅近，音韵流畅，自然天成，为李白脍炙人口的名篇之一。

霜月

【唐】李商隐

初闻征雁已无蝉，

百尺楼高水接天。（楼高一作：楼南/楼台）

青女①素娥俱耐冷，

月中霜里斗婵娟。

①青女：主管霜雪的女神。《淮南子·天文训》："青女乃出，以降霜雪"。

该诗写深秋景象，本是萧条枯黄、黯然无色的季节，在诗人眼中清宵的月影霜痕，天穹高迥却显得分外光明皎洁，使人心旷神怡。

把酒问月·故人贾淳令予问之

〔唐〕李白

青天有月来几时？我今停杯一问之。

人攀明月不可得，月行却与人相随。

皎如飞镜临丹阙，绿烟①灭尽清辉发。

但见宵从海上来，宁知晓向云间没。

白兔捣药②秋复春，嫦娥孤栖与谁邻？

今人不见古时月，今月曾经照古人。

古人今人若流水，共看明月皆如此。

唯愿当歌对酒时，月光长照金樽里。

【笺注】

①绿烟：指遮蔽月光的浓重的云雾。

②白兔捣药：神话传说月中有白兔捣仙药。西晋傅玄《拟天问》："月中何有，白兔捣药"。

"今人""古月""今月""古人"颇具回环之美，又以"人如流水，月恒如斯"一句将人生苦短，物是人非之感表现得淋漓尽致。最后以对酒当歌，月照金樽皆为尾，展现诗人的乐观态度和浪漫主义色彩。

西江月·世事一场大梦

【宋】苏轼

世事一场大梦，人生几度秋凉？夜来风叶已鸣廊，看取眉头鬓上。

酒贱常愁客少，月明多被云妨。中秋谁与共孤光，把盏凄然北望。

【笺注】

词人以"中秋"这一极具温情意义的节日为背景，抒发了远贬黄州的孤寂心情，同时又感叹时光流逝，表达对人世情感的深深眷恋，为读者展现了豪放派词人苏东坡豁达背后悲情婉约的一面。

竹里馆

〔唐〕王维

独坐幽篁里，
弹琴复长啸。
深林人不知，
明月来相照。

该诗以琴声长啸映衬月夜竹林之幽静，以明月光影对照深林之昏暗，一静一鸣，一亮一暗，将夜静人寂的情景融为一体。诗写山林幽居情趣，属闲情偶寄。

采桑子·恨君不似江楼月

【宋】吕本中

恨君不似江楼月，南北东西，南北东西，只有相随无别离。

恨君却似江楼月，暂满还亏，暂满还亏，待得团圆是几时？

"南北东西""暂满还亏"重复出现，不仅无循环繁复之累赘，更有一咏三叹之美感，令人叫绝。全诗采用白描手法，真情流露，极富民歌风味。

秋宵月下有怀

【唐】孟浩然

秋空明月悬，光彩露沾湿。

惊鹊栖未定，飞萤卷帘入。

庭槐寒影疏，邻杵夜声急。

佳期旷何许，望望空伫立。

诗人以极为平淡的文笔勾勒出一幅孤清月夜图。寒鹊无寄，飞萤逐火的情景，一静一动，相得益彰。

第九周　惜时

偶成

【宋】朱熹

少年易老学难成，
一寸光阴不可轻。
未觉池塘春草梦①，
阶前梧叶已秋声。

①池塘春草梦：东晋诗人谢灵运《登池上楼》中有"池塘生春草，园柳变鸣禽"，是歌咏南国早春的句子。

诗人用切身体会告诫年轻人人生易老，学问难成，因而必须爱惜光阴。全诗通过梦未醒、梧桐叶已落来比喻光阴转瞬即逝，应珍视光阴，努力向学。用以劝人，亦用于自警。

好时光·宝髻偏宜宫样

【唐】李隆基

宝髻偏宜宫样，莲脸嫩，体红香。眉黛不须张敞①画，天教入鬓长。

莫倚倾国貌，嫁取个，有情郎。彼此当年少，莫负好时光。

【笺注】

①张敞：汉宣帝时，他为京兆尹。传说张敞曾为妻子画眉，后来成为夫妻恩爱的典故。

该词描写一位莲脸修眉的倾国丽人，全词语句娟秀，描写细腻，抒情委婉，对后世词风有一定影响。

金缕衣

〔唐〕无名氏

劝君莫惜金缕衣，

劝君惜取少年时。

花开堪折直须折，

莫待无花空折枝。

【笺注】

　　全诗以劝勉惜时为主线，虽未露一丝悔怨之意，但诗尾"空折枝"一词却将光阴飞逝，白驹过隙的无奈与感慨跃然纸上，耐人寻味。

浣溪沙·小阁重帘有燕过

〔宋〕晏殊

小阁重帘有燕过。晚花红片落庭莎①。曲阑干影入凉波。

一霎好风生翠幕，几回疏雨滴圆荷。酒醒人散得愁多。

①庭莎：庭院里所生的莎草。莎草为草本植物，叶条形，有光泽，夏季开黄褐色小花。

该词写景而重在神情，不求刻画，意在渲染，是富贵者对时光易逝，美景难留的淡淡闲愁。

短歌行

【东汉】曹操

对酒当歌，人生几何！譬如朝露，去日苦多。

慨当以慷，忧思难忘。何以解忧？唯有杜康。

青青子衿，悠悠我心。但为君故，沉吟至今。

呦呦鹿鸣，食野之苹。我有嘉宾，鼓瑟吹笙。

明明如月，何时可掇？忧从中来，不可断绝。

越陌度阡，枉用相存。契阔谈讌，心念旧恩。（谈讌一作：谈宴）

月明星稀，乌鹊南飞。绕树三匝，何枝可依？

山不厌高，海不厌深。周公吐哺，天下归心。（海一作：水）

今日诗

【明】文嘉

今日复今日，今日何其少！

今日又不为，此事何时了？

人生百年几今日，今日不为真可惜！

若言姑待明朝至，明朝又有明朝事。

为君聊赋今日诗，努力请从今日始。

该诗以今日为题，又以今日贯穿全诗，循环往复，却无繁复杂乱之感，言语明了，词语简单，以小见大，引人深思，极具感染。

春宵

【宋】苏轼

春宵一刻值千金，
花有清香月有阴。
歌管楼台声细细，
秋千院落夜沉沉。

【笺注】

　　该诗开篇不仅写出春夜的清幽和宜人，更告诫人们光阴的宝贵；后两句将官宦贵族的声色犬马、尽情享乐与幽寂的夜色相映衬，这喧闹和沉寂间无不透露着诗人的讽刺意味。全诗用词华美，表意含蓄，耐人寻味，特别是"春宵一刻值千金"，人们常常用它来形容良辰美景的短暂和宝贵，成了千古传诵的名句。

第十周 思念

思吴江歌

【魏晋】张翰

秋风起兮木叶飞,

吴江水兮鲈正肥。

三千里兮家未归,

恨难禁兮仰天悲。

　　诗人从秋风初起,黄叶纷飞的秋景写起,勾勒出一片萧寂之相,引发诗人对家乡秋季肥美鲈鱼的回忆,在萧寂与肥美的对比中表达对故土的思恋。后两句点明诗人离家千里,深思难归的悲恨,无奈中只能扬天悲叹,将心中的苦闷和忧愁渲染的淋漓尽致。

鹧鸪天·醉拍春衫惜旧香

【宋】晏几道

醉拍春衫惜旧香①。天将离恨恼疏狂。年年陌上生秋草，日日楼中到夕阳。

云渺渺，水茫茫。征人归路许多长。相思本是无凭语②，莫向花笺费泪行。

【笺注】

①旧香：指过去欢乐生活遗留在衣衫上的香泽。
②无凭语：没有根据的话。

此词在对作者往日欢歌笑乐的回忆中，流露出他对离恨别愁的无限感慨。"年年"两句以草木年年的生枯和太阳日日的升落，表达词人心中萦绕反复的思绪。

邯郸冬日夜思家

【唐】白居易

邯郸驿里逢冬至，

抱膝灯前影伴身。

想得家中夜深坐，

还应说着远行人。

　　寒时旅居远行，驿站中抱膝而坐，孤灯单影相伴，描写出旅居的孤寂之情，隐含着诗人对故土亲朋的思念，特别是"抱膝"二字，将诗人的形象刻画入微。

采桑子·花前失却游春侣

〔五代〕冯延巳

花前失却游春侣，独自寻芳。满目悲凉，纵有笙歌亦断肠。

林间戏蝶帘间燕，各自双双。忍[1]更思量，绿树青苔半夕阳。

【笺注】

[1]忍：作"怎忍"解。

该词言语简单，主旨明确，运用反衬手法，更有力度地渲染了词人的思绪。

荆州歌

【唐】李白

白帝城边足风波，
瞿塘五月谁敢过。
荆州麦熟茧成蛾，
缫丝^①忆君头绪多。
拨谷^②飞鸣奈妾何。

喜迁莺·晓月坠

【五代】李煜

晓月坠，宿云微，无语枕频欹。梦回芳草思依依，天远雁声稀。

啼莺散，馀花乱，寂寞画堂深院。片红休扫尽从伊，留待舞人归。

该词由梦开头，而由"舞人归"结尾，虚实结合，颇有意境。

七夕

【唐】白居易

烟霄微月澹长空，

银汉秋期万古同。

几许欢情与离恨，

年年并在此宵中。

【笺注】

　　诗人选取家喻户晓的牛郎、织女的神话故事作为题材，抒发了哀怨和离愁，并对有情人寄予深深的同情。"万古同"三字承上句意，表现了自然界银河天象的永恒状态，而牛郎织女却只能七夕相聚，进一步渲染了悲凉的意境。

行香子·天与秋光

〔宋〕李清照

天与秋光，转转情伤，探金英①知近重阳。薄衣初试，绿蚁②新尝，渐一番风，一番雨，一番凉。

黄昏院落，凄凄惶惶，酒醒时往事愁肠。那堪永夜，明月空床。闻砧声捣，蛩声细，漏声长。

【笺注】

①金英：菊花。

②绿蚁：新酿的酒，未滤清时，酒面浮起酒渣，色微绿，细如蚁（蚁：酒的泡沫）称为"绿蚁"。

李清照婚后，丈夫赵明诚曾离家远行，她以《醉花阴·重阳》相寄，抒写重阳佳节对丈夫的深切思念之情。南渡后，赵明诚病故，她避乱漂泊，又在重阳的时节，写了这首词，表达他对逝去丈夫的缅怀及悲凉的心情。

杂诗三首·其二

[唐] 王维

君自故乡来，
应知故乡事。
来日绮窗前，
寒梅著花未？

【笺注】

　　该诗言语简单，通俗易懂，虽表思乡之情，整片诗文却丝毫不见思乡之句。"绮"字，即倚窗探头观树的情景，表现出对家乡的思怀。又以梅为指代，表达无尽的思绪。

第十一周　送别

给成长的你

月夜忆舍弟

〔唐〕杜甫

戍鼓断人行，边秋一雁声。

露从今夜白，月是故乡明。

有弟皆分散，无家问死生。

寄书长不达，况乃未休兵。

【笺注】

　　在安史之乱中，杜甫颠沛流离，备尝艰辛，既怀家愁，又忧国难，真是感慨万端。稍一触动，千头万绪便一齐从笔底流出，写得如此凄楚哀感，沉郁顿挫。

卜算子·送鲍浩然之浙东

【宋】王观

水是眼波横①，山是眉峰聚②。欲问行人去那边？眉眼盈盈处。

才始送春归，又送君归去。若到江南赶上春，千万和春住。

【笺注】

①水是眼波横：水像美人流动的眼波。古人常以秋水喻美人之眼。

②山是眉峰聚：山如美人蹙起的眉毛。《西京杂记》载卓文君容貌姣好，眉色如望远山，时人效画远山眉。

词人用出人意料的想象把送春和送人联系在一起，用两个"送"字递进，深刻描写词人的离愁幽情。

送友人

【唐】李白

青山横北郭，白水绕东城。

此地一为别，孤蓬万里征。

浮云游子意，落日故人情。

挥手自兹去，萧萧班马鸣。

【笺注】

诗中青山、流水、红日、白云，相互映衬，色彩璀璨。班马长鸣，形象新鲜活泼，组成了一幅有声有色的画面。自然美与人情美交织在一起，写得有声有色，气韵生动，画面中流荡着无限温馨的情意，感人肺腑。

【宋】林逋

点绛唇·金谷年年

金谷年年，乱生春色谁为主？余花落处，满地和烟雨。

又是离歌，一阕长亭①暮。王孙去，萋萋无数，南北东西路。

【笺注】

①长亭：亦称十里长亭。古代人们常在长亭设宴饯别为亲友送行并吟咏留赠。

词人抓住特定时刻，刻画出这幅长亭送别的画面。凝望着亲人渐行渐远，慢慢消失了，唯见茂盛的春草通往四方之路，茫茫无涯。

送别

【唐】王维

山中相送罢，
日暮掩柴扉。
春草明年绿，
王孙归不归？

【笺注】

　　这首送别诗，不写离亭饯别的依依不舍，却更进一层写冀望别后重聚。惜别之情，自在话外。意中有意，味外有味，真是匠心别运。

相思令·吴山青

【宋】林逋

吴山青,越山青,两岸青山相送迎,争忍有离情?
君泪盈,妾泪盈,罗带同心结未成①,江边潮已平。

【笺注】

①罗带句:古代以香罗带打成菱形结子,以示同心相怜。南朝《苏小小歌》:"何处结同心,西陵松柏下。"

这首小词这首词用复沓语,离情于山水物态之中,流畅可歌而又含思婉转,具有很浓的民歌风味。"江头潮已平",以景作结,景中寄情,蕴藉深厚。

劳劳亭

【唐】李白

天下伤心处，
劳劳送客亭。
春风知别苦，
不遣柳条青。

第十二周 怀古

给成长的你

（一）西塞山怀古

【唐】刘禹锡

王濬楼船下益州，金陵王气黯然收。

千寻铁锁沉江底，一片降幡出石头。

人世几回伤往事，山形依旧枕寒流。

今逢四海为家日，故垒萧萧芦荻秋。

刘禹锡在这首诗中，把嘲弄的锋芒指向在历史上曾经占据一方，但终于覆灭的统治者，这正是对重新抬头的割据势力的迎头一击。

浪淘沙令·伊吕两衰翁

〔宋〕王安石

伊吕两衰翁，历遍穷通。一为钓叟一耕佣。
若使当时身不遇，老了英雄。

汤武偶相逢，风虎云龙①。兴王只在笑谈中。
直至如今千载后，谁与争功。

①风虎云龙：《易》经中有"云从龙，风从虎"，
意为明君与贤臣合作有如云从龙、风从虎，建邦兴国。

全词通篇叙史论史，实则以史托今，蕴含作者
称赞明君之情，这正是本篇的巧妙之处。

过华清宫绝句三首

【唐】杜牧

其一

长安回望绣成堆，山顶千门次第开。

一骑红尘妃子笑，无人知是荔枝来。

其二

新丰绿树起黄埃，数骑渔阳探使回。

霓裳一曲千峰上，舞破中原始下来。

其三

万国笙歌醉太平，倚天楼殿月分明。

云中乱拍禄山舞，风过重峦下笑声。

【笺注】

　　这三首诗借古讽今，选取了唐玄宗不惜劳民伤财为杨贵妃供应荔枝，唐玄宗轻信谎言而长期醉生梦死，安禄山为唐玄宗和杨贵妃作胡旋舞等典型事件、场景，加以艺术概括，既巧妙地总结了历史，又深刻地讽喻了现实，表达了诗人对最高统治者穷奢极欲、荒淫误国的无比愤慨之情。

八声甘州·寿阳楼八公山作

〔宋〕叶梦得

故都迷岸草，望长淮，依然绕孤城。想乌衣年少，芝兰秀发，戈戟云横。坐看骄兵南渡，沸浪骇奔鲸。转盼东流水，一顾功成。

千载八公山下，尚断崖草木，遥拥峥嵘。漫云涛吞吐，无处问豪英。信劳生、空成今古，笑我来、何事怆遗情。东山老，可堪岁晚，独听桓筝。

词人将谢安和自己进行对比，突出了自身处境的悲惨。谢安虽被猜疑，但尚能与孝武帝一同饮酒，且有桓伊为他仗义执言，而自己却只能暮年"独听桓筝"。

台城

【唐】韦庄

江雨霏霏江草齐，

六朝如梦鸟空啼。

无情最是台城柳，

依旧烟笼十里堤。

【笺注】　　在这首诗如梦似幻的气氛中流露出浓重的伤感情绪，以自然景物的"依旧"暗示人世的沧桑，以物的"无情"反托人的伤痛，而在历史感慨之中即暗寓伤今之意。

桂枝香·金陵怀古

〔宋〕王安石

登临送目，正故国晚秋，天气初肃。千里澄江似练，翠峰如簇。归帆去棹残阳里，背西风，酒旗斜矗。彩舟云淡，星河鹭起，画图难足。

念往昔，繁华竞逐，叹门外楼头，悲恨相续。千古凭高对此，漫嗟荣辱。六朝旧事随流水，但寒烟衰草凝绿。至今商女①，时时犹唱，后庭遗曲。

①商女：歌女。后庭遗曲：指歌曲《玉树后庭花》，传为陈后主所作。杜牧《泊秦淮》："商女不知亡国恨，隔江犹唱《后庭花》"，后人认为是亡国之音。

这是一首金陵怀古之词，以壮丽的山河为背景，历述古今盛衰之感，立意高远，豪气逼人。诗人多处化用前人诗句，不着痕迹，显示了深厚的功底。

题木兰庙

【唐】杜牧

弯弓征战作男儿，

梦里曾经与画眉。

几度思归还把酒，

拂云堆上祝明妃。

【笺注】　这首咏史绝句写得很有特色，通过对人物形象的生动刻画和细致的心理描写，塑造了木兰这位光彩照人的巾帼英雄的感人形象。诗人采用先抑后扬的手法，把女英雄的思想境界推向高峰。

第十三周 边塞

使至塞上

〔唐〕 王维

单车欲问边，属国过居延。

征蓬出汉塞，归雁入胡天。

大漠孤烟直，长河落日圆。

萧关逢候骑①，都护在燕然。

①萧关：古关名，又名陇山关，故址在今宁夏固原东南。

《使至塞上》是唐代诗人王维奉命赴边疆慰问将士途中所作的一首诗，记述出使塞上的旅程以及旅程中所见的塞外风光。

浣溪沙·霜日明霄水蘸空

【宋】张孝祥

霜日明霄水蘸空。鸣鞘声里绣旗红。淡烟衰草有无中。

万里中原烽火北，一尊浊酒戍楼东。酒阑挥泪向悲风。

【笺注】

读过这首词，读者眼前俨然呈现一位北望中原悲愤填膺的志士形象。整首词色彩鲜丽，而意绪悲凉，词气雄健，而蕴蓄深厚，是一首具有强烈爱国感情的小词，是南宋前期的爱国词名作。

从军行

〔唐〕杨炯

烽火照西京，心中自不平。

牙璋辞凤阙，铁骑绕龙城。

雪暗凋旗画，风多杂鼓声。

宁为百夫长，胜作一书生。

诗采取了跳跃式的结构，从一个典型场景跳到另一个典型场景。这种跳跃式的结构，使诗歌具有明快的节奏，如山崖上飞流惊湍，给人一种一气直下、一往无前的气势，有力地突现强烈的爱国激情和将士气壮山河的精神面貌。

风流子·出关见桃花

〔清〕张惠言

　　海风吹瘦骨，单衣冷，四月出榆关。看地尽塞垣，惊沙北走；山侵溟渤①，叠障东还。人何在？柳柔摇不定，草短绿应难。一树桃花，向人独笑；颓垣短短，曲水湾湾。

　　东风知多少？帝城三月暮，芳思都删。不为寻春较远，辜负春阑。念玉容寂寞，更无人处，经他风雨，能几多番？欲附西来驿使，寄与春看。

　　①溟渤：指渤海。

　　京师已是春意阑珊，而关外仍是"柳柔"、"草短"，只有"一树桃花，向人独笑"。全词取材新颖，起伏跌宕，委婉曲折。"一树桃花，向人独笑"尤为传神之笔。

马诗二十三首·其五

【唐】李贺

大漠沙如雪，

燕山月似钩。

何当金络脑①，

快走踏清秋。

①金络脑：用黄金装饰的马笼头，说明马具的华贵。

此诗表达了诗人投笔从戎，为国建功的热切愿望。作者自比为良马，期望自己受到重用，一展雄才大志，是作者热望建功立业而又不被赏识所发出的嘶鸣。

【唐】戴叔伦

调笑令·边草

边草，边草，边草尽来兵老。山南山北雪晴，
千里万里月明。明月，明月，胡笳①一声愁绝。

　　　　①胡笳（jiā）：一种流行于北方游牧民族地区
的管乐器。

　　　　这首词以比兴手法和平实的语言，将荒凉苦寒
的边疆、戍边士兵无穷的愁怨寄于广漠夜空的凄凉
胡笳声中，揭示了中唐时期边防吃紧的现实和民间
以戍边为苦的社会心理。

塞下曲

【唐】王昌龄

饮马①渡秋水，水寒风似刀。

平沙日未没，黯黯见临洮。

昔日长城战，咸言意气高。

黄尘足今古，白骨乱蓬蒿。

【笺注】

①饮（yìn）马：给马喝水。

这首诗表现了军旅生活的艰辛及战争的残酷，蕴含了诗人对黩武战争的反对情绪。诗并没具体描写战争，而是通过对塞外景物和昔日战争遗迹的描绘，来表达诗人对战争的看法。

渔家傲·秋思

【宋】范仲淹

塞下秋来风景异，衡阳雁去无留意。四面边声连角起，千嶂里，长烟落日孤城闭。

浊酒一杯家万里，燕然未勒①归无计。羌管②悠悠霜满地，人不寐，将军白发征夫泪。

①燕然：山名。勒：刻石记功。
②羌管：即羌笛，出自古代西部羌族的一种乐器。

综观全词，意境开阔苍凉，形象生动鲜明，反映出作者耳闻目睹、亲身经历战争的场景，细致刻画了戍边将士们的内心感情，读起来真切感人。

第一周　春

城东早春（唐·杨巨源）

【译文】

　　早春的清新景色，正是诗人的最爱。绿柳枝头嫩叶初萌，鹅黄之色尚未均匀。

　　若是到了京城花开之际，那满城便是赏花之人。

天净沙·春（元·白朴）

【译文】

　　桃红柳绿的春山，煦暖的阳光照耀，和柔的东风吹拂，楼阁上高卷起帘拢，倚栏干远望。杨柳垂条，秋千轻晃，院长子里静悄悄。院长外黄莺啼鸣，春燕飞舞；小桥之下流水飘满落花。

春日偶成（宋·程颢）

【译文】

　　淡淡的云在天上飘，风儿吹拂着我的脸庞，此时此刻已近正午，我穿行于花丛之中，沿着绿柳，不知不觉间来到了前面的河边。

　　当时的人不理解此时此刻我内心的快乐，还以为我在学年轻人的模样，趁着大好时光忙里偷闲呢。

定风波·莫听穿林打叶声（宋·苏轼）

【译文】

　　三月七日，在沙湖道上赶上了下雨，拿着雨具的仆人先离开了，同行的人都觉得很狼狈，我却不这么觉得。

过了一会儿天晴了，就做了这首词。

不用注意那穿林打叶的雨声，不妨一边吟咏长啸着，一边悠然地行走。竹杖和草鞋轻捷得胜过骑马，有什么可怕的？一身蓑衣任凭风吹雨打，照样过我的一生。

春风微凉，将我的酒意吹醒，寒意初上，山头初晴的斜阳却应时相迎。回头望一眼走过来遇到风雨的地方，回去吧，对我来说，既无所谓风雨，也无所谓天晴。

春题湖上（唐·白居易）

【译文】

西湖的春天，像一幅醉人的风景画，三面群山环抱中的湖面，汪汪一碧，水平如镜。群峰上，松树密密麻麻排满山面，千山万峰显得一派苍翠。一轮圆月映入水中，好像一颗明珠，晶莹透亮，跳荡悬浮。

早稻初生，似一块巨大的绿色地毯，上面铺满厚厚的丝绒线头；蒲叶披风，像少女身上飘曳的罗带裙幅。一幅格调清新的山水画图展现在眼前，诗人不由发出对西湖风光的赞美。春色如此秀丽，作者不愿离开杭州回京，有一半因素就是舍不得这风景如画的西湖。

破阵子·春景（宋·晏殊）

【译文】

燕子飞来正赶上社祭之时，清明节后梨花纷飞。几片碧苔点缀着池中清水，黄鹂的歌声萦绕着树上枝叶，只见那柳絮飘飞。

在采桑的路上邂逅巧笑着的东邻女伴。怪不得我昨晚做了个春宵美梦，原来它是预兆我今天斗草获得胜利啊！我不由得脸上也浮现了笑意。

新雷（清·张维屏）

【译文】

大自然虽然默默无言，但却有情，寒尽而带来春天。

大自然早已安排好了万紫千红，只等春雷一响，百花就将竞相开放。

蝶恋花·暖雨晴风初破冻（宋·李清照）

【译文】

暖暖的雨，暖暖的风，送走了些许冬天的寒意。柳叶长出了，梅花怒放了，春天已经来了。我也被这春意拨起了愁怀。爱侣不在身边，又能和谁把酒论呢？泪水流下脸颊，弄残了搽在脸上的香粉。

少妇试穿金丝缝成的夹衫，但心思全不在衣服上面。她无情无绪地斜靠在枕头上，把头上的钗儿压坏了，也茫然不顾。她孤单的愁思太浓，又怎能做得好梦？惟有在深夜里呵，手弄着灯花，心里想着爱侣。

春兴（唐·武元衡）

【译文】

在一个细雨初晴的春日，杨柳的颜色已经由初春的鹅黄嫩绿变得苍翠浓郁，经过细雨的洗浴后，柳色变得更加深暗，枝头的残花也在雨中全都落尽，露出了在枝头啼鸣的流莺。

昨天晚上一夜春风吹起了我甜蜜的思乡梦，在梦中我追逐着春风飞回了家乡。

第二周　夏

夏日山中（唐·李白）

【译文】

懒得摇动白羽扇来祛暑，裸着身子呆在青翠的树林中。

脱下头巾挂在石壁上，任由松树间的凉风吹过头顶。

贺新郎·夏景（宋·苏轼）

【译文】

厅室内静无人声，一只雏燕儿穿飞在华丽的房屋。梧桐树阴儿转向正午，晚间凉爽，美人刚刚汤沐。手里摇弄着白绢团扇，团扇与素手似白玉凝酥。渐渐困倦斜倚，独自睡得香熟。帘外是谁来推响彩乡的门户？白白地叫人惊散瑶台仙梦，原来是，夜风敲响了翠竹。

那半开的石榴花宛如红巾折皱。等浮浪的花朵零落尽，它就来陪伴美人的孤独。取一枝浓艳榴花细细看，千重花瓣儿正像美人的芳心情深自束。又恐怕被那西风骤起，惊得只剩下一树空绿，若等得美人来此处，残花之前对酒竟不忍触目。只有残花与粉泪，扑扑簌簌地垂落。

闲居初夏午睡起·其一（宋·杨万里）

【译文】

梅子味道很酸，吃过之后，余酸还残留在牙齿之间；芭蕉初长，而绿阴映衬到纱窗上。春去夏来，日长人倦，午睡后起来，情绪无聊，闲着无事观看儿童戏捉空中飘飞的柳絮。

闲居初夏午睡起·其二（宋·杨万里）

【译文】

松阴之下长着半弓的草苔，想看书可又懒得去翻开。

百无聊赖中掬起泉水去浇芭蕉，那淅沥水声惊动了正在玩耍的儿童，他们还以为骤然下起雨来。

菩萨蛮·回文夏闺怨（宋·苏轼）

【译文】

院无风，柳丝垂，闺人昼寝。闺人安静昼寝之际，起风，庭院柳条摇摆。微风吹，汗味透香气，薄衫生凉意。凉衫子散出清淡的汗香气。

红润的手端起了盛有冰块拌藕丝的小碗。盛有冰块拌藕丝的小碗冰冷了红润的手。郎笑碗中的藕丝太长了。闺人一边吃长丝藕，一边又嘲笑郎。

山亭夏日（唐·高骈）

【译文】

绿树葱郁浓阴夏日漫长，楼台的倒影映入了池塘。

水精帘在抖动微风拂起，满架蔷薇惹得一院芳香。

天净沙·夏（元·白朴）

【译文】

云收雨停，雨过天晴，水面增高并增添了波澜，远处高楼显得比平时更高了，水让人感觉到比平时更凉爽了，雨后的瓜也似乎显得比平时更甜了，绿树的树阴一直遮到画檐。纱帐中的藤席上，有一个芳龄女孩，身着轻绢夏衣，手执罗扇，静静地享受着宜人的夏日时光。

初夏游张园（宋·戴复古）

【译文】

小鸭在池塘中或浅或深的水里嬉戏，梅子已经成熟了，天气半晴半阴。在这宜人的天气里，邀约一些朋友，载酒宴游了东园又游西园。风景如画，心情格外舒畅，尽情豪饮，有人已经醉醺醺了。园子里的枇杷果实累累，像金子一样垂挂在树上，正好都摘下来供酒后品尝。

浣溪沙·玉碗冰寒滴露华（宋·晏殊）

【译文】

玉碗盛着莹洁的寒冰，碗边凝聚的水珠若露华欲滴。她粉汗微融，透过轻薄的纱衣，呈露出芬芳洁白的肌体；晚来浓妆的娇面，更胜似丰艳的荷花。

梳妆后微微下垂的秀发，与娥眉间的眉际月相得益彰；微红的酒晕，如朝霞洒落在她的脸颊。昼眠梦醒，夕阳西下，原来这一切都是梦初醒的所作所为。

客中初夏（宋·司马光）

【译文】

初夏四月，天气清明和暖，下过一场雨天刚放晴，雨后的山色更加青翠怡人，正对门的南山变得更加明净了。

眼前没有随风飘扬的柳絮，只有葵花向着太阳开放。

画堂春·外湖莲子长参差（宋·张先）

【译文】

外湖长满了莲蓬，望去参差错落，颇有韵致。天已放晴，雨后青山格外翠绿，在湖山掩映的绿阴深处，有一群群雪白的鸥鸟儿在蓝天碧水间飞翔，极其鲜明悦目。俯仰上下天光水色，只见水天相连，蓝天荡漾于碧波之中，绿水漾入云天之上，广袤天际，蔚为奇观。游人为饱览湖光山色，听任画船在水上缓缓行进。湖水明澈，波平如镜，游人坐在船上，人影映在水中，宛如在明镜中移动，别是一番幽美的境界。

船女双双唱起《桃叶歌》来，轻柔婉转的歌声，久久在空中回荡。船女所着的杏红衫子，在青山、绿水、蓝天的交相映衬下，加深了它的鲜艳色彩。偏西的阳光照射到游船上面，船女们都采了一枝荷叶用来遮面，以躲避斜晖，直到游船归去时，自己还感到分得了一份绿荷扇子带来的凉意呢。

第三周　秋

秋词（唐·刘禹锡）

【译文】

自古以来每逢秋天都会感到悲凉寂寥，我却认为秋天要胜过春天。

万里晴空，一只鹤凌云而飞起，就引发我的诗兴到蓝天上了。

三五七言/秋风词（唐·李白）

【译文】

秋风凌清，秋月明朗。

风中的落叶时聚时散，寒鸦本已栖息，又被明月惊起。

朋友盼着相见，却不知在何日，这个时节，这样的夜晚，相思梦难成。

走入相思之门，知道相思之苦。

永远的相思永远的回忆，短暂的相思却也无止境。

早知相思在心中牵绊，不如当初就不要相识。

秋夕（唐·杜牧）

【译文】

秋夜，白色蜡烛照着清冷花屏，手拿着小罗扇扑打着萤火虫。台阶上，夜色清凉如水，静坐寝宫仰看牛郎织女星。

秋晓行南谷①经荒村（唐·柳宗元）

【译文】

秋末大地铺满浓霜寒露，清晨起来行走经过幽深山谷。

片片黄叶覆盖着溪上的小桥，荒凉村落里只见一片古树。

天寒山花疏落寂寞，深涧泉水若断若续。

我早已忘却人与人之间的心计，为何仍然惊动了麋鹿？

长安秋望（唐·杜牧）

【译文】

楼台高耸，屹立在一片秋树之上；天空明净，像一面纤尘不染的镜子。秋色是这样高远寥廓，同峻拔入云的南山相比，气势难分高低。

甘草子·秋暮（宋·柳永）

【译文】

秋天的一个傍晚，大雨瓢泼．乱打着池塘衰败的荷花，颗颗雨珠如珍珠般晶莹。雨过风停，明月升空．鸳鸯浦空寂冷彻。

独自凭栏凝望，忧愁而孤寂。站在鸟笼旁逗弄鹦鹉，向它诉说着无限思念。

子夜吴歌·秋歌（唐·李白）

【译文】

长安城内一片月光，千户万户都在捣衣。

秋风吹送捣衣声声，家家怀念戍边之人。

何时才能平息边境战争，让我丈夫结束远征。

怨王孙①·湖上风来波浩渺（宋·李清照）

【译文】

微风轻拂着湖水，更觉得波光浩渺。正是深秋的时候，红花叶凋，芳香淡薄。水光山色与人亲近，唉！我也说不清这无比的美好。

莲子已经成熟，莲叶却衰老了，清晨的露水，洗涤着水中萍花和汀上水草。眠伏沙滩的水鸟也不回头，似乎怨恨人们归去的太早。

秋风辞（两汉·刘彻）

【译文】

秋风刮起，白云飞。草木枯黄雁南归。

秀美的是兰花呀，芳香的是菊花，思念佳人难忘怀。

乘坐着楼船行驶在汾河上，划动船桨扬起白色的波浪。

吹起箫来打起鼓，欢乐过头哀伤多。

年轻的日子早过去，渐渐衰老没奈何。

第四周　冬

北风行（唐代·李白）

【译文】

传说在北国寒门这个地方，住着一条烛龙，它以目光为日月，张目就是白昼而闭目就是黑夜。

这里连日月之光都照不到啊！只有漫天遍野的北风怒号而来。

燕山的雪花其大如席，一片一片地飘落在轩辕台上。

在这冰天雪地的十二月里，幽州的一个思妇在家中不歌不笑，愁眉紧锁。

她倚着大门，凝望着来往的行人，盼望着她丈夫的到来。她的夫君到长城打仗去了，至今未回。长城那个地方可是一个苦寒要命的地方，夫君你可要保重啊。

丈夫临别时手提宝剑，救边而去，在家中仅留下了一个虎皮金柄的箭袋。

里面装着一双白羽箭，一直挂在墙上。上面结满了蜘蛛网，沾满了尘埃。

如今其箭虽在，可是人却永远回不来了，他已战死在边城了啊！

人之不存，我何忍见此旧物乎？于是将其焚之为灰矣。

黄河虽深，尚捧土可塞，唯有此生离死别之恨，如同这漫漫的北风雨雪一样铺天盖地，无边无垠。

满路花·冬（宋·张淑芳）

【译文】

衣襟上的泪痕还未来得及干去，凄凉的雨雪又霏霏而至。眼睛虽犯困，而脑子里是一团糟杳无音讯，与外界失去联系的感受。窗前的竹叶，在凛冽的寒风中似乎要被折断。棉衣单薄不足以抵御寒冷，远方的人令我牵肠挂肚，盼望着春天来临的时节。只有孤灯独照，字字仿佛都在吟血。只有梅花知晓我的苦闷、缕缕暗香飘来。离别的愁苦千万般，每每提及心头便无比急切。比寒霜、北风还要强烈。消瘦如枯枝般，却没有人能够倾诉。

冬十月（魏晋·曹操）

【译文】

初冬十月，北风呼呼地吹着，气氛肃杀，天气寒冷，寒霜又厚又密。鹖鸡鸟在清晨鸣叫着，大雁向南方远去，猛禽也都藏身匿迹起来，就连熊也都入洞安眠了。农民放下了农具不再劳作，收获的庄稼堆满了谷场，旅店正在整理布置，以供来往的客商住宿。我能到这里是多么的幸运啊，高诵诗歌来表达自己的这种感情。

南乡子·冬夜（宋·黄升）

【译文】

　　夜晚万籁俱寂，没有一点声音。被子硬得好像有棱角一般，难以贴体。炉中沉香已尽，残灯如豆，昏暗异常，凄清异常，只有寒霜伴着皎皎月光。应是夜里的寒气凝结成冰，惹得梅花恼怒无法入睡。我挂记着梅花，梅花也惦念着我，尽是关切之情。披衣而起看梅花，发现玉瓶中的水已结成了冰。

稚子弄冰（宋·杨万里）

【译文】

　　清晨，满脸稚气的小孩，将夜间冻结在盘中的冰块脱下，提在手中。

　　轻轻敲打，冰块发出穿林而过的响声，当欣赏者正醉心于那穿林而过的响声时，忽然却听到了另一种声音——冰块落地，发出了如玻璃破碎的声音。

菩萨蛮·朔风吹散三更雪（清·纳兰性德）

【译文】

　　凛冽的北风，将三更天还在飘落的大雪吹得四散飞扬。在梦中，相思之人还在迷恋开满桃花的明月之夜。梦是那么美好，不要催醒，在美好的梦境中多转一转吧。

　　没有任何征兆，梦中突然听见了画角声，醒来时，泪水已经在枕边结成了薄薄的一层红冰。耳中听到的是塞马的嘶鸣，眼中看到的是斜挂着残星的军中大旗，好一派凄冷而又壮阔的景象。

终南望余雪（唐·祖咏）

【译文】

遥望终南山，北山秀丽，皑皑白雪，在云间若隐若现。

雪后初晴，林梢之间闪烁着夕阳余晖，傍晚时分，长安城内又添了几分积寒。

大德歌·冬景（元·关汉卿）

【译文】

大雪粉白光华，像飞舞的梨花，遮住了郊野三三两两的农家。雪花密密层层地漂洒堪描堪画。看那稀疏的树林上，晚归的寒鸦在鸣叫。一条钓鱼的小船正斜揽在枯黄芦苇掩映的清江下。

夜雪（唐·白居易）

【译文】

夜卧枕被冰凉，不由让我很惊讶，又看见窗户被白雪泛出的光照亮。夜深时就知道雪下得很大，是因为不时地能听到雪把竹枝压折的声音。

第五周　草木

莲花（唐·温庭筠）

【译文】

碧绿荷塘里摇曳的荷花激起的涟漪好像连接着银河，船桨在荷塘滑动发出扎扎的声响，船驶入水草之中。这番景致就像洛神步履轻盈地走在平静的水面上，荡起细细的涟漪，到今天莲花都有洛神的香尘残留。

鹧鸪天·桂花（宋·李清照）

【译文】

淡黄色的桂花，并不鲜艳，但体态轻盈。于幽静之处，不惹人注意，只留给人香味。不需要具有名花的红碧颜色，色淡香浓，也属最好的。

和桂花相比梅花一定妒嫉它，菊花自当羞惭。桂花肯定算的上是秋天里的百花之首。可憾屈原对桂花不太了解，太没有情意了，不然，他在《离骚》中赞美那么多花，为什么没有提到桂花呢？

同儿辈赋未开海棠（金·元好问）

【译文】

海棠枝间新长出的绿叶层层叠叠的，小花蕾隐匿其间微微泛出些许的红色。

一定要爱惜自己那芳香的心，不要轻易地盛开，姑且让桃花李花在春风中尽情绽放吧！

点绛唇·素香丁香（宋·王十朋）

【译文】

树叶还是稀稀落落的，丁香树叶下丁香花就开放了，吐露出的素淡的香气环绕着树，雅士称赞这是幽居之士的乐趣。丁香花并没有想争夺春光，所以梅花不要嫉妒。她在春雨中愁绪满怀，好像在怀念江南故土。

赏牡丹（唐·刘禹锡）

【译文】

庭前的芍药妖娆艳丽却缺乏骨格，池中的荷花清雅洁净却缺少情韵。

只有牡丹才是真正的国色天姿，到了开花的季节引得无数的人来欣赏，惊动了整个京城。

减字木兰花·卖花担上（宋·李清照）

【译文】

在卖花人那里买来一枝含苞待放的花。那晨曦的露珠在那花色之中留下痕迹，让花显得更楚楚动人。我怕丈夫看了花之后犯猜疑，认为我的容颜不如花的漂亮。我这就将梅花插在云鬓间，让花与我的脸庞并列，教他看一看，到底哪个比较漂亮。

寒菊/画菊（宋·郑思肖）

【译文】

你在秋天盛开，从不与百花为丛。独立在稀疏的篱笆旁边，你的情操意趣并未衰穷。

宁可在枝头上怀抱着清香而死，绝不会吹落于凛冽北风之中！

虞美人·赋虞美人草（宋·辛弃疾）

【译文】

遥想当年项羽春风得意，犹如芳草应运而生，成为西楚霸王。拔山之力消尽犹如悲歌。帐饮之后，彼此分离，而虞姬何以对待项羽呢？以死酬知己，相从于地下。

虞美人草为虞姬精诚所化，听到虞美人曲，就应拍而舞。世人不理解这一点，只是看舞，则辜负了虞美人的一片苦心。虞美人草静止不动，犹如美人整整衣袖，停止歌舞。

归园田居·其三（魏晋·陶渊明）

【译文】

我在南山下种植豆子，地里野草茂盛豆苗豌稀。

清晨早起下地铲除杂草，夜幕降披月光扛锄归去。

狭窄的山径草木丛生，夜露沾湿了我的衣。

衣衫被沾湿并不可惜．只希望不违背我归耕田园的心意。

第六周 雨雪

对雪（唐·杜甫）

【译文】

战场上哭泣的大多是新死去兵士的鬼魂，只有老人一个人忧愁地哀吟 。

黄昏时，天上布满低低的云，急下的雪花在风中飘舞回旋。

葫芦丢弃了，酒器中没有酒，火炉中的余火，好似照得眼前一片通红。

前线战况和妻子弟妹的消息都无从获悉，忧愁地坐着用手在空中划着字。

踏莎行·雪似梅花（宋·吕本中）

【译文】

这雪像梅花一样洁白，那梅花又像雪一般晶莹，无论是像，还是不像，都是一样的绝美。可这绝美的雪与梅，却勾起我的愁思。这愁思，有谁能知道呢？只有南楼上的明月能见证这个思愁。

记得往年，也是这样时节，我与你踏雪寻梅，那明月照着我们俩，时间流逝，人亦渐老，事也成了旧事，没人再提了！我醉了又醒，醒了又醉，却是为了谁？唉，直到现在，我还在悔恨，悔恨当初那样轻易地与你告别！

雨晴（唐·王驾）

【译文】

雨前初次见到新开花朵的花蕊，雨后连叶子底下也不见一朵花。

蜜蜂和蝴蝶纷纷地飞过了墙去，让人怀疑迷人的春色尽在邻家。

采桑子·塞上咏雪花（清·纳兰性德）

【译文】

我喜欢雪花不在于其轻盈的形态，而在于其在寒处生长。雪花，虽与牡丹、海棠等人间富贵花不同，它具有高洁的品性。谢道韫是咏雪的著名才女，在她死后已无人怜惜雪花了，只落得漂泊天涯，在寒冷的月光和悲笳声中任西风吹向无际的大漠。

山中雪后（清·郑燮）

【译文】

清晨起来刚一开门，看到山头已被一场大雪覆盖。此时，天空已放晴，初升太阳的光芒，透过淡淡的白云，也变得寒冷了。

房檐的积雪尚未开始融化，院落的梅花枝条仍被冰雪凝冻。这样一种清冷、孤寂的气氛，是多么不寻常啊！

乌夜啼·昨夜风兼雨（五代·李煜）

【译文】

昨天的夜晚，风雨交加，遮窗的帐子被秋风吹出飒飒的声响，窗户外传来了令人心烦的风声雨声，整整响了一夜。蜡烛燃烧的所剩无几，壶中水已漏尽，我不停地多次起来斜靠在枕头上。躺下坐起来思绪都不能够平稳。

人世间的事情，如同流水东逝，说过去就过去了，想一想我这一生，就像做了一场大梦，以前的荣华富贵生活已一去不复返了。醉乡道路平坦，也无忧愁，可常去，别的地方都不能去。

夜雪（唐·白居易）

【译文】

夜卧枕被如冰，不由让我很惊讶，又看见窗户被白雪泛出的光照亮。

夜深的时候就知道雪下得很大，是因为不时地能听到雪把竹枝压折的声音。

第七周　山河

望山（唐·贾岛）

【译文】

终南山三十里的风光，我已有十余天没有见到了。现在冒雨久立凝望着雨中的山色，如同见到亲朋好友一般。这雨如虬龙掬手扬波，洗尽万里春色。只是每日春雨不断，不免让爱山之人心情惆怅。阴暗的天气不会太久，虽然现在的狂风来得非常猛烈。久雨新晴，抑郁的心情也随之一扫而光，终南山翠色欲滴，如画的美景现于京师长安。如同百万长安人家，家家门前皆张开了一面崭新的屏风。谁家的山色最美啊，我愿与他家比邻而居。

虞美人·影松峦峰（清·侯文曜）

【译文】

　　有时云朵与高松的峰峦相遇，朦胧中已看不清峰间青松的样子。远远望去，山岩间挺立的青松仿佛与碧蓝的天空融为一体。

　　有时山峰与晴天的白云相聚，没有一丝蒸腾的雾气。特别是那如美酒一样清沥的山色，或浓或淡，皆随着山崖之变，明暗有序。

登太白峰（唐·李白）

【译文】

　　向西攀登太白峰，在日落时分才登上峰巅。太白星向我问候，要为我打开天关。我愿乘那清风而去，翱翔于那浮云之间。举起手就可触及明月，向前飞行似乎已无山峦阻隔。一旦离别武功而远去，什么时候才能再会还呢？

长相思·一重山（五代·李煜）

【译文】

　　一重又一重的山啊是那么的遥远，天空是那么的高远，寒意来袭，水面也生气了蒙蒙雾气，可我的思念却如深秋的枫叶那样熊熊燃烧。

菊花开了又落，时光一天天过去。塞北的大雁已在高空振翅南飞，而我思念的人却还没有回来，只剩下悠悠明光照耀下的帷帐随风飘然。

江上值水如海势聊短述（唐·杜甫）

【译文】

平生偏爱细细琢磨好的诗句，诗句的语言若不能打动读者就决不罢休。随着慢慢的老去，写的诗句也是随便敷衍而作，即使对着春天的花鸟，没有了过去深深的忧思和情愁。江边新修了一副木栏，可供我悠然地垂钓，我又备了一只木筏，可代替出入江河的小舟。哪里能有陶渊明、谢灵运这样的诗坛高手啊，我愿与他们一起作诗述情，同舟伴游。

点绛唇·醉漾轻舟（宋·秦观）

【译文】

酒后微醺，泛舟荡漾，听任流水将小舟推向花草深处。尘世名利的牵累使我不得解脱，无法在这如花的仙境居住下来。夕阳的笼罩下，水面已泛起了蒙蒙水雾，两岸无数青山排列，晚风过处，落花如雨。沉醉在这如花美景之中，我竟记不得来时走过的路了。

桃花溪（唐·张旭）

【译文】

远远望去，高桥的那边升腾着蒙蒙的的云烟，停在溪边的石堆上询问过往的渔船。溪流上整日飘荡着桃花，那桃源花源的洞口又在清溪的哪个方向呢？

望岳（唐·杜甫）

【译文】

旭日仿佛在衡山这立岩绝壁中慢慢升起，我在这泛着碧波的河水中泛舟观望。祝融五峰是如此的高耸险峻，每峰都像是直插云霄。

山中（唐·王勃）

【译文】

长江向东滚滚而去，而我在外滞留太久。远在万里的故乡，令我时时想念着归去。更何况是在这秋风劲吹，漫山黄叶飘零的季节啊。

第八周　星月

夜月（唐·刘方平）

【译文】

夜静更深，月光洒在房上，房屋的另一面却被黑夜笼罩。北斗星和南斗星都倾斜着悬在空中。到了今夜才感觉到春天的来临，因为那被树叶映绿的纱窗外，隐隐作响的虫鸣声第一次传到屋里来。

拜星月·高平秋思（宋·周邦彦）

【译文】

夜色深深，转眼已到三更天。清清的露水洗去灰尘，让地面没有纤尘。月色清淡，小巷僻坊里一片幽寂。透过竹栏内的纱窗，可以看到屋内摇曳的烛光，这是秋娘的庭院。与秋娘相遇之时，我如同见到了琼枝玉树，又如一轮暖日，还像一片绚丽的朝霞。她的眼神如秋水般动人，柔情若幽兰般清雅。这样的人真是极少遇见啊。

从前，仅在画中见过秋娘，没想到能见到本人。无奈人世无常，终将我们分开，我心里哪堪孤独。如今我独自一人在荒郊野外，悄无人迹，重门紧闭，只有秋虫那声声充满忧伤的鸣叫。无可奈何，我的相思之情，虽然隔着万水千山，却无法断绝。

峨眉山月歌（唐·李白）

【译文】

半轮秋月悬挂在高峻的峨眉山前，流淌的平羌江面倒映着月影。今夜我就要乘船出发，离开清溪直奔三峡。心中思君却难以相见，恋恋不舍地去向渝州。

霜月（唐·李商隐）

【译文】

听闻南飞大雁的鸣叫，感知天已入寒，蝉声消寂。秋高气爽，登高远望，天水一色。霜神青女与月中嫦娥应是不惧严寒，竟在寒霜冷月中争艳斗俏。

把酒问月·故人贾淳令予问之（唐·李白）

【译文】

青天上高悬的明月起于何时？我暂且放下酒杯且一问。人们追攀明月却永远达不到，月亮的行走却紧随人类的脚步。皎如明镜的圆月悬在高空，照临着宫阙，浮云散尽后发出清冷的光辉。只见到明月每晚从海面升起，谁又知道清晨隐没云间。月中白兔年复一年捣药不止，孤单、居的嫦娥又与何人为邻？今人见不到古时的月亮，现在的月亮曾经却照耀过古人。古人和今人如流水般逝去，共同看到的月亮却依旧如此。只希望举起酒杯放歌之时，月光能悠然地映照在酒杯之中。

西江月·世事一场大梦（宋·苏轼）

【译文】

世间万事恍如大梦一场，漂泊不定，聚少离多的人生又经历了几多寒秋？夜风吹来，树叶沙沙作声，响彻回廊，取镜细观，自己眉鬓之上已增添了些许银丝。

酒虽不好，却也为宾朋不至而忧愁，月虽明亮，但常被青云所笼罩。在这中秋月圆之夜，谁又能与我把酒言欢，共赏明月呢？我只能举起酒杯，凄然地望着北方。

竹里馆（唐·王维）

【译文】

独自闲坐于清幽寂静的竹林深处，时而抚琴弹调，时而扬天长啸。这密林之中又有何人知晓我在这里，只有一轮明月静静的与我相伴。

采桑子·恨君不似江楼月（宋·吕本中）

【译文】

可恨你不像那江边高楼上高悬的明月，不管人们四处的漂泊，总能与人相伴不分离。

可恨你就像那江边高楼上高悬的明月，难得刚圆却有亏缺，想要欢聚不知还要等到何时。

秋宵月下有怀（唐·孟浩然）

【译文】

秋月当空，皎洁的月光映在露珠上像是被浸润过一样晶莹剔透。如此美妙的月光下，寒鹊尚不知在哪栖息，萤火虫却随着卷起的门帘飞入房内。院内落尽枯叶的槐树在月光下的影子显得稀疏凄凉，邻居那边传来的杵声在寂静的秋夜里显得那样的清晰急促。何时才能与思人欢聚啊，只能远远地望着明月，久久伫立。

第九周　惜时

偶成（宋·朱熹）

【译文】

青春的日子容易逝去，学问却很难成功，所以每一寸光阴都要珍惜，不能轻易放过。还没从美丽的春色中一梦醒来，台阶前的梧桐叶就已经在秋风里沙沙作响了。

好时光·宝髻偏宜宫样（唐·李隆基）

【译文】

这位丽人，发髻庄耸，脸似白莲，体透幽香，眉目间无需粉饰已完美无瑕，这倾国倾城的丽人啊，莫辜负了年少时光。

金缕衣佚名

【译文】

我劝你不要贪恋奢华富贵的生活，而要珍惜青春年少的时光。流逝的时光宛如盛开的鲜花，要及时摘取，莫等到春残花落之后，只能折去花枝。

浣溪沙·小阁重帘有燕过（宋·晏殊）

【译文】

透过阁楼外重重的纱帘，看到燕子悠然地飞过，晚春的红花稀疏的飘落在亭外的草地上，独自倚栏，仍觉寒意阵阵。一时间微风轻拂，湖面好似展开了一面碧绿的帘幕，潇潇春雨静静的滴落在荷叶之上。酒醒人散，时光已逝，盛景不在，又怎么能不引起心中淡淡的忧愁。

短歌行（汉·曹操）

【译文】

一边喝酒一边高歌，人生短促日月如梭。宛如晨露转瞬即逝，失去的时日实在太多！

席上歌声激昂慷慨，忧郁长久填满心窝。怎样来排解心中忧闷？唯有一醉方可解脱。

那满腹经纶的学子啊，你们令我朝夕思慕。只是因为对贤才的私募，让我沉痛吟诵至今。

阳光下鹿群呦呦欢鸣，悠然地啃食这艾蒿。一旦四方贤才光临舍下，我将奏瑟吹笙宴请嘉宾。

当空悬挂的皓月哟，我何时才能得到；那久蓄于怀的忧愤啊，绵绵长长，不可断绝。

远方宾客踏着田间小路，屈驾前来探望我。彼此久别重逢谈心宴饮，争着将往日的情谊诉说。

月光明亮星光稀疏，一群寻巢乌鹊向南飞去。绕树飞了三周却没敛翅，哪里才有它们栖身之所？

高山不辞土石才见巍峨，大海不弃涓流才见壮阔。我愿如周公一般礼贤下士，愿天下的英杰尽心归顺与我。

今日诗（明·文嘉）

【译文】

总言今日又今日，今日的时光是多么的短暂啊！今天又没有去做，那何时才能将事情完成？人生一世又有几多今日，无为的让时光流逝，实是可惜！倘若说等到明日再去做，那明日尚有明日的事情啊！现在为诸位写下这首今日诗，希望诸位珍惜时光，从今日开始努力吧！

春宵（宋·苏轼）

【译文】

春天的夜晚是那么的美妙珍贵，花儿飘散出丝缕的幽香，月光的照耀下，朦胧的花影随风摇曳。楼台深处，从富贵人家中传出的歌月声若有若无地弥散在醉人的夜色中，夜色渐深，庭院里仅留悬挂的秋千和一篇寂静。

第十周　思念

思吴江歌（魏晋·张翰）

【译文】

秋风咋起，黄叶纷飞，吴江的鲈鱼正是肥美。离家三千里，尚未能归还。思念家乡的愁情愁难以抑制，却也只能扬天悲叹！

鹧鸪天·醉拍春衫惜旧香（宋·晏几道）

【译文】

借着醉意轻拂着春天的衣衫，想起旧日时光在衣衫上留下的香泽，上天何以让离愁别恨折磨着我这疏狂之人啊。小路上草木年复年的生长又枯亡，阁楼外太阳日复日的升起又落下。远远望去，云雾渺渺，山水茫茫。远征人的归路又在何方。相思的话语无处倾诉，又何必写在信纸上枉让思泪流千行。

邯郸冬日夜思家（唐·白居易）

【译文】

冬至时节，旅宿邯郸驿站之中，寒意来袭，抱膝独坐，只有烛光相伴，身影相随。家中的亲人此时也应该坐在灯前，聊念着我这远行之人。

采桑子·花前失却游春侣（五代·冯延巳）

【译文】

春游赏花却无人陪伴，独自与花间徘徊，虽繁花似锦，却也难免心中的悲凉，满目的惆怅。纵然是笙歌入耳，宛转悠扬，也只是徒增思愁。转眼望去，林间戏蝶双飞，帘外飞燕成对，让人怎能继续思量，放眼天际，夕阳西沉，无边的绿木和林中的青苔都被这残阳的余晖所笼。

荆州歌（唐·李白）

【译文】

白帝城边浪大风疾，五月涨水的瞿塘峡更是水流险急，难以行舟。荆州的麦子已经成熟，蚕也破茧成蛾，生命殆尽，对游人的思绪却又像蚕丝一般纷乱，难以理清。布谷鸟在窗外鸣叫，像是在呼唤着自己的情郎，这又如何让她去整理自己的这份情怀啊。

喜迁莺·晓月堕（五代·李煜）

【译文】

　　晓月已经慢慢坠落，晚上的云雾也慢慢散尽，天色微亮，我却斜倚着枕头无法入眠。因为在梦中遇到了日夜思念之人，望着天际间远去的飞雁，无法让它传递自己的相思之情。鸟声飞散，清寂的庭院里落红遍地。不要去打扫着满地的落花了，任由它飘落庭前，等待我思念的人来欣赏。

七夕（唐·白居易）

【译文】

　　一弯残月高悬夜空，秋期的银河星汉大抵是亘古如此。期间多少的离愁别绪，都在今夜相聚时刻一述衷肠。

行香子·天与秋光（宋·李清照）

【译文】

　　秋高气爽，长空万里无云，看到菊花盛开，感知重阳将近，心中不免露出悠悠情伤。穿上薄衫，饮完新酒，一阵秋风吹过，夹杂着几滴冷冷的秋雨，丝丝的寒意袭来。

　　黄昏时刻的院落，悲寂清凉，酒醒后往事重思，更是让人肝肠寸断，如何度过这漫漫长夜啊，皎洁的月光照耀在空床之上，远远地传来的捣衣声，悠长而尖锐的蟋蟀声和时漏的滴答声充于耳间，时光过得太慢啊。

杂诗三首·其二（唐·王维）

【译文】

　　您从我们的家乡过来，那么应该对家乡近来的事情很清楚。来的时候有没有看一下窗前的梅树，不知道现在开放了吗？

第十一周 送别

月夜忆舍弟（唐·杜甫）

【译文】

戍楼上的更鼓声隔断了人们的来往，边塞的秋天里，一只孤雁正在鸣叫。

从今夜就进入了白露节气，月亮还是故乡的最明亮。

有兄弟却分散四处，没有家无法探问生死。

寄往洛阳城的家书常常不能送到，何况战乱频繁没有停止。

卜算子·送鲍浩然之浙东（宋·王观）

【译文】

水像美人流动的眼波，山如美人蹙起的眉毛。想问行人去哪里？到山水交汇的地方。

刚送走了春天，又要送你回去。假如你到江南，还能赶上春天的话，千万要把春天的景色留住。

送友人（唐·李白）

【译文】

青翠的山峦横卧在城墙的北面，波光粼粼的流水围绕着城的东边。

在此地我们相互道别，你就像孤蓬那样随风飘荡，到万里之外远行去了。

浮云像游子一样行踪不定，夕阳徐徐下山，似乎有所留恋。

挥挥手从此分离，友人骑的那匹将要载他远行的马萧萧长鸣，似乎不忍离去。

点绛唇·金谷年年（宋·林逋）

【译文】

金谷年年生青草，年复一年，每到春来，长势繁茂，乱生的春色谁是它的主人？枝头残余的花朵在蒙蒙细雨中凋落一地。

又是离秋，黄昏时分，送行的人在这里话别。远游的人已经走了，芳草萋萋生满前行之路。

送别（唐·王维）

【译文】

在深山中送走了好友，夕阳落下把柴门半掩。

春草到明年催生新绿，朋友啊你能不能回还？

相思令·吴山青（宋·林逋）

【译文】

看吴山青青，看越山青青，钱塘两岸青山相对迎。怎忍心分手有离情。

你泪儿盈盈，我泪儿盈盈，香罗带未结成同心结。江潮已涨，船儿扬帆要远行。

劳劳亭（唐·李白）

【译文】

天下最伤心的地方，就是这送别的劳劳亭。

春风也会意离别的痛苦，不催这柳条儿发青。

第十二周　怀古

（一）西塞山怀古（唐·刘禹锡）

【译文】

王濬的战船从益州出发，东吴的王气便黯然消逝。

千丈长的铁链沉入江底，一片投降的旗帜挂在石头城头。

人生中多少次伤怀往事，金陵的西塞山依旧巍峨耸立，其下的长江在寒秋中滚滚东流。

从今以后天下归为一同，芦荻在旧垒上萧萧飘摇。

浪淘沙令·伊吕两衰翁（宋·王安石）

【译文】

伊尹和吕尚两人曾是农夫和渔翁，他们曾经历所有的穷困后才有了转机。如果不是汤王、文王发现并重用，他俩也就老死山野了。汤武二帝虽然是偶遇贤臣，使得如云生龙、风随虎一般，谈笑中建起了王业，可是直到千载之后的今天，伊、吕两人的功劳又有谁敢与其争比！

过华清宫绝句三首（唐·杜牧）

【译文】

其一

在长安回头远望骊山宛如一堆堆锦绣，山顶上华清宫千重门依次打开。

一骑驰来烟尘滚滚，妃子欢心一笑，没人知道是千里迢迢从南方送来了荔枝鲜果。

其二

绿树环绕的新丰一带不时可见黄尘四起，那是前往渔阳的探使返回。

他们谎报军情，唐玄宗和杨贵妃仍旧沉溺于歌舞，直至安禄山起兵，中原残破。

其三

全国上下沉浸在一片歌舞升平之中，骊山上宫殿楼阁在月光下显得格外分明。

安禄山拖着肥胖的身体翩翩作胡旋舞，引发了杨贵妃的笑声随风飘扬越过层层山峰。

八声甘州·寿阳楼八公山作（宋·叶梦得）

【译文】

淮河环绕着楚都寿春孤城，野草丛生，河岸迷蒙。当年南朝谢家子弟，意气风发，统领数万精兵。以逸待劳痛击前秦军，苻坚百万雄师如受惊的巨鲸，在淝水中溃奔。转眼间，建立起大功。

时隔千年，八公山的草木一如当年，簇拥着险峻的峦峰。而今山头云涛聚又散，昔日的豪杰杳无迹踪，劳累终生，古今往事俱成空。可笑我吊古伤今何必太多情。叹惜谢安晚年，遭疏远，不受重用。

相关典故

前秦建元十九年（383）寿阳和八公山一带发生淝水大战。当时，前秦符坚大举攻晋，屡遭挫败，一次登寿阳城远望晋兵，见部阵严整，军士精锐，又北望八公山上，草木皆类人形，怃然有惧色。隧后淝水决战，东晋将领谢石、谢玄、谢琰等趁秦兵移阵之机，渡水进击，大破秦军。这次战争巩固了东晋边防，奠定了南北朝对峙的局面。

台城（唐代·韦庄）

【译文】

暮春三月，江南的春雨，密而且细。在霏霏雨丝中，江边绿草如茵，四望迷蒙，烟笼雾罩，如梦如幻，不免引人遐思。

佳木葱茏，草长莺飞，处处显出了自然界的生机。诗人在欢快婉转的鸟啼声中，追想起曾在台城追欢逐乐的六朝统治者，都早已成为历史上来去匆匆的过客，豪华壮丽的台城也成了供人瞻仰凭吊的历史遗迹。

最无情的就是那台城的杨柳，它既不管人事兴衰与朝代更迭，也不管诗人凭吊历史遗迹引起的今昔盛衰的感伤与怅惘。

（繁茂的杨柳）依然在烟雾笼罩的十里长堤边随风飘曳，依旧能给人以欣欣向荣的感觉，让人想起当年繁荣昌盛的局面。

桂枝香·金陵怀古（宋·王安石）

【译文】

　　登上高楼凭栏极目，金陵的景象正是一派晚秋，天气刚刚开始索肃。千里奔流的长江澄沏得好像一条白练，青翠的山峰俊伟峭拔犹如一束束的箭簇。江上的小船张满了帆迅疾驶向夕阳里，岸旁迎着西风飘拂的是抖擞的酒旗斜出直矗。彩色缤纷的画船出没在云烟稀淡，江中洲上的白鹭时而停歇时而飞起，这清丽的景色就是用最美的图画也难把它画足。

　　回想往昔，奢华淫逸的生活无休止地互相竞逐，感叹"门外韩擒虎，楼头张丽华"的亡国悲恨接连相续。千古以来凭栏遥望，映入眼帘的景色就是如此，可不要感慨历史上的得失荣辱。六朝的风云变化全都消逝，只有那郊外的寒冷烟雾和衰萎的野草还凝聚着一片苍绿。直到如今的商女，还不知亡国的悲恨，时时放声歌唱《后庭》遗曲。

题木兰庙（唐·杜牧）

【译文】

　　花木兰女扮男装去参军打仗，一去就是十二年。她在梦乡里，也会和女伴们一起对镜梳妆。但是为了替爷从军、保家卫国，多次想回家时她竭力克制着自己，与边关将士大碗喝酒。木兰为了安靖边烽，万里从戎，她将会和王昭君和亲死留青冢一样，永远博得后世敬爱！

第十三周　边塞

使至塞上（唐·王维）

【译文】

乘单车想去慰问边关，路经的属国已过居延。

千里的飞蓬也飘出汉塞，北归的大雁正翱翔云天。

浩瀚的沙漠中孤烟直上，无尽的黄河上落日浑圆。

到萧关遇到侦候骑士，告诉我已在燕然。

浣溪沙·霜日明霄水蘸空（宋·张孝祥）

【译文】

秋日的天空明净，远水连着长空，军营里红旗飘扬，不时传来马鞭声阵阵。远处淡烟笼着衰草，秋色在若有若无之中。

万里中原已在烽火的北面，我只能登上东门的城楼，借一杯浊酒浇愁。酒后挥泪洒向悲凉的秋风中。

从军行（唐·杨炯）

【译文】

烽火照耀京都长安，不平之气油然而生。

辞别皇宫，将军手执兵符而去；围敌攻城，精锐骑兵勇猛异常。

大雪纷飞，军旗黯然失色；狂风怒吼，夹杂咚咚战鼓。

我宁愿做个低级军官为国冲锋陷阵，也胜过当个白面书生只会雕句寻章。

风流子·出关见桃花（清·张惠言）

【译文】

　　海风吹着我的瘦弱的身体，我衣裳单薄，有些寒冷。四月初，我离开北京，到了山海关。望见到处都是关塞的墙垣，飞沙北走；山势向渤海延伸，层叠向东方展开。人迹在哪里？只见柳树的柔条摇摆不定，青草很短，难以形成一片绿色。忽然看见一树桃花正在独自向我微笑。它旁边有短短的颓垣，一湾一湾的曲水。

　　三四月的山海关，不知有多少东风，感觉不到春天的气息，使我有点扫兴。我远来此地不是为了寻春，也未尝可惜，只是深深地念记着这树桃花，玉容寂寞，在没有人烟的地方，还能经受住几番风吹雨打？还能坚持多久？陆凯说："折花逢驿使，寄与陇头人。"我也想折一枝桃花，通过西来的驿使，寄给我家乡的亲友，看看关外的春花，表我的坚忍之心。

马诗二十三首·其五（唐·李贺）

【译文】

　　平沙万里，在月光下像铺上一层白皑皑的霜雪。连绵的燕山山岭上，一弯明月当空，如弯钩一般。

　　何时才能受到皇帝赏识，给我这匹骏马佩戴上黄金打造的辔头，让我在秋天的战场上驰骋，立下功劳呢？

调笑令·边草（唐·戴叔伦）

【译文】

　　边塞的野草啊，边塞的野草！野草枯尽时，戍边的兵士已老。山南山北雪后放晴，千里万里处处月明。明月啊，明月！远处传来胡笳一声，令人肠断欲绝。

塞下曲（唐·王昌龄）

【译文】

牵马饮水渡过了那大河，河水冰冷刺骨的秋风如剑如刀。

沙场广袤，夕阳尚未下落，昏暗中看见遥远的临洮。

回想当年在长城的一次鏖战，大家都说戍边战士的意气高。

自古以来这里黄尘迷漫，遍地白骨零乱夹着野草。

渔家傲·秋思（宋·范仲淹）

【译文】

秋天到了，西北边塞的风光和江南不同。大雁又飞回衡阳了，一点也没有停留之意。黄昏时，军中号角一吹，周围的边声也随之而起。层峦叠嶂里，暮霭沉沉，山衔落日，孤零零的城门紧闭。

饮一杯浊酒，不由得想起万里之外的家乡，未能像窦宪那样战胜敌人，未能把功迹铭刻在石头上，还不能回去。悠扬的羌笛响起来了，天气寒冷，霜雪满地。夜深了，军营中的将士们缺不能安睡：将军为操持军事，须发都变白了；战士们久戍边塞，也流下了伤心的眼泪。